北京文物与考古系列丛书
北京市考古研究院田野考古报告（第48号）
圆 明 园 考 古

坦坦荡荡、万方安和遗址发掘报告

北 京 市 考 古 研 究 院
（北京市文化遗产研究院） 编著

科学出版社
北 京

内 容 简 介

"坦坦荡荡"和"万方安和"两处遗址位于圆明园西部，皆属圆明园四十景之一。2002～2004年，北京市文物研究所（现北京市考古研究院）对这两处遗址进行了考古勘察和发掘，并将全部考古成果汇集成本书。书中详细叙述了"坦坦荡荡"遗址建筑群和金鱼池基址，以及"万方安和"遗址主体建筑"卍"字轩大殿基址等的形制与结构特点，并对两处遗址的历史沿革作了概述，对出土器物进行了分类和断代探讨。从而为全面了解和认识圆明园的历史，进一步做好这处大遗址的文物保护工作，提供了一份具有科学价值的实物参考资料。

本书适合从事考古、古建筑、历史等专业的研究人员，以及相关专业的高等院校师生参考阅读。

图书在版编目（CIP）数据

坦坦荡荡、万方安和遗址发掘报告 / 北京市考古研究院（北京市文化遗产研究院）编著. —北京：科学出版社，2023.8

（北京文物与考古系列丛书. 北京市考古研究院田野考古报告；第48号. 圆明园考古）

ISBN 978-7-03-076162-0

Ⅰ. ①坦… Ⅱ. ①北… Ⅲ. ①圆明园–文化遗址–发掘报告–2002-2004 Ⅳ. ①K928.73

中国国家版本馆CIP数据核字（2023）第152717号

责任编辑：王 蕾 / 责任校对：邹慧卿
责任印制：肖 兴 / 封面设计：张 放

科学出版社 出版
北京东黄城根北街16号
邮政编码：100717
http://www.sciencep.com
北京汇瑞嘉合文化发展有限公司 印刷
科学出版社发行　各地新华书店经销
*
2023年8月第 一 版　开本：889×1194 1/16
2023年8月第一次印刷　印张：16 插页：58
字数：610 000

定价：280.00元
（如有印装质量问题，我社负责调换）

编 委 会

本书主编：靳枫毅

执笔：靳枫毅、王继红

前期资料整理：王继红

后期资料整理：靳枫毅

统稿、定稿与校对：靳枫毅

考古勘察摄影：郁金城

发掘遗迹摄影：靳枫毅

坦坦荡荡遗址考古勘探平面图测绘：刘建国

瓷器问题指导：韩鸿业、李永强、左鹏

器物绘图（手绘）：南迪、杨远浪、郝澍耘

瓷器绘图（手绘）：左鹏

器物照相：刘晓贺、靳枫毅

瓷器照相：刘晓贺

文字输录、电脑绘图：张莹莹、陈思雨

铜器成分检测：赵文华

西洋钟表年代考证与修复：陈辉、荀艳

瓷器修复：张技法、张贵跃、胡生华

后勤协助：黄星、古艳兵、孙君庆、席忠民

目　录

插 图 目 录

插表目录

图版目录

绪　论

一、圆明园历史沿革①

圆明园遗址是中国最著名的清代皇家园林遗址。它位于北京西郊海淀区，西南邻颐和园，南邻北京大学，东南与清华大学相邻（图一）。

圆明园之始建年代，经考证应在康熙四十六年（1707年）。据《清实录·圣祖仁皇帝实录》记载："康熙四十六年十一月……己未，皇四子多罗贝勒（胤禛）恭请上幸花园进宴。"此"花园"，指的就是圆明园。当时的圆明园花园是康熙帝给皇四子胤禛的赐园，规模并不大，占地不过三百亩。

康熙四十八年（1709年），康熙帝御赐"圆明园"匾额，胤禛恭悬于九洲清晏圆明园殿上（据于敏中等编纂《日下旧闻考》卷八十，北京古籍出版社，1983年）。

康熙五十八年（1719年），胤禛赋诗《园景十二咏》，包括后湖的牡丹台（即镂月开云）、竹子院（即天然图画）、梧桐院（即碧桐书院）、菜圃（即杏花春馆）、金鱼池（即坦坦荡荡），以及后湖西北的桃花坞（即武陵春色）、后湖正北的耕织轩、福海西岸的深柳读书堂（即廓然大公）等，皆被列为圆明园十二佳景（据清《世宗宪皇帝御制文集》卷二十六）。

康熙六十一年（1722年）三月二十五日，胤禛迎奉康熙帝驾临牡丹台赏花，并带弘历随侍。此事成为康熙、雍正、乾隆祖孙三代在圆明园相聚的一段难忘佳话（据《清实录》、乾隆御制《纪恩堂记》）。

雍正称帝后，雍正二年（1724年）正月，奏准启动圆明园扩建工程采办木料（据杨乃济辑《圆明园大事记》）。同年，设立圆明园八旗，管领3232人，专司旗卫圆明园之责（据崇贤《圆明园营志详考》）。

雍正三年（1725年）开始大规模扩建圆明园，南面新建大宫门宫廷区，构筑正大光明殿、

---

① 本节内容主要参考（清）于敏中等：《日下旧闻考》，北京古籍出版社，1983年；周维权：《中国古典园林史》，清华大学出版社，1999年；张恩荫：《圆明园变迁史探微》，北京体育学院出版社，1993年；赵兴华：《北京园林史话》（第2版），中国林业出版社，2000年。

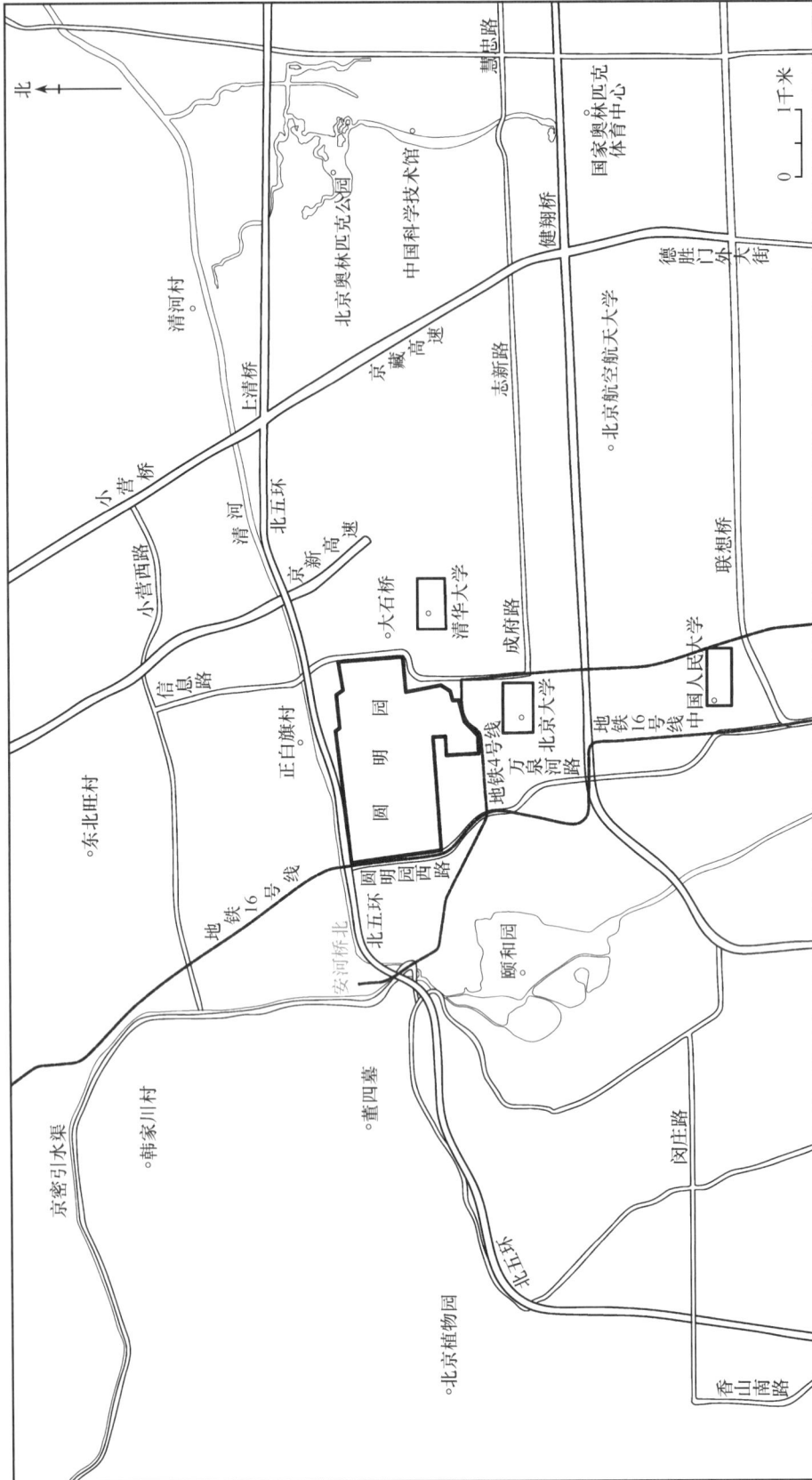

图一　圆明园遗址地理位置示意图

勤政亲贤殿、朝署值房等，御以听政。东面扩至福海，北面至北宫墙，西面抵西宫墙，面积达三千亩。当年八月二十七日至二十九日，雍正帝首次驻跸圆明园，颁谕"朕在圆明园与宫中无异，凡应办之事，照常办理"（据《清实录》）。从此，圆明园正式成为清朝皇帝园居理政的御园。同年，在圆明园又增设包衣三旗，管领131人，归圆明园八旗印房统领，亦负圆明园护卫之责（据崇贤《圆明园营志详考》）。雍正帝并于本年御制《圆明园记》，对建园的初衷和宗旨，以及"圆明"二字的含义都做了说明，《日下旧闻考》卷八十开头即全文予以实录，文曰："圆明园在畅春园之北，朕藩邸所居赐园也。在昔皇考圣祖仁皇帝听政余暇，游憩于丹陵沜之涘，饮泉水而甘。爰就明戚废墅，节缩其址，筑畅春园。熙春盛暑，时临幸焉。朕以扈跸，拜赐一区。林皋清淑，波淀渟泓，因高就深，傍山依水，相度地宜，构结亭榭，取天然之趣，省工役之烦。槛花堤树，不灌溉而滋荣；巢鸟池鱼，乐飞潜而自集。盖以其地形爽垲，土壤丰嘉，百汇易以蕃昌，宅居于兹安吉也。园既成，仰荷慈恩，锡以园额曰圆明。朕尝恭迓銮舆，欣承色笑。庆天伦之乐，申爱日之诚。花木林泉，咸曾荣宠。及朕继承大统，夙夜孜孜。斋居治事，虽炎景郁蒸不为避暑迎凉之计。时踰三载，佥谓大礼告成，百务具举，宜宁神受福，少屏烦喧。而风土清佳，惟园居为胜。始命所司酌量修葺，亭台邱壑，悉仍旧观。惟建设轩墀，分列朝署，俾侍值诸臣有视事之所。构殿于园之南，御以听政，晨曦初丽，夏晷方长，召对咨询，频移昼漏，与诸臣相接见之时为多。园之中或辟田庐，或营蔬圃，平原膴膴，嘉颖穰穰。偶一眺览，则遐思区夏，普祝有秋。至若凭栏观稼，临陌占云，望好雨之知时，冀良苗之应候。则农夫勤瘁，稼事艰难，其景象又恍然在苑囿间也。若乃林光晴霁，池影澄清，净练不波，遥峰入镜，朝晖夕月，映碧涵虚，道妙自生，天怀顿朗，乘几务之少暇。研经史以陶情，拈韵挥毫，用资典学。凡兹起居之有节，悉由圣范之昭垂。随地恪遵，罔敢越轶，其采椽栝柱素甍版扉，不斲不枅，不施丹腹，则法皇考之节俭也。昼接臣僚，宵披章奏，校文于墀，观射于圃，燕闲斋肃，动作有恒，则法皇考之勤劳也。春秋佳日，景物芳鲜，禽奏和声，花凝湛露，偶召诸王大臣从容游赏，济以舟楫，饷以果蔬，一体宣情，抒写畅洽，仰观俯察，游泳适宜，万象毕呈，心神怡旷，此则法皇考之亲贤礼下对时育物也。至若嘉名之锡以圆明，意旨深远，殊未易窥。尝稽古籍之言，体认圆明之德。夫圆而入神，君子之时中也。明而普照，达人之睿智也。若举斯义以铭户牖，以勖身心，虔体天意；永怀圣诲，含煦品彙，长养元和，不求自安而期万方之宁谧，不图自逸而冀百族之恬熙。庶几世跻春台。人游乐国，廓鸿基于孔固，绥福履于方来，以上答皇考垂祐之深恩。而朕之心至是或可以少慰也夫。爰宣示予怀而为之记。"

雍正时期，不但已建成后来乾隆帝命名的圆明园四十景中的二十七景：正大光明、勤政亲贤、九洲清晏、天然图画、碧桐书院、慈云普护、上下天光、杏花春馆、坦坦荡荡、茹古涵今、万方安和、武陵春色、汇芳书院、日天琳宇、澹泊宁静、映水兰香、水木明瑟、濂溪乐处、鱼跃鸢飞、西峰秀色、四宜书屋、平湖秋月、接秀山房、夹镜鸣琴、蓬岛瑶台、廓然大公、洞天深处，这些景区均为雍正亲笔御书匾额，还建成了雍正未有题署匾额的镂月开云和长春仙馆两处景区，以及四十景之外的紫碧山房、汇万总春之庙、同乐园和舍卫城这四个景区。

圆明园成为雍正帝"避喧听政"的离宫寝居之所。

乾隆登基后，更加重视对圆明园的规划与扩建。于乾隆元年（1736年）四月颁旨绘制圆明园全图。乾隆二年（1737年）二月传旨放大、增改（据《活计档》）。

乾隆三年（1738年）正月十一日，乾隆帝首次驻跸圆明园，皇太后居长春仙馆（据《清实录》、乾隆《御制诗初集》）。同年五月十一日，圆明园全图绘成，是日，安置于九洲清晏之清晖阁北壁，图高八尺，长三丈二尺。由沈源、唐岱和郎世宁三人合作完成（据《活计档》）。自乾隆二年二月起，即做乾隆御笔"清净地"等各处匾额7面；乾隆三年，制乾隆御笔匾额51面，主要包括福海周边诸景点及澹泊宁静和勤政亲贤富春楼等（据《匾名表》、乾隆五十四年《题富春楼》诗）。

乾隆四年（1739年），制作并挂讫匾额16面，主要包括濂溪乐处、坦坦荡荡、半亩园、多稼如云、芰荷香等（据《匾名表》）。

乾隆五年（1740年）三月，挂讫"天宇空明""怡情邱壑""苏堤春晓"等匾额5面。十月，挂讫"方壶胜境"等各处匾额20面（据《活计档》）。

乾隆七年（1742年）九月，挂讫汇芳书院各处匾额9面（据《活计档》、乾隆九年《汇芳书院诗》）。同年，乾隆帝作《圆明园后记》，《日下旧闻考》卷八十亦全文予以刊布，文曰："昔我皇考因皇祖之赐园修而葺之，略具朝署之规，以乘时行令，布政亲贤。而轩墀亭榭、凸山凹池之纷列于后者，不尚其华尚其朴，不称其富称其幽。乐蕃植则有灌木丛花，怒生笑迎也；验农桑则有田庐蔬圃，量雨较晴也；松风水月。入襟怀而妙道自生也；细旃广厦，时接儒臣。研经史以淑情也。或怡悦于斯，或歌咏于斯，或惕息于斯，我皇考之先忧后乐，一皇祖之先忧后乐，周宇物而圆明也。圆明之义，盖君子之时中也。皇祖以是名赐皇考，皇考敬受之而身心以勗，户牖以铭也。不求自安而期万方之宁谧，不图自逸而冀百族之恬熙，则又我皇考绥履垂裕于无穷也。予小子敬奉先帝宫室苑囿，常恐贻羞，敢有所增益？是以践阼后所司以建园请，却之。既释服，爰仍皇考之旧园而居焉。夫帝王临朝视政之暇，必有游观旷览之地，然得其宜适以养性而陶情，失其宜适以玩物而丧志。宫室服御奇技玩好之念切，则亲贤纳谏勤政爱民之念疏矣。其害可胜言哉！我皇考未就畅春园而居者，以有此圆明园也，而不斲不雕，一皇祖淳朴之心。然规模之宏敞，邱壑之幽深，风土草木之清佳，高楼邃室之具备，亦可称观止。实天宝地灵之区，帝王豫游之地，无以踰此。后世子孙必不舍此而重费民力，以创建苑囿，斯则深契朕法皇考勤俭之心以为心矣。籍曰祖考所居不忍居也，则宫禁又当何如？晋张老之善颂，甚可味也。若夫建园之始末，圣人对时育物，修文崇武，煦万彙保太和，期跻斯世于春台，游斯人于乐国之意，则已具皇考之前记，予小子何能赘一辞焉！"

乾隆八年（1743年）六至九月，挂讫"鸿慈永祜"各处匾额12面（据《活计档》）。

乾隆九年（1744年）六至十月，又制作匾额10面，包括"长春仙馆藤影花丛""林虚桂静""九洲清晏怡情书史""水木明瑟""武陵春色""壶中天"等（据《匾名表》）。至此，乾隆帝在圆明园不但完成了映水兰香、多稼如云、夹镜鸣琴、濂溪乐处、涵虚朗鉴等景区的建造，还增建了山高水长、月地云居、鸿慈永祜、北远山村、坐石临流、澡身浴德、方壶胜境、曲院风荷、别有洞天等景区，形成了"圆明园四十景"。圆明园大规模的土木扩建及增建工程基本告一段落。于本年六月，乾隆御制《圆明园四十景》诗完稿（据乾隆《御制诗初集》卷二十二）。九月，画师沈源、唐岱绘制的《圆明园四十景》图告竣，乾隆帝御题图咏。并下召将雍正御笔《圆明园记》、乾隆御笔《圆明园后记》裱于画前。

乾隆十二年（1747年）四月，奉旨将《圆明园四十景》图安设于圆明园奉三无私殿内（据《活计档》）。

乾隆十五年（1750年），又在汇万总春之庙、紫碧山房、天宇空明添建了部分建筑，新建了文源阁藏书楼，疏浚了大宫门前的河道，挖掘了扇面湖（即前湖）等，到乾隆四十年（1775年），圆明园基本建成。

与此同时，于乾隆十年（1745年）又启动了长春园新园的浩大工程，至乾隆五十一年（1786年）告竣，共建成二十四个景区。占地一千亩左右，挖掘湖池两座，长河四条，叠山五十余座。以水体为主，将二十四个景区有机组合、串联为一体。其中，含经堂景区为长春园的核心景区，此处为乾隆帝的寝宫区，里面的淳化轩和蕴真斋是长春园中最宏伟壮丽的一组建筑，其东侧还设有买卖长街。狮子林、如园、茜园、小有天园、鉴园是长春园中的园中园。思永斋北面的海岳开襟耸立于湖心岛上，雕栏玉砌，四面环水，远望若海市蜃楼，近看如临仙界，是长春园中最为豪华的建筑。后湖北岸建有法慧寺、宝相寺、泽兰堂、转湘帆四景区，其中法慧寺内所建的多宝琉璃塔，是乾隆时期在北京和热河避暑山庄皇家园林所建造的五座琉璃塔中形制最为考究和秀美的一座。这四个景区之北，以假山为屏，又开辟了一个欧式建筑区——西洋楼景区。该景区东西长840、南北纵深最窄处为70米，占地面积百余亩。始建于乾隆十二年（1747年），竣工于乾隆四十六年（1781年）。由谐奇趣、万花阵、养雀笼、方外观、竹亭、海宴堂、远瀛观、大水法、观水法、线法山、线法墙等十余个建筑与庭院组成。是由法国传教士郎世宁、蒋友仁、王致诚设计指导，中国匠师具体实施建造出来的中西建筑元素融为一体的西洋式建筑景群。这是18世纪中国封建社会上层统治者实行有限的对外开放、尝试进行中西文化交流的一个范例。

乾隆三十四年（1769年），乾隆帝又将原大学士傅恒的赐园，与相邻的几个小园合并，改称绮春园，附属于圆明园（图二）。并于乾隆三十七年（1772年）设总领一人，管理绮春园。

嘉庆登基后，于嘉庆六年（1801年）在绮春园内添建敷春堂、展诗应律。嘉庆十四年（1809年），建成绮春园大宫门、烟雨楼、涵秋馆、茂悦精舍等建筑，在绮春园内形成了三十景。嘉庆年间，还先后修缮了舍卫城、同乐园、方壶胜境、接秀山房，并新建了观澜堂。

道光年间国力虽已不济，但对圆明园的修建工程仍十分重视，不遗余力。道光帝宁可撤掉万寿山、香山、玉泉山的陈设，取消去避暑山庄消夏、秋季去木兰围场的"秋狝"活动，也要将节省下来的银子用在圆明园的修建项目上。

咸丰年间，虽然国库已经空虚，但咸丰皇帝仍坚持在圆明园九洲清晏东山添建了圆明园历史上的最后一座建筑——清晖堂。同时还整修了茹古涵今的静通斋，以及如园的含碧楼。此年已是咸丰九年（1859年），离圆明园被毁，只差一年了。

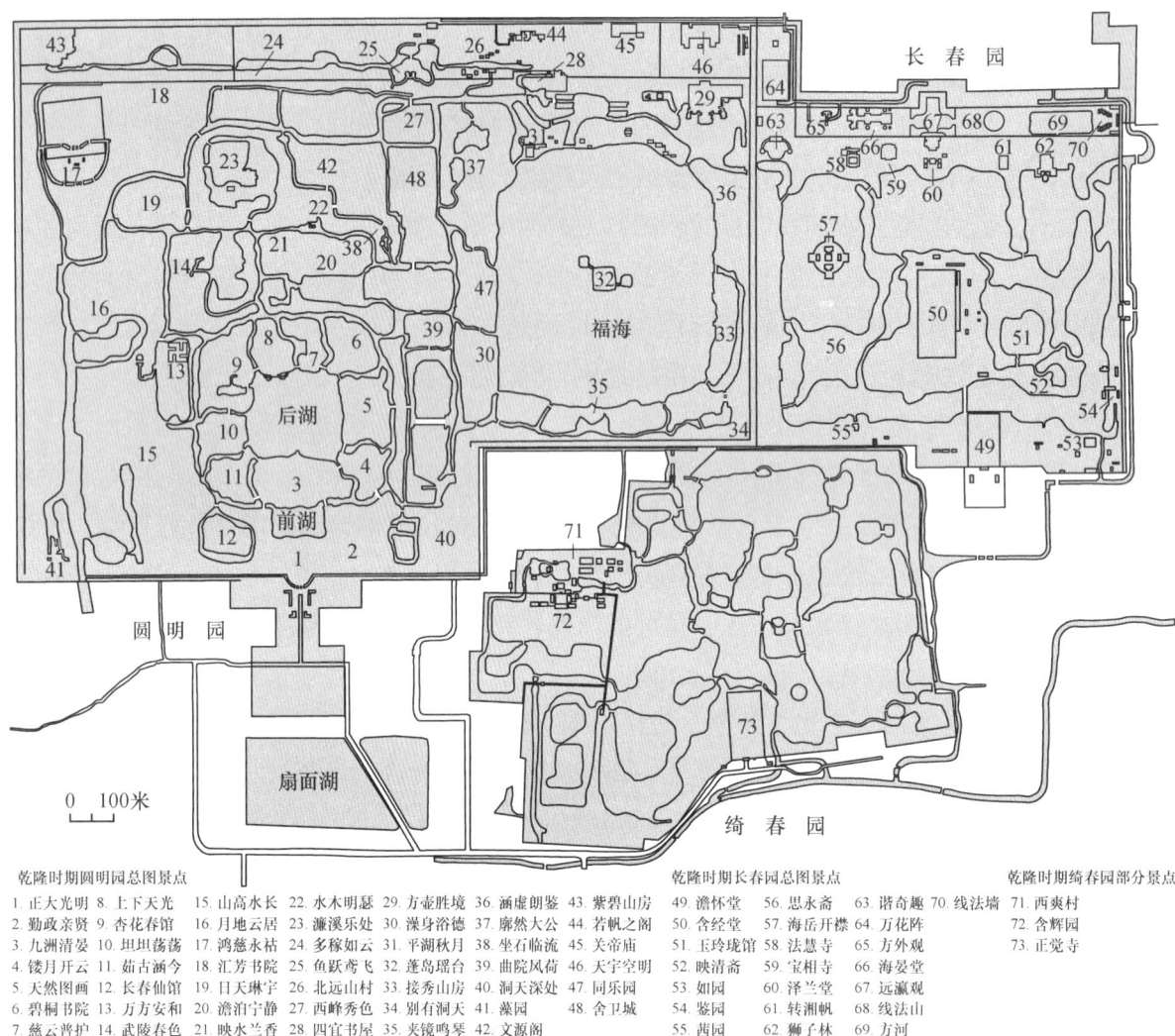

乾隆时期圆明园总图景点
1. 正大光明　8. 上下天光　15. 山高水长　22. 水木明瑟　29. 方壶胜境　36. 涵虚朗鉴　43. 紫碧山房
2. 勤政亲贤　9. 杏花春馆　16. 月地云居　23. 濂溪乐处　30. 澡身浴德　37. 廓然大公　44. 若帆之阁
3. 九洲清晏　10. 坦坦荡荡　17. 鸿慈永祜　24. 多稼如云　31. 平湖秋月　38. 坐石临流　45. 关帝庙
4. 镂月开云　11. 茹古涵今　18. 汇芳书院　25. 鱼跃鸢飞　32. 蓬岛瑶台　39. 曲院风荷　46. 天宇空明
5. 天然图画　12. 长春仙馆　19. 日天琳宇　26. 北远山村　33. 接秀山房　40. 洞天深处　47. 同乐园
6. 碧桐书院　13. 万方安和　20. 澹泊宁静　27. 西峰秀色　34. 别有洞天　41. 藻园　　　48. 舍卫城
7. 慈云普护　14. 武陵春色　21. 映水兰香　28. 四宜书屋　35. 夹镜鸣琴　42. 文源阁

乾隆时期长春园总图景点
49. 澹怀堂　56. 思永斋　63. 谐奇趣
50. 含经堂　57. 海岳开襟　64. 万花阵
51. 玉玲珑馆　58. 法慧寺　65. 方外观
52. 映清斋　59. 宝相寺　66. 海晏堂
53. 如园　　60. 泽兰堂　67. 远瀛观
54. 鉴园　　61. 转湘帆　68. 线法山
55. 茜园　　62. 狮子林　69. 方河

乾隆时期绮春园部分景点
70. 线法墙　71. 西爽村
72. 含辉园
73. 正觉寺

图二　乾隆时期圆明三园总平面图

　　总之，圆明园历经雍正、乾隆、嘉庆、道光、咸丰五代帝王150余年的兴建、扩建和经营，在其被英、法联军焚毁之前，已经是一座规模相当宏伟、内涵极为丰富、设计与工艺特别讲究、举世无双的圆明三园，即圆明园、长春园和绮春园，三园统称为圆明园。三园东西总长2620、南北总宽1880米，周长11000米，总占地面积352.13公顷，其中陆地面积228.4公顷，水域面积123.73公顷，总建筑面积约16公顷，共有著名景区和景点123处，其中圆明园69处，长春园24处，绮春园30处。园内人工挖湖堆山造出的山系有250多条，长约35千米；建造各种形式的石木桥涵100余座，三园的外围宫墙全长10千米，设园门19座，设控水闸门5座，其规模之宏伟，整体布局之讲究与和谐，其山水、植物、宫殿、楼阁、亭榭、斋舍、院落、桥涵、码头等各种建筑、园林元素组合之严谨与自然，其所创造出来的景观和意境之丰富，其建造技艺之精湛，不仅为三山五园之冠，而且在我国园林史上也是绝无仅有的。圆明三园都是水景园，均以水面为主体，来设计各个不同的景区和景点。圆明园内的水面，采取大、中、小水面相结合的方式进行组合和连接，将600米宽的大型水面福海与200米宽的中型水面后湖，和周围宽度在百米或百米以下，或四五十米的小型水面，自然地串联在一起，组成一个完整的河湖水系网络，为水路行舟和乘船游览提供多方便利。岸上的湖堤、假山、宫殿、高榭、敞厅、斋舍，与水系结合，形成山重水复、连绵不绝、变幻无穷的倒影和迷离空间，使圆明园真正变成了一处人间仙境。

因此可以说，圆明园是中国园林史上平地造园最伟大的杰作，是中国封建社会皇家园林最杰出的代表。圆明园不仅在中国园林史上占有突出的地位，而且在世界园林、建筑史上也享有极高的声誉。难怪它曾被欧洲文化界盛赞为"万园之园"和"一切造园艺术的典范"。

圆明园不仅是清朝帝后的寝宫和娱乐中心，而且是雍正、乾隆、嘉庆、道光、咸丰五代皇帝临朝理政的政治中心。帝后嫔妃一年约有三分之二的时间生活在这里，园内汇集了中国历代无数精粹文物、图书典籍和奇珍异宝，并收藏了大量外国人敬献给清朝皇帝的精美工艺品等，堪称中国古代皇家最大的博物馆。在长春园内，乾隆帝还特别建造了一区西洋建筑，称作西洋楼，并供养了一批外国艺术和技术大师，使圆明园成为当时中西文化交流的重要基地。

二、圆明园之毁[①]

清咸丰十年（1860年）八月二十二日，圆明园这颗东方艺术明珠，竟在第二次鸦片战争的枪炮声中，惨遭英、法列强联军劫掠并纵火焚毁。从此，圆明园沦为一片废墟。

圆明园的兴毁经过，正是中国封建社会由盛变衰，直至沦为半封建半殖民地过程的写照，因此，圆明园在中国历史上占有特殊而重要的地位。

圆明园自1860年被毁之后，一百多年间又曾不间断地遭到自然和人为的破坏。

同治十二年（1873年），清同治帝曾颁旨重修圆明园，后因国库财力不支而中途夭折，可"重修"前期工程中却将圆明园内曾幸存的4座藏舟坞的所有大木料拆光。光绪朝虽小有整修，但光绪二十六年（1900年）八国联军入侵北京，不仅将前朝修葺建筑全部毁掉，而且又在圆明园实施疯狂劫掠，拆毁了园内仅存的一些建筑，还将其中大量有价值的建筑材料卖掉，使圆明园彻底荒废。

1912~1949年，不断有军阀和土豪劣绅来圆明园大肆拆、盗残存的若干建筑材料，用军车和马车运走。

中华人民共和国成立后至1975年，由于对圆明园遗址的保护和管理没有采取主动有效的政策和措施，导致进入了很多拾荒者和"盲流"人员，他们在遗址内拆砖建房，挖土种地，养猪养羊，最后蔓延发展到六七百户，形成了二十多个生产队，在遗址内大搞农田建设，致使圆明园地形、地貌和环境再度遭受很大程度的破坏。

---

① 本节内容主要参考穆景元、陈文、房汉禄等：《圆明园风云录》，辽宁大学出版社，1998年。

三、圆明园遗址的保护与管理

1976年11月，海淀区政府成立了圆明园管理处，标志着北京市政府开始对圆明园遗址正式实施管理。

1979年11月，"圆明园史展览馆"正式开馆，接待游人参观。

1980年10月18日，召开"圆明园被毁120周年纪念会"，会上通过了由宋庆龄、沈雁冰、习仲勋等一百多位党和国家领导人、民主爱国人士共同提出的《保护、整修及利用圆明园遗址倡议书》，同时宣布成立中国圆明园学会。

1983年，经国务院批准、通过的《北京城市建设总体规划方案》中，把圆明园规划为遗址公园，划定了该遗址的保护范围。

1988年6月，圆明园遗址公园试开放。同年，圆明园遗址被国务院列为全国重点文物保护单位，被国家教委和北京市政府命名为"爱国主义教育基地"。

1994年，为配合圆明园微缩景观筹建工程，应圆明园管理处要求，北京市文物局责成北京市文物研究所在圆明园西部发掘藻园遗址。这是北京市文物研究所在圆明园遗址进行的首次考古发掘[①]。

1999年，北京市政府制定了《圆明园遗址公园规划》。

2012年，国家文物局又将"圆明园遗址公园"提升为"国家考古遗址公园"，并列为全国第一批十二处大遗址保护名单的首位，足见圆明园遗址的历史价值之高和政治影响力之大。

圆明园的定位，从1980年的《保护、整修及利用圆明园遗址倡议书》开始，便将其定性为"遗址"；其后不久，至1983年国务院和北京市政府又将其定位为"遗址公园"；到2012年，国家文物局又进一步将其定位为"国家考古遗址公园"。这里始终突出强调的是其"遗址"的性质，表明它不是普通的"公园"，其历史价值和功能也区别于其他皇家园林，如颐和园、天坛公园、北海公园、避暑山庄等。被升格为"国家考古遗址公园"，更在突出强调圆明园是一处具有重大历史价值的国家级重点大遗址，必须运用考古手段，对这处大遗址进行全面、系统地科学发掘、保护和有效利用。如此落实，其发挥的作用和产生的影响，不是一般皇家园林可相提并论或能够替代的。

因此，2000年9月，国家文物局批准实施《圆明园遗址公园规划》，指示："拟将三园内的建筑遗址运用考古手段全部进行清理、考证，凡有条件者可以不同方式展示给游人，不具备条件者先埋起来，以防进一步损坏。"同时，又对北京市文物局上报的《关于上报〈圆明园遗址公园规划〉方案的请示》作出批复，下发了文物保函〔2000〕660号文件，明确指示："山形水系和建筑遗址的修复，应建立在科学的考古发掘基础上，结合历史文献，采取各种科学手

---

① 王有泉：《圆明园之藻园遗址考古发掘报告》，《北京文博》1999年第1期。

段，充分发掘历史文化信息""考古发掘、山湖水系修复，古建筑复建等内容，应分别制订专项规划及其实施方案。"

为迎接2008年北京奥运会，北京市政府于2000年9月得到国家文物局的批复后，决定加大并加紧对圆明园遗址进行系统整治和保护的力度，以届时向社会全面开放。在这样的背景下，2000年10～12月，北京市文物局责成北京市文物研究所组建圆明园考古队，派研究员靳枫毅先生带队进驻圆明园，对圆明园遗址保存现状进行考古调查，并制定出《圆明园遗址第一期考古发掘计划》。

2001年3月，国家文物局批准《圆明园遗址第一期考古发掘计划》，同意在圆明园发掘2处遗址：①长春园宫门区遗址；②长春园含经堂遗址。目的是在发掘和保护两个方面进行一些探索，为今后进一步做好保护和利用，创造可供借鉴的、具有探索意义的经验和条件。

四、考　古　发　掘

2001年4月～2004年11月，北京市文物研究所圆明园考古队有计划地发掘长春园宫门区遗址和含经堂遗址。这两项发掘成果已正式出版考古发掘报告：《圆明园长春园含经堂遗址发掘报告》《圆明园长春园宫门区遗址发掘报告》。

在此期间，北京市文物研究所圆明园考古队在圆明园遗址还完成了另外四项考古工作任务。

第一，2002年上半年，完成了《圆明园遗址考古发掘与保护详规》的制订任务。2002年9月，经国家文物局专家组讨论，此项《圆明园遗址考古发掘与保护详规》获得通过。

第二，2002年、2004年，完成了圆明园四十景中的三十景〔正大光明（含大宫门区）、九洲清晏、镂月开云、天然图画、碧桐书院、慈云普护、上下天光、杏花春馆、坦坦荡荡、茹古涵今、长春仙馆、平湖秋月、廓然大公、西峰秀色、鱼跃鸢飞、北远山村、四宜书屋（安澜园）、方壶胜境、鸿慈永祜、月地云居、日天琳宇、汇芳书院、武陵春色、澹泊宁静、映水兰香、水木明瑟、濂溪乐处、坐石临流、勤政亲贤、万方安和〕，以及长春园西洋楼遗址（东半部）这31处遗址的考古勘察任务。

第三，2003～2004年，完成了圆明园西部四处景区遗址——坦坦荡荡、杏花春馆、上下天光和方方安和遗址的考古发掘任务（图三）。

第四，2003年下半年至2004年上半年，为了配合圆明园西部遗址的环境整治工程，还完成了九洲景区和万方安和遗址周边32座桥涵遗址的考古勘察和发掘任务。其中包括石桥遗址10座（鸣玉溪桥、碧澜桥、渔家乐桥、苏堤春晓桥、如意桥、南大桥、编号为10号的无名石桥、编号为14号的无名石桥、编号为28号的无名石桥、绮春圆宫门内的汉白玉石桥），木桥遗址22座（编号：2—5、7—9、11—13、15、17、19、20、23—27、29—31）。

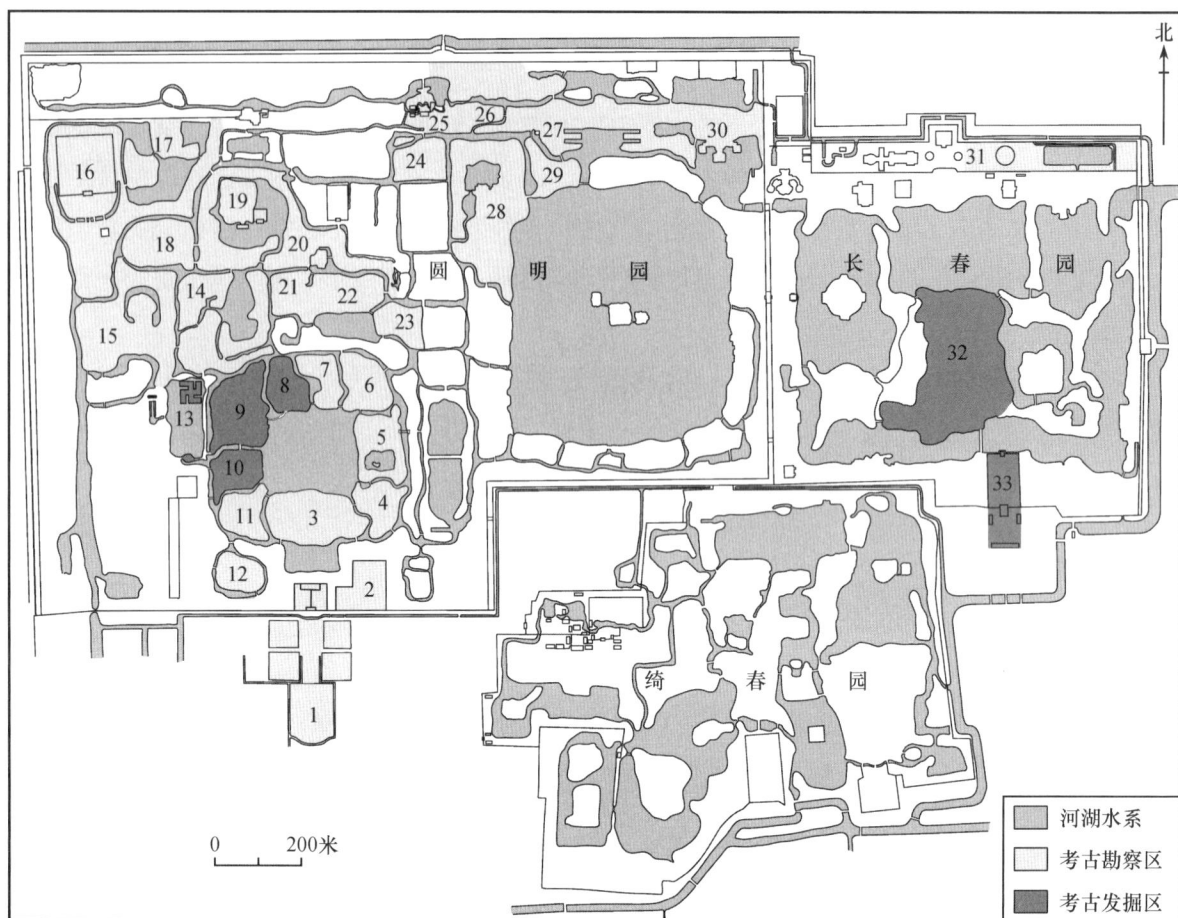

1. 大宫门·正大光明 　2. 勤政亲贤 　3. 九州清晏 　4. 镂月开云 　5. 天然图画 　6. 碧桐书院 　7. 慈云普护 　8. 上下天光
9. 杏花春馆 　10. 坦坦荡荡 　11. 茹古涵今 　12. 长春仙馆 　13. 万方安和 　14. 武陵春色 　15. 月地云居 　16. 鸿慈永祜
17. 汇芳书院 　18. 日天琳宇 　19. 濂溪乐处 　20. 水木明瑟 　21. 映水兰香 　22. 澹泊宁静 　23. 坐石临流 　24. 西峰秀色
25. 鱼跃鸢飞 　26. 北远山村 　27. 四宜书屋（安澜园）　28. 廓然大公 　29. 平湖秋月 　30. 方壶胜境 　31. 西洋楼（东区）
32. 含经堂 　33. 长春园宫门·澹怀堂

图三　圆明园遗址考古项目分布图

　　以上第二、三、四项考古勘察与发掘成果，十余年来一直因故被搁置，未得到资料整理和编写考古发掘报告的机会。直到2021年4月，北京文物研究所组建了新一届领导班子，才正式落实并启动本项资料整理与发掘报告的编写工作。本报告即是这项资料整理与考古研究的成果之一。

第一章 坦坦荡荡遗址

第一节 坦坦荡荡遗址历史概述

坦坦荡荡为圆明园四十景之一。是以养鱼、喂鱼和观鱼为主题的园林景点，是环湖九岛之一。北连杏花春馆，南接茹古涵今，东以假山为屏，滨于后湖之畔。平面形状大致呈抹角方形，东西长约115、南北宽约100米，占地面积约1万平方米。遗址地面较平坦，只在东北隅和西部沿湖岸地带，遗有人工堆叠的低矮土山（图四）。

该景点始建于康熙后叶，曾是胤禛赐园中的十二景之一，初名金鱼池。胤禛曾作《园景十二咏·金鱼池》诗，诗云"甃地成卍字，注水蓄文鱼"（据清《世宗宪皇帝御制文集》卷二十六，第296页）。据此，推测当时的鱼池平面形状当作"卍"字形。

乾隆四年（1739年），乾隆帝仿照杭州西湖"玉泉鱼跃"一景，又重新做了规划设计，扩建为遗留至今的三个矩形鱼池（图五）。据《南巡盛典》记载，清代杭州"玉泉鱼跃"一景的情境是："泉在清涟寺内，发源西山，伏流数十里，至此始见。甃石为池，方广三丈许，清澈见底，畜五色鱼，鳞鬣可数，投以香饵，则扬鬐而来，吞之辄去，有相忘江湖之乐。泉上有亭曰'洗心'。旁一小池，水色翠绿，以白粉投之，亦成绿色。"此年十一月，传旨做"坦坦荡荡"匾额，从此，金鱼池正式改称坦坦荡荡。"坦坦荡荡"一词，取自《易经》和《尚书》。"坦坦"出自《周易》"履道坦坦，幽人贞吉"；"荡荡"出自《书经》"无偏无党，王道荡荡"。表明皇帝自身心地坦诚，公正无私，光明磊落，也希望所有臣民都能这样做人做事。池中心为方池，池中央为平台，台上建四面厅，为观鱼水榭。原名怡情丘壑，乾隆四年（1739年）改名为"光风霁月"（据《活计档》乾隆四年八月三十日记事录），由催总白世秀亲自将"怡情丘壑"匾拆下，将"光风霁月"匾挂讫，这表明光风霁月五开间大殿，是于乾隆四年八月建成的。台的东、西、北三面，建平桥如堤，与湖岸相连。将大池分隔为一大两小、呈倒"品"字形的三个水池。环堤围以汉白玉雕栏。在西北小池中建一方亭，亭边曾设计有"水翠绿"小池（仿杭州"玉泉鱼跃"一景洗心亭旁的小翠绿池的趣旨设计），池南临近湖岸的空地上建有一组主体建筑，呈东西向一字排开，中间为规格较大的五开间带前廊悬山顶建筑——正宇坦坦荡荡大殿，亦称素心堂。朝鱼池的一面，伸出三间歇山顶后抱厦，这是乾隆帝陈放图书的厅堂和进膳堂。有说素心堂始建于康熙后期，此说待考。在素心堂的东、西两

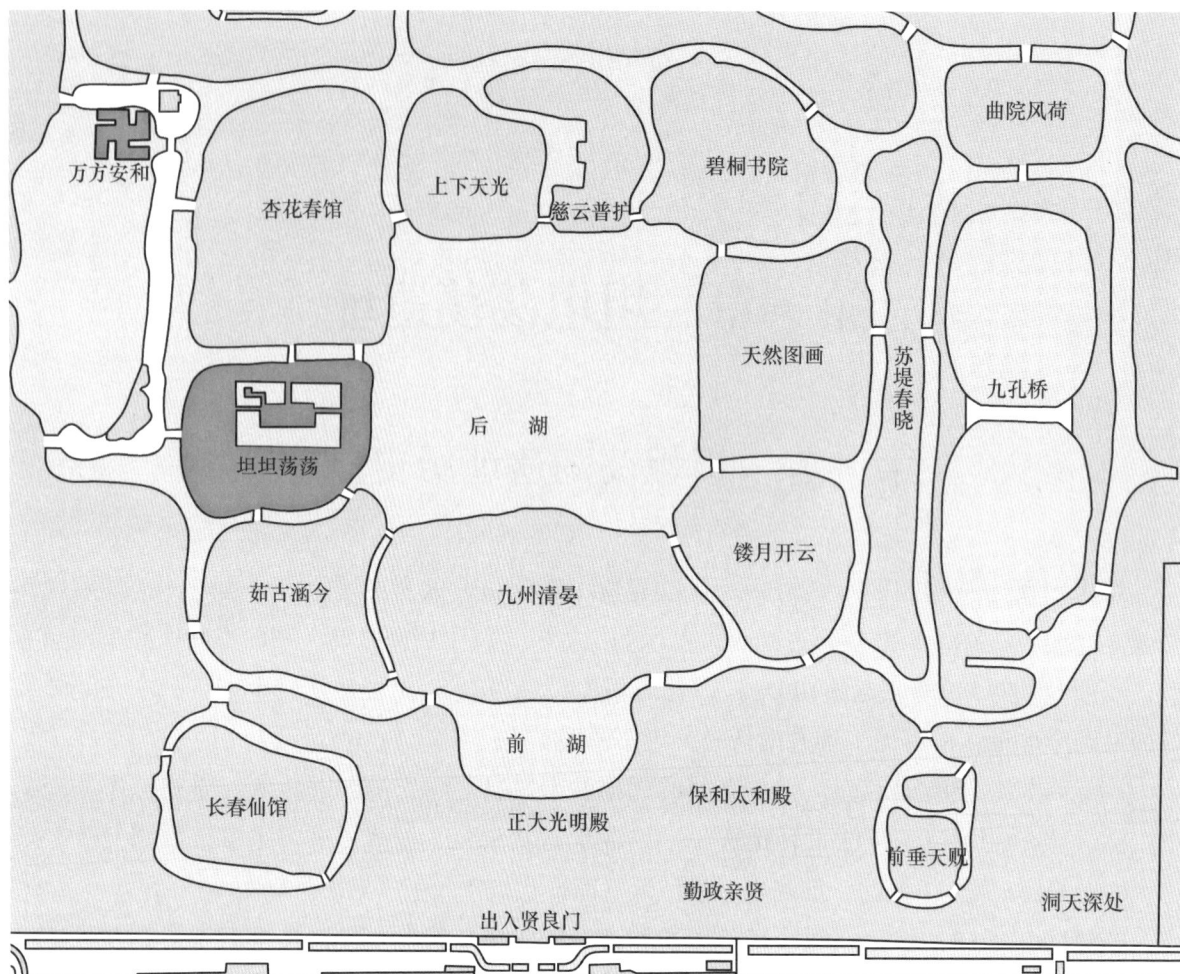

图四　坦坦荡荡、万方安和遗址位置图

侧，分别建有规格略小一点的五开间半亩园和澹怀堂。素心堂东北建有攒尖顶的知鱼亭；又东北建有歇山顶的萃景斋；西北建有双佳斋。半亩园和澹怀堂东、西两侧，各建有曲尺形游廊。东侧游廊连着知鱼亭和萃景斋，西侧游廊连着双佳斋，形成围池半抱之势。光风霁月和素心堂均为五开间的大殿，体量较大，又呈前后对位关系，遂形成一条南北中轴线，将金鱼池与相关建筑组成一个东西基本对称的有机整体，既比较疏朗，又比较规整，且主次分明。北面、西面和东北以假山为屏，东南和南面向外敞开。北面以"碧澜桥"和假山之间的通道与杏花春馆相接。南面和东南设两座木桥，与茹古涵今整齐的庭院和开阔的后湖水面相连，形成围蔽与豁然敞开的反差对比，这一设计和造景效果，就比杭州的"玉泉鱼跃"更显高明。

　　成书于乾隆四十二年（1777年）或稍后的《日下旧闻考》，是这样记述坦坦荡荡一景的："杏花春馆之西，度碧澜桥为坦坦荡荡，三楹。前宇为素心堂，后宇为光风霁月。堂东北为知鱼亭，又东北为萃景斋，西北为双佳斋。"（图六）"坦坦荡荡，四十景之一也，额为皇上御书。联曰：源头句咏朱夫子，池上居同白乐天。素心堂内额曰：清虚静泰，与光风霁月、萃景斋诸额皆御书。知鱼亭及双佳斋额世宗御书。萃景斋石上刊御制坦坦荡荡诗。"

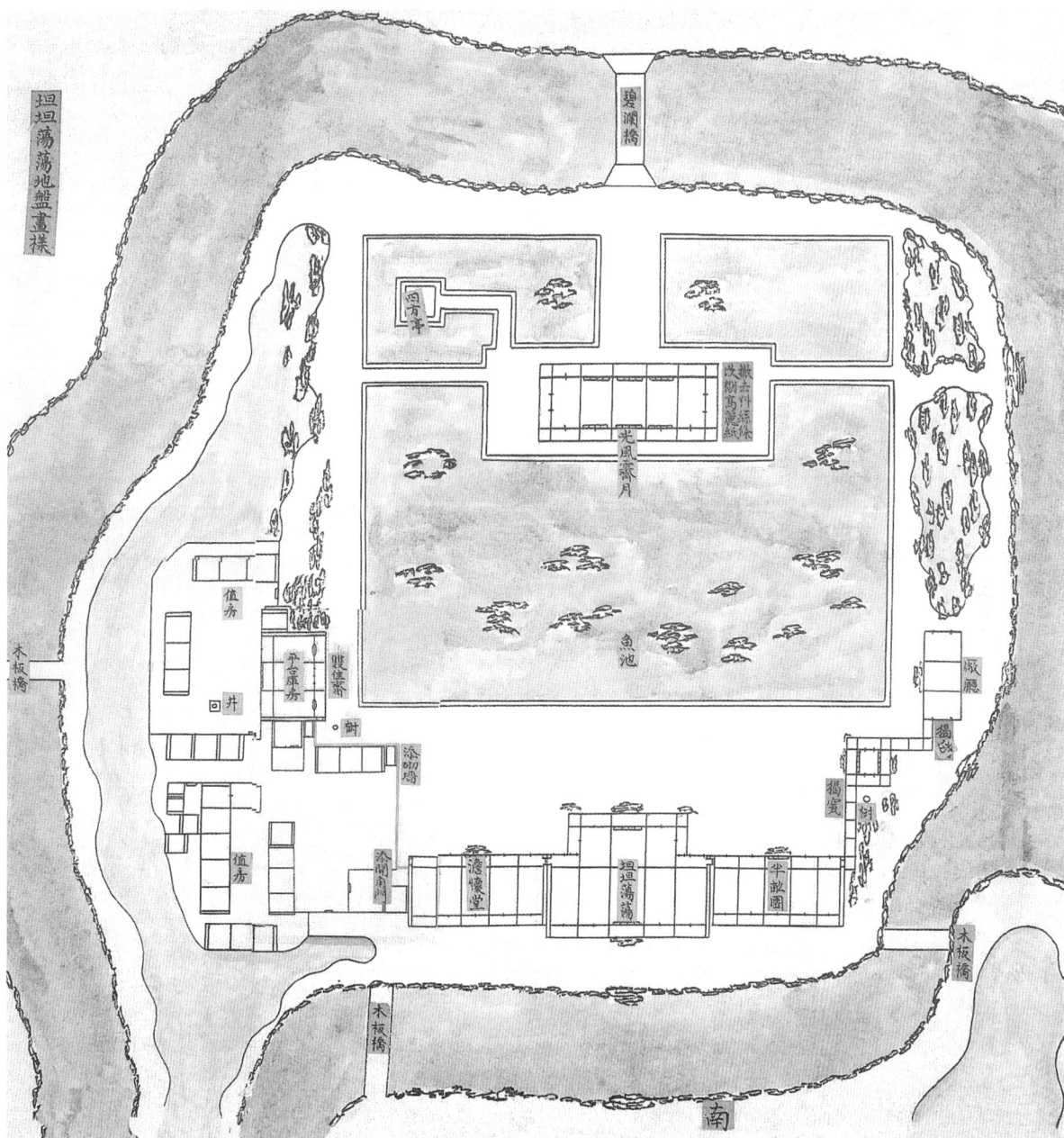

图五　样式雷《坦坦荡荡地盘画样》图
（国家图书馆善本部藏样式雷，排架024-2号，绘制年代约为乾隆时期）

　　"乾隆九年（1744年）御制坦坦荡荡诗"，诗云："凿池为鱼乐国，池周舍下，锦鳞数千头，喁唼拨刺于荇风藻雨间。回环泳游，悠然自得。诗云：众维鱼矣，我知鱼乐，我蒿目乎斯民！凿池观鱼乐，坦坦复荡荡。泳游同一适，奚必江湖想？却笑蒙庄痴，尔我辨是非。有问如何答，鱼乐鱼自知。"[1]乾隆还有两首《题素心堂》诗，其一云："古屋园中咫尺近，一年堂上几回临。乍欣此日观佳景，都为宜时需好霖。香喷缥缃插架润，响调琴瑟挂檐斟。在兹试

　　① 于敏中等编纂：《日下旧闻考》卷八十一，北京古籍出版社，1983年，第1342页。

图六　四十景图之坦坦荡荡

问相应句，只有祈农是素心。"（清高宗《御制诗》三集卷六十五）其二云："春初值几暇，流览憩溪堂。悦目迟花柳，怡情足缥缈。昔今漫介意，景物正含阳。设以素心论，爱民斯不忘。"（清高宗《御制诗》四集卷四十二）

　　乾隆帝还是很喜欢来坦坦荡荡观鱼、喂鱼的，据统计，以乾隆二十一年（1756年）为例，这一年他在圆明园共园居157天，而来此"鱼乐国"观鱼、喂鱼就有72次。

　　乾隆五十年（1785年），乾隆帝又来坦坦荡荡再赋《素心堂》诗一首，云："溪堂号素心，素心见于何？敬天凛明旦，祈年祝时和。爱民厪向隅，勤政励无颇。斯为四大端，恒虞有错讹。宵旰之弗遑，徒斯景物罗。五十年光阴，阶前逝水过。"（清高宗《御制诗》五集卷十三）

　　雍正建金鱼池，乾隆扩建金鱼池及光风霁月，本来就是为了来此观鱼、喂鱼及赏鱼，来

"豫游"消遣、寻欢作乐的，跟政治毫不相干。但却挂出"坦坦荡荡"和"素心堂"的匾额，并在素心堂反复作诗，硬要与政治挂钩，以向臣民宣示和标榜自己，心胸如何坦荡无私，如何光明磊落，如何勤政，如何重农爱民，等等。欲将风马牛不相及的两件事捏合在一起，让人感到太过虚伪，这不过是封建帝王玩弄的政治手段而已。

至乾隆中期，于坦坦荡荡景区中轴线的北端，河湖之上建造了一座连通南北的汉白玉石拱桥——碧澜桥。考古发掘出来的汉白玉栏板，上面雕刻的"碧澜桥"三字，为乾隆御笔。此桥形制优美，工艺精致，是圆明园众多桥涵中的上乘之作，代表了乾隆盛期的建造水平。这座桥将坦坦荡荡与北面的杏花春馆景区连接起来。乾隆后期，又在鱼池东北部增建了一座观鱼平台和方亭，平台和方亭的平面结构与西部原有的观鱼平台和方亭相对称。这一格局至少延续至道光二十年（1840年）。后来，至咸丰九年（1859年）前，又恢复为只有西北单亭的格局①。

1860年10月，坦坦荡荡景区惨遭英法联军劫掠与焚毁。

第二节　考古调查与发掘

一、2000年对遗址保存现状进行调查与踏勘

2000年10月，我们对坦坦荡荡遗址保存现状进行了初次调查和踏勘。该遗址东西长约115、南北宽约100米，占地面积约1万平方米。平面形状大致呈抹角方形。南、北、西三面有湖沟环绕，南、北湖沟与后湖相通（惟东边被一条南北走向的现代砂石土路隔断）。东、西两侧尚存有土石假山，但大部分已被蚕食不完整。在西侧假山中腰，尚存一座现代坟丘。遗址遍地生长着北京杨和其他种类的树木（榆树、柳树、松树、槐树、桑树、山杏、野桃、枫树、梧桐、橡树、椿树、核桃树等），共有218棵，北京杨和柳树、槐树等已长得很粗，直径都在30~40厘米。

半亩园、坦坦荡荡、澹怀堂殿址区堆积了很多现代建筑和生活垃圾，包括大量残碎的红砖、水泥管、水泥柱、石棉瓦、编织袋、铁丝、玻璃片、塑料袋、破电线、破柳条筐、土篮子，以及很多破碗、破盘之类的东西，在遗址南部形成一条东西向的垃圾带，厚0.45~0.7米；西部假山山脚周围也堆满了这类现代垃圾。

遗址上已无任何地上建筑物遗存。遗址四周的桥涵遗迹，也无一存在。遗址北面著名的汉白玉石桥——碧澜桥，只在驳岸遗址上有几块石块。金鱼池、四方亭、光风霁月堂建筑基址，只有很少的局部轮廓线，偶有显现。这些遗迹现象表明，坦坦荡荡遗址已经遭到较为严重的破坏。

---

① 郭黛姮、贺艳：《圆明园的'记忆遗产'——样式房图档》，浙江古籍出版社，2010年，第277页。

二、2002年度考古勘探

　　2002年，为了制订《圆明园遗址考古发掘与保护详规》，我们对圆明园四十景中的三十个景区遗址进行了考古勘察，坦坦荡荡遗址即被列入勘察遗址。对于坦坦荡荡遗址的考古勘察，自2002年3月4日开始，至3月24日结束。我们根据遗址实地状况，参考1933年北平市政府工务局实测的《实测圆明园长春园万春园遗址形势图》，对这处遗址的主要建筑基址进行了考古钻探和局部试掘。

　　以洛阳铲实施钻探，共打探孔348个，其中无效孔为253个（因为遗址很多地方堆积的现代建筑垃圾和生活垃圾太厚，探不下去），占总探孔数的72.7%；有效孔为95个，占总探孔数的27.3%。同时，开挖探沟和探方12个，编号T1～T12（图七；表一）。具体勘察项目如下。

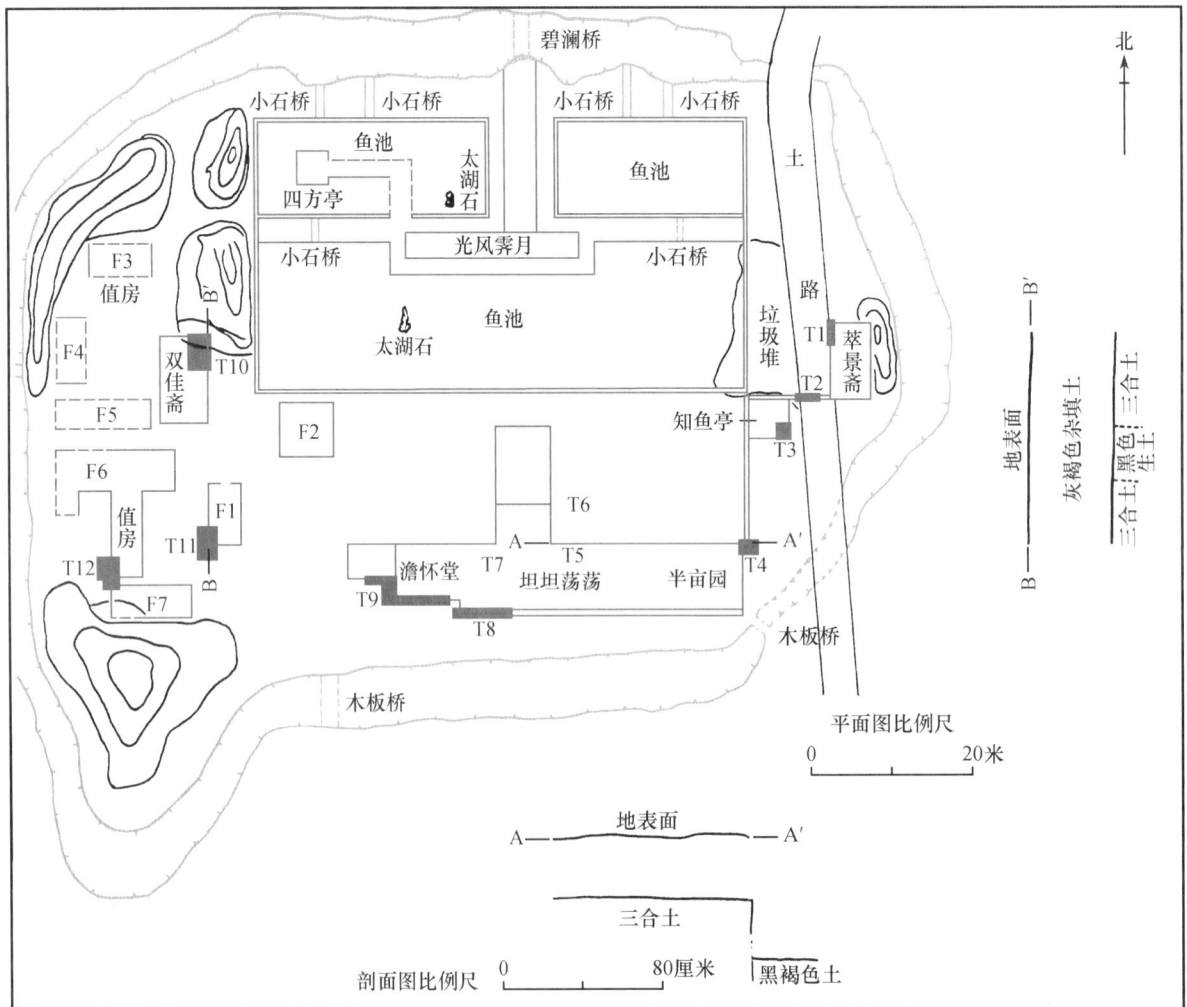

图七　坦坦荡荡遗址考古勘探图

表一 坦坦荡荡遗址考古勘探登记表

（2002年3月4~24日）

序号	探沟（方）位置	编号	探沟（方）规格［长×宽×深（米）］	原因	目的	所探遗迹状况（质地、形状、规格、保存状况）	地质情况
1/1	萃景斋西北角	T1	3×0.8×0.7	因杂质多，未能探明	了解萃景斋的方位	探沟0.5米深处三合土转角明显	0.4米以上为灰褐色杂填土，以下见三合土台面
1/2	萃景斋甬道中间	T2	2.2×0.9×1.1	因垃圾多，未能钻探	了解甬道的遗迹状况	探沟1.1米深处三合土台面尚存	0.6米以上为垃圾，0.6~1米为灰褐色杂填土，以下为三合土
2/1	知鱼亭东南角	T3	2×1.8×1.1	验证钻探结果	了解知鱼亭的方位	探方1.1米深处三合土基址保留	0.6米以上为垃圾，0.6~1米为灰褐色杂填土，以下为三合土
3/1	半亩园东北角	T4	2.3×2×0.7	验证钻探结果	了解半亩园的方位	探方0.7米深处三合土台面转角保留	0.7米以上为灰褐色杂填土
3/2	半亩园西北角	T5	2.5×2.3×0.7、2.1×1.9×0.9（2个探方）	验证钻探结果	了解半亩园的方位	探方试掘处三合土台面尚存	
4/1	坦坦荡荡东北角	T6	3.8×2.2×1.2	验证钻探结果	了解坦坦荡荡的方位及遗迹状况	探方试掘处基石尚存，转角明显	
4/2	坦坦荡荡北墙转角	T7	3.2×2.1×0.8	验证钻探结果	了解坦坦荡荡的方位及遗迹状况	探方试掘处转角石尚存	
4/3	坦坦荡荡西南角	T8	7.4×1.2×0.7	验证钻探结果	了解坦坦荡荡的方位	探沟试掘处三合土拐角明显	
5/1	澹怀堂南墙及西南角	T9	8.8×1.4×1.1、2.4×1.9×1.1、2.1×1.2×1.1（3个探沟）	验证钻探结果	了解澹怀堂的方位及西配房的南部遗迹状况	探沟试掘处三合土基础及转角明显	
6/1	双佳斋东北角	T10	4.6×2.1×1.3	因杂质多，未能探明	了解双佳斋的方位	探方试掘处见转角的砖基及转角石	0.7米以上为垃圾，0.7~1.1米为灰褐色杂填土，以下为砖基及石基
7/1	F1西南角	T11	2.5×2.4×1	验证钻探结果	了解F1的方位	探方试掘处三合土基础破坏殆尽	
8/1	F7西北角和F6西南角	T12	2.1×0.9×0.6、3×2.8×1.2（2个探方）	验证钻探结果	了解F6、F7的方位	探方试掘处砖基部分残存，三合土基础保留	

1）对坦坦荡荡景区北部的光风霁月堂殿址进行了钻探。该殿址坐北朝南，呈东西向长方形，东西长36、南北宽13.6米。表面堆满了现代建筑垃圾和灰褐色杂填土，内含大量白灰颗粒、碎砖块等，质干，平均厚度在0.6米左右。遗址呈二层平台，平台四个侧面都露出三合土。遗址表面堆积物的体积为26米×7米×0.6米＝109.2立方米。该殿址已遭严重破坏，仅剩下基础部分，探出柱础坑16个，并有夯土芯遗存。

2）对金鱼池西北角的四方亭基址进行了钻探。该亭也遭到严重的破坏。边长4.85米，只剩下底部基础，在亭内底部四角各发现一个方形柱础坑，底部为灰土基础。

3）对金鱼池遗址进行了钻探和勘察。发现鱼池上部边缘花岗岩条石缺失较多。池内显露太湖石假山遗迹2处，其一位于北侧鱼池、四方亭东侧小鱼池内；其二位于南侧大鱼池中部偏西处。此外，还发现在北侧两个小鱼池的北壁中央部位，各有一条连通遗址北湖沟的过水涵洞；在光风霁月堂后檐正中、正对着碧澜桥的位置，有一条南北向的甬道，宽6.5米，在这条甬道的中段中心部位的下面，也有一条贯通北侧东、西两个小鱼池的东西向过水涵洞；在光风霁月堂后檐东西两侧，各有一条对称布局的东西向甬道，在这两条甬道的中段中心部位的下方，也各有一条南北向的过水涵洞。

4）对半亩园殿址进行了钻探和勘察。先通过钻探，落实、肯定了半亩园建筑基址四至尚存；然后选择7、8、9号三个孔位，并以T4和T5为试掘探方，核实了半亩园的东北角（图版一，2）和西北角基址的存在。

5）对坦坦荡荡（素心堂）殿址进行了钻探和勘察。先通过钻探，落实、肯定了坦坦荡荡大殿基址的四至；然后以T6、T7、T8为试掘探方，核实了坦坦荡荡殿址东北角（图版二，3）和北墙转角，以及西北角的存在（图版二，2）。坦坦荡荡东北角基石尚存，转角明显；北墙转角处的转角石尚存；西南角的三合土拐角明显。

6）对澹怀堂及其西部附属建筑物基址进行了钻探和勘察。通过3、4、12、16、24～33号探孔的钻探和T9探沟的试掘，确定了澹怀堂南墙（图版二，1）和西南角（图版三，1），以及其西部附属建筑的位置。澹怀堂及其西部建筑遗址表面堆积物厚度为1.1米，发掘土方量达到：①46米×8米×1.1米＝404.8立方米；②14.5米×8米×1.1米＝127.6立方米；③6米×5米×1.1米＝33立方米；④5米×4米×1.1米＝22立方米。合计587.4立方米。

7）对半亩园至知鱼亭之间的甬道和知鱼亭遗址进行了钻探。钻探结果表明，从半亩园到知鱼亭之间有一条甬道相连。又根据34、35、36号探孔的结果，开T3探方，确定了知鱼亭东南角的位置（图版一，1）。

8）对萃景斋遗址和从知鱼亭至萃景斋之间的甬道遗迹进行了钻探。并开探沟T1和T2，确定了自知鱼亭东北角至萃景斋南侧有一条甬道相连；同时确定了萃景斋西北角的位置。萃景斋遗址附近垃圾量为：18.5米×7.2米×1.2米＝159.9立方米。遗迹表面清代文化层堆积厚度约1米，需清理的建筑基址以上的文化层体积约81立方米（包含①6米×6米×1米＝36立方米；②9米×5米×1米＝45立方米）。

9）根据金鱼池西南角的位置及假山遗迹，对坦坦荡荡遗址西部的双佳斋进行了钻探，根据钻探结果，又开探方T10进行试掘，确定了双佳斋东北角的位置（图版三，2）。双佳斋遗址上面的堆积物厚度为1.5米，文化层内含有大量砖石类杂质，土质极干。建筑遗迹表面堆积物体积为：10.5米×6米×1.5米=94.5立方米；砖石瓦片堆积区体积为：10.5米×2.6米×0.7米=19.11立方米。

10）确定了双佳斋的位置之后，又对金鱼池西南角和双佳斋西北及西侧的值房区房址遗迹进行了钻探和勘察。先后探出7处房址，临时编号为F1～F7。并于F1和F6及F7分别开探方T11和T12，确定了F1西南角、F6西南角和F7西北角的位置（图七；图版二，4）。此区遗址表面堆积物体积为：7米×6.5米×1.2米=54.6立方米。此区垃圾的体积为：7.5米×2米×0.6米=9立方米。需清理、挖掘的土方量为：①23米×12米×1米=276立方米；②23米×21米×1.2米=579.6立方米。合计855.6立方米。

综上所述，除少数附属建筑因垃圾多未能探明以外，主体建筑遗址已基本探明。坦坦荡荡景区总的垃圾体积为446.31立方米，发掘文化层土方量为1524立方米。

三、2003年度对遗址进行环境整治

2003年9～12月，圆明园管理处决定对圆明园西部遗址，主要是九洲景区诸遗址进行环境整治。清理各遗址上面和河湖驳岸中的现代生活垃圾和建筑垃圾，其中包括坦坦荡荡遗址。圆明园考古队积极配合、全力投入了这项环境整治工程。前期清理了坦坦荡荡遗址南区上面堆积的垃圾；后期又清理了坦坦荡荡遗址北区——金鱼池景区的垃圾（图版四）。南、北两区共清理掉现代生活垃圾和建筑垃圾约6900立方米，在九洲景区，其垃圾堆积量算是较多的遗址之一。这项环境整治工作，为下一步在该遗址实施考古发掘创造了有利的前提条件（图版五，1）。

四、2004年度考古发掘

依据2002年度在坦坦荡荡遗址所做的考古调查和勘探结果，我们在2003年度开展遗址环境整治的基础上，于2004年3～12月对"坦坦荡荡"遗址进行了全面科学的发掘。

1. 分区与布方

根据坦坦荡荡遗址建筑布局的特点，首先将该遗址划分为两个发掘区，即第一发掘区与第二发掘区。第一发掘区位于金鱼池以南、以西和以东区域；第二发掘区包括南、北两侧金鱼池、西部过山道和土石假山。然后确定坦坦荡荡遗址西南角为第一发掘区坐标轴"○"点的方位。

分区和坐标轴"○"点确定之后，我们便在第一发掘区布10米×10米的探方43个（图版五，2）。探方排序，自西向东按英文字母A、B、C、D、E、F、G、H、I、J、K的顺序依次排序，自南向北则按阿拉伯数字1、2、3、4、5、6的数字依次排序。

根据坦坦荡荡遗址建筑遗迹的实际分布情况，从南往北数，第一排共开探方7个，自西向东编号依次为：TD1、TE1、TF1、TG1、TH1、TI1、TJ1；第二排共开探方9个，自西向东编号依次为：TB2、TC2、TD2、TE2、TF2、TG2、TH2、TI2、TJ2；第三排共开探方9个，自西向东编号依次为：TB3、TC3、TD3、TE3、TF3、TG3、TH3、TI3、TJ3；第四排共开探方10个，自西向东编号依次为：TA4、TB4、TC4、TD4、TE4、TF4、TG4、TH4、TI4、TJ4；第五排共开探方4个，自西向东编号依次为：TA5、TB5、TC5，然后空7个探方（空出金鱼池遗迹），再接续东边的一个探方TK5；第六排共开探方4个，自西向东编号依次为：TA6、TB6、TC6，然后空7个探方（空出金鱼池遗迹），再接续东边的一个探方TK6（图八）。

第一发掘区发掘面积为4300平方米。在所布设的43个探方内，均揭示出该景区原有的各类建筑遗迹（图九、图一〇；图版六）。

第二发掘区，包括南北两侧金鱼池和光风霁月堂遗址，以及西部的过山道和土石假山遗址。此区囿于金鱼池和过山道及土石假山的形制结构特点及遗存状况，不适宜布方发掘，故采取因地制宜，依次平推揭露的方式进行发掘，未再编制其他探方号。第二发掘区的发掘面积为5400平方米，不但将坦坦荡荡遗址的主体建筑——金鱼池和光风霁月堂全面揭示出来，而且将西部的过山道和土石假山等遗迹也全都揭示出来（图一一）。

坦坦荡荡遗址第一发掘区和第二发掘区的总发掘面积为9700平方米。

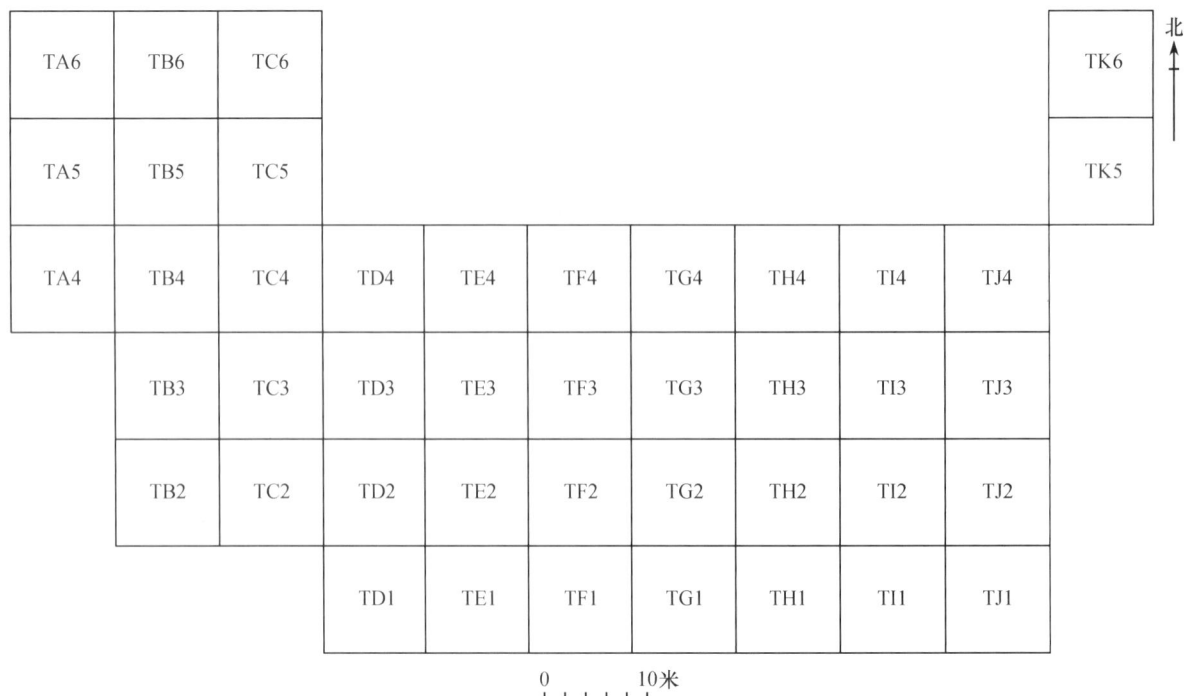

图八 坦坦荡荡遗址探方分布图

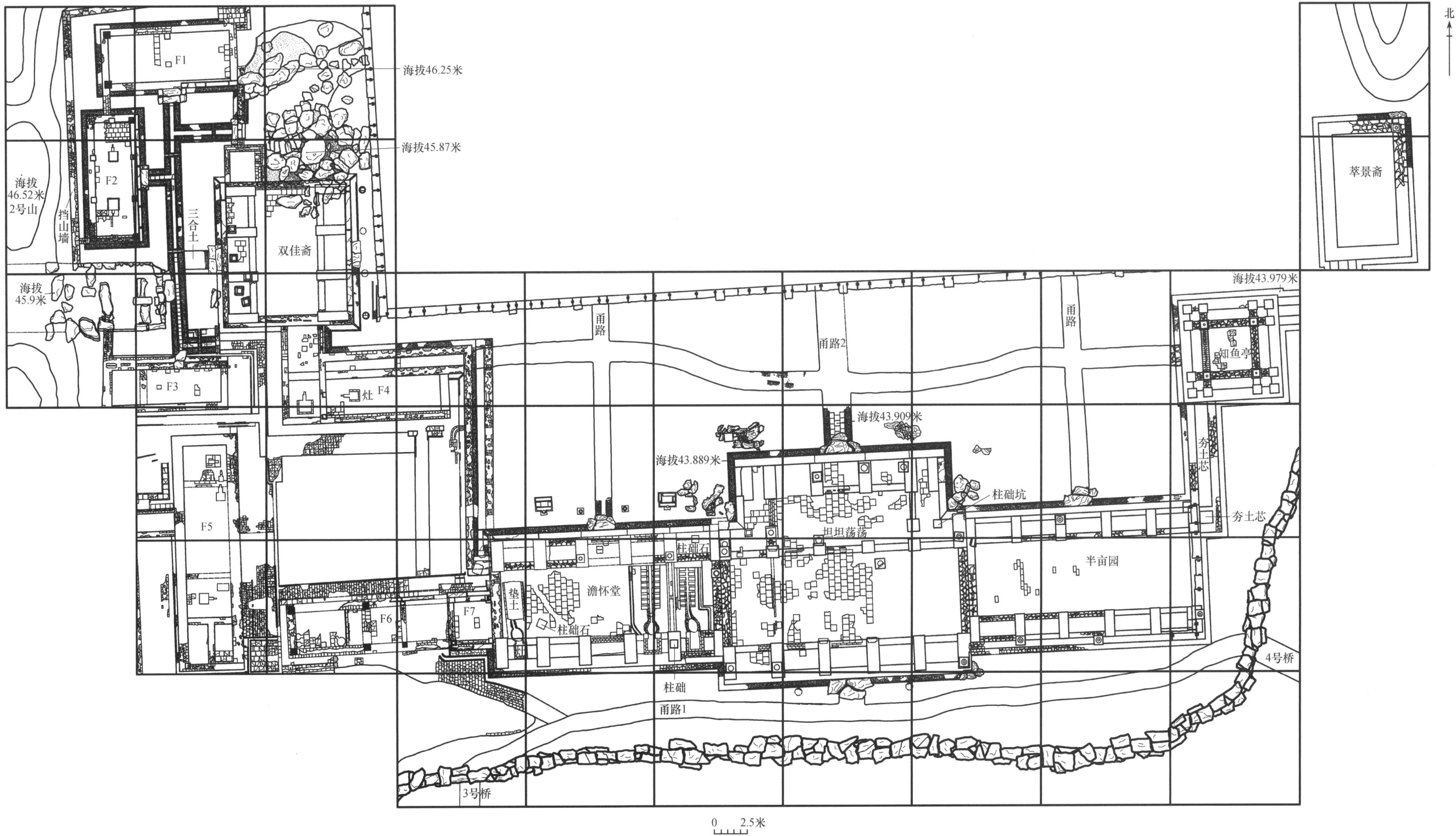

图九　坦坦荡荡遗址探方遗迹图

海拔46.25米
海拔45.87米
F1
F2
海拔46.52米 2号山
挡山墙
三合土
双佳斋
海拔45.9米
F3
灶 F4
甬路
甬路2
海拔43.979米
萃景斋
北
知鱼亭
夯土芯
海拔43.909米
海拔43.889米
柱础坑
坦坦荡荡
半亩园
夯土芯
F5
柱础石
垫土
澹怀堂
F6
F7
柱础石
柱础
甬路1
4号桥
3号桥
0　2.5米

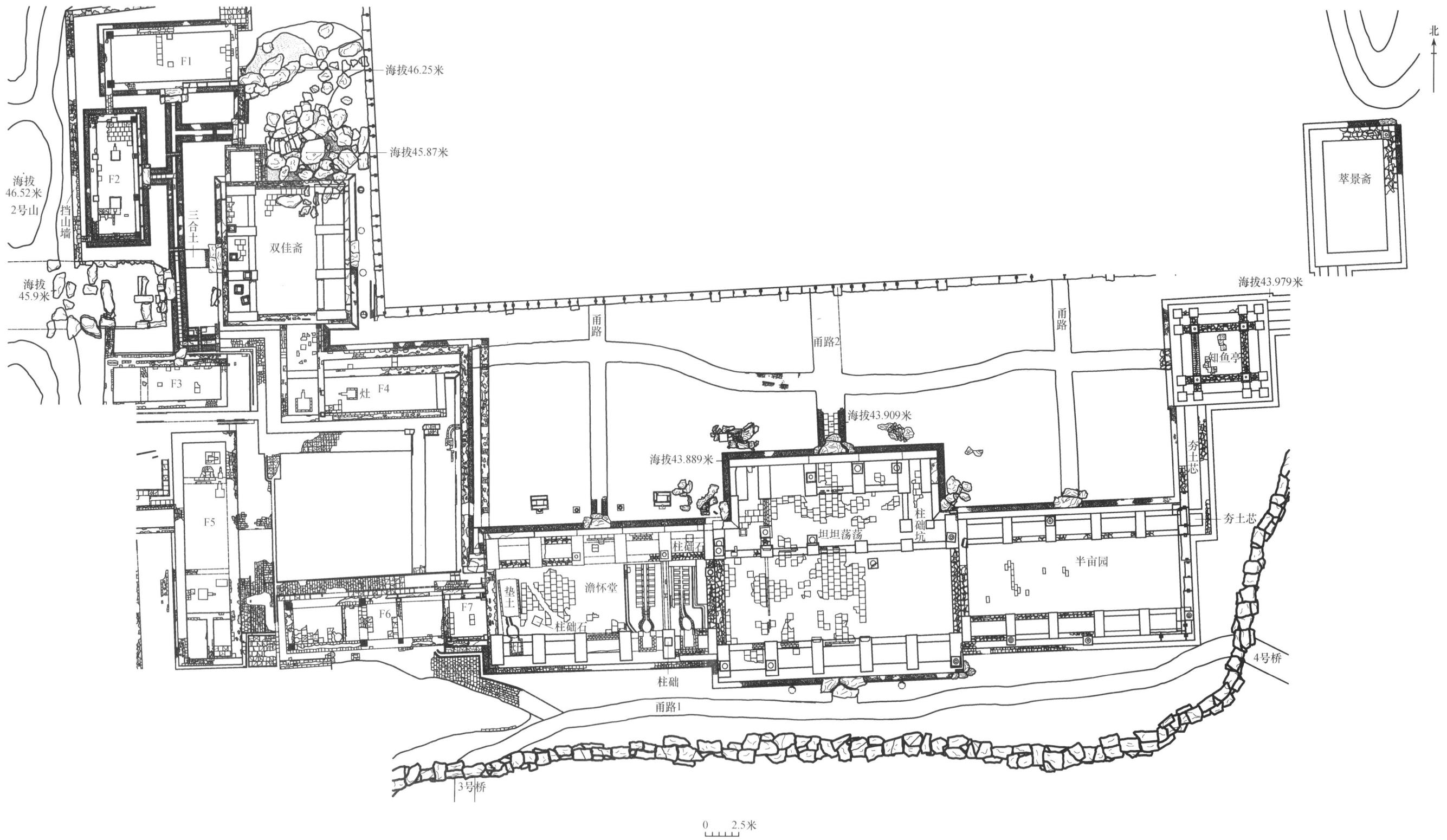

北

海拔46.25米

海拔45.87米

海拔43.979米

海拔43.909米

海拔43.889米

海拔46.52米
2号山

挡山墙

三合土

双佳斋

萃景斋

观鱼亭

海拔45.9米

甬路

甬路2

甬路

夯土芯

夯土芯

F1

F2

F3

灶 F4

F5

柱础石

F6

F7

垫土

柱础石

澹怀堂

柱础石

坦坦荡荡

柱础坑

半亩园

柱础

甬路1

4号桥

3号桥

0 2.5米

图一○ 坦坦荡荡遗址第一发掘区建筑遗迹平面图

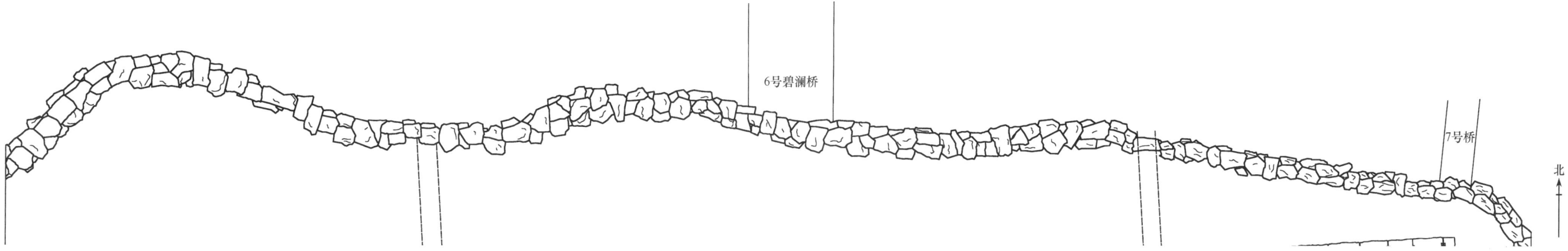

图一二　利用泰淀堤北起东、测面图

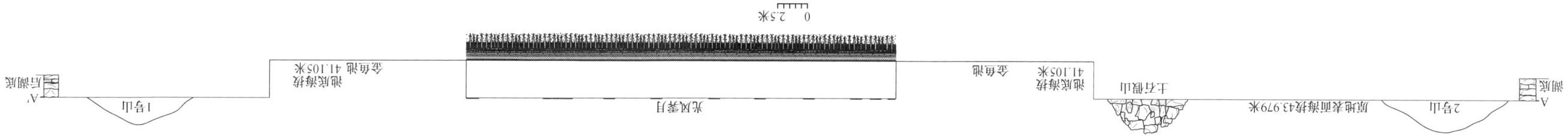

0　2.5米

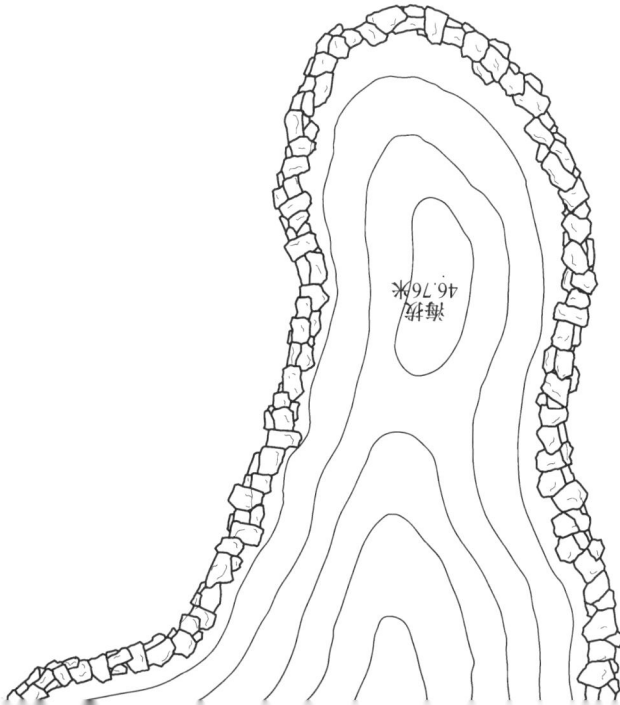

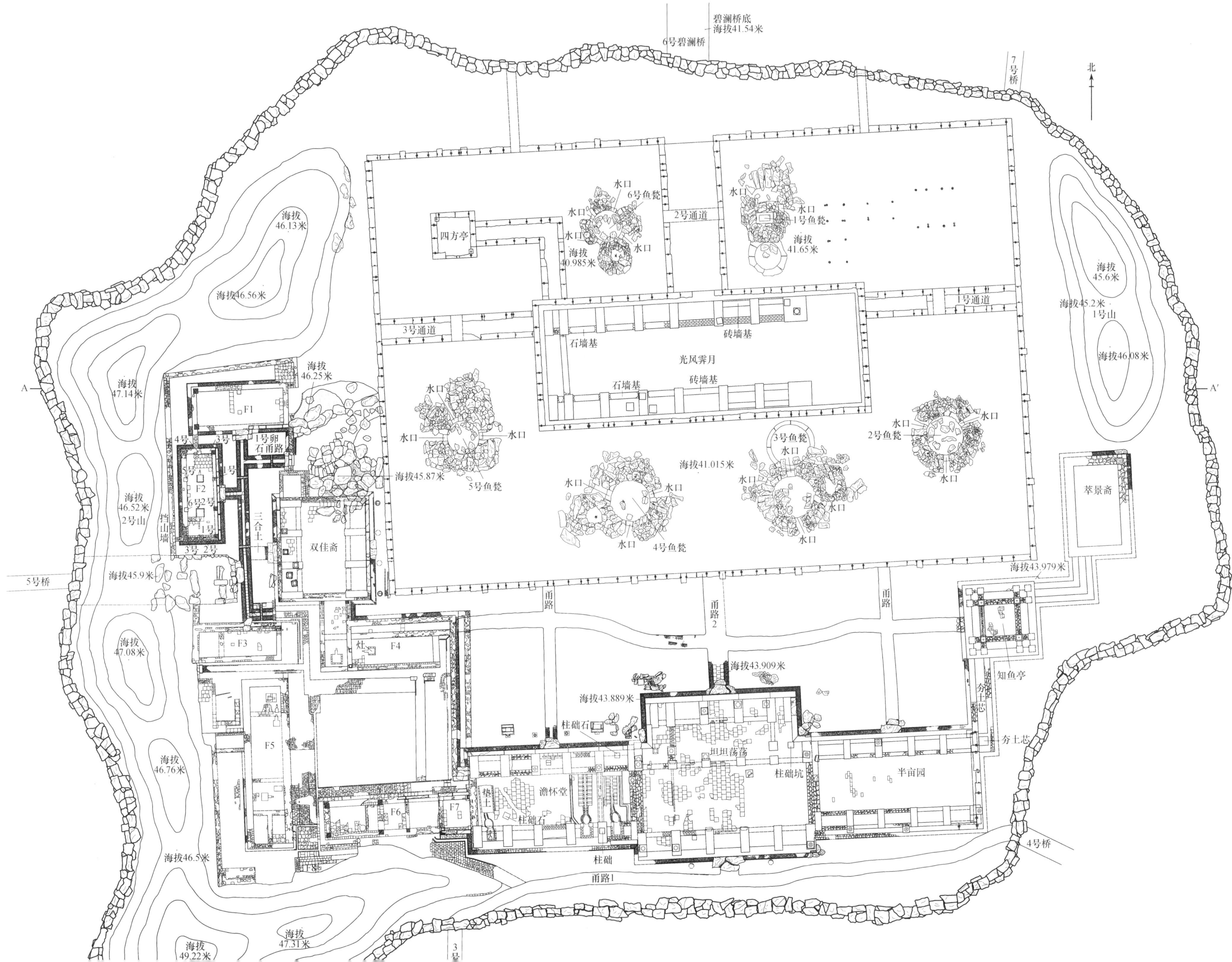

碧澜桥底
海拔41.54米

6号碧澜桥

7号桥

北

海拔
46.13米

海拔46.56米

四方亭

水口
6号鱼凳
水口
水口
海拔
40.985米
水口

水口
1号鱼凳
海拔
41.65米

2号通道

水口

1号通道

3号通道

石墙基
砖墙基

光风霁月

石墙基
砖墙基

海拔45.2米
1号山

海拔46.08米

海拔
46.25米

A

海拔
47.14米

F1

4号 3号
1号卵
石甬路
5号
1号
F2
6号2号
1号
3号 2号

挡山墙

三合土

双佳斋

水口

水口
5号鱼凳
海拔45.87米

水口

水口

海拔41.015米

3号鱼凳
水口

水口
2号鱼凳
水口

水口

水口

萃景斋

海拔
46.52米
2号山

海拔
47.08米

5号桥
海拔45.9米

F3

灶
F4

水口
4号鱼凳

水口

甬路

甬路
2

甬路

海拔43.979米

知鱼亭

夯土芯

F5

海拔43.909米

海拔43.889米

柱础石

坦坦荡荡

柱础坑

半亩园

夯土芯

F6
恭土
F7

澹怀堂
柱础石

柱础

4号桥

海拔46.76米

海拔46.5米

甬路1

海拔
49.22米
海拔47.31米

3号

2. 考古发掘

　　2003年9月～2004年6月，我们在第一发掘区进行了全面发掘。2004年7～12月，又在第二发掘区作了全面发掘。在上述两个发掘区内，共揭示出8项主要建筑遗迹：①坦坦荡荡（素心堂）大殿基址；②澹怀堂基址；③半亩园基址；④知鱼亭基址；⑤萃景斋基址；⑥双佳斋基址；⑦光风霁月基址；⑧金鱼池遗址。在遗址西部，还揭示出值房基址8座（F1～F8），过山道遗迹1条，土石假山1座，院墙基址1处，以及以不同建筑材料铺砌的甬路4条等（图一二）。

　　在坦坦荡荡遗址，特别是在金鱼池内，还发掘出土了一批具有重要历史价值的汉白玉石刻、玉器、铜器、西洋钟和瓷片等文物。

3. 地层

　　坦坦荡荡遗址的地层堆积比较简单，以双佳斋东北角地层剖面为例做出说明。

　　这里的地层堆积，自上而下的序列是：最上层为现代垃圾堆，厚0.59～0.7米；现代垃圾堆下面是灰褐色杂填土层，为近、现代垫土层，厚1.07～1.14米，此层地表即现代地面；在灰褐色杂填土层之下，即为清代建筑基址，清代建筑基址皆打破并坐坑于黑色黏土生土层中，黑色黏土生土层厚1.4米；黑色黏土生土层之下，为原始沙石层，以细白沙为主，夹杂少量小颗粒鹅卵石，厚度在2米以上（图一三）。

　　本报告将全面、系统地报道北京市文物研究所圆明园考古队于2002年度在圆明园坦坦荡荡遗址开展考古勘探，以及2003～2004年度在该遗址进行有计划的考古发掘所获得的全部考古资料和初步研究成果（不含碧澜桥遗址发掘资料，这份资料将统一收入后续出版的《圆明园西部桥涵遗址发掘报告》中）。

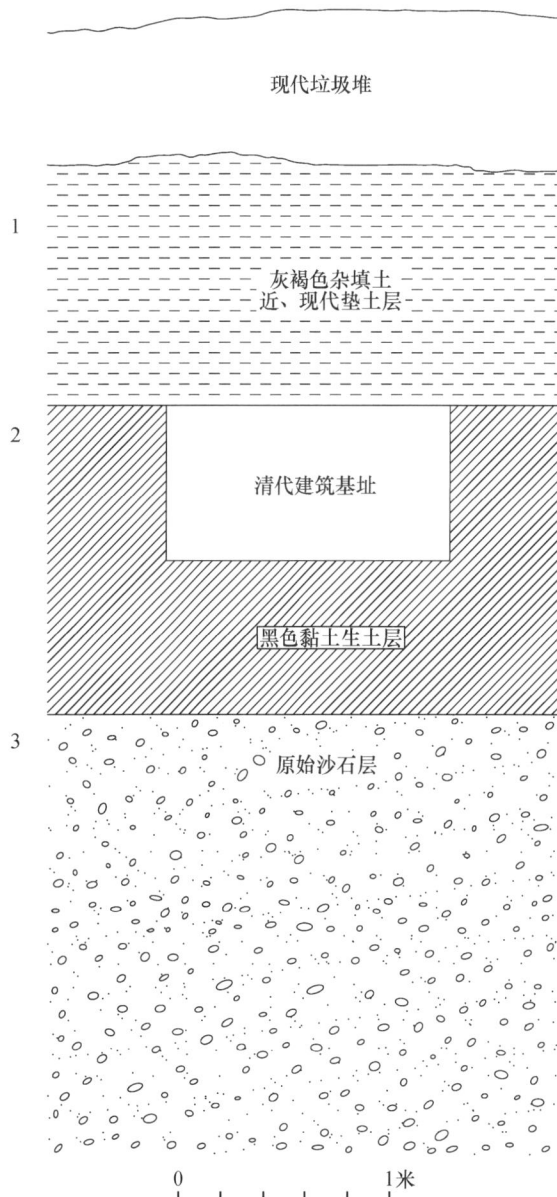

现代垃圾堆

灰褐色杂填土
近、现代垫土层

清代建筑基址

黑色黏土生土层

原始沙石层

0　　　　　　1米

图一三　坦坦荡荡遗址双佳斋东北角地层剖面图

第三节　遗　　迹

一、坦坦荡荡大殿（素心堂）基址

1. 位置

坦坦荡荡大殿（素心堂）基址，位于坦坦荡荡遗址南部，整个大殿的基址分布在探方TF1、TF2、TF3、TG1、TG2、TG3、TH1、TH2、TH3之内。大殿北临金鱼池，南面紧临湖岸（图版七，1），东面与半亩园大殿相连接，西面与澹怀堂大殿相连接。三个大殿坐北朝南，一字排开。

2. 保存状况

素心堂大殿基址破坏严重，残存遗迹有：①台基；②阶条石；③柱础坑；④柱础石；⑤砖墙；⑥墙基；⑦拦土墙；⑧灰土基础；⑨夯土芯；⑩基槽；⑪散水；⑫台阶；⑬甬路；⑭铺地砖；⑮花池；⑯太湖石。共16项，分别叙述如下。

（1）台基

东西长16.45、南北宽17米，仅殿基的北部和东西两侧（素心堂北侧中部向北凸出部分长4.75米）保存有阶条石，其他均遭破坏。台基高0.35米（散水面至阶条石表面的高度）。

（2）阶条石

所残存下来的阶条石分布在殿址的北部和东西两侧，共残存9块，编号为1~9号。均为青石质，经加工打制而成，边缘整齐，阶条石宽0.65、厚0.2米，由西向东编号为1~9号，1号残长1.3米，2号长2.5米，3号长2.2米，4号长6.3米，5号长3.95米，6号长3.45米，7号长2.8米，8号残长1.9米，9号残长2.75米。由于风化及晚期的破坏，所残存的阶条石均有不同程度的损坏。

（3）柱础坑

柱础坑分布在殿址南北两侧及中部，共有21个，编号为1~21号。南北两侧各有6个柱础坑，编号自西向东分别为：南侧1~6号，北侧7~12号。其中居于南侧东西两端的1、6号和居于北侧东西两端的7、12号，为四连柱础坑（与相邻建筑的柱础坑相连接所形成的柱础坑）。这4个四连柱础坑，平面均呈长方形，南北长2.2、东西宽1.6、深0.7米。除了以上这4个四连柱础坑之外，位于殿址南侧1、6号之间的2~5号柱础坑，以及位于素心堂北侧向北凸出部分的16~21号柱础坑，均为南北相互对应的双连柱础坑。这10个双连柱础坑，平面也呈长方形，南北长均为2.2、东西宽均为0.95、深均为0.7米。而位于殿址中部前排（偏南侧）的8~11号柱础坑，以及位于殿址中部后排（靠北侧）的13~15号柱础坑，则为7个正方形的柱础坑。其中8~11号、13、14号，边长均为0.95、深均为0.7米，15号柱础坑规格略小，边长0.6、深0.7米。

（4）柱础石

坦坦荡荡殿址内共分布柱础石16个，其中仅有8号柱础石没有移位，其他15个柱础石均被移位，或有不同程度的损坏。柱础石全部为青石打制而成，编号为1～16号。

1号柱础石：位于1号柱础坑的中部，已移位，方形，边长0.75、厚0.35米；鼓镜圆形，直径0.45米，凸出约5厘米。2号柱础石：位于2号柱础坑的中部，已移位，其形制规格同1号柱础石。3号柱础石：位于3号柱础坑的北侧，已移位，立靠在3号柱础坑的北壁上，其形制规格同1号柱础石。4号柱础石：位于4号柱础坑的北侧，已移位，立靠在4号柱础坑的北壁上，其形制规格同1号柱础石。5号柱础石：位于6号柱础坑的西南角，已移位，方形，边长0.7、厚0.35米；鼓镜为圆形，直径0.45米，凸出高度为4厘米；鼓镜中间有圆柱形柱窝，直径0.15、深0.15米。6、7号柱础石：位于7号柱础坑的东南角，6号柱础石有一半压在7号柱础石之上，其形制规格同1号柱础石。8号柱础石：位于8号柱础坑的西侧，未移位，方形，边长0.58米；鼓镜平面亦为圆形，边长0.38米，凸出部分高3厘米。9号柱础石：位于13号柱础坑内，已移位，其形制规格同1号柱础石。10号柱础石：位于8号柱础坑内，已移位，立靠在8号柱础坑的北壁上，其形制规格同1号柱础石。11号柱础石：位于9号柱础坑的北侧，其形制规格同1号柱础石。12号柱础石：位于12号柱础坑的西南角，已移位，其形制规格同5号柱础石。13号柱础石：位于10号柱础坑的东南侧，残，其形制规格同1号柱础石。14号柱础石：位于18号柱础坑的中部，已移位，其形制规格同1号柱础石。15号柱础石：位于19号柱础坑的西北角，已移位，其形制规格同1号柱础石。16号柱础石：位于20号柱础坑的西侧，其形制规格同1号柱础石。

（5）砖墙

该殿址共残存三段砖墙。第一段分布在17号和13号柱础坑之间，南北方向，砖墙南北长3、东西宽0.4米，共残存2层砌砖。其建筑方法是，用规格25厘米×12厘米×5厘米的青砖和白灰错缝砌筑而成。第二段残砖墙分布在3号和2号柱础坑之间，东西残长1.25、南北宽0.4米，砌筑方法与用砖均同于第一段砖墙。第三段砖墙分布在2号和1号柱础坑之间，东西残长0.9、南北宽0.4米，其砌筑方法与用砖均同于第一段砖墙。

（6）墙基

用红色砂岩石砌筑而成。石块中间以白灰黏合，殿址的西侧墙基南北残长6.5、东西宽0.6、残高0.6米，东侧墙基南北残长6.5、东西宽0.6、残高0.6米。

（7）拦土墙

分布在殿址的南北两侧，均为东西向，南北宽0.5、高0.6米（由灰土基础算起）。拦土墙均用红色砂岩和白灰砌筑而成。南北两侧各有两条拦土墙，规格相同，每侧两道拦土墙相距1.5米。

（8）灰土基础

详见解剖记录。

（9）夯土芯

分布在南北两侧的拦土墙之间和台基的中间，共有5层。上半部为一层三合土，厚0.12

米。三合土层以下为夯土层，土色为黄褐色，土质中夹杂了少许白灰，由上而下共分4层，厚度分别为17、7、13、11厘米。

（10）基槽

由于殿址的南侧破坏严重，南侧墙基已被毁掉。经清理，该墙基基槽东西长19.25、南北宽0.9、深0.7米（由灰土基础至铺地砖的表面高度）。

（11）散水

分布在殿址四周，北侧及东西两侧的散水保存基本完整，散水由大小不等的卵石铺砌而成，散水的外侧以规格25厘米×12厘米×5厘米的青砖镶边，散水宽0.45米，内高外低形成缓坡形。分部在殿址南侧的散水保存状况较差，散水西头有一部分已被毁掉，此散水同于北侧散水，规格也相同。

（12）台阶

该殿址共有两级台阶，分布在殿址南北两侧的中部，北侧台阶紧靠台基，该台阶共有两级，由天然太湖石组成。由上而下第一级由3块太湖石组成，东西长3.25、南北宽1米；第二级由1块太湖石铺成，东西长1.25、南北宽0.5米。

（13）甬路

台阶向前为大殿的中心甬路，东西宽2.15米，中间为铺砖，地面共有三列，用规格38厘米×38厘米×5厘米的方砖铺成。两侧为卵石地面，以大小不同的鹅卵石铺砌而成。卵石两侧边用规格25厘米×12厘米×5厘米的青砖镶边。甬路向北延伸，与甬路L2相连接。南侧台阶位于基槽的中部，该台阶共有2级，皆由天然太湖石组成，由上而下第一级由2块太湖石组成，台阶东西长3.4、南北宽0.75米；第二级由1块太湖石砌筑，东西长2、南北宽0.95米。台阶向前为大殿的中心甬路，甬路遭破坏，仅存三合土路基，路基宽1.95米，向前延伸与甬路L1相连接。

（14）铺地砖

该殿址残存铺地砖较少，大部分分布在殿址的中部、北部及西部，其他零星分布有几块，铺地砖经过打磨，为48厘米×48厘米×5厘米的方块大砖，由于后期的破坏及风化，大部分已龟裂，其铺砌作"工"字形排列。

（15）花池

在殿址南侧分布有2个圆形花池，在台阶的东西两侧各1个，该花池直径为0.5米，外缘用弧形砖镶边（残存1块）。

（16）太湖石

分布在殿址北侧中心甬路的东西两侧，由大小不一的太湖石堆砌。东侧由若干太湖石堆成了一个东西长2.5、南北宽1.25、高0.8米的自然石堆。西侧同样用若干太湖石堆成了一个东西长3.5、南北宽1.75、高0.7米的石堆。

3. 形制规格

素心堂殿址整体为东西"凸"字形，坐北朝南，以转角石计算，该殿址东西长19.25、南北宽17米（图一四）。根据资料和台基上所残存的砖墙、柱础坑及柱础石的印痕分间，该大殿共分五间。以柱础石的印痕中心距测量，大殿明间面阔3.8、总进深11.55米，东次间面阔3.6、总进深11.55米，东稍间面阔3.7米，总进深7米，西次间、西稍间与东次间、东稍间规格相同。

4. 结构特点

根据资料和发掘的遗迹分析得知，该殿址北侧及南侧均有檐廊，向东与半亩园大殿檐廊相通，向西与澹怀堂大殿檐廊相通，大殿中间（明间）南北两侧留门，殿址的南北两侧由澹怀堂殿址和半亩园殿址的南北两侧向两边延伸形成"十"字形。素心堂大殿是坦坦荡荡遗址主体建

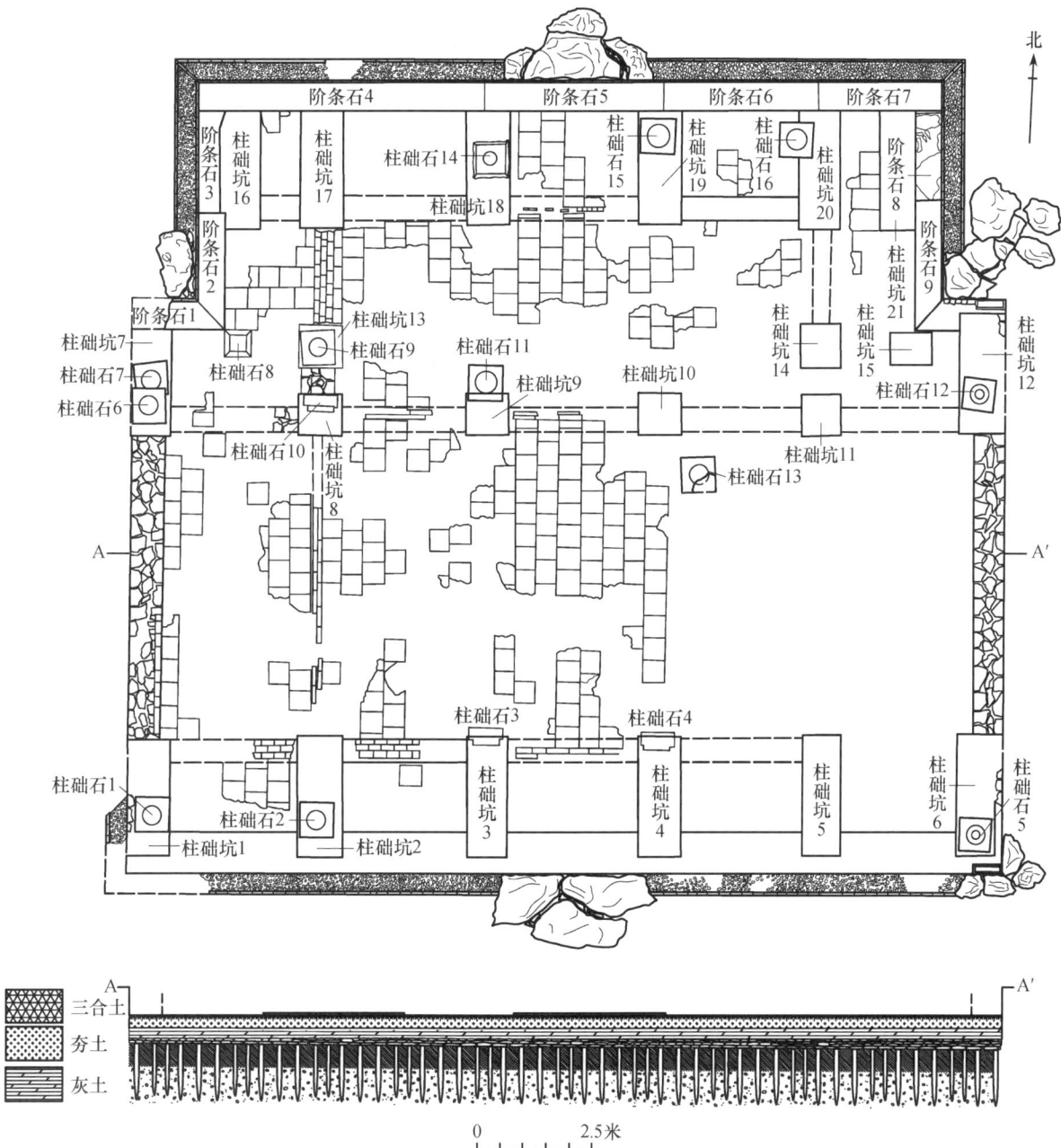

图一四　坦坦荡荡遗址坦坦荡荡大殿（素心堂）基址平、剖面图

筑之一，同时又是主体建筑的中心建筑。

素心堂大殿殿址两侧地面已被大火烧成红烧土。

经解剖，素心堂大殿的墙基深0.55米（散水至大殿底部灰土基础），散水底部三合土厚约0.15米，底部为厚0.4米的夯土，未见分层。夯土以下为大殿灰土基础，厚0.45米。可分2层，第1层厚0.2米，第2层厚0.25米，以下为垂直打入生土的柏木钉，柏木钉直径0.08～0.12、间距0.2～0.25、深1.45～1.5米，柏木钉顶端用0.12米厚的碎石块填充并夯实。柏木钉打入的地层共分2层：第1层为黑色黏土层，厚0.55米，第2层为原始沙层。

二、澹怀堂基址

1. 位置

澹怀堂大殿位于坦坦荡荡遗址的南部，整个大殿的基址分布在探方TD1、TD2、TD3、TE1、TE2、TE3、TF1、TF2、TF3之内。大殿北临金鱼池，南面紧临湖岸，东边与素心堂大殿紧密相连，西边与F7相连接。

2. 保存状况

澹怀堂大殿基址破坏严重，残存遗迹有：①台基；②阶条石；③柱础坑；④柱础石；⑤砖墙；⑥墙基；⑦拦土墙；⑧夯土芯；⑨基槽；⑩灰土基础；⑪散水；⑫台阶；⑬甬路；⑭铺地砖；⑮连地坑（灶）；⑯基座；⑰太湖石。共17项，分别叙述如下。

（1）台基

东西长18、南北宽10.45米，仅北部及东南角保存有阶条石，其他均遭破坏，台基高0.35米（散水面至阶条石表面的高度）。

（2）阶条石

所保存阶条石皆分布在殿址的北部与东南角，大部分分布在殿址的北部，北部东西共排列6块，均为青石质，经加工，边缘整齐，宽0.5、厚0.2米，自西向东编为1～6号。1号残长3.5米，2号长3.35米，3号长3.6米，4号长3.3米，5号长2.6米，6号残长0.5米。殿址的东南角仅存阶条石1块，残长3.35米。由于风化及晚期的破坏，所残存的阶条石均有不同程度的损坏。

（3）柱础坑

柱础坑分布在殿址的南北两侧，共有12个，编号为1～12号，南北两侧各6个，两侧的柱础坑相互对应，其中位于最东端南北对应的2个柱础坑为四连柱础坑，该四连柱础坑南北长2.2、东西宽1.6、深0.7米。其他10个柱础坑均为双连柱础坑，其规格南北长2.2、东西宽0.95、深0.7米。

（4）柱础石

澹怀堂殿址共分布有13个柱础石，其中4个在原位，其他9个均被移位。柱础石全部用青石打制而成，编号为1～13号。详述如下。

1号柱础石：位于2号柱础坑的北侧，正方形，边长0.65、厚0.35米，鼓镜圆形，直径0.4米，凸出4厘米。2号柱础石：位于9号柱础坑内东南角，已移位，正方形，边长0.65、厚0.35米，上部为圆形鼓镜，直径0.4米，凸出4厘米。3号柱础石：位于东边第一次间的北端，11号柱础坑的西南角，已移位，形状、规格均同1号柱础石。4号柱础石：位于东边第二次间的东北角，已移位，形状、规格均同1号柱础石。5号柱础石：位于澹怀堂殿址的东南部，5号柱础坑的中间，已移位，形状、规格均同1号柱础石。6～9号柱础石：皆位于澹怀堂殿址北侧的散水内，由西向东有序排列，此4块柱础石都被移动，倒在散水之内，其鼓面凸出2厘米，4块柱础石均为半个，柱础石南端顶在斗板石上，其柱础石的鼓镜直径为0.3米，中间柱窝直径0.1米，深0.12米。10号柱础石：位于9号柱础石的北面1米处，该柱础石已遭破坏，仅剩一半，其他规格同9号柱础石。11号柱础石：位于8号柱础石北面1米处，正方形，边长0.5米，其他规格同8号柱础石。12号柱础石：位于7号柱础石对面，原位未动，形状、规格同11号柱础石。13号柱础石：位于6号柱础石对面，原位未动，该柱础石已遭破坏，仅剩一半，其他规格同6号柱础石。

（5）砖墙

该殿址共残存有两段砖墙，其中一段位于殿址的东北部，该砖墙东西长1.5、南北宽0.4米，仅残存2层砌砖，其砌筑方法是用规格25厘米×12厘米×5厘米的青砖错缝砌筑而成。另一段砖墙位于基址的南部，砖墙残长2.5、南北宽0.4米，其砌筑方法同北侧砖墙。

（6）墙基

用红色砂岩砌筑而成，石块中间以白灰黏合。大殿西侧的墙基南北残长11.25、东西宽0.8、残高0.3～0.5米，东侧墙基南北残长5.5、东西宽0.65、残高0.7米左右。

（7）拦土墙

分布在殿址的南北两侧，两侧均有两条东西向拦土墙，两拦土墙之间宽度为1.65米，拦土墙南北宽0.5、高0.6米（由灰土基础算起）。拦土墙均由红色砂石和白灰黏合砌筑而成。两侧的拦土墙规格相同，南侧较北侧破坏严重。

（8）灰土基础

详见解剖记录。

（9）夯土芯

分布在殿址南北两侧的拦土墙之间及台基的中间，共有7层。上半部为三合土层，由上而下共分3层，分别厚0.05、0.07、0.08米。三合土层以下为夯土层，土色为黄褐色，夹杂少许白灰，由上而下分为4层，分别厚0.09、0.1、0.1、0.11米，北侧夯土芯保存完整，南侧较北侧破坏严重。

（10）基槽

由于殿址南侧破坏较重，东西向墙基大部分已被破坏，现清理出基槽东西长14.5、南北宽

0.9、深0.7米（由灰土基础至铺地砖表面高度）。

（11）散水

分布在殿址的南北两侧，北侧散水破坏较轻，仅东端有少许破坏，散水由大小不等的卵石铺砌而成，散水的外侧以规格24厘米×12厘米×5厘米的青砖立砌镶边，该散水宽0.45米，内高外低形成缓坡形。分布在殿址南侧的散水破坏较严重，保存情况一般，散水的中部被破坏，该散水为铺砖散水，宽0.45米，用大小不等、规格不一的残砖砌成，外侧以规格24厘米×12厘米×5厘米的青砖立砌镶边。

（12）台阶

位于殿址的北侧正中，紧靠墙基，台阶共有两级，皆由自然太湖石组成。由上而下第一级台阶由2块太湖石组成，东西长2.2、南北宽0.75米；第二级由2块自然太湖石组成，东西长1.5、南北宽0.4米。

（13）甬路

台阶向前为甬路，甬路东西宽1.3米，中间为铺砖甬路（已无存），两侧以大小不等的卵石铺砌而成，卵石两侧用规格24厘米×12厘米×5厘米的青砖立砌镶边，甬路向北延伸，与甬路L2相连接。

（14）铺地砖

残存较少，大部分分布在两边第一次间和第二次间之内。铺地砖是经过打磨的48厘米×48厘米×5厘米的方形大砖，由于风化，大部分已经龟裂，其铺砌方法为"工"字形排列。

（15）连地炕（灶）

澹怀堂殿址内共分布连地炕（灶）3个，分别分布在西边第二次间、东边第一次间与东边第二次间之内，由西向东编为1～3号（图版七，2）。

1号连地炕（灶）：分布在西边第二次间，保存较好，其灶坑位于最南端，灶坑东西宽0.55、南北长1.1、深0.9米，由规格25厘米×12厘米×5厘米的青砖错缝垒砌而成，砖缝之间以白灰黏合。灶坑北端连接火膛，火膛为椭圆形，东西直径0.75、南北直径1、残深0.6米。该火膛以规格25厘米×12厘米×5厘米的青砖错缝垒砌，而且由下而上逐步收缩，在火膛的北侧连接主火道，火道的开端为陡坡形，高0.6米，向北倾斜0.35米，再向北为主火道和分支火道，火道上面残存部分地炕基础，该炕基残存东西宽1.25、南北长2.75、残高0.2米。两侧以青砖垒砌，用砖规格为25厘米×12厘米×5厘米，为单砖错缝垒砌。

2号连地炕（灶）：分布在东边第一次间，该灶破坏严重，残存有灶坑、火膛、火道。该灶的灶坑分布在最南端，灶坑东西宽0.55、南北长1.1、残深0.5米。灶坑底部铺砖由规格25厘米×12厘米×5厘米的青砖和白灰砌筑而成。灶坑的北端连接火膛，火膛为椭圆形，东西直径0.7、南北直径1米，火膛用规格25厘米×12厘米×5厘米的青砖和白灰垒砌，火膛由下而上逐步收缩，在火膛的北端连接着火道，该火道开端向前倾斜形成一个陡坡，落差为0.35米，长0.3米，再向前延伸为南低北高的缓坡形主火道，主火道的两侧共分布了16个分支火道，东西两侧各8个，分支火道的进火口宽5、进深15厘米，主火道南北长4、宽0.25米。主火道和分支火道由规格25厘米×12厘米×5厘米和50厘米×25厘米×5厘米的青砖共同砌筑而成。分支火道通向两侧烟道，南北长5.5、东西宽约0.15米，由于破坏严重，烟道仅残留其砌砖的痕迹。

3号连地炕（灶）：分布在东边第二次间，表面遗迹已遭严重破坏，只剩下基址轮廓。残存有灶坑、火膛、火道三部分。其与2号连地炕（灶）相邻，形制结构大同小异。灶坑位于最南端，东西宽0.55、南北长1.1、深0.9米，用规格25厘米×12厘米×5厘米的青砖错缝垒砌而成，砖缝之间以白灰黏合。灶坑北侧连接火膛，火膛平面呈椭圆形，东西直径0.75、南北直径1.05、残深0.65米，该火膛亦用规格25厘米×12厘米×5厘米的青砖和白灰砌筑，火膛自上而下逐步收敛。火膛北端与主火道呈南北向贯通式，通长3.78、宽0.25米。南段稍向东南侧弯曲，弯曲段长1米。这段弯曲的主火道呈陡坡形，高0.6、向北倾斜0.45米，与分支火道相接。分支火道分布于主火道东西两侧，每侧8个，共16个，呈对称布局。分支火道进火口宽5、进深15厘米。主火道和分支火道分别用25厘米×12厘米×5厘米和50厘米×25厘米×5厘米的青砖砌筑而成。分支火道通向两侧烟道，南北长5、东西宽0.15米。因遭破坏，烟道仅余砌砖印痕。

（16）基座

分布在殿址的北面，澹怀堂殿址中心甬路的两侧分别用4块条石相对砌成，形成东西长1.4、南北宽1.1米的空心基座，平面与地表处于同一水平面。

（17）太湖石

分布在殿址的东北角外侧，由大小不一的太湖石组成，其高度在0.7米左右。

3. 形制规格

澹怀堂殿址整体为东西向长方形，坐南朝北，以散水的边计算，殿址东西长18.25、南北宽11.35米（图一五）。根据资料和台基上保存残砖墙及柱础石的印痕看，该大殿共分五间。以柱础石的印痕中心距测量，大殿明间面阔3.55、进深6.8米。明间东西两侧各有两间次间，进深均为6.8米，面阔为：东边第一次间3.4米，第二次间3.45米；西边一次间3.3米，第二次间3.25米。

4. 结构特点

根据资料和发掘的遗迹现象可知，澹怀堂大殿是坦坦荡荡遗址内的主体建筑之一，该大殿南北两侧均有檐廊，向东与坦坦荡荡大殿的檐廊相通，中部前面留门，西侧与F7连接。

澹怀堂殿址两侧的地面，已被大火烧成红烧土。

经解剖，澹怀堂大殿内墙基深0.55米（散水距灰土基础），散水底部三合土厚0.12米，未见分层。三合土以下为夯土，厚0.43米，未见分层。夯土以下为灰土基础，厚0.45米，可分2层，第1层厚0.2米，第2层厚0.25米。灰土基础底部有垂直打入生土的柏木钉，柏木钉直径0.08～0.1、间距0.2～0.23、长1.4～1.45米，柏木钉顶端填充0.12米厚的碎石块并夯实。柏木钉打入的地层共分2层，第1层为黑色黏土层，厚0.55米，第2层为原始沙层。

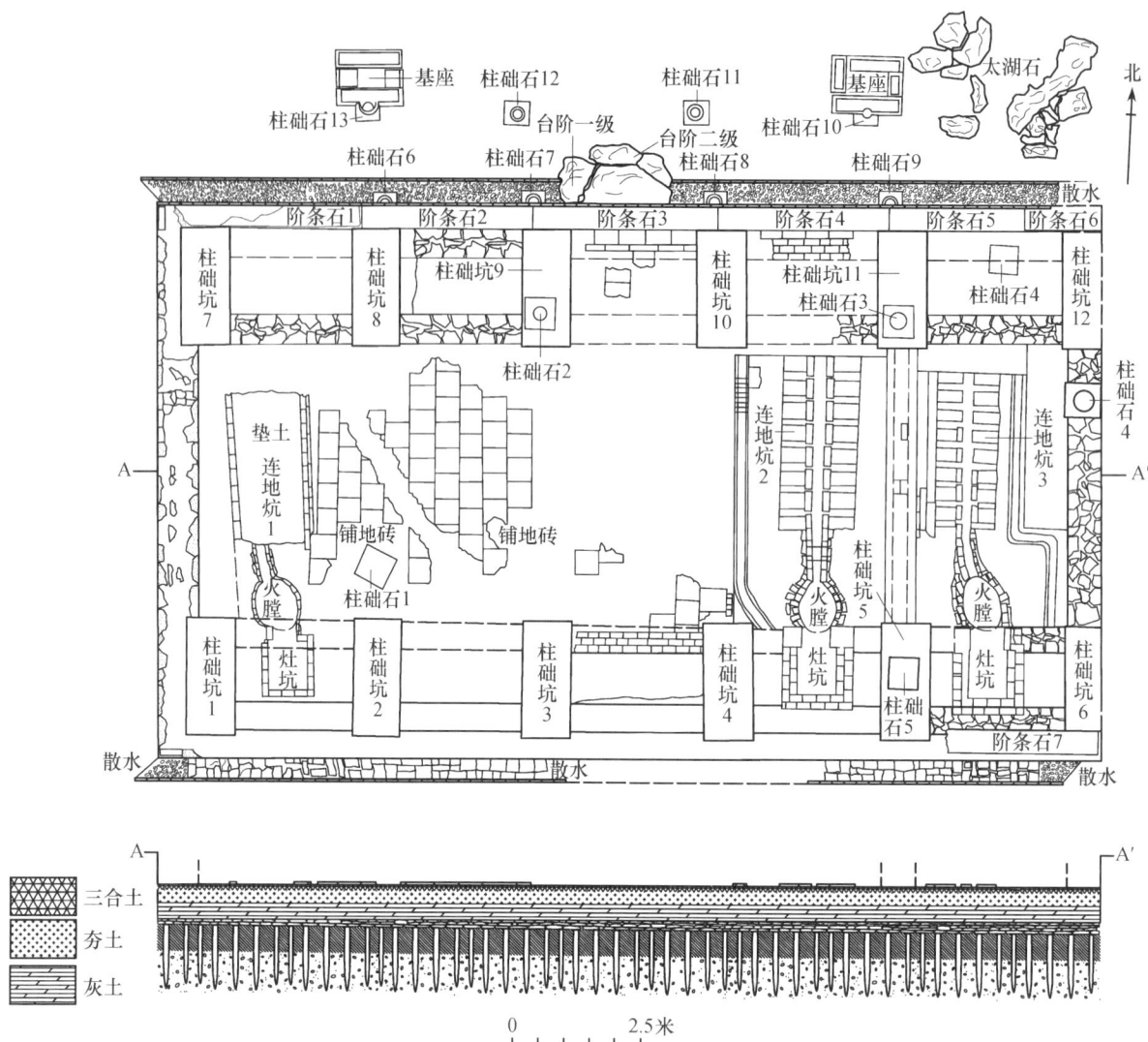

图一五　坦坦荡荡遗址澹怀堂基址平、剖面图

三、半亩园基址

1. 位置

半亩园大殿基址位于坦坦荡荡遗址的南部，整个大殿的殿址分布在探方TH1、TH2、TH3、TI1、TI2、TI3、TJ1、TJ2、TJ3之内，殿址北临金鱼池，南面和东面紧临湖岸，西面与素心堂殿址相连。

2. 保存状况

半亩园大殿基址破坏严重，残存遗迹有：①台基；②柱础坑；③柱础石；④墙基；⑤拦土墙；⑥夯土芯；⑦灰土基础；⑧基槽；⑨散水；⑩台阶；⑪甬路；⑫铺地砖；⑬条石；⑭太湖石。共14项，分别叙述如下。

（1）台基

东西长18.25、南北宽10.9米，遭破坏严重，台基高0.25米（散水面至铺地砖表面的高度）。

（2）柱础坑

分布在殿址的南北两侧，共有柱础坑12个，编号为1~12号，南北两侧各6个。两侧的柱础坑相对应，其中位于殿址最西端，南北两侧相对的2个柱础坑为四连柱础坑，南北长2.2、东西宽1.75、深0.6米。其他10个柱础坑均为双连柱础坑，其规格为南北长2.2、东西宽0.75、深0.6米。

（3）柱础石

半亩园殿址共发现5个柱础石，全部由青石打制而成，均已移位，编号为1~5号。

1号柱础石：位于2号柱础坑的南侧，正方形，边长0.7、厚0.35米，鼓镜为圆形，直径0.45米，凸出高度为4厘米，鼓镜中间有直径0.15、深0.15米的圆形柱窝。2号柱础石：位于4号柱础坑的西侧，已移位，规格同1号柱础石。3号柱础石：位于6号柱础坑的东侧，已移位，规格同1号柱础石。4号柱础石：位于7号柱础坑的东南角，立靠在柱础坑的东壁上，规格同1号柱础石。5号柱础石：位于9号柱础坑内的北侧，已移位，规格同1号柱础石。

（4）墙基

用红色砂岩砌成，石块之间用白灰黏合，在殿址的西侧残存墙基，南北长3.9、东西宽0.35、残高0.4米。

（5）拦土墙

分布在殿址的南北两侧，均呈东西走向，每侧各有两条拦土墙，两条拦土墙之间相距1.1米，拦土墙宽0.5、高0.45米，用红色砂岩和白灰砌筑而成。两侧拦土墙破坏较严重。

（6）夯土芯

分布在南北两侧的拦土墙之内和台基之间，共有5层。上半部为三合土层，由上而下共分2层，厚度均为0.09米。三合土以下为夯土层，土色为黄褐色，土质中夹杂少许白灰，夯土层由上而下共分3层，分别厚0.12、0.13、0.1米。

（7）灰土基础

详见解剖记录。

（8）基槽

由于殿址的南北两侧破坏严重，已没有残存的墙基，仅清理出基槽。殿址的东侧也仅剩基槽。北侧基槽东西长16.75、南北宽0.9、深0.6米（由灰土基础至铺地砖的表面高度），南侧基槽和北侧基槽相同；殿址东侧基槽南北长9.05、东西宽0.9米。基槽的底部为条石，基槽深0.6米（由条石表面至铺地砖表面高度）。

（9）散水

分布在殿址的南北两侧及东侧，北侧散水仅东头有一小段遭到破坏，其他部分保存较好，此散水由大小不等的卵石铺砌而成，散水的外缘以规格24厘米×12厘米×5厘米的青砖立砌镶边，该散水宽0.45米，内高外低形成缓坡形。分布在殿址南侧的散水遭到严重破坏，散水的东半部已无存，仅剩西半部，宽0.45米，用大小不一的残青砖铺成。散水外缘则以规格24厘米×12厘米×5厘米的青砖立砌镶边。殿址东侧散水破坏严重，仅剩三合土基础，该散水宽亦为0.45米。

（10）台阶

位于殿址北侧正中，紧靠基槽，台阶共有两级，皆由自然太湖石组成。由上而下第一级由1块太湖石砌成，东西长2.25、南北宽0.85米；第二级由2块太湖石组成，东西长2、南北宽0.35米。

（11）甬路

台阶向前为大殿的中心甬路，已被破坏，仅存三合土路基，路基宽1.4米，甬路向北延伸，与甬路L2相连接。

（12）铺地砖

该殿址铺地砖保存较少，均分布在殿址的中西部，铺地砖经过打磨，为长0.45、宽0.25、厚0.1米的长方形大砖，由于风化及晚期的破坏，表面大部分已龟裂。

（13）条石

位于殿址的东侧，分布在东侧基槽的底部，南北排列，贯穿整个基槽，为花岗岩石质，经加工而成，其规模之间连接处有倒三角形石槽，其规格一般长0.75~2、厚0.33米。

（14）太湖石

分布在殿址西北角散水的外侧，由大小不等的若干太湖石组成了南北长2.5、东西宽2、高0.4米的自然石堆。

3. 形制规格

半亩园殿址整体为东西向长方形，坐南朝北，以转角石计算，殿址东西长18.25、南北宽10.9米（图一六）。根据资料、台基、柱础坑及柱础石的印痕得知，该大殿分为5间。以柱础石的印痕中心距测量，大殿明间面阔3.55、总进深6米。东边第一次间面阔3.45、进深6米；第二次间面阔3.4、进深6米。西边第一次间面阔3.4、进深6米；第二次间面阔3.55、进深6米。

4. 结构特点

根据资料和发掘的遗迹表明，半亩园殿址的北侧、南侧及东侧均有檐廊。东侧檐廊向北延伸与游廊连接，通向知鱼亭。北侧中部留门。西侧与素心堂的檐廊相通。半亩园大殿也是坦坦荡荡遗址的主体建筑之一。

半亩园大殿殿址的两侧地面已被大火烧成红烧土。

经解剖，半亩园大殿内墙基深0.55米（散水距灰土基础），散水底部三合土厚0.15米。三合土以下为夯土，厚0.4米，未见分层。夯土以下为灰土基础，厚0.46米，可分2层，第1层厚0.2米，第2层厚0.26米。灰土基础以下为打入生土的柏木钉，柏木钉直径0.08~0.1、间距

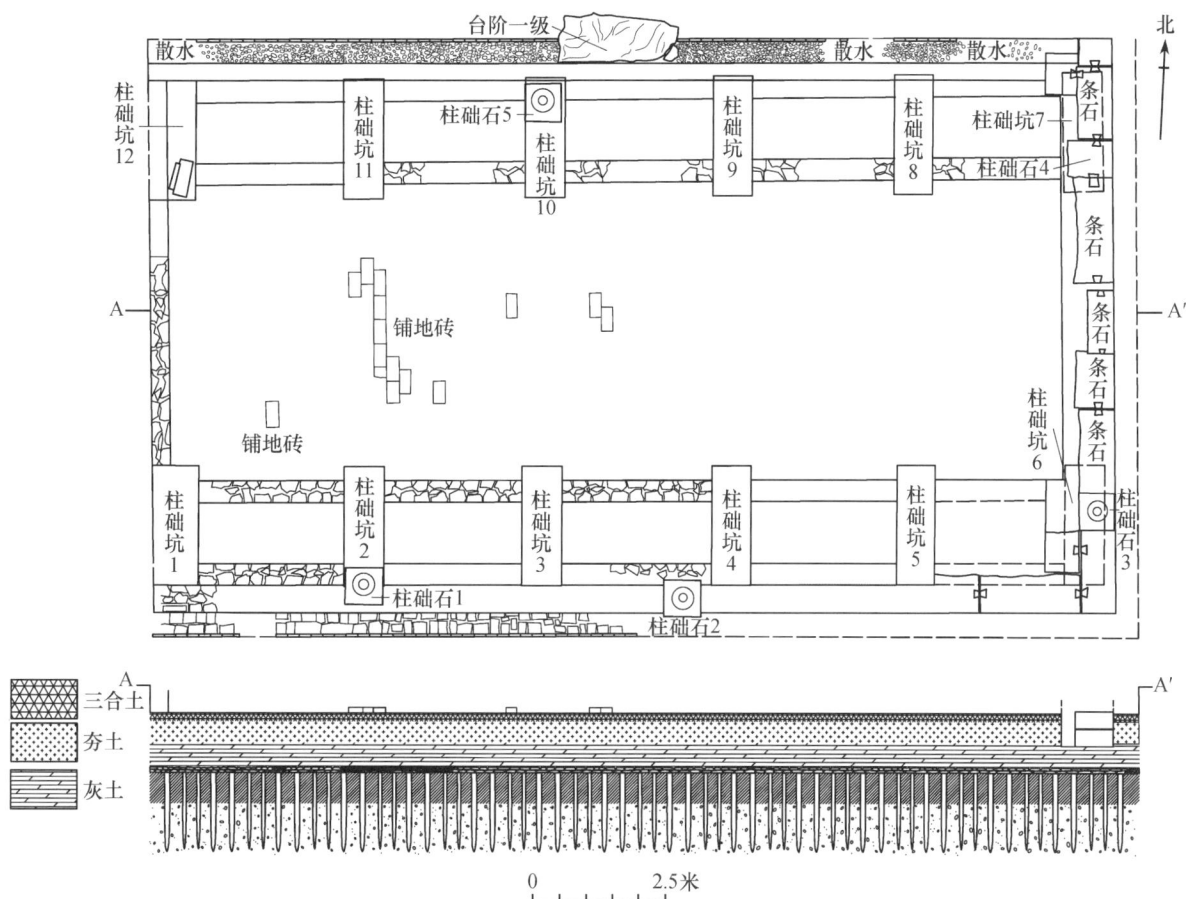

图一六　坦坦荡荡遗址半亩园基址平、剖面图

0.2～0.25、长1.4～1.45米，柏木钉的顶端用碎石块填充并夯实。柏木钉打入的地层可分2层，第1层为黑色黏土层，土质细腻紧密，厚约0.58米，第2层为原始沙层。

四、甬　　路

1. LI

（1）位置

坦坦荡荡遗址共发掘清理出2条甬路，编号分别为L1、L2。

L1位于遗址南部，为沿湖甬路，甬路整体为东西方向，东端与4号桥连接，西端与3号桥连接。整条甬路分布在探方TD1、TE1、TF1、TG1、TH1、TI1、TJ1、TJ2内。

（2）保存状况

该甬路破坏严重，仅残留甬路底部的三合土路基，整条甬路东西长68米，路基宽1.35米。经解剖得知，三合土路基的厚度仅为0.1米，三合土以下为夯筑的垫土层，深度不详。

2. L2

（1）位置

L2位于遗址的中部，北临金鱼池，南邻素心堂殿址。甬路整体为东西方向，东与知鱼亭连接，西与F4前回廊相连接，分布在探方TD4、TE4、TF4、TG4、TH4、TI4、TJ4内。

（2）保存状况

该甬路也遭到严重破坏，仅残存甬路的三合土路基。整条甬路东西长56米，路基宽1.35米，经解剖得知，三合土路基的厚度仅为0.15米，三合土以下为夯筑的垫土层，深度不详。

在素心堂大殿北门甬路的西侧，L2中间位置之上，有一房基式建筑遗迹，该遗迹压于甬路之上，其形状为梯形，东边南北宽4.7米（不包括散水），两边宽3.8米，南北两边长4米，残存部分墙基和散水。散水宽0.35米，用卵石铺砌，外侧用规格25厘米×12厘米×5厘米的立砖镶边。墙基用红砂岩石块和残砖垒砌，宽0.5米，残存高度和散水相平或略低于散水。由于该遗址整体压于甬路之上，其应为晚期建筑（比甬路时代晚）。由于破坏严重，其建筑特点不详。亦因是晚期建筑，故在此不予详述。

五、知鱼亭基址

1. 位置

知鱼亭位于坦坦荡荡遗址的东部，北临金鱼池，南临半亩园殿址，东临湖岸，西临L2，分布在探方TJ3、TJ4之内。

2. 保存状况

知鱼亭破坏较严重，保存下来的遗迹有：①散水；②柱础坑；③柱础石；④拦土墙；⑤台基；⑥基槽；⑦砖墙；⑧灰土基础；⑨铺地砖；⑩甬路。共10项，分别叙述如下。

（1）散水

分布在建筑物的四周，由于破坏严重，仅在亭子西侧北部残存一块由大小不一的卵石铺砌的散水，宽0.45米，外侧用规格24厘米×12厘米×5厘米的青砖立砌镶边。

（2）柱础坑

共有12个，编号为1～12号。方形，边长0.9、深0.86米（由灰土基础至铺地砖表面的高度），与柱础坑和拦土墙相连，12个柱础坑分布在亭子的四个角，每个角有3个柱础坑。

（3）柱础石

分布在亭子的四个角，编号为1～4号。基本没有移位，共残存4块，均为花岗岩制成，正方形，边长0.75米，柱础石厚0.5米，顶部约有5厘米宽的边线，凸起约3厘米。均为覆盆式。凹下部分也呈正方形，边长0.7米，在柱础石的正中心有直径16.5、深18厘米的柱窝。

（4）拦土墙

台基的拦土墙分内外两层，两道拦土墙的间距为0.9米。拦土墙宽0.6米，均用红色砂岩加白灰砌筑而成。

（5）台基

台基为正方形，破坏严重，拦土墙有几处被破坏掉，台基内的夯土芯保存较好，从灰土基础至铺地砖底部高0.81米。上半部第1、2层为三合土，均厚0.09米，第3～5层为夯土层，自上而下分别厚0.15、0.2、0.1米，夯土层土质为黄褐色，其中夹杂少许白灰。

（6）基槽

分布在建筑物的四周，因破坏严重，四周的墙基被破坏掉，现仅清理出基槽，宽0.9、深0.86米（由灰土基础至铺地砖表面的高度）。

（7）砖墙

位于亭址的西侧，分布在3号至1号柱础石之间，南北走向，南北残长4.5、东西宽0.55米，仅存2层砌砖，用25厘米×12厘米×5厘米的青砖和残砖以白灰黏合砌筑而成。

（8）灰土基础

为满堂红基础，详见解剖记录。

（9）铺地砖

分布在亭址的北部和西南角，每处残存3～5块边长40、厚5厘米的方砖，由于晚期破坏和风化，表面均已龟裂。

（10）甬路

位于该建筑的西侧，向西延伸，宽1.5米，由若干石板铺砌而成。

3. 建筑形制

知鱼亭建筑形制为四角方亭。

4. 建筑规格与结构特点

知鱼亭为方形建筑，不包括散水，边长为7.7米（图版八，1）。四周有回廊，亭子的西南角向南连接游廊，通向半亩园的檐廊。亭子的东北角向东连接游廊，通向萃景斋（图一七）。

经解剖，知鱼亭底部的墙基深0.86米（铺地砖至灰土基础），散水底部三合土厚0.2米，未见分层。三合土底部为厚0.4米的夯土。夯土以下为灰土基础，厚0.3米，未见分层。底部有垂直打入生土的柏木钉，柏木钉直径0.07～0.08、间距0.25～0.3、长1.25～1.3米。柏木钉顶端用厚0.12米的碎石块填充夯实。柏木钉打入的地层可分2层，第1层为黑色黏土，土质紧密，厚0.48米，第2层为原始沙层。

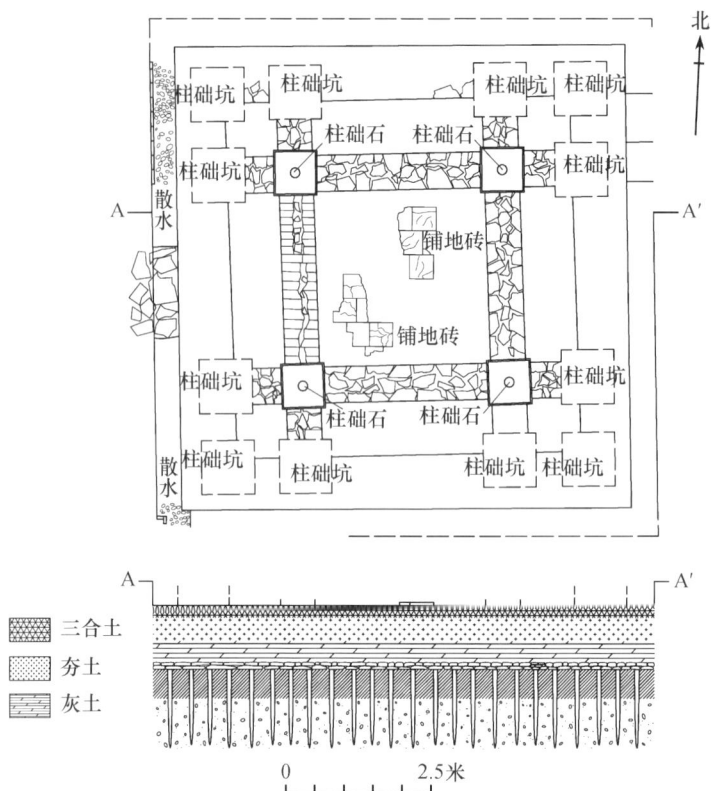

图一七　坦坦荡荡遗址知鱼亭基址平、剖面图

六、萃景斋基址

1. 位置

萃景斋位于坦坦荡荡遗址的东部，北邻1号土山，南面和东面均临湖岸，西临金鱼池。分布在探方TK5、TK6之内。

2. 保存状况

萃景斋破坏严重，残存的遗迹有：①散水；②墙基；③柱础石；④基槽；⑤夯土芯；⑥灰土基础。共6项，分别叙述如下。

（1）散水

分布在基址的四周，唯有东北角残存部分散水，其他位置的散水已被破坏。仅存三合土基础，残存的散水宽0.45米，由鹅卵石铺砌，外侧以规格25厘米×12厘米×5厘米的青砖立砌镶边，形成内高外低的缓坡。

（2）墙基

分布在基址的四周，大部分已被破坏，仅东北角残存部分墙基，是由红色砂岩加白灰砌筑的，墙基宽1米，南北走向的墙基长4米，与之相连的东西走向的墙基长4.5、残高0.45米。

（3）柱础石

分布在萃景斋的东北角，仅残存1块，未移位，该柱础石以花岗岩打制而成，方形，边长0.7、厚0.4米，顶有5厘米宽的边线凸起，为覆盆式。凹下部分为边长0.45米的正方形，柱础石的中心凿有柱窝，直径16、深18厘米。

（4）基槽

分布在基址的东、南、西三侧，基槽宽1、深0.7米（灰土基础至残存的表面高度），基槽分别长：东侧南北长5.25米，南侧东西长5.75米，西侧南北长9.25米。基槽内侧为残存的夯土芯。

（5）夯土芯

分布在基址的中心，东西宽4.75、南北长8.5、深0.7米。夯土芯共4层，最上层为三合土层，厚0.16米。以下3层为夯土层，土色为黄褐色，夹杂少许白灰，夯土层自上而下分别厚0.2、0.15、0.19米。

（6）灰土基础

为满堂红基础，分布在基址的底部，详见解剖记录。

3. 形制规格与结构特点

萃景斋为长方形建筑，南北长10.35、东西宽6.75米（不含散水）。萃景斋西南角向南连接游廊，通向知鱼亭（图一八）。由于破坏严重，其他不详。

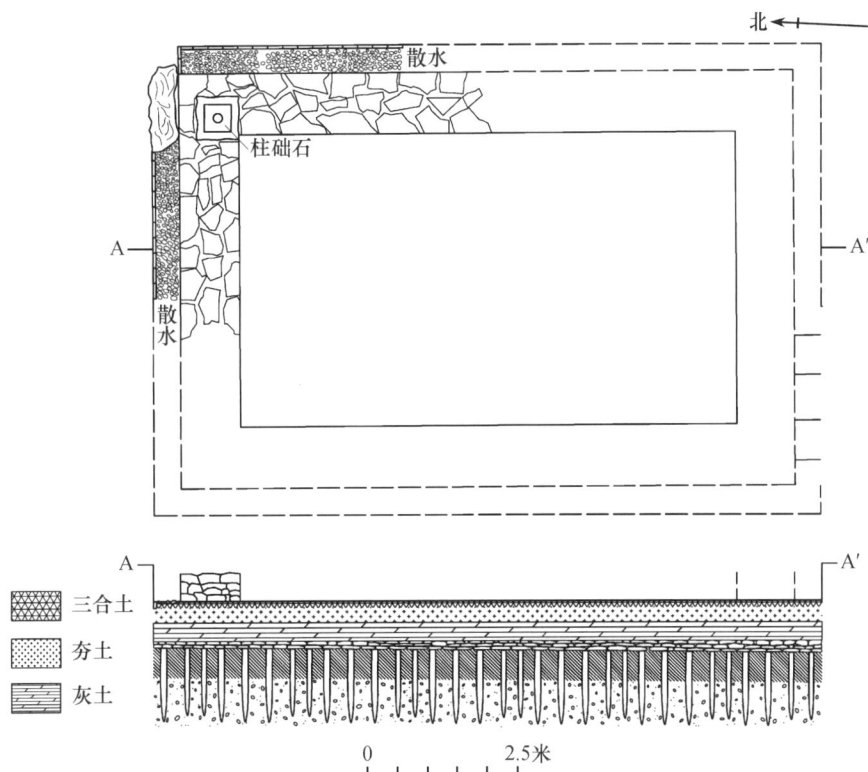

图一八　坦坦荡荡遗址萃景斋基址平、剖面图

经解剖，萃景斋的墙基距灰土基础深0.4米（以铺砖面计算），散水底部三合土厚0.1米。三合土以下为夯土，厚0.25米，未见分层。萃景斋底部的灰土基础厚0.3米，未分层。灰土基础以下为垂直打入生土的柏木钉，柏木钉直径0.08～0.1、间距0.2～0.3、长1.1～1.2米。柏木钉顶端铺有一层厚0.1～0.2米的石块并夯实。柏木钉打入的地层共分2层，第1层为黑色黏土层，厚0.49米，第2层为原始沙层。

七、房　址　F1

1. 位置

位于坦坦荡荡遗址值房区的最北部。西部、北部为土山的护坡墙，东靠土石假山，南与F2相邻，分布于探方TA6、TB6内。

2. 形制规格

F1坐北朝南，为东西向长方形，长10.95（含西侧散水，东侧无散水）、宽5.5米（含散水）。该房未见明显分间，通面阔9.35、总进深3.75米（图一九）。

3. 保存状况

F1保存状况较差，台基上部遗迹全无，现存遗迹有：①台基；②墙基；③柱础坑；④阶条石；⑤散水；⑥台阶；⑦甬路；⑧铺地砖。共8项，分别叙述如下。

（1）台基

东西长10.5、南北宽4.7米，前檐台用青色阶条石压面，其他部分均遭破坏。该台基用石块、砖和白灰砌筑而成，台基高0.35米。

（2）墙基

为红砂岩加白灰砌筑，上部平铺一层灰土，灰土以上为砌砖部分。该房墙基上的砌砖已遭破坏，仅剩东西向墙基及其与南北向墙基转角处的一层砌砖。砌筑方法是错缝平砌，中间部分用残砖填充，白灰黏合。用砖规格为24厘米×12厘米×5厘米的条形砖，该房墙基宽0.55米，与散水高度平行。

（3）柱础坑

F1内共发现柱础坑2个，编为1、2号。1号柱础坑位于南侧墙基与西侧墙基的转角处，正方形，边长0.5、深0.55米。2号柱础坑位于北侧墙基与西侧墙基的转角处，正方形，边长0.5、深0.55米。2个柱础坑底部均为灰土基础。

（4）阶条石

位于房址台基前檐台，仅保存有3块，编号为1～3号。均为青石质，宽0.4、厚0.18米，经

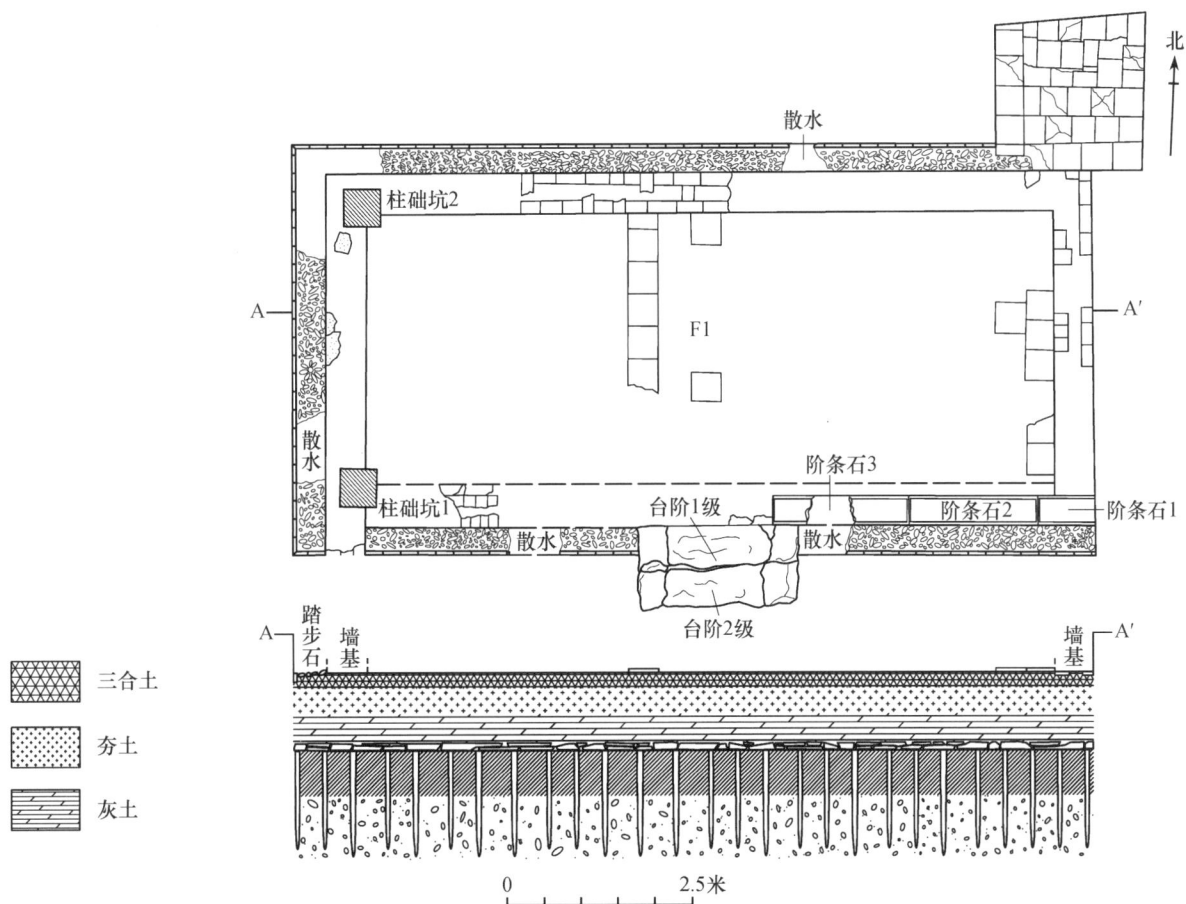

图一九 坦坦荡荡遗址F1平、剖面图

加工，边缘整齐，由东向西，1号东部有部分压在护山墙下，暴露长度为0.7米，2号长1.75米，3号残长1.9米。西侧阶条石已破坏无存。由于风化及晚期破坏，三石均有不同程度的损坏。

（5）散水

分布于台基南侧、北侧及西侧，为卵石铺筑而成，宽0.4米。外侧用24厘米×12厘米×5厘米的立砖镶边，该散水靠墙基的一侧略高，外侧稍低，呈缓坡状。由于晚期破坏，散水表面部分卵石已无存。台基东侧未发现散水。该房址的散水距地表0.52米。

（6）台阶

位于房址南侧，紧靠墙基，台阶共分两级。第一级用3块自然青石组成，长2.15、宽0.5、厚0.1米；第二级同为3块自然青石组成，长2.2、宽0.55、厚0.25米。

（7）甬路

位于台阶前，呈南北向，为卵石甬路，中间铺砖部分宽0.35米，两侧卵石各宽0.45米，用25厘米×12厘米×5厘米的立砖镶边。

（8）铺地砖

该房址内铺地砖为40厘米×40厘米×5厘米的方形砖，错缝平铺，房址内只保存少部分。铺砖底部为三合土。

　　经解剖，F1上部表土层厚约0.52米。墙基深0.45米（从散水至底部灰土基础）。铺地砖底部三合土厚约0.2米，仅1层。三合土底部为夯土芯，夯土芯厚0.35米，可分2层，第1层厚0.18米，第2层厚0.17米。以下为灰土基础。散水底部三合土厚约0.2米，底部为夯土，夯土厚0.35米，未见分层。夯土底部为灰土基础，厚0.38米，未见分层。灰土基础底部打入直径0.06～0.08米的柏木钉，柏木钉长1.3～1.4、间距0.32～0.4米。柏木钉上部铺有厚约0.1米的碎石块。柏木钉打入的地层可分2层，第1层为黑色黏土层，土质细腻紧密，厚约0.6米，第2层为原始沙层。

八、房　址　F2

1. 位置

　　F2位于坦坦荡荡遗址西部，值房区内，北临F1，南靠过山道，西侧为护坡墙，分布于探方TA6、TB6、TA5、TB5内。

2. 形制规格

　　F2坐西朝东，呈南北向长方形，南北长10.5、东西宽4.9米（均含散水），通面阔8.8、进深3.15米。该房址共分三间，明间面阔3.15、进深3.15米；南次间面阔2.85、进深3.15米；北次间面阔2.75、进深3.15米（均以柱础中心间距计算）（图二〇）。

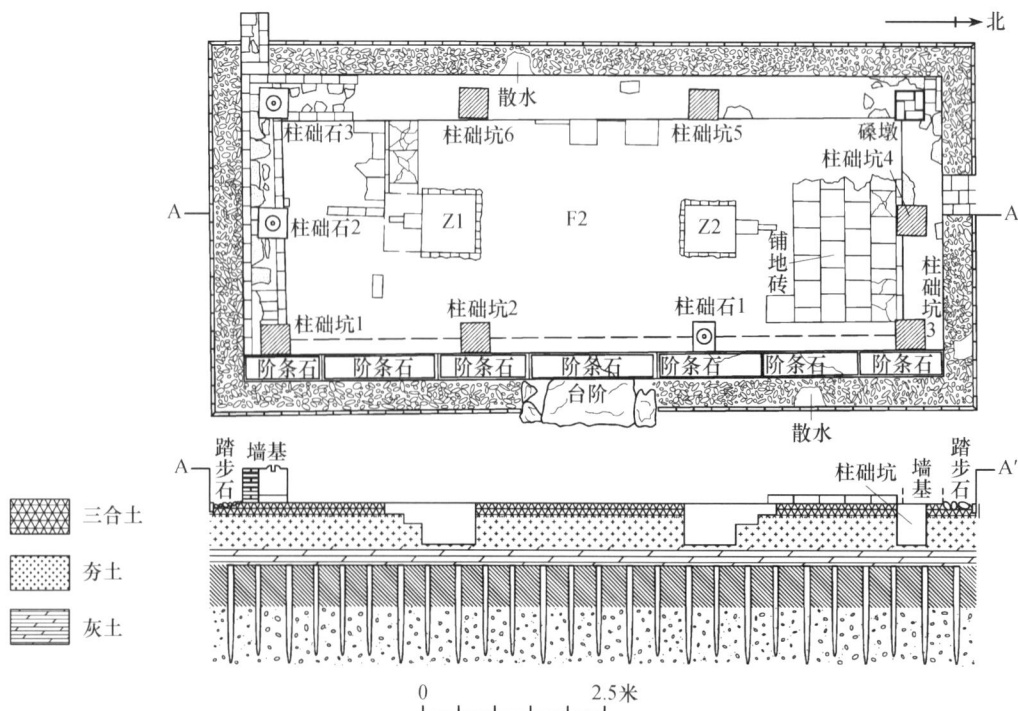

图二〇　坦坦荡荡遗址F2平、剖面图

3. 保存状况

该房址基础保存较为完整，清理出的遗迹有：①台基；②阶条石；③墙基；④柱础坑；⑤磉墩；⑥柱础石；⑦火灶；⑧铺地砖；⑨散水；⑩台阶；⑪甬路。共11项，分别叙述如下。

（1）台基

南北长9.7、东西宽4.1米，用石块、青砖和白灰砌筑，前檐台用青色条石压面，后檐没有檐台，台基高0.25米（距散水表面的高度）。

（2）阶条石

位于台基前檐台上，均为青石质，经加工，较为精致。共7块，编号1～7号。宽度均为0.35、厚度均为0.16米，长度不等。其中1号长1.75米，2号长1.6米，3号长1.32米，4号长1.58米，5号长1.45米，6号长1.62米，7号长1.1米。阶条石由于晚期破坏和风化，每块均有不同程度的损坏。

（3）墙基

该房址墙基底部用红砂岩和白灰砌筑，砌到和散水同一高度时，于墙基上部平铺一层灰土。以上为砌砖部分，大部已遭破坏，只剩南侧山墙与北侧后檐墙基转角处。该墙体的砌筑方法为：两侧用25厘米×12厘米×5厘米的条形青砖错缝平砌；内部用残砖填充，用白灰黏合。该房址墙基宽0.55米，墙体残高0.45米。

（4）柱础坑

共发现6个，编号为1～6号。

1号柱础坑：位于南山墙基与前檐墙基之间，正方形，边长0.4、深0.55米，底部为灰土基础。2号柱础坑：位于1号柱础坑北部，与1号坑规格尺寸相同。3号柱础坑：位于1号柱础石的北部，其尺寸及规格均与1、2号柱础坑相同。4号柱础坑：位于北侧山墙，与2号柱础石相对应，其尺寸与1号柱础坑相同。5号柱础坑：位于后檐墙基内，与1号柱础石对称。6号柱础坑：位于后檐墙基内，与2号柱础坑相对。5、6号均与1号相同，边长0.4、深0.55米，底部为灰土基础。

（5）磉墩

位于房址北侧山墙，西侧与后檐墙基之间。只遗留1个，宽0.4米，呈"回"字形，为4块25厘米×12厘米×5厘米的条形青砖加白灰砌筑。

（6）柱础石

共发现3块，皆为青石打制。编号为1～3号。

1号柱础石：位于前檐台阶北侧，长方形，长0.4、宽0.3米，鼓镜直径20厘米，柱窝直径5、深8厘米。保持原位，未对其进行解剖，故厚度不详。2号柱础石：位于南侧山墙中间，正方形，边长0.4米，鼓镜直径20厘米，柱窝直径5、深8厘米。保持原位，未对其进行解剖，故厚度不详。3号柱础石：位于南侧山墙与后檐墙基转角处，其形制、规格均同于2号柱础石。

（7）火灶

在南北次间内发掘出火灶2个，南次间内为1号，北次间内为2号。1号灶：南北向，火道在南，操作坑在北。操作坑呈方形，边长0.75米，底部为灰土基础，火膛宽0.2、长0.25米，火道宽0.06、长0.2米。火道、火膛及操作坑均用条形青砖砌筑。2号灶：南北向，火道在北，操作坑在南。操作坑呈正方形，边长0.7、深0.55米，底部为灰土基础。火膛宽0.2、长0.3米，火道长0.25、宽0.06米，用条形砖砌筑。两灶内含大量红烧土及草木灰。

（8）铺地砖

铺地砖为正方形青砖，规格为35厘米×35厘米×5厘米。铺筑方法为错缝平铺，该房址内仅剩2号灶坑北部部分铺地砖，其他部分均遭破坏。铺地砖以下为三合土。

（9）散水

分布于台基四周，宽0.45米，为小卵石铺筑，外侧用25厘米×12厘米×5厘米的条形青砖镶边。散水靠近墙基内侧略高，外侧稍低呈缓坡状。该房址的散水整体保存较好。散水距现地表0.45米。

（10）台阶

位于F2明间正前面，共一级，用3块自然石砌筑，南北长1.8、东西宽0.6、高0.12米。

（11）甬路

位于台阶前，为两侧卵石、中间铺砖的甬路，该甬路宽1.25米。中间铺以方形青砖，规格为30厘米×30厘米×5厘米。该路向东和南北向主甬路相连，长1.35米。

经解剖，F2墙基深0.5米（从散水至灰土基础），铺砖底部三合土厚0.18米，仅此一层。三合土以下为夯土芯，厚0.4米，可分2层，每层厚0.2米。散水底部三合土厚0.1米。三合土以下为夯土，厚0.2米，未见分层。夯土以下为灰土基础，厚0.25米，未见分层。灰土基础底部为垂直打入生土的柏木钉，柏木钉长1.2~1.3、直径0.07~0.08米。柏木钉打入的地层可分2层，第1层为黑色黏土，厚0.55米，第2层为原始沙层。

九、房　址　F3

1. 位置

F3位于坦坦荡荡遗址西部值房区内，南靠F5，北望F1，西侧为土山，东邻F4，分布于探方TA4、TB3、TB4内。

2. 形制规格

F3门向朝北，东西向长方形，长9.6、宽4.05米，该房未见明显分间，通面阔8.45、进深2.55米（图二一）。

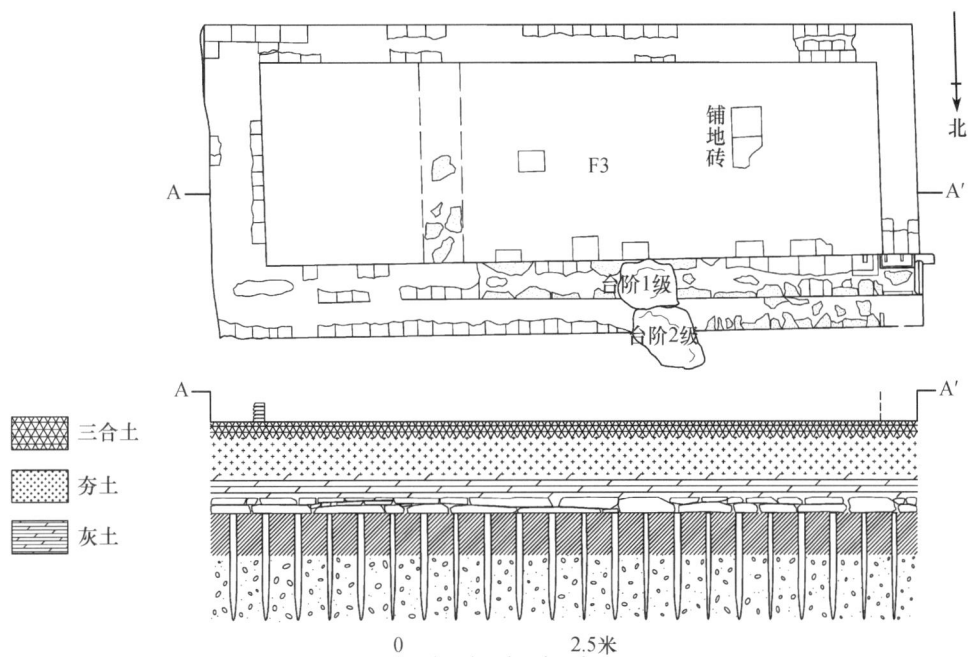

图二一　坦坦荡荡遗址F3平、剖面图

3. 保存状况

F3保存状况较差，仅剩的遗迹有：①台基；②墙基；③台阶；④铺地砖。共4项，分别叙述如下。

（1）台基

东西长9.6、南北宽4.05、残高0.25米，该台基破坏严重，只剩北侧部分石块保存较好，其他部分均遭破坏，台基四周未见散水。

（2）墙基

该房址北檐墙基宽0.95米，分内外墙，外墙东部用石块和灰土砌筑，宽0.45米，西部用规格不一的残砖砌筑，用白灰黏合，残高0.25米。内墙用石块及砖混合垒砌，用白灰黏合，宽0.5米，该墙垒砌较为粗糙。东西两侧山墙的墙基和南侧墙基已遭破坏。部分仅剩底部灰土基础。从残存的地方可看出，该房墙基建在灰土基础上，用青砖及白灰砌筑，砖的规格不一。东侧山墙墙基宽0.5米，西侧山墙墙基宽0.75米，南侧墙基宽0.5米，基槽深0.4米。

（3）台阶

位于台基北侧中部，共为2块自然青石，两石均遭移动，南侧石块压在内墙上，北侧石块压在外墙上，两石为南北向排列，第一块长0.75、宽0.65米，第二块长1、宽0.6米，台阶前为值房区北部主甬路。

（4）铺地砖

该房址内铺地砖规格不一，有规格30厘米×30厘米×5厘米的方砖，还有规格40厘米×40厘米×5厘米的方砖。由于破坏严重，铺筑方法不明。铺砖以下为三合土。

经解剖，F3上部表土层厚0.4米。房址内墙基深0.5米（从散水到灰土基础）。房址内铺地砖以下的三合土厚0.12米，共一层。以下为夯土芯，高0.48米，共分2层，第1层厚0.25米，第2层厚0.23米，均为黄褐色垫土，经夯打，较为紧密。夯土以下为灰土基础，厚0.3米，未见明显分层。灰土基础以下为垂直打入生土的柏木钉，柏木钉长1.4、直径0.06～0.08、间距0.35米。柏木钉上部填充有0.12米的碎石块，且经夯实。柏木钉打入的地层共分2层，第1层为黑色黏土层，土质细腻、紧密，厚0.55米，第2层为原始沙层。

十、房　址　F4

1. 位置

F4位于坦坦荡荡遗址西部值房区内，东为主体建筑的围墙，南为值房区内的广场，西与F3相邻，北邻金鱼池及双佳斋。分布于探方TC3、TC4、TD3、TD4内。

2. 形制规格

F4平面形状呈"▗"形（图二二）。东西长9.9、南北宽3.9米，未见明显分间，总面阔8.75、总进深2.9米。东西向房址西侧山墙与南北向房址共用一处墙基，房址北侧为一条东西向回廊。该回廊应和值房区外主体建筑内的甬路相连接，F4的北侧墙基与回廊共用一条墙基。回

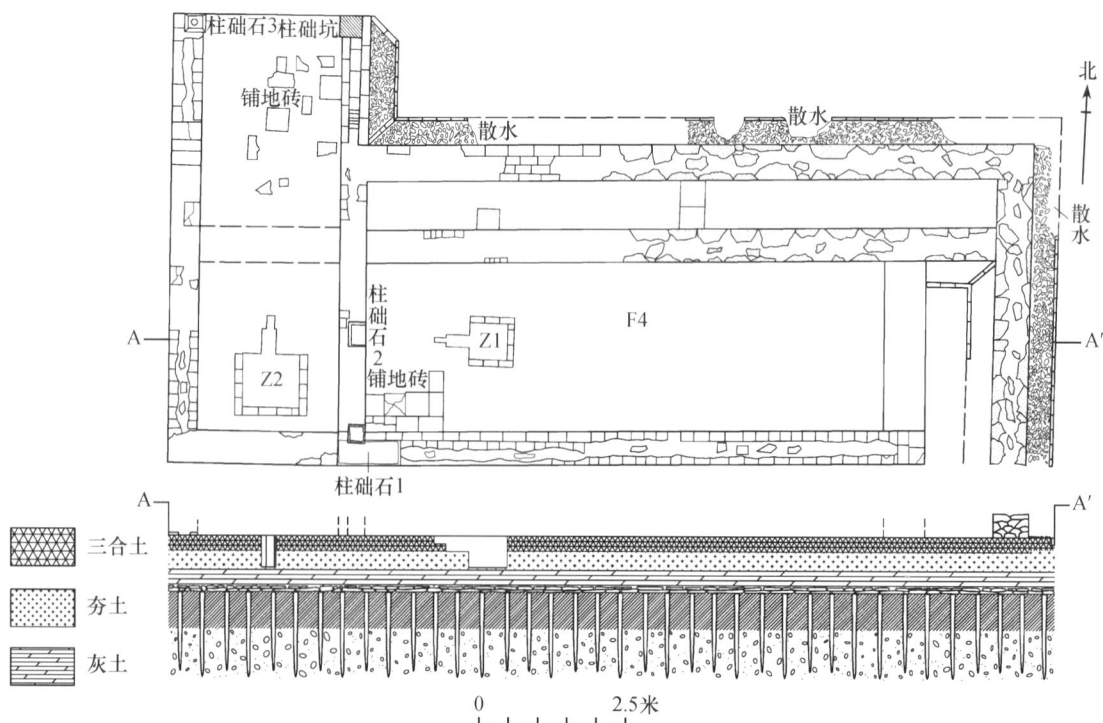

图二二　坦坦荡荡遗址F4平、剖面图

廊内径宽0.8米。回廊内铺砖规格为40厘米×40厘米×5厘米的方形砖，错缝平铺。该回廊内共发现3块铺地砖，其他部分均遭破坏。铺地砖底部三合土未作解剖。回廊两侧墙基各宽0.6米，为红砂岩砌筑。回廊北墙基西部残存一段墙体，残高0.4、残长2.25米。用规格40厘米×20厘米×10厘米的条形青砖错缝平砌。中间部分填充以半砖、碎砖，用白灰黏合。该墙体北侧卵石散水宽0.45米，外侧用25厘米×12厘米×5厘米的立砖镶边，该散水部分卵石已遭破坏，保存较差，散水距现在的地表0.54米。

南北长6.9、东西宽3.4米，共分两间，南侧一间面阔3.3、进深2.7米，北侧一间面阔3.8、进深2.7米。

3. 保存状况

F4保存状况较差，发掘出来的遗迹有：①墙基；②柱础坑；③柱础石；④火灶；⑤铺地砖；⑥散水。共6项，分别叙述如下。

（1）墙基

东西向房址北侧墙基破坏比较严重，仅剩底部红砂岩石垒砌的部分，宽0.55米，南侧墙基保存相对较好，红砂岩墙基上部还有砌砖，砌筑方法及用砖规格为：两侧用25厘米×12.5厘米×5厘米的条形青砖错缝平砌，中间用半砖填充，用白灰黏合，宽0.55、残高0.18米。东侧墙基为一条宽0.7米的三合土基础。其厚度及层数未作解剖，具体数据不详。

（2）柱础坑

仅存1座，位于3号柱础石东侧2.3米处，东西向，长0.4、宽0.35、深0.55米。底部为三合土基础。

（3）柱础石

F4内共发现柱础石3块，皆为青石打制，编号1～3号。

1号柱础石：位于南北向房址的东侧墙基与南侧墙基的转角处。正方形，边长0.3米，原位未动，未作解剖，厚度不详。2号柱础石：位于1号柱础石北侧1.3米处，为长方形，南北长0.4、东西宽0.32米，原位未动，未作解剖，厚度不详。3号柱础石：位于南北向房址西侧墙基与北部双佳斋南山墙基连接处。长方形，东西长0.36、南北宽0.3米，原位未动，厚度不详。上端有一长方形鼓镜，长26、宽20、高2厘米，鼓镜中间有一直径6厘米的圆形柱窝，柱窝深7厘米。

（4）火灶

F4中共发现2处，编号为：1、2号。

1号灶：位于东西向房址内，呈东西向，该灶的操作坑呈东西向长方形，长0.65、宽0.6、深0.52米，火膛长0.42、宽0.2米，火道长0.2、宽0.08米。该灶用规格25厘米×12厘米×5厘米的条形青砖砌筑。2号灶：位于南北向房址的南侧间内，操作坑在南，东西长1、南北宽0.9、深0.52米，火膛的尺寸为0.45米×0.23米。火道的尺寸为0.25米×0.09米。该灶用小青砖砌筑。两灶内均出大量草木灰及红烧土。

（5）铺地砖

该房址内铺地砖大部分被破坏，仅余东西向房址内西南角的部分铺地砖，用规格不一的青砖无规则铺砌。

（6）散水

在南北向房址东部北侧发现一处散水，宽0.5米，为卵石铺砌，用25厘米×12.5厘米×5厘米的立砖镶边。向南与回廊散水呈直角相连接，向北与双佳斋南侧东西向散水相交。该散水距现代地表0.42米，房址其他部位未发现散水。

经解剖，F4内墙基深0.55米（散水至底部灰土基础），散水底部三合土厚0.2米，仅一层。底部为厚0.35米的夯土，未见分层，以下为灰土基础。

铺地砖以下的三合土厚0.25米，未见分层。三合土以下为夯土芯，厚0.3米，可分2层，每层均厚0.15米。夯土芯以下为灰土基础，厚约0.26米，未见明显分层。灰土基础底部为垂直打入生土的柏木钉，柏木钉长1.3～1.4、直径0.07～0.08、间距0.3～0.35米。柏木钉上部铺有厚约0.1米的碎石块。柏木钉打入的地层可分2层，第1层为黑色黏土层，土质紧密细腻，厚约0.6米，第2层为原始沙层。

十一、房　址　F5

1. 位置

F5位于坦坦荡荡遗址西部值房区内，北邻F3，西靠护坡墙，南邻土山，东为值房区内的广场。F5分布于探方TB2、TB3内。

2. 形制规格

F5为南北向长方形，长17.75、宽5米（均不含散水）。共分五间，明间与北侧第一次间均遭破坏，看不出分界，两间总面阔6.5、进深3.35米；北侧第二次间面阔2.65、进深3.35米。南侧第一次间面阔2.95、进深3.35米；第二次间面阔3、进深3.35米，该次间内砌有一条宽0.5米的南北向墙基，该次间东侧小间进深为1.35米，西侧小间进深为1.5米（图二三）。

3. 保存状况

F5保存较差，上部遗迹被破坏无存，底部仅剩的遗迹有：①墙基；②转角石；③柱础石；④火灶；⑤铺地砖；⑥散水。共6项，分别叙述如下。

（1）墙基

房址东西两侧及北侧山墙墙基宽0.8米，从残存的遗迹可以看出，墙基外侧用红砂岩砌筑，内侧用规格不一的青砖加白灰砌筑。三处墙基大部分已被破坏，只剩底部灰土基础，基槽

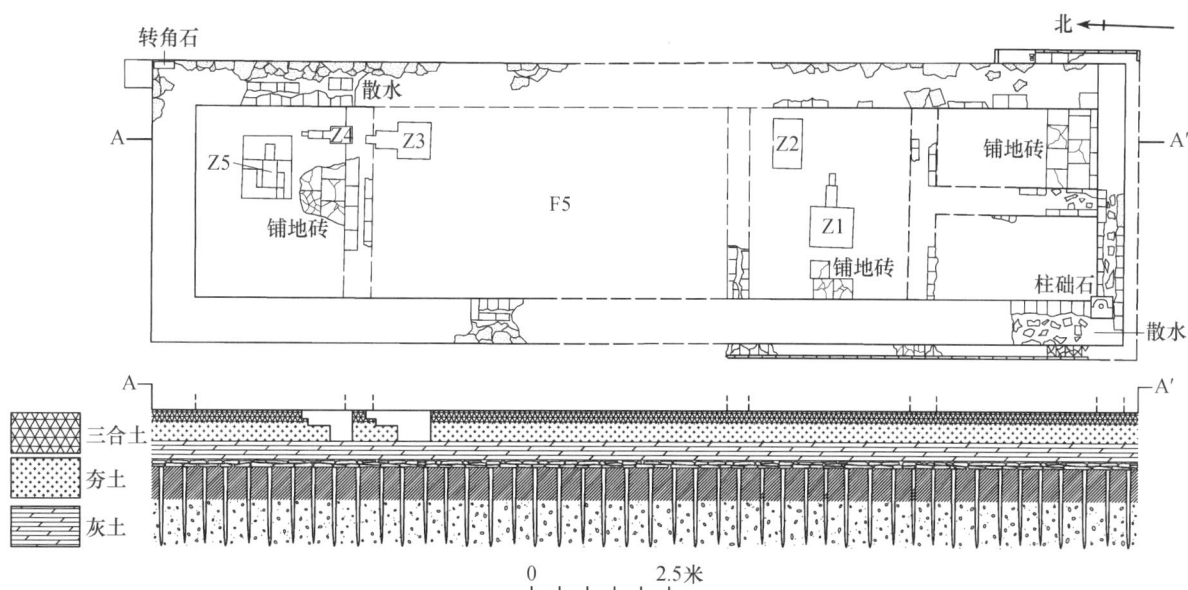

图二三　坦坦荡荡遗址F5平、剖面图

深0.6米。该房址南侧山墙墙基宽0.5米，保存相对较好，用规格25厘米×12.5厘米×5厘米的青砖及半砖砌筑，中间填碎砖，用白灰黏合，残高0.26米（以散水面计算）。中间隔间的墙基为0.4~0.5米，砌筑方法为规格不一的青砖加白灰黏合。

（2）转角石

位于房址东侧墙基与北侧墙基转角处，青石质地。南北长0.4、宽0.15、高0.3米，该房址仅存这1件。

（3）柱础石

清理出柱础石1块，位于房址南侧墙基与西侧墙基相交处。青石质地，正方形，边长0.4米。原位未动，未作解剖，柱础石上端有一半圆形鼓台，直径0.25米，鼓台中间有一直径6厘米的圆形柱窝，柱窝深5厘米。

（4）火灶

共发掘出5座，编号为1~5号。

1、2号灶：位于房址南侧第一次间中部，1号灶呈东西向，操作坑在西，火膛、火道在东。操作坑南北长0.8、东西宽0.7、深0.55米，出土大量草木灰，火膛宽0.2、长0.35米，火道宽0.07、长0.2米。火膛与火道内有大量红烧土。操作坑用青灰抹面。2号灶位于1号灶东北侧。保存较差，仅剩操作坑，东西长0.9、残宽0.5、深0.55米。3号灶：位于北侧第一次间内，南北向，操作坑在南。东西长0.65、南北宽0.6、深0.55米。底部有铺砖，内含大量草木灰。火膛宽0.3、长0.4米，内含大量红烧土。火道位于第一次间和第二次间之间的墙基内，长0.18、宽0.1米。4、5号灶：分布于北侧第二次间内，4号灶位于3号灶北侧，呈南北向，操作坑在南。南北长0.4、东西宽0.3、深0.55米，火膛宽0.1、长0.3米，火道宽0.06米。5号灶位于4号灶的北侧，保存较差，东西长1.1、南北宽0.85、深0.55米，内含大量草木灰。1~5号灶均用25厘米×12厘米×5厘米的青砖砌筑。

（5）铺地砖

该房址内大部分铺地砖已被破坏，从残存的地方可以看出，房址南侧第二次间东侧小间的铺地砖规格为40厘米×40厘米×5厘米的方形砖，错缝平铺。第一次间的铺地砖仅存3块，规格为30厘米×30厘米×5厘米的方形砖，错缝平铺。房址北侧第二次间内保存有几块铺地砖，规格为40厘米×40厘米×5厘米，铺砌方法为错缝平铺。F5铺砖面以下为三合土。

（6）散水

仅存残迹2处。第一处位于房址南部西侧，宽0.25米，为残砖无规律铺砌，用25厘米×12.5厘米×5厘米的立砖镶边，该散水保存状况较差。第二处位于房址东北角，仅剩一块50厘米×50厘米×5厘米的方砖，有可能为散水的铺砖。别处未发现散水。该房址散水距现代地表0.45米。

经解剖，F5内墙基深0.5米（以散水至灰土基础计算）。铺地砖以下的三合土厚约0.22米，未见分层。三合土以下为夯土，厚0.32米，共分2层：第1层厚0.2米，第2层厚0.12米。为黄褐色垫土，经夯打，较为紧密，夯土以下为灰土基础。散水底部三合土厚0.15米，未见分层。以下为夯土，厚0.35米，未见分层。底部为灰土基础，厚0.35米，未见明显分层。灰土基础以下为垂直打入生土的柏木钉，柏木钉长1.35～1.4、直径0.07～0.08、间距0.3～0.35米。柏木钉上部用厚0.12米左右的碎石块填充并夯实。柏木钉打入的地层共分2层，第1层为黑色黏土层，厚0.58米，第2层为原始沙层。

十二、房　址　F6

1. 位置

F6位于坦坦荡荡遗址西部值房区南部，东邻F7，西为F5，南靠土山，北对值房区广场。该房址分布于探方TC2、TD2内。

2. 形制规格

F6呈东西向长方形，长12.45、宽4.05米（不含散水），共分三间。明间面阔2.8、进深3.15米，东次间面阔3.5、进深3.15米，西次间面阔5.75、进深3.15米（均以柱础中心间距计算）（图二四）。

3. 保存状况

该房址保存较差，现残存遗迹有：①台基；②阶条石；③墙基；④柱础坑；⑤柱础石；⑥火灶；⑦铺地砖；⑧散水。共8项，分别叙述如下。

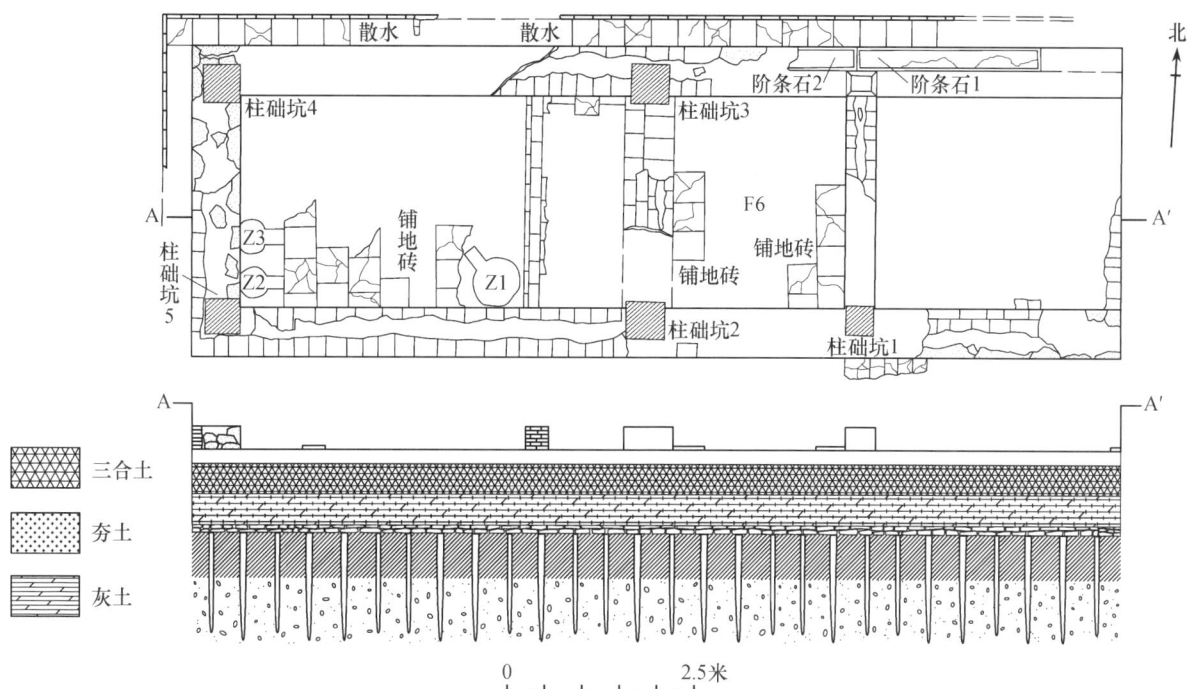

图二四　坦坦荡荡遗址F6平、剖面图

（1）台基

长12.45、宽4.05米，北侧檐台用青色条石压面，该台基高10厘米，用石块、砖加白灰砌筑。

（2）墙基

该房南侧、西侧及北侧墙基，均宽0.65米，为规格不一的青砖砌筑。东侧墙基与F7共用一处墙基，宽0.5米。房址内明间与东次间之间的隔墙墙基宽0.4米；明间与西次间之间的隔墙墙基宽0.65米。在西次间内，还遗有一条宽0.3米的南北向墙基，将西次间再隔为东西两间，其中东隔间较窄，室内净宽仅有1米；西隔间较宽，室内净宽为3.85米。上述墙基均用青砖砌筑，保存最好处残高0.3米。

（3）阶条石

分布于北侧檐台上，皆为青石质，加工精细。共残存2块，由东向西编号为1、2号。1号长2.5米，2号已残，残长0.95米，两石均宽0.3、厚0.15米。由于风化及晚期破坏，两石均有损坏。

（4）柱础坑

共发现5座，编号为1～5号。

1号柱础坑：位于柱础石的南侧、房址南侧墙基中，正方形，边长0.4、深0.55米。2号柱础坑：位于1号柱础坑的西侧，即房址南侧明间与两次间之间的墙基中，正方形，边长0.5、深0.55米。3号柱础坑：位于2号柱础坑的北侧，与2号对称，正方形，边长0.5、深0.55米。4号柱础坑：位于西次间北侧墙基与西侧墙基转角处，规格与3号柱础坑相同。5号柱础坑：位于西次间南侧墙基与西侧墙基相交处，与4号柱础坑对称，规格与4号柱础坑相同。1~5号柱础坑底部均为灰土基础。

（5）柱础石

仅发现1块，位于房址北侧明间与东次间之间的墙基中，为青石质，长方形，东西长0.4、南北宽0.32米。上端有一长方形鼓台，长25、宽20、高1厘米。

（6）火灶

F6中共发现火灶3处，均在西次间内，编号为1~3号。

1号灶：位于西次间中间偏南，火膛为圆形，直径0.6、深0.25米，底部呈锅底状，铺有不同规格的青砖，火道位于灶的西北部，宽0.15、长0.22米。该灶为小青砖砌筑，内含大量草木灰。2号灶：位于西次间的西南角，东西向，圆形火膛，直径0.4、深0.2米，底部为红烧面，火道长0.2、宽0.15米。3号灶：位于2号灶的北侧，东西向，圆形火膛，直径0.42、深0.32米，内含红烧土、草木灰，火道宽0.18、长0.22米。2、3号灶均为小青砖砌筑。

（7）铺地砖

F6明间内铺地砖的规格为40厘米×40厘米×5厘米的方砖，错缝平铺。西次间内铺地砖，同为边长40厘米的方砖，错缝平铺。东次间铺砖已无。该房址内明间和西次间的铺地砖仅有少部分保存。多数铺砖面已风化破碎。铺砖面以下未作解剖。

（8）散水

房址北侧为铺砖散水，宽0.4米，用边长35、厚5厘米的方砖铺砌，外侧用25厘米×12厘米×5厘米的立砖镶边。房址南侧只保留有几块碎砖，看不出其宽度及铺砌方式。西侧未发现散水，该房址内散水距现代地表0.6米。

经解剖，F6内墙基深0.55米（从散水至灰土基础的高度）。

铺地砖底部三合土厚0.18米，未见分层。三合土以下夯土厚0.4米，共分2层，第1层厚0.21米，第2层厚0.19米。夯土芯以下为灰土基础，散水底部三合土厚0.22米，未见分层。以下为夯土，厚0.33米，未见分层。夯土以下为灰土基础，厚0.4米，可分2层，每层厚约0.2米。灰土基础以下为垂直打入生土的柏木钉，柏木钉直径0.06~0.08、长1.3~1.4、间距0.35~0.38米。柏木钉上端用直径0.1~0.13米的碎石块填充并夯实。柏木钉打入的地层共分2层，第1层为黑色黏土层，厚约0.58米，第2层为原始沙层。

十三、房　址　F7

1. 位置

F7位于坦坦荡荡遗址西部，值房区南部，东临澹怀堂，西靠F6，南为土山，北对主体建筑的南北向围墙，该房址分布于探方TD2内。

2. 形制规格

F7坐南朝北，共一间，面阔3、进深3.25米（图二五）。

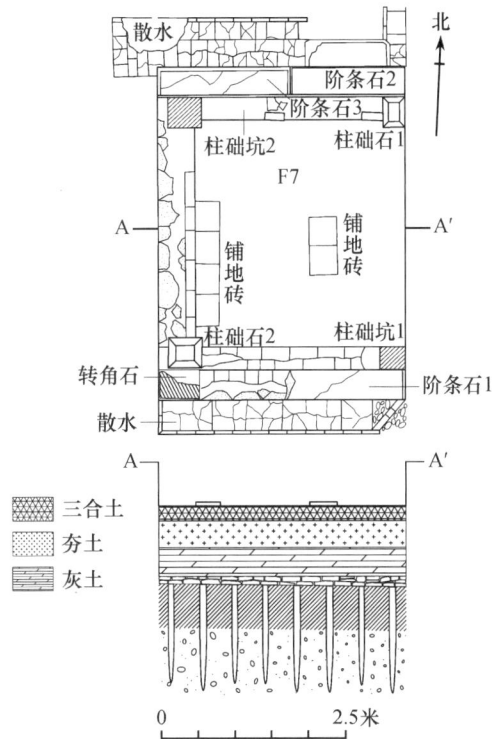

图二五　坦坦荡荡遗址F7平、剖面图

3. 保存状况

该房址底部基础保存较好，房址内遗迹有：①台基；②阶条石；③墙基；④转角石；⑤柱础坑；⑥柱础石；⑦铺地砖；⑧台阶；⑨散水。共9项，分别叙述如下。

（1）台基

南北长4.33、东西宽3.33米，该台基用石块、砖和白灰砌筑。前后檐台用青色条石压面。该台基高0.15米（以散水面计算）。

（2）阶条石

分布于台基的前后檐台。南侧檐台共发现1块，编号为1号，残长1.6、残宽0.4、厚0.1米。北侧檐台共发现2块，由东向西编号为2、3号。2号长1.8、宽0.32米，3号长1.55、宽0.35米。3块阶条石均为青色石质，经加工，边缘整齐，厚0.1米。

（3）墙基

房址的前后檐墙基宽0.7米，分内外墙。外墙部分宽0.4米，用红砂岩砌筑，上部用青色条石压面。内墙宽0.3米，为规格不一的青砖加白灰砌筑。该房址东侧的墙基为澹怀堂西侧山墙墙基，宽0.8米，为红砂岩加白灰砌筑。西侧和F6共用一处山墙，宽0.5米。

（4）转角石

仅存1块，位于南侧墙基与西侧墙基转角处，为青石质。东西长0.55、南北宽0.4米。原位未动，未作解剖，高度不详。南侧与西侧两面经过加工，比较精细。

（5）柱础坑

该房址内共发现柱础坑2座，编号为1、2号。1号柱础坑：位于房址的东南角，与1号柱础石对称，东西长0.4、南北宽0.3、深0.55米。2号柱础坑：位于房址西北角，与2号柱础石对称，东西长0.45、南北宽0.4、深0.55米。2座柱础坑底部均有灰土基础。

（6）柱础石

共发现柱础石2块，皆为青石打制，编号为1、2号。1号柱础石：位于房址东北角，长方形，南北长0.4、东西宽0.3米，该石未被移动，未作解剖，厚度不详。上端有一长方形鼓台，南北长0.25、东西宽0.15米。2号柱础石：位于房址的西南角，长方形，东西长0.45、南北宽0.4米。原位未动，未作解剖，厚度不详。上端有一鼓台，南北宽0.2、东西长0.25米。

（7）铺地砖

该房址内大部分铺地砖已无存，仅剩西侧一少部分。从残留的部分铺地砖可以看出砖的规格及铺砌方式，铺地砖规格为40厘米×40厘米×5厘米，铺砌方式为错缝平铺。铺地砖以下为三合土，未作解剖。

（8）台阶

位于该房址台基北侧偏东，为一青色石质的条石，经加工，长1.15、宽0.35、高0.08米，该台阶北侧为值房区的一道角门。

（9）散水

该房址东西两侧无散水，散水分布于台基前后两侧。前檐散水宽0.65米，用大小不等的残砖铺筑，外侧用25厘米×12厘米×5厘米的立砖镶边。后檐散水宽0.45米，用规格不一的残砖无规则铺筑，部分砖面已风化破碎。外侧用25厘米×12厘米×5厘米的立砖镶边。散水距现地表0.58米。

经解剖，F7内墙基深0.4米（自散水至灰土基础的高度）。

铺地砖底部为三合土，厚0.2米，可分2层，第1层厚0.05米，第2层厚0.15米。三合土以下为夯土芯，厚约0.35米，可分2层，第1层厚0.15米，第2层厚0.2米，为黄褐色垫土，经夯打较紧密。夯土芯以下为灰土基础。散水底部三合土厚0.2米，未见分层。以下为厚0.2米的夯土，未见分层。夯土以下为灰土基础，厚约0.38米，可分2层，第1层厚0.18米，第2层厚0.2米。灰土基础底部为打入生土的柏木钉，柏木钉直径0.07～0.09、长1.3～1.4米。柏木钉上部用一层厚0.1～0.15米的碎石块填充并夯实。柏木钉打入的地层共分2层，第1层为黑色黏土层，土质细腻紧密，厚0.58米，第2层为原始沙层。

十四、房　址　F8

1. 位置

F8位于坦坦荡荡遗址西部，值房区最南侧，南靠土山，北侧为F6与值房区内铺砖甬路。该房址只发掘了一小部分，其他部分压在南侧现代土山下。F8位于发掘区的扩方部分，未另给探方号。

2. 保存状况

F8暴露的遗迹只有墙基和铺地砖。

（1）墙基

已揭露的墙基为北侧墙基和西侧墙基。北侧墙基宽0.5米，为30厘米×25厘米×7厘米的青砖砌筑，现清理出的长度为4米，西侧南北向墙基宽0.5米，用规格不同的青砖砌筑，中间以残砖填充，用白灰黏合，暴露长度为1.5米，残存高度0.12米（图二六）。

（2）铺地砖

该房址内铺地砖的规格有30厘米×30厘米×5厘米和40厘米×40厘米×5厘米两种方形砖，铺砌方式大致为错缝平铺。该房址其他遗迹均压在山下，未作发掘。

经解剖，F8内墙基深0.52米。

铺地砖底部三合土厚0.18米，可分2层，第1层厚0.05米，第2层厚0.13米。三合土以下为夯土芯，厚0.35米，共分2层，第1层厚0.19米，第2层厚0.16米。底部为灰土基础，厚0.32米，未见明显分层。灰土基础以下为垂直打入生土的柏木钉，柏木钉长1.35～1.4、间距0.3～0.35、直径0.07～0.08米。柏木钉的上部用0.13～0.15米厚的碎石块填充并夯实。柏木钉打入的地层可分2层，第1层为黑色黏土层，土质紧密细腻，厚约0.6米，第2层为原始沙层。

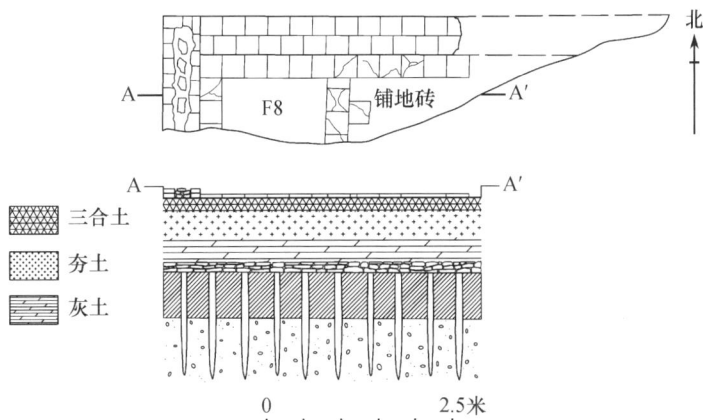

图二六　坦坦荡荡遗址F8平、剖面图

十五、双佳斋基址

1. 位置

位于坦坦荡荡遗址西部，东邻金鱼池，北靠土石假山，西为过山道和F2，南为F4，分布于探方TB4、TB5、TC4、TC5内。

2. 形制规格

双佳斋坐西朝东，南北长11.3、东西宽11米（均含散水），共分三间。通面阔9.65、明间面阔3.35、进深4.75米；北次间面阔3.15、进深4.75米；南次间面阔3.15、进深4.75米（按柱础中心间距计算）。双佳斋前后有檐廊，即东西檐廊。两侧檐廊均宽1.95米（图二七）。

3. 保存状况

双佳斋底部基础保存比较完整，但台基以上已遭破坏无存。现发掘出来的遗迹有：①台基；②阶条石；③墙基；④柱础坑；⑤柱础石；⑥转角石；⑦铺地砖；⑧散水；⑨台阶；⑩甬路；⑪花盆座。共11项，分别叙述如下。

（1）台基

东西宽9.55、南北长10.9米，为红砂岩和青砖砌筑，用白灰黏合，青灰勾缝。前后檐台用青色条石压面，台基高0.4米（散水计算）。

（2）阶条石

位于台基前后檐台，前檐共有阶条石5块，由南向北依次编号为前1～前5号。前1号残长0.75米，前2号长2.75米，前3号长2.95米，前4号长2.9米，前5号残长0.5米；均宽0.45、厚0.18米，为青石质。

后檐仅剩2块阶条石，也均为青石质。从北至南编号为后1、后2号。后1号长1.3米，后2号残长2.55米。前后檐的阶条石宽、厚相同，均宽0.45、厚0.18米。经过细致加工，边缘较齐整。由于风化及晚期破坏，阶条石表面已有不同程度的残损。

（3）墙基

前后檐墙基宽0.45米，南山墙墙基宽0.8米，为红砂岩砌筑，残高0.1米。北山墙墙基宽0.5米，同为红砂岩砌筑。该墙中间部分还残存一段墙体，残高0.4～0.8米，分内墙和外墙，外墙为红砂岩砌筑，宽0.2米，用白灰黏合；内墙用25厘米×12.5厘米×5厘米的条形砖错缝平砌，中间用残砖填充，用白灰浆黏合。前后檐廊内部拦土墙均宽0.5米，为红砂岩砌筑。

（4）柱础坑

双佳斋内共发掘出柱础坑8座，编号为1～8号。1～4号柱础坑分布于前檐廊，5～8号柱

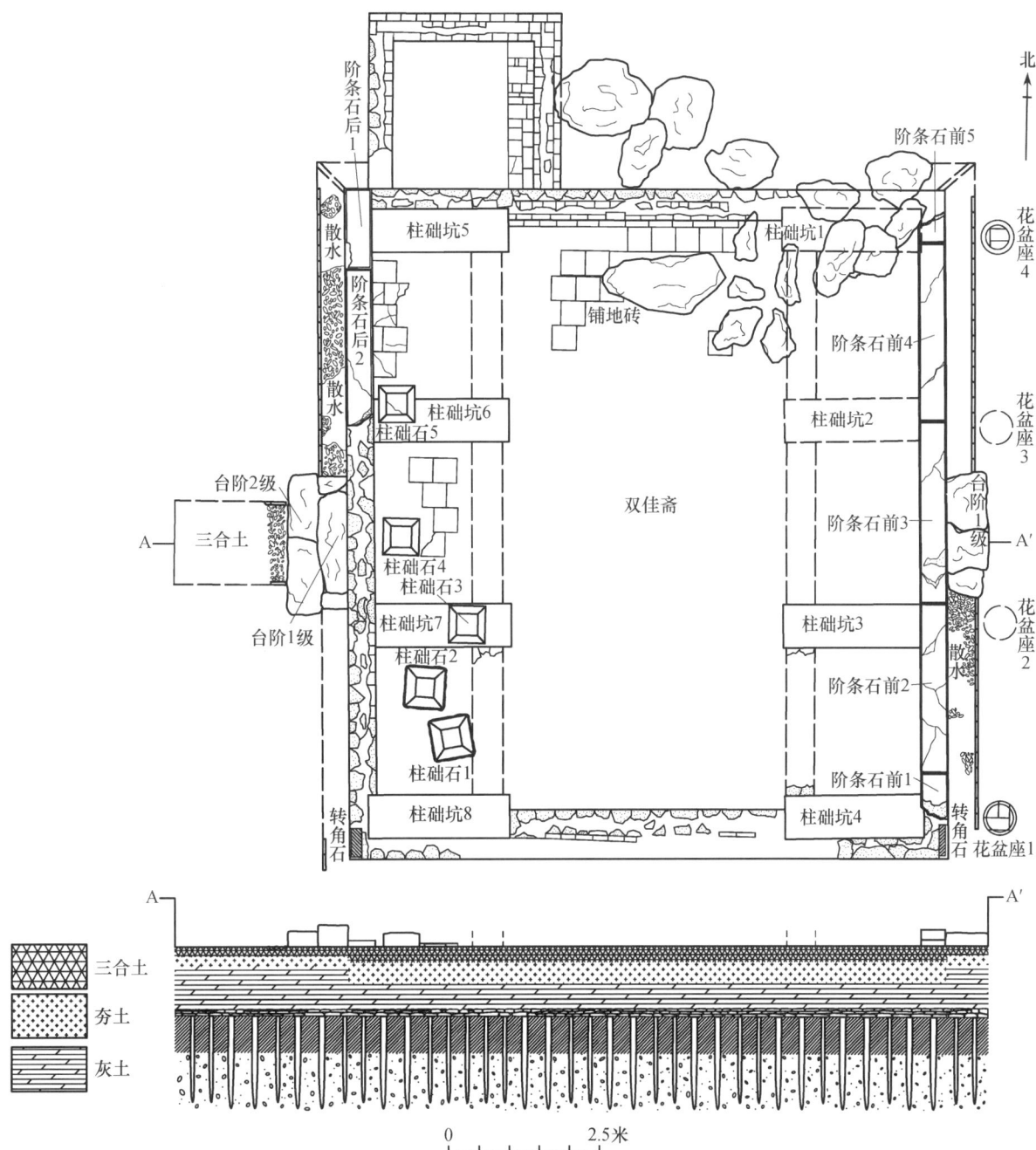

图二七 坦坦荡荡遗址双佳斋基址平、剖面图

础坑分布于后檐廊。8座柱础坑均为双连柱础坑，长2.35、宽0.7、深0.62米。底部均为灰土基础。

1号柱础坑：位于前檐北侧与北侧山墙墙基相交处，为东西向长方形。2号柱础坑：位于1号柱础坑南侧3.15米处（以柱础坑中心计算）。3号柱础坑：位于2号柱础坑南侧3.35米处，呈东西向长方形。4号柱础坑：位于3号柱础坑南侧3.15米处，呈东西向。位于后檐的5~8号柱础坑，位置与1~4号柱础坑对称，规格及方向相同。

（5）柱础石

双佳斋内共发现柱础石5块，均为青石质地，分布于后檐柱础坑四周，皆被移位。由南至北编为1～5号。

1号柱础石：位于8号柱础坑北侧，正方形，边长65、厚23厘米。底部毛边。柱础石上端有一方形鼓台，边长32、高2.5厘米。2号柱础石：位于1号柱础石北侧，与1号柱础石规格、尺寸相同。3号柱础石：位于7号柱础坑内，正方形，边长60、厚25厘米，鼓台边长35、高2.5厘米。4号柱础石：位于7号柱础坑北部，正方形，边长60、厚23厘米，鼓台边长35、高2.5厘米。5号柱础石：位于6号柱础坑内，规格与4号柱础石相同。

（6）转角石

共发现2块，均为青石质地，编号为1、2号。

1号转角石：位于双佳斋东南角，南北墙基与东西墙基转角处，呈南北向，长0.55、宽0.16、高0.25米。2号转角石：位于双佳斋西南角的转角处，呈南北向，长0.5、宽0.2、高0.26米。

（7）铺地砖

双佳斋内仅存部分铺地砖，皆为方砖，砖的规格为40厘米×40厘米×5厘米，铺砌方式为错缝平铺。室内地面大部分已被破坏，底部的三合土未作解剖。

（8）散水

分布于台基四周，前檐散水宽0.5、后檐散水宽0.45米，北侧山墙散水压在土石假山下，南侧山墙散水已遭破坏，两处散水宽度不详。前后檐散水均为卵石铺筑，外侧用25厘米×12.5厘米×5厘米的立砖镶边。两处散水保存较差，部分只剩外侧砖牙及底部三合土，散水距现地表深0.35米。

（9）台阶

共发现两处，第一处位于前檐明间前，为3块太湖石砌筑。共为一级，长2.05、宽0.7、高0.2米。第二处位于后檐明间前，共分二级，第一级为3块自然青石砌成，长2.25、宽0.5、高0.25米（以散水计算）；第二级为2块自然青石砌成，长2.15、宽0.5、高0.35米（以散水计算）。

（10）甬路

位于后檐台阶前，宽1.35米，为卵石铺筑，两侧用25厘米×12.5厘米×5厘米的立砖镶边。

（11）花盆座

分布于双佳斋前檐散水东侧，共发现4个，均与双佳斋前檐内1～4号柱础坑对称平行。从南至北分别编号为1～4号，均为圆形，1号保存较好，为4块青砖加工后拼砌而成，直径0.55、高0.3米；2号和3号已遭破坏，仅剩底部三合土；4号保存较好，规格与1号相同。

双佳斋西北角有一建筑遗迹。大致呈长方形，东西长3.2、南北宽2.8米，北侧墙基和东侧墙基宽0.45米，西侧墙基宽0.4米，该墙基用青砖和白灰黏合砌筑，中间部分用残砖填充，南侧墙基为双佳斋北山墙基。该建筑只有1间，面阔2.4、进深2.3米，该建筑内铺砖为规格不一的青砖无规则铺筑，建筑四周未发现散水。

经解剖，双佳斋内墙基深0.62米（散水至墙基底部灰土基础的高度），散水底部三合土厚0.15米，未见分层。底部为厚0.17米的夯土，其下为灰土基础。铺地砖以下为三合土，厚0.25米，可分2层，第1层厚0.05米，第2层厚0.2米。三合土以下为夯土芯，厚0.37米，共分2层，第1层厚0.2米，第2层厚0.17米。双佳斋底部的灰土基础厚0.4米，分2层，均厚0.2米。灰土基础以下为打入生土的柏木钉，柏木钉直径0.07~0.1、长1.4~1.5、间距0.25~0.3米。柏木钉之间用0.1~0.15米厚的碎石块填充并夯实。柏木钉打入的地层可分2层：第1层为黑色黏土层，厚0.6~0.62米，土质细腻、紧密、较硬，第2层为原始沙层。

十六、过　山　道

1. 位置

过山道位于坦坦荡荡遗址西部值房区内，北靠F2，南邻F3，东与南北甬路相连接，西与5号桥相连。东部分布于本次发掘的探方TA4和TB4内，西部为扩方，未给探方号。

2. 形制规格

过山道为东西向，横穿遗址西部2号山，东西长17.5（至湖岸）、南北宽5米（以东部宽度计算），过山道现存最高点海拔为45.9米，比遗址内坦坦荡荡大殿散水地面高出2.101米（散水海拔43.889米）。过山道南侧山脊海拔为47.08米，北侧山脊海拔为46.52米。

3. 保存状况

过山道保存状况较差，上部已遭破坏，仅剩底部基础部分及部分青石块。过山道东部和甬路连接处有2块自然青石用作台阶踏步。共一级，南北长2.3、东西宽0.9、厚0.22米。台阶以西的过山道用自然青石砌筑，石与石之间未见黏合痕迹。北侧用大小不一的石块砌筑，较为规则，外侧用青灰抹面。此处与北部护坡墙相连接，南侧部分已遭破坏，仅剩东部2块青石。过山道上部无规律摆放部分自然青石，可能均被移位。该过山道西部遗迹均遭破坏，全部无存。

十七、土　石　假　山

1. 位置

土石假山位于坦坦荡荡遗址西部，东邻金鱼池，南靠双佳斋，西邻F1，该山分布于探方TC5、TC6内。

2. 保存状况

此山由于晚期破坏，大部分山石已塌落。假山是用太湖石垒砌而成的，砌筑时用白灰黏合。该山可分南北两组。

南侧一组，平面形状为圆形，直径7~8米，由大小不等的太湖石堆砌而成。最大的太湖石长达2米，小的只有0.3~0.5米。该山西侧有一条用较平整的太湖石铺砌的登山台阶，共分8级，每块台阶石都被踩踏得较为光滑。此登山台阶整体宽度约1米，平面长度4米左右。该山顶部有一块直径1.75米的太湖石，经测量：此处海拔为45.87米，比遗址内坦坦荡荡大殿散水高出1.981米（散水海拔为43.889米），台阶以西1.5米处有一处进出值房区的角门。该门宽1.1米，南侧墙基宽0.5、长0.5米，向南与双佳斋北侧建筑相连接，残高0.25米，门北侧为土石山的护山墙。

北侧一组，与南侧石山相隔大约2米，该山南侧用太湖石砌筑，用白灰勾缝。北侧以土堆成。西侧为该山的护山墙，该墙为乱石块加灰土砌垒，残高0.65、宽0.5米。护山墙西侧宽0.3米，为卵石铺筑。该墙北侧是用规格不一的条形单砖垒砌的一弧形护坡墙，该墙宽0.12、残高1.4米，山顶部最高点海拔为46.25米，比遗址内大殿散水高出2.361米（散水海拔为43.889米），两山之间可能有一条通往角门的甬路，但未发现有遗迹现象。

十八、1号卵石甬路

1. 位置

1号卵石甬路位于坦坦荡荡遗址西部，值房区的北部，北与F1、南与F3、西与F2及过山道相连接，北部向东与值房区角门相连接，该路分布于探方TB4~TB6内，1号甬路整体形状保存较好。

2. 形制规格

甬路大致呈南北向，宽1.25米，中间部分铺砖，两侧用卵石铺筑，中间铺砖规格为30厘米×30厘米×5厘米的方形砖。两侧卵石甬路各宽0.45米，用规格25厘米×12.5厘米×5厘米的立砖镶边。甬路中间部分的铺砖保存较差，几乎全被破坏，甬路南北全长18.8米（图二八）。南部从F3台阶前呈直角转为向东延伸，延伸部分宽1.85米，与2号铺砖甬路相连接。

3. 结构特点

该甬路共有5处排水沟，内径均在10~12厘米，底部都铺有青砖。第5处排水沟，即南部

北

A'

A'

A'

A

2.5米

0

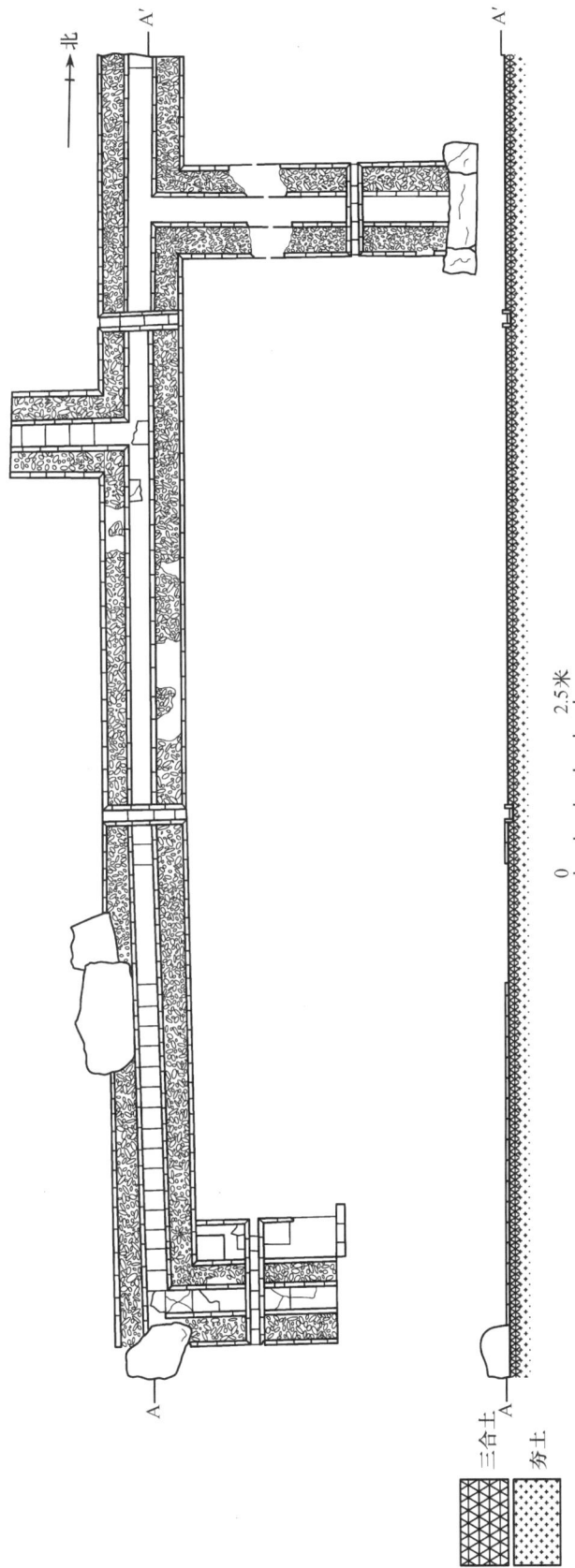

图二八　坦坦荡荡遗址1号卵石甬路平、剖面图

三合土

夯土

甬路由西向东第2处排水沟，该排水沟上部盖有规格35厘米×35厘米×5厘米的方形砖，仅剩3块。该卵石甬路到此向东已为铺砖甬路（另作介绍）。

4. 相关遗迹

卵石甬路北部，F1门前台阶向南1.65米处，有一段东西向甬路与其相连接。东西向甬路宽1.25米，同为中间铺砖两侧卵石的甬路，该路长4米，向东与值房区的角门相连接，角门宽1.1米，台阶共分2级，第一级用3块自然青石砌筑，南北长1.9、东西宽0.45、高0.18米（以散水计算），第二级用3块青石质条石砌筑，加工较为细致，南北长1.1、东西宽0.6、高0.3米（以散水计算）。

F1门前台阶石向南5米处，西为F2的引路，宽度、规格与上述甬路相同，长1.25米。与F2门的前台阶石相接。

F1台阶前甬路向南11米处，向东为双佳斋后檐台阶及甬路。该双佳斋甬路与上述甬路有叠压关系，从解剖看，双佳斋西侧台阶甬路及散水均比上述甬路低0.35米，由此可以推断双佳斋应早于F1、F2及上述甬路。

1号卵石甬路经解剖，底部三合土厚0.15米，未见分层。三合土以下为夯土，也未见分层。

十九、2号铺砖甬路

1. 位置

2号铺砖甬路位于坦坦荡荡遗址西部，值房区的南侧，整体形状为"口"字形，分布于探方TB2～TB4、TC2、TC3、TD2、TD3内。

2. 保存状况

该甬路整体保存较差，路面的大部分铺砖已无，残存部分也已风化破碎。

3. 形制规格与结构特点

甬路北部与1号卵石甬路相连接，此处甬路宽0.65米，为规格不一的青砖无规则铺筑而成，两侧未发现砖牙（可能已遭破坏），该路西侧有一排水沟，内径12厘米，两侧用25厘米×12.5厘米×5厘米的立砖镶边。此段甬路向南延伸5.5米处，与西侧一段甬路相交，西侧甬路宽0.75米，从西部保存的部分卵石可以推断，该路应为卵石铺筑，两侧用25厘米×12.5厘米×5厘米的立砖镶边。该路保存较差，仅剩两侧砖牙及部分卵石。甬路全长10.75米，最西部有一台阶石，南北长0.9、东西宽0.35、台阶石高0.1米（以甬路计算）。台阶西侧为南北向砖墙，残高0.35米，以西未作发掘。

两路交叉处向南，甬路大体形状呈"口"字形。该路口东部为主体建筑围墙，南靠F6，西邻F5，北为F4，向南延伸部分至F8，此处甬路宽2.65米，由F5的东侧向南延伸至F8，该处甬路保存较差，北部铺砖几乎全无，从南部残存的部分铺砖来看，该甬路中间部分铺砖为规格不等的条形青砖，纵向铺筑，两侧用25厘米×12.5厘米×5厘米的立砖镶边。西侧甬路与F5的墙基相连，宽0.75米，为规格不一的青砖无规律铺筑。东侧甬路铺砖宽0.75米，北部用条形青砖横向铺筑，南侧用条形砖纵向铺筑，用25厘米×12.5厘米×5厘米的立砖镶边。甬路东侧有一直径0.1米的排水沟，两侧用25厘米×12.5厘米×5厘米的立砖镶边，底部铺有青砖，北部已遭破坏。上述甬路，从F8到北部向西延伸的卵石甬路，南北全长19.5米。

此处向东部分，即F4南侧铺砖甬路，宽1.55、长10.25米。该甬路已被破坏，只剩中部，部分铺砖宽1.55米，两侧用25厘米×12.5厘米×5厘米的立砖镶边。铺筑方式为东侧用40厘米×20厘米×5厘米的青砖纵向铺筑，西侧用35厘米×35厘米×5厘米的4块方砖并排铺筑。该甬路向东10.25米处，呈直角转为南北向。该路从仅存的北部两侧砖牙可以看出宽度应为1.05米。最南侧还留存2块铺砖规格为边长45厘米的方砖，此处甬路全长11米。北部向东还有几块铺砖。具体方向及尺寸不详。此路向南延伸与南部东西向甬路相交。东西向甬路，即F6北侧铺砖甬路，该甬路与F6散水平行排列，宽1.05米，两侧用25厘米×12.5厘米×5厘米的立砖镶边。中间为规格不一的条形砖纵向平铺。该路整体保存较好，总长16.5米，东至澹怀堂西侧围墙的角门。

上述甬路铺砖面总体保存较差，残存的砖面也已风化、破碎。经解剖，2号甬路底部三合土厚0.12米，以下为夯土，未见分层。

二十、院墙基址

1. 位置

院墙位于坦坦荡荡西部，分为围墙及护坡墙。

围墙位于澹怀堂大殿西侧、F7北侧，该墙东侧为主体建筑区，即大殿区，西侧为值房区。围墙向北延伸，与F4前的回廊墙基相连接，该墙将大殿区与值房区相隔开，只在围墙南部F7门前留有一角门，角门由南北两侧台阶组成。北侧台阶石东西长1.2、宽0.4、高0.08米；南侧台阶石东西长1.7、宽0.5、高0.1米。两石均为青石质，经过加工。

护坡墙位于值房西部及北部，外侧靠2号山，内为值房区建筑。

2. 保存状况及结构特点

（1）围墙

保存较差，仅剩底部红砂岩砌垒的墙基部分，宽0.55、残高0.3米，南北总长16.8米（至回廊墙基）。墙基东侧散水宽0.35米，为卵石铺筑，外侧用24厘米×12厘米×5厘米的立砖镶边。该散水保存较好。西侧散水破坏严重，仅剩外侧部分砖牙，宽0.45米，西侧散水的立砖规格为25厘米×12.5厘米×5厘米，该散水比东侧散水及值房区的甬路低0.15米。围墙墙基东侧1米处有一南北向墙基，与围墙墙基相平行，宽0.55米，为红砂岩砌筑。两侧未见散水。该墙基层位比围墙墙基东侧散水低0.15米，与围墙西侧散水同一层位，北部向西被回廊墙基叠压，由此可见，该墙基为改建后被废弃的墙基。

围墙中间部分有一道排水沟横穿围墙，直径0.12米，两侧用半砖铺筑，深0.1米，看其地势应为围墙东侧向西侧排水。

（2）护坡墙

部分遭到破坏的地段，遗迹已无存，保存较好的部分残高0.56米。该墙宽0.5~0.6米，为石块、砖块、灰土块用灰土混合砌成，护坡墙底部三合土厚0.15米。向南延伸至现代2号山下，未作发掘。南北全长49米，中间隔有一东西向的过山道。向北延伸部分由F1北侧转为东西向，向东延伸至F1东侧，与F1的北侧墙基相连，全长16米。

围墙及护坡墙形成一个院落，把坦坦荡荡遗址内的值房圈在一个相对封闭的院内。

经解剖，围墙的墙基深0.45米（散水至灰土基础的高度）。灰土基础厚约0.25米。散水底部三合土厚0.15米。以下为夯土，厚0.3米，未见分层。灰土基础底部打入柏木钉，柏木钉直径0.06~0.08、间距0.35~0.4、长1.2~1.35米。柏木钉之间用0.1~0.15米厚的碎石块填充并夯实。柏木钉打入的地层可分2层，第1层为黑色黏土层，厚0.58米，第2层为原始沙层。经解剖可以推断，该墙基与东侧墙基早期应为回廊两侧的墙基，经过后期改建，才成为现存的围墙墙基。

二十一、光风霁月堂基址

1. 位置

光风霁月堂位于坦坦荡荡遗址金鱼池中部，四面临水，北望碧澜桥，南与素心堂大殿相对。由于该遗迹位于金鱼池中部，为单项遗迹单独发掘，因此无探方号。

2. 形制规格

光风霁月堂坐北朝南，呈东西向长方形，东西长36、南北宽13.6米，东部距金鱼池边16.25米，西部距金鱼池边16.5米，南部距金鱼池边15.6米，北部距金鱼池边15.5米（图二九）。

3. 结构特点

光风霁月堂四周均用花岗岩条石砌成，花岗岩条石规格不一，大的长2.75、宽0.75、厚0.5米，小的长0.65、宽0.5、厚0.38米。光风霁月堂分前后檐廊，均宽1.6米。该建筑共分6间，明间面阔4.8、进深7.15米。西侧第一次间面阔3.9、进深7.15米；第二次间面阔4.15、进深7.15

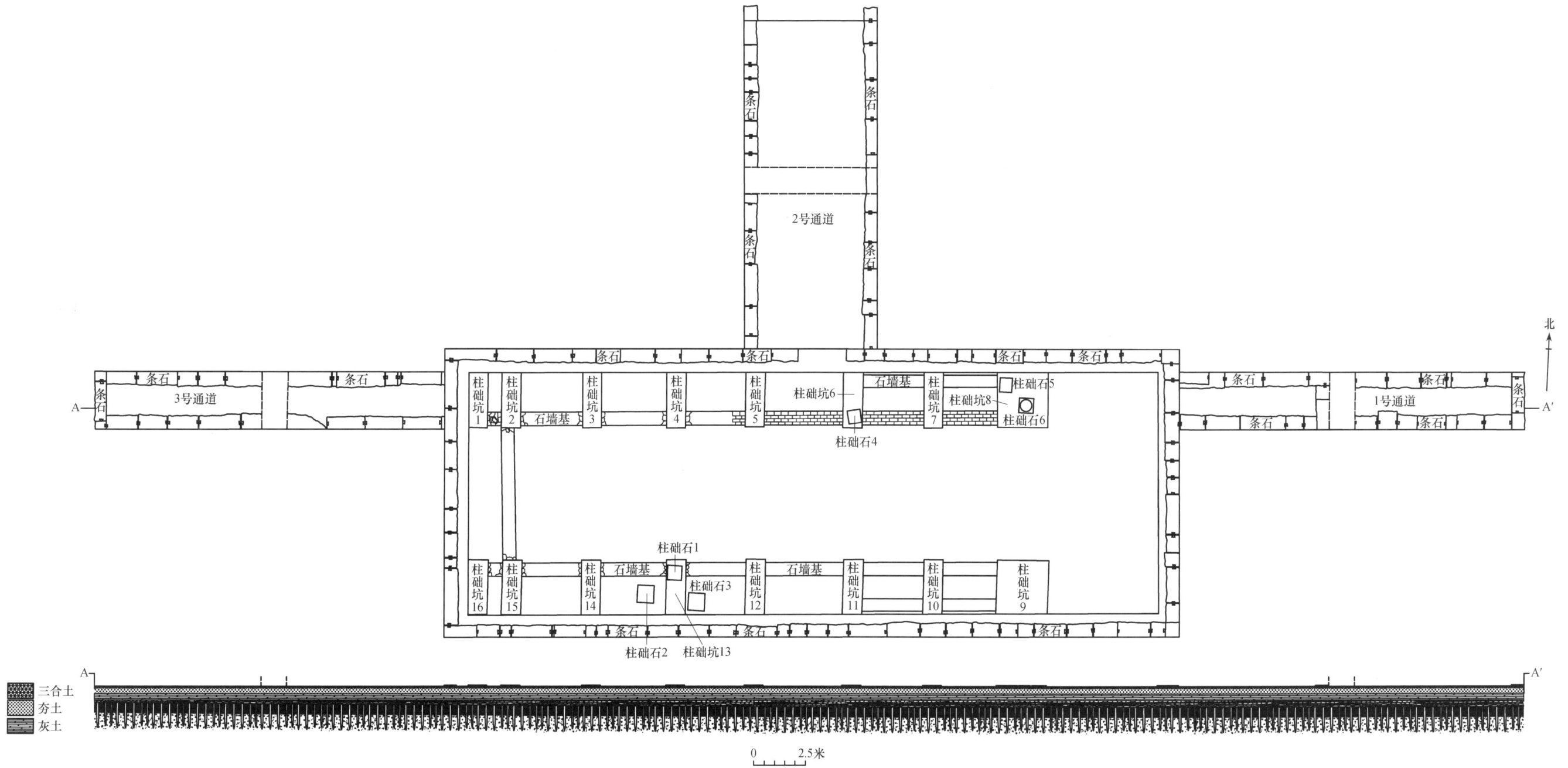

図二九　坦坦荡荡遗址光风霁月堂基址平、剖面图

米；第三次间面阔3.95、进深7.15米。东侧第一次间面阔3.9、进深7.15米；第二次间面阔3.5、进深7.15米（均以柱础中心间距计算）。光风霁月堂的东部为一块空地。西侧檐廊宽1.6米。

光风霁月堂后檐正中部有一条宽6.5米的南北向甬路，向北与碧澜桥相连接。该甬路中部有一条宽1.25米的涵洞，涵洞将金鱼池东西两池相连通。在光风霁月堂东西两侧中间，也各有一条甬道，均宽2.7米，甬道中部下面，也各有一宽1.25米的涵洞。

4. 保存状况

光风霁月堂破坏严重，仅剩底部基础部分。现存的遗迹有：①墙基；②柱础坑；③柱础石；④夯土芯。分别叙述如下。

（1）墙基

光风霁月堂四周均用花岗岩条石垒砌，条石与条石之间用腰铁加固，条石内侧为宽0.5米左右的砖砌墙基，为前后檐内的挡土墙基（以明间中心计算），以东为青砖砌筑，以西为红砂岩垒砌。

（2）柱础坑

共发现16个柱础坑，编号为1～16号。

1～8号分布于后檐（北侧）。从西至东1～7号均为双连柱础坑。1号柱础坑长2.6、宽0.95米，南北向长方形，深1.5米（以殿面计算），底部为铺砖，铺砖规格为44厘米×22厘米×8厘米。2号柱础坑深1.5米，底部铺砖。3号柱础坑深1.2米，底部铺砖。4号柱础坑深1.3米，底部铺砖。5号柱础坑深1.1米，底部铺砖。6号柱础坑深1.05米，底部铺砖。7号柱础坑深1.7米，底部铺砖。8号柱础坑为四连柱础坑，南北长2.6、东西宽2.5、深2米，底部铺砖。

9～16号柱础坑分布于前檐（南侧）。从东至西9号柱础坑为四连柱础坑，深1.8米，底部有铺砖，与8号四连柱础坑规格相同。10号柱础坑深2.2米，底部为灰土基础。11号柱础坑深1.7米，底部为铺砖。12号柱础坑深1.3米，底部为铺砖。13号柱础坑深1.2米，底部为铺砖。14号柱础坑深1.2米，底部为铺砖。15号柱础坑深1.3米，底部为铺石砖。16号柱础坑深1.9米，底部为铺砖，除9号柱础坑为四连柱础坑外，其余均为双连柱础坑，与1号柱础坑规格相同。

（3）柱础石

共发现柱础石6块，皆为青石质地，编号为1～6号。

1～3号柱础石位于前檐第13号柱础坑内或坑边。此3块柱础石均被翻动并移位，鼓台均朝下，均为正方形。1号边长0.7、厚0.2米。2号边长0.8、厚0.24米。3号边长0.8、厚0.24米。

4～6号柱础石位于后檐内。4号位于6号柱础坑内，呈正方形，边长0.65、厚0.27米，底部有5厘米的金边，上部鼓台已被破坏。5、6号位于8号柱础坑内。5号柱础石长0.67、宽0.6、厚0.25米，鼓镜已朝下。6号柱础石，正方形，边长0.7、厚0.4米，鼓镜高4、直径50厘米。

（4）夯土芯

从9号柱础坑的剖面可以看出，从殿面至大殿底部，灰土基础共分11层，分别叙述如下（自底部向上叙述）。

第1层厚0.12米，为灰褐色夯土，含大量白灰。第2层厚0.28米，为灰褐色夯土。第3层厚0.12米，为三合土，内含白灰及小石块。第4层厚0.15米，为灰褐色夯土，内夹黑黏土块。第5层厚0.2米，为黄褐色夯土，内含少量白灰。第6层厚0.25米，为黑黏土，经夯打。第7层厚0.23米，为黄褐色夯土，内含少量白灰。第8层厚0.15米，为灰褐色夯土，含大量白灰及沙。第9层厚0.25米，为黄褐色夯土，内含少量黑黏土块。第10层厚0.28米，为灰褐色夯土，内含大量白灰。第11层厚0.2米，为三合土。

灰土基础及其下未作解剖。

二十二、金鱼池遗址

1. 位置

金鱼池位于坦坦荡荡遗址的北半部。北边紧临遗址驳岸和碧澜桥，东西两侧以假山为屏，南面与素心堂、半亩园及澹怀堂大殿相对。

2. 形制特点与保存状况

遗留至今的金鱼池，是经乾隆时期改建、扩建后的遗址构造。总体平面形状呈矩形，由三个呈倒"品"字形的鱼池组成。东西长68.75、南北宽44.8米，四周用花岗岩条石砌筑。

北面的2个鱼池作东西并列，均为长方形，规格相同，经测量，池内壁东西长31.76、南北宽16.94、深3.02米。西侧的一个在金鱼池整体布局中居于西北，俗称西北池；东侧的一个在金鱼池整体布局中居于东北，俗称东北池（图版八，2）。

南面的鱼池平面呈"凹"字形，规模较为宏大，其东西两侧与北面的东北池和西北池的东、西两侧平齐，其池内壁东西总长69.24、南北宽为25.7、深3.02米，其规格面积超过东北池与西北池的面积之和。南面的这个大鱼池，俗称南池（图版九，1）。

在三个鱼池中间，建有五间光风霁月敞厅。在东北池与南池之间、东北池与西北池之间，以及西北池与南池之间，还各建有一条与光风霁月敞厅相连的通道（编号：通道1、2、3号）。关于位于金鱼池中间的光风霁月敞厅和1、2、3号通道的情况，在后面将有单独叙述，在此不赘。

金鱼池已遭严重破坏，现存遗迹有：①池岸；②拦土墙；③夯筑灰土；④桩木基础；⑤通道；⑥涵洞；⑦西北角四方亭基址；⑧东北角曲尺形游廊及方亭桩柱遗迹；⑨护底；⑩鱼凳；⑪太湖石假山。共11项，分别叙述如下。

（1）池岸

三个鱼池四周皆用花岗岩条石垒砌，共用9层条石砌筑而成。最上层为一层厚0.17米的阶条石。金鱼池池岸总高3.02米。花岗岩条石长0.6～2.15、宽0.6～0.7、厚0.17～0.4米。每层条石之间均用白灰黏合，错缝垒砌（图三〇）。每块花岗岩条石的两端均凿有梯形凹槽，凹槽长边0.12、短边0.08、高0.1米。凹槽内用腰铁把2块条石连接在一起，防止条石移动。为防止池岸侧移，在内侧用花岗岩条石砌筑了二层台，二层台用四层条石砌成，每层条石向外错开，在内侧形成0.15米的台边，二层台总高1.35米。

（2）拦土墙

为了阻挡池岸外侧地层对池岸的侧向推力，在条石池岸的外侧筑有拦土墙和夯筑灰土。拦土墙残高2.1、墙体宽0.5米，用青砖错缝砌筑，所用青砖规格为45厘米×22厘米×10.5厘米。

（3）夯筑灰土

在条石池岸和拦土墙的外侧夯筑有1米宽的灰土，夯筑灰土残厚约1.8米。由于夯筑灰土分布在金鱼池池岸的外侧，无法解剖，所以灰土的夯层及厚度不详，夯筑灰土的作用和拦土墙一样，都起到保护池岸的作用。

（4）桩木基础

金鱼池建在沙石层上，为防止地基下沉，在砂石层中夯筑有桩木基础，桩木基础分布在池岸、二层台、拦土墙、夯筑灰土及护底条石之下，桩木基础所用的柏木桩长约1.3、直径0.05～0.1米。木桩按排夯筑，间距0.18～0.25米，在木桩的顶端、木桩之间用厚约0.05米，长、宽均为0.1～0.2米的碎石块填充并夯实，与木桩的顶端成一平面。

（5）通道

从金鱼池池岸通往光风霁月堂的通道共有三条，分布在光风霁月堂的东、北、西侧，依次编为1、2、3号，现分述如下。

1号通道：位于光风霁月堂的东北角，与金鱼池的东岸相连接，通道东西长16.25、南北宽2.7米；通道的两侧用花岗岩条石垒砌（也留有二层台）；所用条石的规格、砌筑方法和通道的高度都与金鱼池池岸一样，通道的两侧条石之间用规格不同的残砖砌筑（通道中部有一南北向涵洞）。2号通道：位于光风霁月堂的北侧正中间，与金鱼池的北岸相连接，北面与碧澜桥相对。通道南北长15.6、东西宽6.6米，通道的砌筑方法及用料和1号通道相同（通道中部有一东西向涵洞）。3号通道：位于光风霁月堂的西北角，连接金鱼池西岸；与1号通道相对称，通道东西长16.5、南北宽2.6米，通道的砌筑方法及用料和 1、2号通道相同（通道中部有一南北向涵洞）。

（6）涵洞

金鱼池共建有5个涵洞。其中2个分布在金鱼池的北岸，另外3个分布在三条通道下；分别编为1～5号，分述如下。

1号涵洞：位于金鱼池东北池北岸中间，距金鱼池东北角14.9米。涵洞南北长8.5、东西宽0.95、高1.95米，为平顶长方形涵洞，左右两侧用花岗岩条石垒砌，底部平铺厚约0.15米的花岗岩条石，顶部盖一层厚约0.16米的花岗岩石板。涵洞北端与湖道相通，进水口外沿平面呈倒"八"字形，宽1.8米（图版一二，2）。湖水可顺畅地通过涵洞进入金鱼池内。涵洞南端洞口两侧的石壁上凿有宽0.08、深0.05米的凹槽，此凹槽用来卡放挡板，阻断流水或用于卡放竹算阻挡鱼儿游出。2号涵洞：位于金鱼池西北池北岸中间，距金鱼池西北角14.9米。涵洞南北长8.7、东西宽0.95、高1.9米，为平顶长方形（图版一三，1）。涵洞的砌筑方法和1号涵洞一样。涵洞北端与湖道相通，进出口的形制与1号涵洞相同，湖水可顺畅地通过涵洞进入金鱼池。涵洞南端洞口两侧的石壁上也凿有宽0.08、深0.05米的凹槽，其用途和1号涵洞的石壁凹槽一样。3号涵洞：位于3号通道的正中间。涵洞南北长2.6、东西宽1.25、高1.9米，为平顶长方形（图版一三，2）。此涵洞的砌筑方法和1、2号涵洞相同。4号涵洞：位于2号通道的中部，距金鱼池北岸7米。涵洞东西长6.6、南北宽1.25、高1.95米，为平顶长方形（图版一四，1）。涵洞的砌筑方法和1~3号涵洞相同。5号涵洞：位于1号通道的中部，距金鱼池东岸7.6米；与3号涵洞的位置相对称。涵洞南北长2.7、东西宽1.2、残高1.4米（上部条石已塌落），也为平顶长方形（图版一四，2）。涵洞的砌筑方法和1~4号涵洞相同。

（7）西北角四方亭基址

位于金鱼池的西北角，光风霁月堂的西北角，有一条南北长8.55米，然后向西折9.45米的曲尺形通道（游廊），直通四方亭，游廊宽2.65米，四方亭平面呈正方形，边长4.85米，四角有柱础坑，边长0.5、深0.65米，柱础坑底部为灰土基础，因无法解剖，所以厚度和夯层不详。四方亭的四周用花岗岩条石垒砌，其砌筑方法和金鱼池池岸及其他通道一样（图三一；图版一五）。

（8）东北角曲尺形游廊及方亭桩柱遗迹

在金鱼池的东北角，清理出10组柏木桩柱。10组桩柱共由26根柏木桩组成。桩柱沙石层上残留部分长0.25米左右，沙石层下长1.95~2.5米（经解剖得知），桩柱直径0.17~0.27米。26根桩柱分布的总体平面形状呈曲尺形，其分布位置及布局形式和西北角的四方亭相对称，应为金鱼池东北角桩柱式曲尺形游廊及方亭遗迹（图三二）。

从光风霁月堂东北角向北分布有4组桩柱，4组桩柱的布局形成一个南北长8.2、东西宽1.8米的桩柱式游廊遗迹（图一一）。

第1组桩柱：距光风霁月堂东北角2.2米，两桩东西相距1.8米。第2组桩柱：位于第1组北侧，相距2.2米，两桩东西相距1.8米。第3组桩柱：位于第2组北侧，相距2.1米，两桩东西相距1.8米。第4组桩柱：位于第3组北侧，相距1.7米，两桩东西相距1.8米。第5、6组桩柱分布于3、4组的东侧，形成一个东西长9.65、南北宽1.67米的桩柱式游廊遗迹。第5组桩柱：位于3、4组的东侧，与3、4组的东侧桩相距2.5米，两桩南北相距1.67米。第6组桩柱：位于第5组的东侧，与其相距2.75米，两桩南北相距1.67米。第7组桩柱：位于第6组的东侧，与其相距2.6米，两桩南北相距3.9米。第8组桩柱：位于第7组的东侧，与其相距1.1米，两桩南北相距3.9米。第9组桩柱：位于第8组的东侧，与其相距1.65米，两桩南北相距3.9米。第10组桩柱：位于第9组的东侧，与其相距1.15米，两桩南、北两相距3.9米。第7~10组桩柱组成了一个边长3.9米的正方形四方亭遗迹。

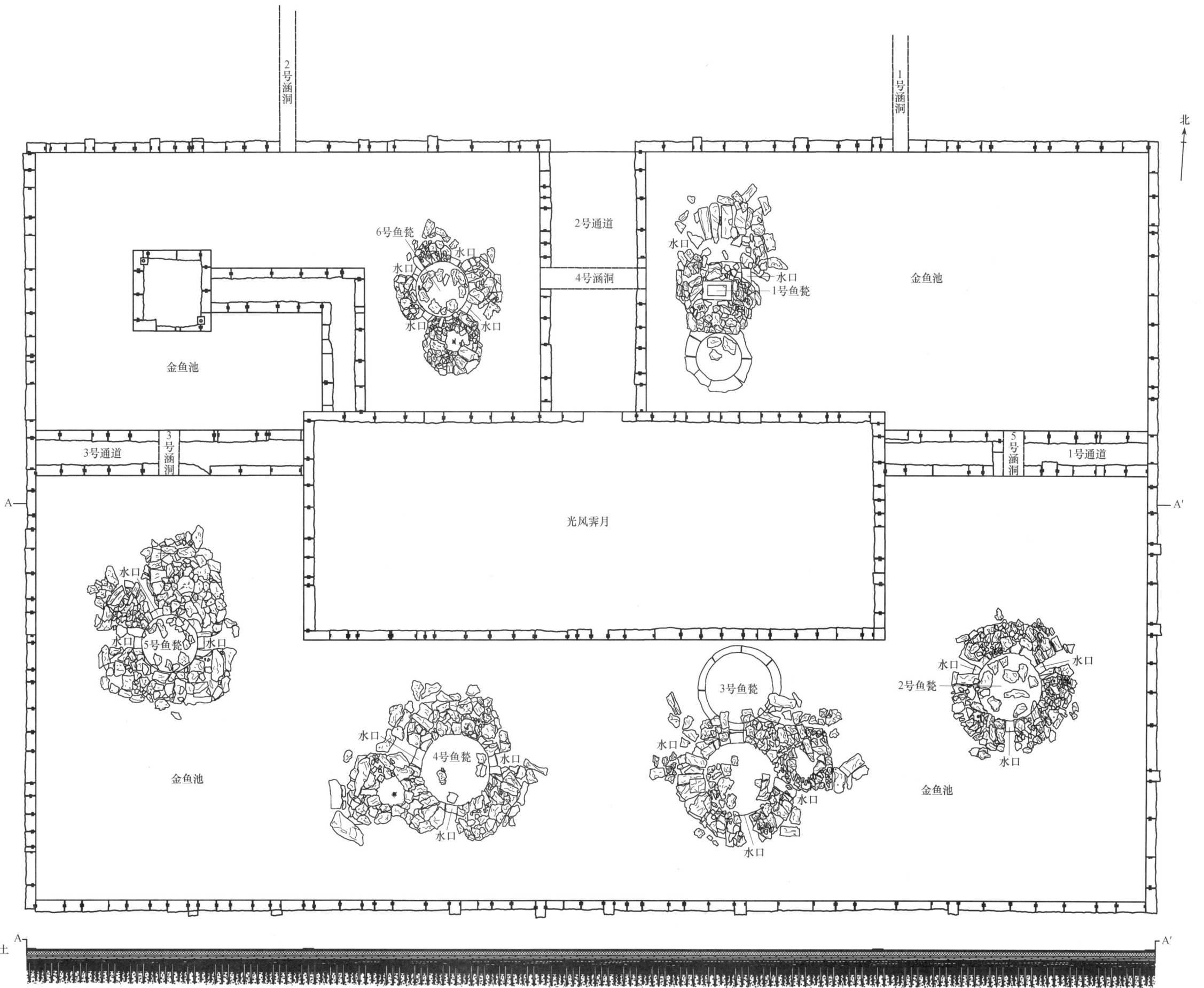

图三〇　坦坦荡荡遗址金鱼池平、剖面图

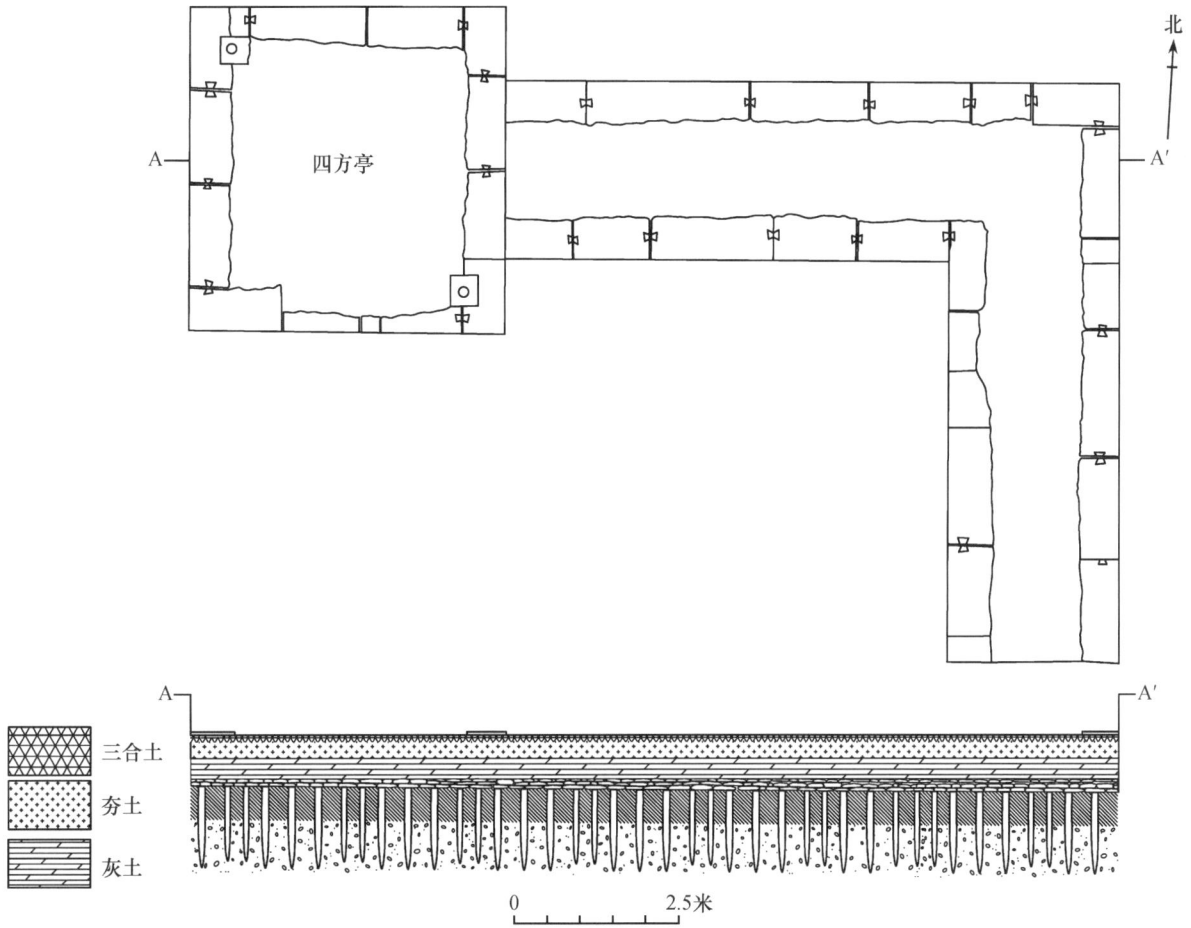

北

A —————— A'

三合土
夯土
灰土

0   2.5米

图三一　坦坦荡荡遗址西北角四方亭基址平、剖面图

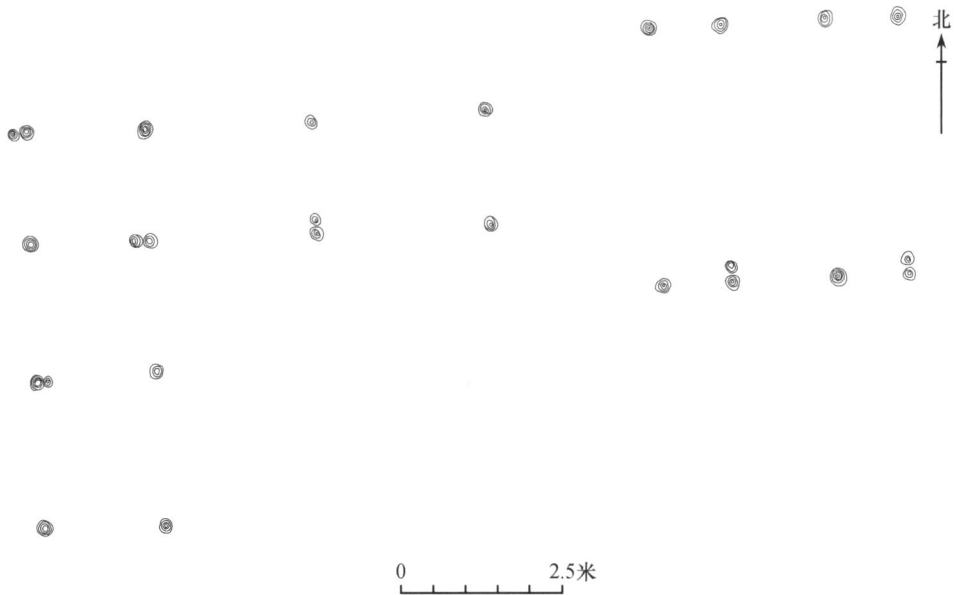

北

0   2.5米

图三二　坦坦荡荡遗址东北角四方亭桩柱遗迹平面图

（9）护底

金鱼池建在沙石层上，为防止沙石地基松动，在金鱼池的底部用花岗岩石板（条石）铺筑护底。整个金鱼池除东南角和四方亭桩柱遗迹周围没有铺筑护底外，其余部分全部铺有护底。护底石板长0.5～1.6、宽0.3～0.6、厚约0.14米（皆为花岗岩材质），石板下面有夯筑的桩木基础，用直径0.5～0.1、长1.3米左右的柏木桩夯筑而成，护底石板下的桩木基础和金鱼池池岸下的桩木基础做法一样，而且处于同一平面，属一次夯筑而成。

（10）鱼甃与太湖石假山

金鱼池共建鱼甃6座，编号鱼甃1～6号。在鱼甃的四周，或南侧或北侧，还有用太湖石加青石（青石用在下部，太湖石用在上部）垒砌而成的假山，以供鱼儿在其间游弋、嬉戏。编号太湖石假山1～6号。

甃，音：zhòu，本意是以砖、石或陶井圈砌筑的井壁。甃，亦凿井之谓也。鱼甃，即鱼井也。胤禛在他作的《园景十二咏·金鱼池》诗中，有"甃地成卍字，注水蓄文鱼"句（见清《世宗宪皇帝御制文集》卷二十六，第296页）；清《南巡盛典》中关于杭州"玉泉鱼跃"的记述中有"甃石为池"句。考古发掘发现，坦坦荡荡的金鱼池内建有六座上面带太湖石的假山。池底的下面挖有圆形水井式的鱼甃。这6座池下鱼甃，井口均以花岗岩条石砌筑，井壁用青砖和白灰浆砌筑，底部以柏木围筑井框，直接落实在沙层上。井口直径2.8～4.25米，从井口到井底深0.9～1.4米。井底的沙层，当年皆有泉眼不断向上冒出泉水。因为鱼甃底部与地气相接，故此井水冬暖夏凉。鱼儿在此鱼甃中可躲避池上的寒暑，拥有一个很好的生存环境。井口上垒砌的太湖石假山，不光是为了装点景观，主要还是为了给金鱼创造多变有趣，又能享受假山造成的阴影的环境。使夏季池中的水温有所降低，利于金鱼的生存与活动。

现将发现的鱼甃和太湖石假山遗迹，分别叙述如下（表二、表三）。

表二　坦坦荡荡遗址金鱼池鱼甃统计表

编号	位置	开口距池岸地表高度（米）	平面形状	直径（米）	甃深（米）	甃口石材	甃壁材料	甃底结构	有无护底
1号鱼甃	2号通道东侧，东邻桩柱式方亭	2.3	圆形	2.8	1.35	花岗岩条石	青砖加白灰浆	8根柏木枕木围筑	无
2号鱼甃	金鱼池东南部，1号通道南侧	2.3	圆形	4	0.9	花岗岩条石	青砖加白灰浆	8根柏木枕木围筑	无
3号鱼甃	光风霁月堂前，2号鱼甃西侧13米	2.3	圆形	4.25	1.4	花岗岩条石	青砖加白灰浆	8根柏木枕木围筑	无
4号鱼甃	光风霁月堂前，3号鱼甃西侧13米	2.9	圆形	4.25	1.35	花岗岩条石	青砖加白灰浆	8根柏木枕木围筑	无
5号鱼甃	金鱼池西南角，4号鱼甃西北13.2米	2.3	圆形	3.5	1.4	花岗岩条石	青砖加白灰浆	8根柏木枕木围筑	无
6号鱼甃	2号通道西侧，西北角四方亭基址东侧	2.3	圆形	3.33	1.4	花岗岩条石	青砖加白灰浆	8根柏木枕木围筑	无

表三　坦坦荡荡遗址金鱼池太湖石假山统计表

编号	位置	采用石料	平面形状	保存状况	直径（米）	残高（米）	内部结构或备注	有无护底
1号假山	紧挨1号鱼凳北侧	太湖石	圆形	被破坏	5	1.3	假山顶遗青石构件1个，1.9米×1.12米×0.55米，中间有槽，应为安置剑形山石的构件	无
2号假山	围绕于2号鱼凳周围	太湖石	圆形	被破坏	7.5	1.7	假山之中有三条水道，将假山三等分，供鱼儿出入	无
3号假山	3号鱼凳南侧	上半部用太湖石，下半部用青石条石砌筑	圆形	被破坏	7.5	1~2.4	假山中间有一直径4.5米的空地，亦设三条水道，将假山三等分，供鱼儿出入	有
4号假山	围绕于4号鱼凳周围	上半部用太湖石，下半部用青石条石砌筑	不规则环形	被破坏	8.95~9.37	2	假山之中有三条水道，将假山三等分，供鱼儿出入	无
5号假山	围绕于5号鱼凳周围	上半部用太湖石，下半部用青石条石砌筑	不规则环形	被破坏	6.5	1.7	假山群中亦设三条水道，将假山三等分，南部的最大，西北角的最小	有
6号假山	围绕于6号鱼凳周围	上半部用太湖石，下半部用青石条石砌筑	圆形	被破坏	南侧3.74~4，其他三面3	南侧3.5，其他三面1~1.5	假山被四条水道分割为四座大小不一的假山	有

1号鱼凳：位于金鱼池2号通道和4号涵洞的东侧，东邻金鱼池东北角曲尺形游廊及桩柱式四方亭遗迹（图一二、图三○）。鱼凳开口距金鱼池池岸地表2.3米。鱼凳平面呈圆形，直径2.8、深1.35米。鱼凳口用凿成弧形的花岗岩阶条石拼成，阶条石长0.7~1.2、宽0.4~0.7、厚约0.14米。阶条石下是用青砖和白灰砌筑的凳壁，青砖规格为：24厘米×11.5厘米×5.5厘米。凳壁高1.11、厚0.115米。砖砌凳壁下是枕木，由8根枕木围成一个近似圆形的八边形枕木圈，用来加固地基，防止凳壁下沉。枕木长1.55、宽0.15、厚0.1米。枕木圈坐在沙底上。1号太湖石假山：其位置紧挨着1号鱼凳北侧，是1号鱼凳的配套设施，以太湖石垒筑。平面整体呈圆形，直径5米。由于破坏，假山残高1.3米左右。顶部有一块长1.9、宽1.12、厚0.55米的青石构件；构件砌筑在假山之中，中间凿有石槽，石槽长1.2、宽0.6、深0.35米。槽内有残留的白灰痕迹，此槽应为安置剑形山石所用的构件（图三三；图版九，2）。

2号鱼凳：位于金鱼池的东南部、1号通道的南侧。鱼凳平面呈圆形，直径4、深0.9米。凳口、凳壁和枕木圈的结构形式与修建方法同于1号鱼凳。枕木圈坐在沙底上。2号太湖石假山：以太湖石垒筑。围绕在2号鱼凳的周围，形成一个直径7.5米的环形假山，残高1.7米。假山之中有三条三叉式水道，将假山三等分。水道长1.85、宽0.5米，鱼儿可由水道出入于鱼凳和金鱼池（图三四；图版一○，1）。该鱼凳周围，没有铺设护底，即此处的池底为沙层。

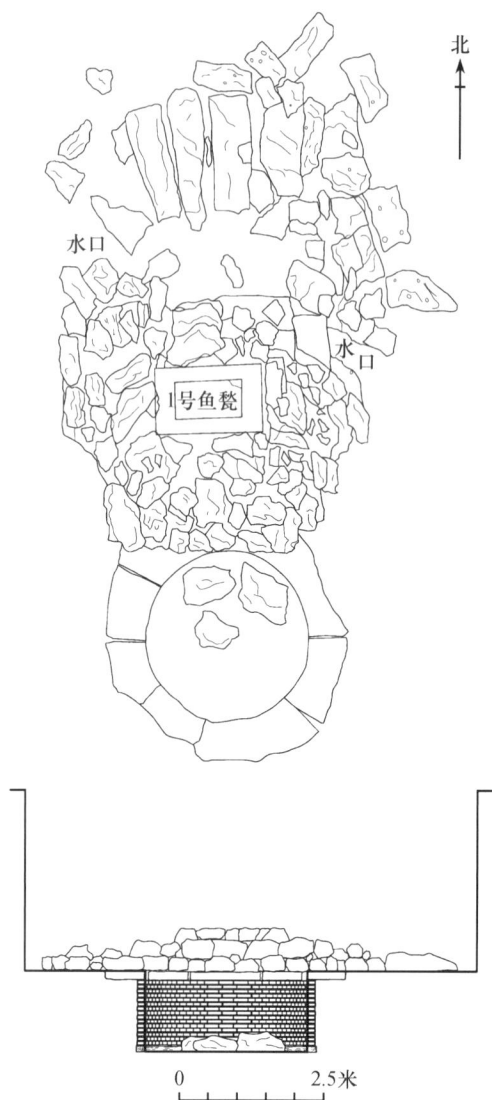

图三三　坦坦荡荡遗址1号鱼凳与1号太湖石假山
平、剖面图

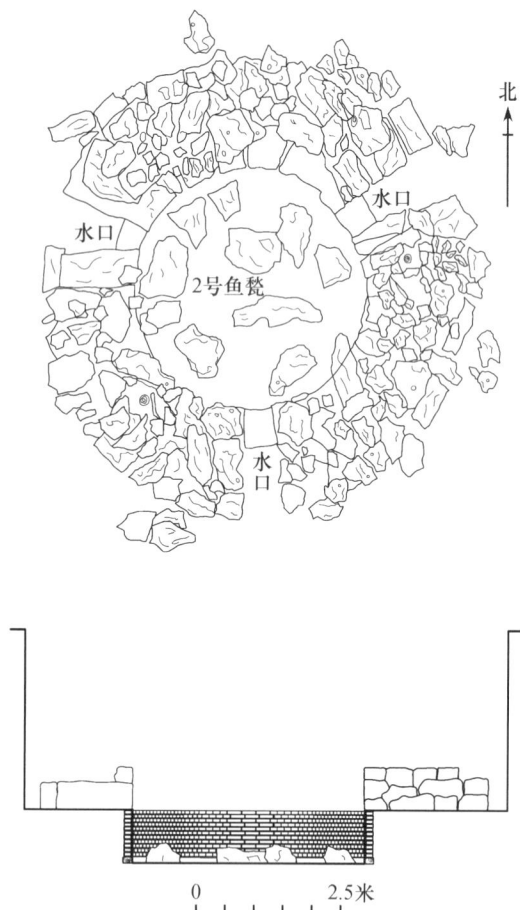

图三四　坦坦荡荡遗址2号鱼凳与2号太湖石假山
平、剖面图

　　3号鱼凳：位于光风霁月堂殿前，2号鱼凳的西侧，相距13米。鱼凳平面呈圆形，直径4.25、深1.4米，鱼凳的修建方法及用料和1号鱼凳相同。凳底也是沙底。3号太湖石假山：分布在3号鱼凳南侧，以太湖石和青石垒筑。假山石群整体呈圆形，直径7.5、残高1～2.4米。假山中间凿有一直径4.5米的圆形空地，空地处铺有护底。假山上部用太湖石堆砌，下部用青石石条砌筑。假山中亦设有三条三叉式水道，将假山三等分。水道可供鱼儿在假山、金鱼池和鱼凳之间出入和嬉戏（图三五；图版一〇，2）。在假山东北部的山顶中还遗留有古树的残根。

　　4号鱼凳：位于光风霁月堂殿前，3号鱼凳西侧，与3号鱼凳相距13米。鱼凳平面呈圆形，直径4.25、深1.35米。鱼凳口和金鱼池的护底在同一平面，距金鱼池池岸地表高2.9米。鱼凳的修建方法和1号鱼凳相同。凳底同样为沙底。4号太湖石假山：呈环形环绕在4号鱼凳的四周。以太湖石和青石垒筑。假山下部用青石、上部用太湖石堆砌。形状不规则。直径8.95～9.37、残高2米。假山中亦设有三条三叉式水道，将假山三等分，水道供鱼儿出入于假山、鱼凳和金鱼池之间（图三六；图版一一，1）。在鱼凳北侧和西南角的假山顶部还残留有古树残根。

5号鱼凳：位于金鱼池的西南角，4号鱼凳的西北方15.1米处。鱼凳平面呈圆形，直径3.5、深1.4米。其修建方法和1号鱼凳一样。凳底也是沙底。5号鱼凳的周围铺设有护底。5号太湖石假山：呈不规则形环绕在5号鱼凳的四周。假山也是下部用青石、上部用太湖石堆砌，假山堆砌的形状不规则，直径约6.5、残高1.7米。假山中亦设有三条三叉式水道，将假山三等分（图三七；图版一一，2）。南部假山最大，西北角部分最小，在假山的东北部分山顶上还残留有古树残根。

6号鱼凳：位于金鱼池2号通道的西侧，西北角四方亭基址东侧。鱼凳平面呈圆形，直径3.33、深1.4米。修建方法和1号鱼凳一样。凳底同样为沙底。6号太湖石假山：分布在6号鱼凳的四周，被四条四叉式水道分割成四个相对独立的小假山。四条水道可供鱼儿在四座小假山、鱼凳和金鱼池之间出入、嬉戏。四部分假山大小不一，基本上都接近圆形。鱼凳南侧的假山平面呈圆形，直径3.74～4、残高3.5米。假山底部用青石、上部用太湖石堆砌。在假山的顶部还遗留有古树的残根。其余3个较小的假山整体也呈圆形，直径3米左右，破坏严重，残高仅1～1.5米。6号鱼凳及6号假山的周围均铺有护底（图三八；图版一二，1）。

金鱼池基址中的6座鱼凳和6座太湖石假山的设计与建造，工艺考究，匠心独运。中部配置有光风霁月堂敞厅，西北池和东北池中分别配置有曲尺形游廊四方亭和桩柱式方亭等一组重要的核心配套建筑和景点建筑。金鱼池的面积占到坦坦荡荡遗址总面积的二分之一。毫无疑问，金鱼池显然是坦坦荡荡景区中的主题建筑和核心建筑。

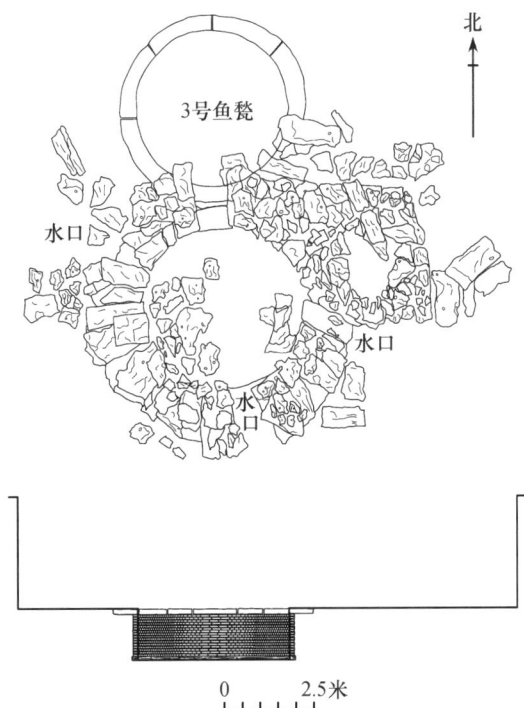

图三五　坦坦荡荡遗址3号鱼凳与3号太湖石假山平、剖面图

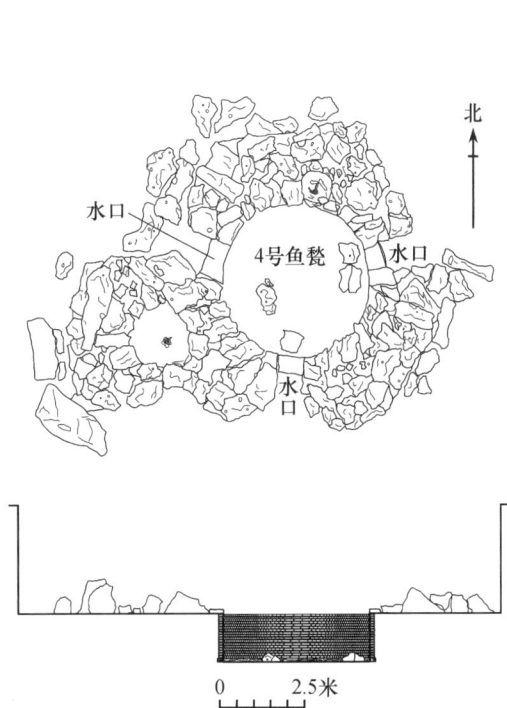

图三六　坦坦荡荡遗址4号鱼凳与4号太湖石假山平、剖面图

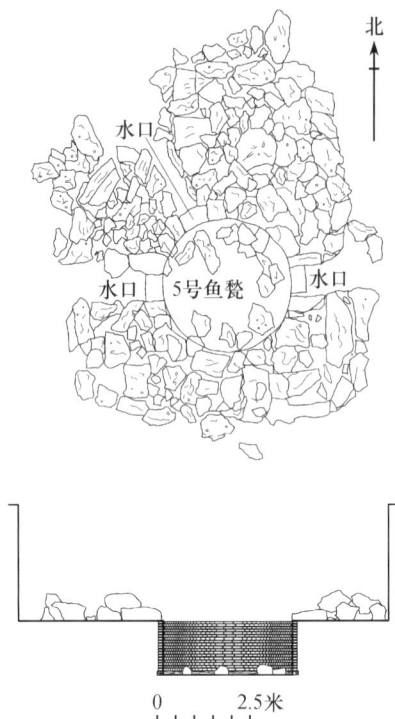

图三七　坦坦荡荡遗址5号鱼凳与5号太湖石假山
平、剖面图

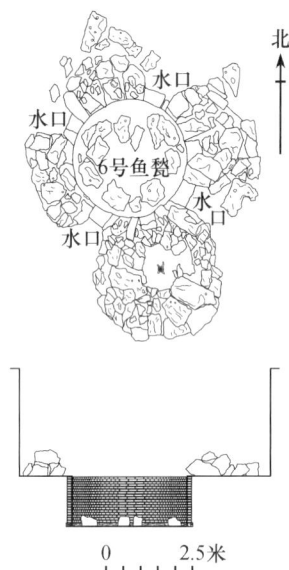

图三八　坦坦荡荡遗址6号鱼凳与6号太湖石假山
平、剖面图

　　另外，关于坦坦荡荡遗址各项建筑遗迹中所用石材、柱础石、青砖和柏木地钉的位置及规格，我们也做了资料统计（表四~表七），附于下文，以供研究者参考。

表四　坦坦荡荡遗址出土石材（或构件）统计表

编号	石材质地	出土位置	功用	规格（米）			保存状况
				长	宽	厚	
1号	青石	素心堂台基	阶条石	1.3	0.65	0.2	残长
2号	青石	素心堂台基	阶条石	2.5	0.65	0.2	完整
3号	青石	素心堂台基	阶条石	2.2	0.65	0.2	完整
4号	青石	素心堂台基	阶条石	6.3	0.65	0.2	完整
5号	青石	素心堂台基	阶条石	3.95	0.65	0.2	完整
6号	青石	素心堂台基	阶条石	3.45	0.65	0.2	完整
7号	青石	素心堂台基	阶条石	2.8	0.65	0.2	完整
8号	青石	素心堂台基	阶条石	1.9	0.65	0.2	残长
9号	青石	素心堂台基	阶条石	2.75	0.65	0.2	残长
第一级	太湖石	素心堂殿址	台阶石	3.25	1		由3块组成，完整
第二级	太湖石	素心堂殿址	台阶石	1.25	0.5		1块，完整
1号	青石	澹怀堂台基	阶条石	3.5	0.5	0.2	残长
2号	青石	澹怀堂台基	阶条石	3.35	0.5	0.2	完整
3号	青石	澹怀堂台基	阶条石	3.6	0.5	0.2	完整

编号	石材质地	出土位置	功用	规格（米）			保存状况
				长	宽	厚	
4号	青石	澹怀堂台基	阶条石	3.3	0.5	0.2	完整
5号	青石	澹怀堂台基	阶条石	2.6	0.5	0.2	完整
6号	青石	澹怀堂台基	阶条石	0.5	0.5	0.2	残长
第一级	太湖石	半亩园殿址	台阶石	2.25	0.85		1块，完整
第二级	太湖石	半亩园殿址	台阶石	2	0.35		由2块组成，完整
1号	青石	值房区最北部F1	阶条石	暴露部分长0.7			东部被压在护山墙下
2号	青石	值房区最北部F1	阶条石	1.75			有损坏
3号	青石	值房区最北部F1	阶条石	残长1.9			有损坏
第一级	青石	值房区最北部F1	台阶石	2.15	0.5	0.1	由3块自然青石组成
第二级	青石	值房区最北部F1	台阶石	2.2	0.55	0.25	由3块自然青石组成
1号	青石	值房区内F2	阶条石	1.75	0.35	0.16	稍有损坏
2号	青石	值房区内F2	阶条石	1.6	0.35	0.16	稍有损坏
3号	青石	值房区内F2	阶条石	残长1.32	0.35	0.16	残
4号	青石	值房区内F2	阶条石	残长1.58	0.35	0.16	有损坏
5号	青石	值房区内F2	阶条石	残长1.45	0.35	0.16	残
6号	青石	值房区内F2	阶条石	1.62	0.35	0.16	有损坏
7号	青石	值房区内F2	阶条石	残长1.1	0.35	0.16	残
一级	青石	值房区内F2	明间正前面台阶	1.8	0.6	0.12	由3块自然石块组成，完整
第一块	青石	值房区内F3	台阶石	0.75	0.65		被移动
第二块	青石	值房区内F3	台阶石	1	0.6		被移动
仅存1件	青石	值房区内F5	转角石	0.4	0.15	高0.3	原位
1号	青石	值房区内F6	阶条石	2.5	0.3	0.15	有损坏
2号	青石	值房区内F6	阶条石	残长0.95	0.3	0.15	残
1号	青石	值房区南部F7	阶条石	残长1.6	残宽0.4	0.1	残
2号	青石	值房区南部F7	阶条石	1.8	0.32	0.1	完整
3号	青石	值房区南部F7	阶条石	1.55	0.35	0.1	完整
仅存1块	青石	值房区南部F7南墙基与西墙基转角处	转角石	0.55	0.4	高度不详	原位
前1号	青石	遗址西部双佳斋	阶条石	0.75	0.45	0.18	残
前2号	青石	遗址西部双佳斋	阶条石	2.75	0.45	0.18	稍有损伤
前3号	青石	遗址西部双佳斋	阶条石	2.95	0.45	0.18	有损伤
前4号	青石	遗址西部双佳斋	阶条石	2.9	0.45	0.18	表皮剥落
前5号	青石	遗址西部双佳斋	阶条石	0.5	0.45	0.18	残
后1号	青石	遗址西部双佳斋	阶条石	1.3	0.45	0.18	略有剥落
后2号	青石	遗址西部双佳斋	阶条石	残长2.55	0.45	0.18	残

编号	石材质地	出土位置	功用	规格（米）			保存状况
				长	宽	厚	
1号	青石	遗址西部双佳斋	东南角转角石	0.55	0.16	高0.25	原位
2号	青石	遗址西部双佳斋	西南角转角石	0.5	0.2	高0.26	原位
只有一级	太湖石	遗址西部双佳斋	前檐明间前台阶石	2.05	0.7	0.2	由3块太湖石组成，完整
第一级	青石	遗址西部双佳斋	后檐明间前台阶石	2.25	0.5	0.25	由3块青石组成，完整
第二级	青石	遗址西部双佳斋	后檐明间前台阶石	2.15	0.5	0.35	由2块青石组成，完整
只有一级	青石	遗址西部过山道东部与甬路连接处	台阶踏步石	2.3	0.9	0.22	由2块青石组成，完整
南侧假山	太湖石	东邻金鱼池，南靠双佳斋，西邻F1	假山堆石	大者2			完整
南侧假山	太湖石	东邻金鱼池，南靠双佳斋，西邻F1	假山堆石	小者0.3～0.5			完整
南侧假山	太湖石	东邻金鱼池，南靠双佳斋，西邻F1	假山顶部1块	直径1.75			完整
第一级	青石	遗址西部值房区角门	台阶石	1.9	0.45	0.18	由3块自然青石组成，完整
第二级	青石	遗址西部值房区角门	台阶石	1.1	0.6	0.3	由3块自然青石条石组成，完整
未编号	普通自然石	遗址西部2号铺砖甬路西部台阶	台阶石	0.9	0.35	0.1	较好
北侧台阶	青石	值房区南部F7门前角门	台阶石	1.2	0.4	0.08	较好
南侧台阶	青石	值房区南部F7门前角门	台阶石	1.7	0.5	0.1	较好
大者	花岗岩	光风霁月堂	四周阶条石	2.75	0.75	0.5	较好
小者	花岗岩	光风霁月堂	四周阶条石	0.65	0.5	0.38	较好
大者	花岗岩	金鱼池	阶条石	2.15	0.7	0.17	完整
小者	花岗岩	金鱼池	阶条石	1.85	0.7	0.17	完整
大者	花岗岩	金鱼池	池壁条石	2.15	0.7	0.4	完整
小者	花岗岩	金鱼池	池壁条石	0.6	0.6	0.32	完整
1、2、3号通道	花岗岩	从金鱼池通往光风霁月的三条通道	通道两侧条石	0.6～2.15	0.6～0.7	0.32～0.4	条石规格同于池壁条石，完整
1号涵洞	花岗岩	金鱼池东北池	顶部石板、底部条石	0.6～2.15	0.6～0.7	顶0.16、底0.15	左右两侧条石规格同于池壁条石，完整
2号涵洞	花岗岩	金鱼池西北池	顶部石板、底部条石	0.6～2.15	0.6～0.7	顶0.16、底0.15	左右两侧条石规格同于池壁条石，完整
3号涵洞	花岗岩	位于3号通道正中间	顶部石板、底部条石	0.6～2.15	0.6～0.7	顶0.16、底0.15	左右两侧条石规格同于池壁条石，完整

续表

编号	石材质地	出土位置	功用	规格（米）			保存状况
				长	宽	厚	
4号涵洞	花岗岩	位于2号通道中部	顶部石板、底部条石	0.6~2.15	0.6~0.7	顶0.16、底0.15	左右两侧条石规格同于池壁条石，完整
5号涵洞	花岗岩	位于1号通道中部	顶部石板、底部条石	0.6~2.15	0.6~0.7	顶0.16、底0.15	左右两侧条石规格同于池壁条石，完整
未编号	花岗岩	金鱼池护底	护底石条	0.5~1.6	0.3~0.6	0.14	完整
1~6号鱼凳	花岗岩	金鱼池内	鱼凳口沿阶条石	0.7~1.2	0.4~0.7	0.14	拼成圆弧形，完整

表五　坦坦荡荡遗址出土柱础石统计表

编号	出土位置	用项	石材质地	形状	规格（厘米）			鼓镜（厘米）					保存状况
					长	宽	厚	形状	直径边长	凸出高度	柱窝		
											直径	深	
1号	素心堂殿址	在1号柱础坑中部	青石	方形	75	75	35	圆形	45	5			已移位
2号	素心堂殿址	在2号柱础坑中部	青石	方形	75	75	35	圆形	45	5			已移位
3号	素心堂殿址	在3号柱础坑北侧	青石	方形	75	75	35	圆形	45	5			已移位
4号	素心堂殿址	在4号柱础坑北侧	青石	方形	75	75	35	圆形	45	5			已移位
5号	素心堂殿址	在6号柱础坑西南角	青石	方形	70	70	35	圆形	45	4	15	15	已移位
6号	素心堂殿址	在7号柱础坑东南角	青石	方形	75	75	35	圆形	45	5			已移位
7号	素心堂殿址	在7号柱础坑东南角	青石	方形	75	75	35	圆形	45	5			已移位
8号	素心堂殿址	在13号柱础坑西侧	青石	方形	58	58	35	圆形	38	3			原位
9号	素心堂殿址	在13号柱础坑内	青石	方形	75	75	35	圆形	45	5			已移位
10号	素心堂殿址	在8号柱础坑内	青石	方形	75	75	35	圆形	45	5			已移位
11号	素心堂殿址	在9号柱础坑北侧	青石	方形	75	75	35	圆形	45	5			已移位
12号	素心堂殿址	在12号柱础坑西南角	青石	方形	70	70	35	圆形	45	4	15	15	已移位

编号	出土位置	用项	石材质地	形状	规格（厘米）			鼓镜（厘米）					保存状况
					长	宽	厚	形状	直径边长	凸出高度	柱窝		
											直径	深	
13号	素心堂殿址	在10号柱础坑东南侧	青石	方形	75	75	35	圆形	45	5			残，已移位
14号	素心堂殿址	在18号柱础坑中部	青石	方形	75	75	35	圆形	45	5			已移位
15号	素心堂殿址	在19号柱础坑西北角	青石	方形	75	75	35	圆形	45	5			已移位
16号	素心堂殿址	在20号柱础坑西侧	青石	方形	75	75	35	圆形	45	5			已移位
1号	澹怀堂殿址	在2号柱础坑北侧	青石	方形	65	65	35	圆形	40	4			原位
2号	澹怀堂殿址	在9号柱础坑内东南角	青石	方形	65	65	35	圆形	40	4			已移位
3号	澹怀堂殿址	东第一次间北端，11号柱础坑西南角	青石	方形	65	65	35	圆形	40	4			已移位
4号	澹怀堂殿址	东第二次间东北角	青石	方形	65	65	35	圆形	40	4			已移位
5号	澹怀堂殿址	在殿址东南部，5号柱础坑中间	青石	方形	65	65	35	圆形	40	4			已移位
6号	澹怀堂殿址	在殿址北侧散水内	青石	方形	65	32.5	35	圆形	30	2	10	12	半个
7号	澹怀堂殿址	在殿址北侧散水内	青石	方形	65	32.5	35	圆形	30	2	10	12	半个
8号	澹怀堂殿址	在殿址北侧散水内	青石	方形	65	32.5	35	圆形	30	2	10	12	半个
9号	澹怀堂殿址	在殿址北侧散水内	青石	方形	65	32.5	35	圆形	30	2	10	12	半个
10号	澹怀堂殿址	在9号柱础石北面1米处	青石	方形	65	32.5	35	圆形	30	2	10	12	遭破坏，仅剩半个
11号	澹怀堂殿址	在8号柱础石北面1米处	青石	方形	50	32.5	35	圆形	30	2	10	12	原位
12号	澹怀堂殿址	在7号柱础石对面	青石	方形	50	32.5	35	圆形	30	2	10	12	原位

编号	出土位置	用项	石材质地	形状	规格（厘米）			鼓镜（厘米）					保存状况
					长	宽	厚	形状	直径边长	凸出高度	柱窝		
											直径	深	
13号	澹怀堂殿址	在6号柱础石对面	青石	方形	65	32.5	35	圆形	30	2	10	12	遭破坏，仅剩半个，原位
1号	半亩园殿址	在2号柱础坑南侧	青石	方形	70	70	35	圆形	45	4	15	15	已移位
2号	半亩园殿址	在4号柱础坑西侧	青石	方形	70	70	35	圆形	45	4	15	15	已移位
3号	半亩园殿址	在6号柱础坑东侧	青石	方形	70	70	35	圆形	45	4	15	15	已移位
4号	半亩园殿址	在7号柱础坑东南角	青石	方形	70	70	35	圆形	45	4	15	15	已移位
5号	半亩园殿址	在9号柱础坑内北侧	青石	方形	70	70	35	圆形	45	4	15	15	已移位
1号	知鱼亭基址	在亭址西南角	花岗岩	覆盆式方形	75	75	50	方形	70	3	16.5	18	原位
2号	知鱼亭基址	在亭址西北角	花岗岩	覆盆式方形	75	75	50	方形	70	3	16.5	18	原位
3号	知鱼亭基址	在亭址东北角	花岗岩	覆盆式方形	75	75	50	方形	70	3	16.5	18	原位
4号	知鱼亭基址	在亭址东南角	花岗岩	覆盆式方形	75	75	50	方形	70	3	16.5	18	原位
仅存1块	萃景斋基址	东北角	花岗岩	覆盆式方形	70	70	40	方形	45	5	16	18	原位
1号	值房区内F2	前檐台阶石北侧	青石	长方形	40	30	不详	圆形	20		5	8	原位
2号	值房区内F2	南侧山墙中间	青石	方形	40	40	不详	圆形	20		5	8	原位
3号	值房区内F2	南侧山墙与后檐墙基转角处	青石	方形	40	40	不详	圆形	20		5	8	原位
1号	值房区内F4	东侧墙基与南侧墙基转角处	青石	方形	30	30	不详						原位
2号	值房区内F4	1号柱础石北侧1.3米	青石	长方形	40	32	不详						原位

编号	出土位置	用项	石材质地	形状	规格（厘米）			鼓镜（厘米）					保存状况
					长	宽	厚	形状	直径边长	凸出高度	柱窝		
											直径	深	
3号	值房区内F4	西侧墙基与双佳斋南山墙基连接处	青石	长方形	36	30	不详	长方形	26×20	2	6	7	原位
仅存1块	值房区内F5	南侧墙基与西侧墙基相交处	青石	方形	40	40	不详	半圆形	25		6	5	原位
仅存1块	值房区内F6	北侧明间与东次间的墙基中	青石	长方形	40	32	不详	长方形	25×20	1			原位
1号	值房区南部F7	房址东北角	青石	长方形	40	30	不详	长方形	25×15				原位
2号	值房区南部F7	房址西南角	青石	长方形	45	40	不详	长方形	25×20				原位
1号	遗址西部双佳斋	在8号柱础坑北侧	青石	方形	65	65	23	方形	32	2.5			被移位
2号	遗址西部双佳斋	在1号柱础石北侧	青石	方形	65	65	23	方形	32	2.5			被移位
3号	遗址西部双佳斋	在7号柱础坑内	青石	方形	60	60	25	方形	35	2.5			被移位
4号	遗址西部双佳斋	在7号柱础坑北部	青石	方形	60	60	23	方形	35	2.5			被移位
5号	遗址西部双佳斋	在6号柱础坑内	青石	方形	60	60	23	方形	35	2.5			被移位
1号	光风霁月堂	在前檐13号柱础坑内	青石	方形	70	70	20						被移位
2号	光风霁月堂	在前檐13号柱础坑西侧	青石	方形	80	80	24						被移位
3号	光风霁月堂	在前檐13号柱础坑东侧	青石	方形	80	80	24						被移位
4号	光风霁月堂	在后檐6号柱础坑内	青石	方形	65	65	27	圆形					鼓台被破坏
5号	光风霁月堂	在后檐8号柱础坑内	青石	长方形	67	60	25	圆形					被翻动，鼓镜朝下
6号	光风霁月堂	在后檐8号柱础坑内	青石	方形	70	70	40	圆形	50	4			原位

表六　坦坦荡荡遗址出土青砖统计表

出土位置	功用	规格（厘米）			保存状况
		长	宽	厚	
素心堂殿址	砖墙	25	12	5	完整
素心堂殿址	散水牙砖	25	12	5	完整
素心堂殿址	中心甬路铺砖	38	38	5	完整
素心堂殿址	中心甬路牙砖	25	12	5	完整
素心堂殿址	大殿内铺地砖	48	48	5	经打磨，完整
澹怀堂殿址	东北部砖墙	25	12	5	完整
澹怀堂殿址	殿址南北侧散水牙砖	24	12	5	完整
澹怀堂殿址	台阶甬路两侧牙砖	24	12	5	完整
澹怀堂殿址	大殿内铺地砖	48	48	5	经打磨，已龟裂
澹怀堂殿址	西第二次间灶、火膛、连地炕	25	12	5	完整
澹怀堂殿址	东第一次间连地炕火道	50	25	5	完整
半亩园殿址	散水牙砖	24	12	5	完整
半亩园殿址	殿内铺地砖	45	25	10	经打磨，已龟裂
甬路L2	甬路L2牙砖	25	12	5	完整
知鱼亭基址	散水牙砖	24	12	5	完整
知鱼亭基址	西侧砖墙	25	12	5	完整
知鱼亭基址	亭内铺地砖	40	40	5	龟裂
萃景斋基址	散水牙砖	25	12	5	完整
值房区最北部F1	墙基	24	12	5	完整
值房区最北部F1	散水牙砖	24	12	5	完整
值房区最北部F1	甬路牙砖	25	12	5	完整
值房区最北部F1	室内铺地砖	40	40	5	完整
值房区内F2	墙基用砖	25	12	5	完整
值房区内F2	磉墩用砖	25	12	5	完整
值房区内F2	室内铺地砖	35	35	5	完整
值房区内F2	台基四周散水牙砖	25	12	5	完整
值房区内F2	台阶前甬路中间铺砖	30	30	5	完整
值房区内F3	室内铺地砖	30	30	5	完整
值房区内F3	室内铺地砖	40	40	5	较好
值房区内F4	北侧回廊内铺地砖	40	40	5	较好
值房区内F4	北侧回廊墙体用砖	40	20	10	较好
值房区内F4	北侧回廊墙体北侧散水牙砖	25	12	5	较好
值房区内F4	南侧墙基用砖	25	12.5	5	较好
值房区内F4	1号灶用砖	25	12	5	较好
值房区内F4	房址东部北侧散水用牙砖	25	12.5	5	较好
值房区内F5	南侧山墙墙基用砖	25	12.5	5	较好

出土位置	功用	规格（厘米）			保存状况
		长	宽	厚	
值房区内F5	火灶用砖	25	12	5	1~5号火灶全用此型砖垒砌
值房区内F5	室内铺地砖（之一）	40	40	5	仅存3块
值房区内F5	室内铺地砖（之二）	30	30	5	较好
值房区内F5	南部西侧散水用砖	25	12.2	5	较好
值房区内F5	东北角散水用砖	50	50	5	仅存1块
值房区内F6	明间铺地砖	40	40	5	较好
值房区内F6	房址北侧散水铺砖	35	35	5	较好
值房区内F6	房址北侧散水牙砖	25	12	5	较好
值房区南部F7	室内铺地砖	40	40	5	较好
值房区南部F7	台基前后两侧散水牙砖	25	12	5	较好
值房区最南侧F8	北侧墙基用砖	30	25	7	较好
值房区最南侧F8	室内铺地砖	30	30	5	完整
值房区最南侧F8	室内铺地砖	40	40	5	完整
遗址西部双佳斋	内墙用砖	25	12.5	5	完整
遗址西部双佳斋	室内铺地砖	40	40	5	完整
遗址西部双佳斋	台基四周散水牙砖	25	12.5	5	完整
遗址西部双佳斋	后檐台阶前甬路牙砖	25	12.5	5	完整
遗址西部、值房区北部，与F1连接	1号卵石甬路牙砖	25	12.5	5	完整
遗址西部、值房区北部，与F1连接	1号卵石甬路排水沟上部盖砖	35	35	5	完整
遗址西部2号铺砖甬路	西侧排水沟牙砖	25	12.5	5	完整
遗址西部2号铺砖甬路	西侧甬路牙砖	25	12.5	5	完整
F4南侧铺砖甬路	东侧铺砖	40	20	5	完整
F4南侧铺砖甬路	西侧铺砖	35	35	5	完整
F4南侧铺砖甬路	甬路牙砖	25	12.5	5	完整
遗址西部围墙	东侧散水牙砖	24	12	5	完整
遗址西部围墙	西侧散水牙砖	25	12.5	5	完整
光风霁月堂	柱础坑底部铺砖	44	22	8	完整
金鱼池	外侧拦土墙	45	22	10.5	完整
金鱼池内鱼鳖	鳖壁用砖	24	11.5	5.5	完整

表七　坦坦荡荡遗址出土柏木钉统计表

出土位置	用项	规格（米）		保存状况
		长	直径	
素心堂殿址	墙基灰土基础以下，加固地基	1.45~1.5	0.08~0.12	较好
澹怀堂殿址	墙基灰土基础以下，加固地基	1.4~1.45	0.08~0.1	较好
半亩园殿址	墙基灰土基础以下，加固地基	1.4~1.45	0.08~0.1	较好
知鱼亭基址	墙基灰土基础以下，加固地基	1.25~1.3	0.07~0.08	较好

出土位置	用项	规格（米）		保存状况
		长	直径	
萃景斋基址	墙基灰土基础以下，加固地基	1.1～1.2	0.08～0.1	较好
值房区最北部F1	墙基灰土基础以下，加固地基	1.3～1.4	0.06～0.08	较好
值房区内F2	墙基灰土基础以下，加固地基	1.2～1.3	0.07～0.08	较好
值房区内F3	墙基灰土基础以下，加固地基	1.4	0.06～0.08	较好
值房区内F4	墙基灰土基础以下，加固地基	1.3～1.4	0.07～0.08	较好
值房区内F5	墙基灰土基础以下，加固地基	1.35～1.4	0.07～0.08	较好
值房区内F6	墙基灰土基础以下，加固地基	1.3～1.4	0.06～0.08	较好
值房区南部F7	墙基灰土基础以下，加固地基	1.3～1.4	0.07～0.09	较好
值房区最南侧F8	墙基灰土基础以下，加固地基	1.35～1.4	0.07～0.08	较好
遗址西部双佳斋内墙	墙基灰土基础以下，加固地基	1.4～1.5	0.07～0.1	较好
遗址西部围墙	墙基灰土基础以下，加固地基	1.2～1.35	0.06～0.08	较好
光风霁月堂东北四方亭	柏木桩基础	不详	0.17～0.27	因未作解剖，柏木桩长度不详
金鱼池池岸、二层台、拦土墙	灰土基础及护底条石之下，加固地基	1.3	0.05～0.1	较好
金鱼池东北角	桩柱式方亭柏木桩柱	沙层上残长0.25、沙层下长1.95～2.5	0.17～0.27	上部残缺，下部完整

第四节　出土器物

　　本报告介绍坦坦荡荡遗址出土的铜、玉、汉白玉石刻、木器、西洋钟表，还有瓷器这六类器物，共207件。其中占比最大的是瓷器类，其余五类所占比例较小。这六类器物的出土地点多集中在金鱼池内。其中铜器中的2件铜壶，不但器形完整，而且在圈足外沿均铸有"大清乾隆年造"六字铭文。这是圆明园遗址首次发现的带明确年款的仿古青铜器，对于考察坦坦荡荡遗址具有重要的历史价值。玉器中的1件玉人和1件玉扳指，保存完好，玉人的质地为昆仑山海蓝玉，玉扳指的质地为新疆和田白玉，质地细腻坚致，雕制相当精细，玉扳指上还浮雕篆体"华甲联芳"四字，甚为珍贵。金鱼池中出土的一批汉白玉花盆底座和石刻构件，其中有数件在构图设计和浮雕工艺上都堪称乾隆时期石刻作品中的精品。在金鱼池内的淤泥中还清理出1件西洋钟表，虽已锈蚀，但其上部设施、结构与装饰犹在，为考察清朝乾隆时期开展与西方国家的对外文化交流问题又提供了一份实证资料。瓷器虽多为瓷器残件或瓷片，但其中也有一定数量的官窑器和水平较高的民窑器作品，这为考察和了解圆明园清代皇家园林中的用瓷问题，也提供了一份有意义的参考。

　　现分类摘要介绍如下。

一、铜　　器

仅有铜壶2件，编号为YT19号和YT20号。均出土于坦坦荡荡遗址南侧金鱼池内——南壁池底淤泥中（图版一六）。这2件铜壶形制基本相同，保存完整，唯规格和重量稍有差异。原来应是一对，均为仿古代青铜壶的形制铸造而成。

二壶形制、结构大致相同。均为盘口，方唇，平沿，口沿上下各铸饰一周凸带纹。束颈，颈部铸饰两道横向圆凸"弦纹"，在这两道横向圆凸"弦纹"的左右两侧，又附铸一对如意形耳，耳内分别置圆形环。肩部，皆为溜肩。腹部，皆为袋形垂腹。厚壁，下腹圆鼓，作内弧急收。厚底，实心外撇，呈喇叭口形，下接凹底圈足，足沿宽平厚实。二壶壶体厚重，重心偏下，器形显得端庄稳重。器表均素面无纹（图版一七、图版一八）。出土时，壶体内外满是泥垢，器表绿锈斑驳，不见上面有任何文字。后经室内清洗，适当除锈，发现在二壶圈足底边外沿器表，自右向左皆铸有字迹工整的楷体"大清乾隆年造"六字横排款铭文。其中，YT19号的铭文较为清晰（图版一七，3），YT20号因为锈蚀，虽也能看出有相同的六字铭文，但有的字迹已模糊不清（图版一八，3）。

二壶在形制和重量上仅存在较小差异，如在圈足部分，YT19号分两级台阶，比较明显，上、下台阶的高差较小，而YT20号上层台阶很矮，下层台阶较高，高差显著。YT19号的圈足直径小于YT20号，YT19号为17.2厘米，YT20号为18.6厘米。重量上，YT19号也少于YT20号，YT19号为23.735千克，而YT20号为24.662千克。

YT19号口径（外径）为14.2厘米，口沿厚1.3厘米，最大腹径21.9厘米，圈足底径（外径）为17.2厘米，圈足高2.5厘米，通高43.4厘米，重23.735千克（图三九，1）。

YT20号口径（外径）为14.3厘米，口沿厚1.4厘米，最大腹径21.9厘米，圈足底径（外径）为18.6厘米，圈足高3.1厘米，通高43.5厘米，重24.662千克（图三九，2）。

关于上述2件铸壶的金属成分，我们请北京市考古研究院考古实验室赵文华先生采用便携式X射线荧光光谱分析仪，分别对二壶实体进行了散点多点位检测（图三九，3、4）。检测结果显示，YT19号和YT20号的合金成分主要为铜和锌，属性均属黄铜，而不属于青铜。详见表八。

由于铜器含有少量杂质，如钾（K）、铝（Al）、氯（Cl）、砷（As）、镍（Ni）等，以及少量元素未被检出，所以每个样品元素总量小于100%。

便携式X射线荧光光谱分析结果显示，铜器合金主要成分为铜和锌，即黄铜。铜器表面有钙质硬结物，其中尤以YT19号铜壶含有的硬结物更多。

此表和关于光谱分析结果的阐释与说明，均由赵文华先生帮助完成。在此，谨致谢忱。

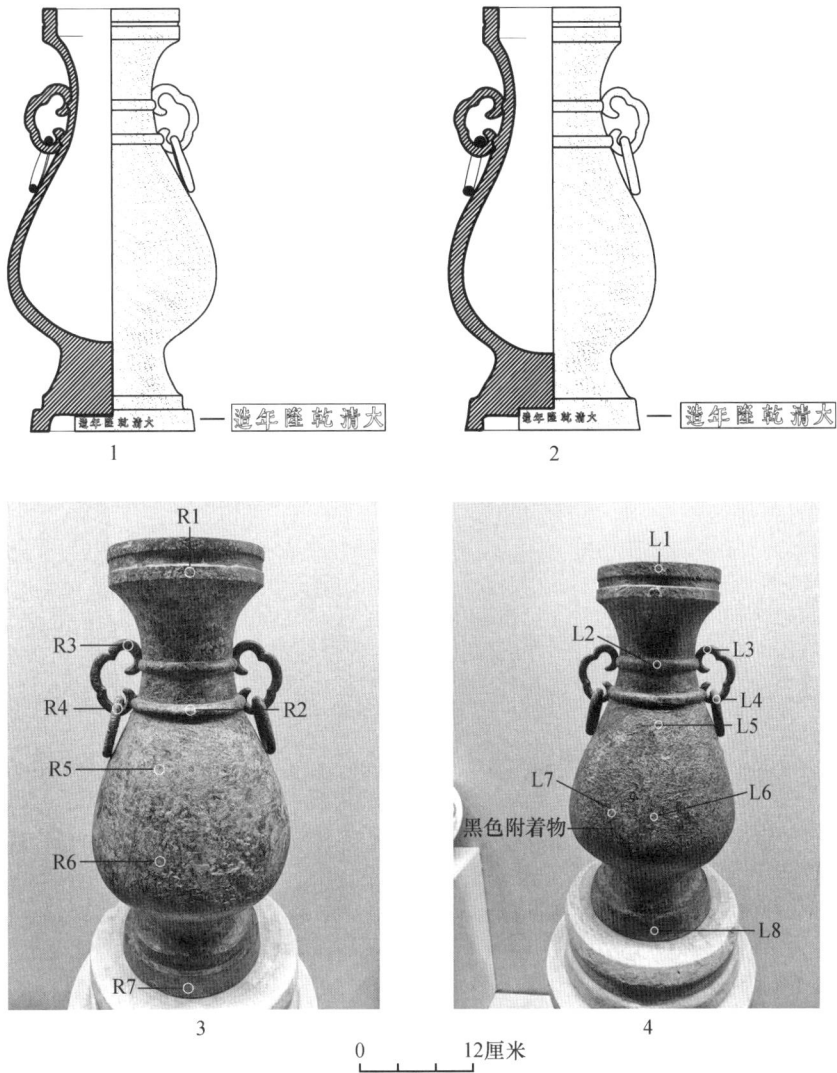

图三九　坦坦荡荡遗址金鱼池出土YT19号、YT20号铜壶

1. YT19号　2. YT20号　3. YT19号金属成分检测位置R1～R7　4. YT20号金属成分检测位置L1～L8

表八　坦坦荡荡遗址金鱼池出土铜壶（**YT19号、YT20号**）金属成分检测表　（单位：wt%）

铜壶编号	检测部位	铜（Cu）	锌（Zn）	钙（Ca）	铁（Fe）	硅（Si）	硫（S）	铅（Pb）
YT19号	R1	46.144	22.52	2.029	2.732	1.173	3.164	2.128
	R2	36.885	21.1	8.883	2.976	2.632	2.422	2.303
	R3	46.506	12.26	4.008	1.239	1.367	2.209	3.282
	R4	53.684	17.128	6.907	1.315	2.084	2.843	2.75
	R5	44.422	24.075	1.868	2.106	1.852	3.655	3.079
	R6	37.215	27.002	0.538	6.765	2.094	3.696	3.175
	R7	56.834	23.119	5.746	0.875	2.138	3.185	2.647

续表

铜壶编号	检测部位	铜（Cu）	锌（Zn）	钙（Ca）	铁（Fe）	硅（Si）	硫（S）	铅（Pb）
YT20号	L1	31.469	28.664	6.092	0.513	3.869	6.419	0.383
	L2	24.371	20.244	13.798	0.458	3.648	4.119	0.245
	L3	59.119	15.024	0.465	2.157	1.678	5.705	1.724
	L4	41.524	10.31	3.335	0.448	5.971	8.841	0.396
	L5	17.827	7.011	22.963	0.904	6.714	1.969	0.243
	L6	36.999	27.183	11.492	0.805	5.552	2.784	0.446
	L7	28.973	18.724	1.686	1.774	1.947	17.88	0.291
	L8	54.365	17.661	4.383	0.305	2.711	5.646	0.602

二、玉　器

仅有2件，包括玉人1件，"华甲联芳"玉扳指1件。

1. 玉人

1件，编号YT21号。出土于坦坦荡荡遗址北侧金鱼池内西南角池底淤泥中（图版一九，1）。玉呈浅海蓝色，属昆仑山海蓝玉，为硬玉类，质地坚致、细腻。雕工精细，人物面容、裙袖和衣带线条，都雕刻得十分准确、自然而流畅。色调雅致，表面光洁莹润，保存完整，是一件难得的清代玉人立雕作品。所雕玉人是一位全形老年贵妇人，圆脸，双眼皮，大眼睛，小嘴，身材不高，着长裙，头戴束首幅巾①，双臂前屈，两手持镜，头转向左侧，在看什么或与人搭话。玉人通高11.3、宽5.2、厚3.6厘米（图四〇，1；图版二〇，1~3）。

2. "华甲联芳"玉扳指

1件，编号YT22号。亦出土于坦坦荡荡遗址北侧金鱼池内西南角池底的淤泥中（图版一九，2），距玉人出土地点略偏东1.1米处。玉扳指以新疆和田白玉籽料制成，质地坚致细腻、纯净，保存完整，无任何瑕疵。通体经反复打磨、抛光，光洁圆润。器形作直壁圆筒形，一面以减地手法浮雕篆体四字"華甲联芳"（"華"同"华"，"華甲联芳"即"华甲联芳"）（图版二〇，4）；另一面以阴刻手法刻出一篮荷花，寓意主人品格高洁脱俗（图版二〇，5）。整个器形十分端正、规整，雕工十分精细，在清代玉扳指类文物中堪称上品。此玉扳指高2.4、直径2.6、壁厚0.2厘米（图四〇，2）。

---

① 幅巾，又称巾帻，或称帕头，是指用整幅帛巾束首。多裁取一幅，即长度和门幅各三尺的丝帛做成。从额往后包发，并将巾系紧，余幅使其自然垂后，垂长一般至肩，也有垂长至背者。用葛布制成，称为"葛巾"，多为布衣庶人戴用。用细绢制成，称为"缣巾"，多为贵族戴用。宋代以后，深衣幅巾是士大夫家冠昏、祭祀、宴居、交际场合的服饰之一。

图四○　坦坦荡荡遗址金鱼池出土玉人、玉扳指

1. 玉人　2. 玉扳指

三、汉白玉石刻

坦坦荡荡遗址金鱼池内出土了一批汉白玉石刻构件或花盆底座，共计15件，编号为YT04～YT18号。其中，YT04～YT10号出土于北侧金鱼池内；YT11～YT18号出土于南侧金鱼池内。现依次介绍如下。

（一）北侧金鱼池内出土者

7件。

（1）YT04号

汉白玉缠枝灵芝纹石刻残件，1件。出土于北侧金鱼池西北隅池底淤泥中。已为残件，曾遭大火焚烧，表面呈灰黄色。正背两面均采用透雕技法，以高浮雕的形式雕刻出缠枝灵芝纹，有较强的立体感。茎、花、花蕾的线条轮廓，都表现得十分自然、流畅，显示出雕工的娴熟

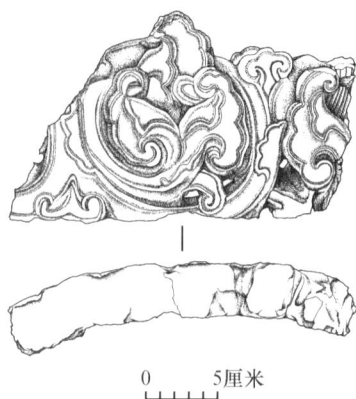

图四一　坦坦荡荡遗址金鱼池出土
YT04号汉白玉缠枝灵芝纹石刻残件

和老道。此件石刻饰件残长23.7、残高14.2、厚3.8厘米（图四一；图版二一，1、2）。

（2）YT05号

"凸"字形汉白玉灵芝纹加变形莲瓣纹花盆底座，1件。出土于北侧金鱼池西北隅偏南侧的池底淤泥中。这应是原置于金鱼池岸边的一件汉白玉制花盆底座。上、下边角略残，整体保存情况尚可。已遭烟火熏烤，表面遗有灰色烟垢痕迹。整个器形，正视呈"凸"字形，平面为正方形，自上而下分三层，三级台阶。上层边长最短，长28.1、高10厘米，表面正中浮雕灵芝纹，左右两侧浮雕仰、覆如意云头纹。上层顶面中央凸出一个榫头，榫头亦呈方形，高4、边长7.8厘米。中层四面上部作弧线坡顶式的浮雕变形莲瓣纹。下部为垂直立面方座式，四面减地浮雕杂宝纹。中层上部高8.7、下部高6.9、下部边长42.9厘米。下层规格比中层规格又略宽大一些，呈抹棱抹角台座式，边长47.2、高9厘米，四面以减地手法雕刻如意云纹，作为整个花盆底座的底部边饰。此件汉白玉石刻花盆底座通高38.8、底边见方为47.2厘米（图四二；图版二一，3、4）。

（3）YT06号

汉白玉八曲瓜棱瓣柱体四季花卉纹花盆底座，1件。出土于北侧金鱼池西北隅略偏东侧的池底淤泥中。这也是原置于金鱼池岸边的一件汉白玉花盆底座。整体器形为八曲瓜棱瓣形柱体，上面为圆形台面，直径26.7、高7.4厘米；下接短束颈，直径21.2、高3厘米；束颈之下为八曲瓜棱瓣形凸面柱体，柱体上部肩部外鼓，中下部作亚腰收腹，柱体下部又作喇叭口形外展，整个瓜棱凸面柱体高26厘米，肩部最大宽为33.9厘米，亚腰收腹处最窄为28厘米，柱体下部喇叭口外展直径为35.1厘米。八曲瓜棱凸面柱体下接三级台阶式底座，其中上面第一级台阶作向内斜壁式，高3.3厘米，台阶上部直径为35.1厘米，下部收窄处直径为33厘米；第二级为直壁圆盘式，直径为35.9厘米；第三级为内弧亚腰式，上部直径为39厘米，底边直径为36.8厘米。这件汉白玉花盆底座亦曾遭烟火熏烤，器表也已变得灰黄。

上面的圆形台面为素面，上面已有裂纹，周边约有四分之一残失。上面遗有纵排三行阴刻楷体刻款，中间一行上下字号略大，最上方刻有二字"三號"，最下方在对应的位置，也刻有二字"前右"；在中间这一行上下四字之间的空档处，夹刻纵排两行字号略小一点的楷体字，右边一行为"紫石菱花盆"，左边一行为"白玉石铃杵座"（图版二一，7）。

台面沿下浮雕一周变形仰莲瓣纹。束颈表面浮雕一周卷草纹。肩、腹部，在八曲瓜棱凸面上共浮雕纵向八组四季花卉纹。再往下，在第一级台阶稍向内凹的斜面上，雕刻一周如意纹；在第二级直壁圆盘式台阶的表面，浮雕一周灵芝、莲花纹；在第三级亚腰式台阶（底座）表面，以减地手法浮雕出一周四组如意云纹，作为整个花盆底座的底边边饰。通高57厘米，直径最窄处在束颈部分，为21.2厘米；直径最大处在下层底座部分，为39厘米（图四三；图版

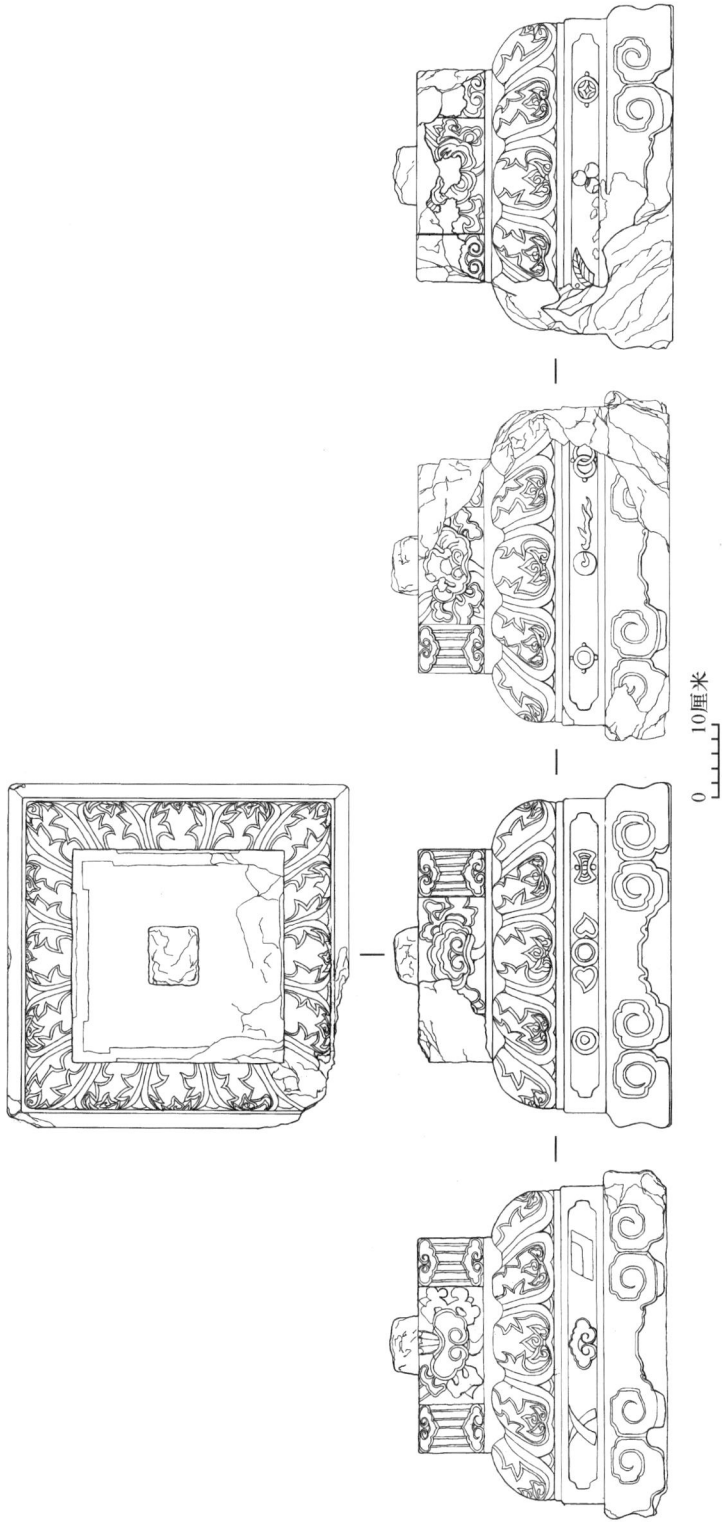

图四二 坦坦荡荡遗址金鱼池出土 YT05 号汉白玉灵芝纹加变形莲瓣纹花盆底座

0　　　　10 厘米

图四三　坦坦荡荡遗址金鱼池出土YT06号汉白玉八曲瓜棱瓣柱体四季花卉纹花盆底座
1. 器物图　2. 花盆底座纹饰展开图

二一，5、6）。

　　这件汉白玉花盆底座，形制独特，纹饰繁密，雕工精致，是圆明园坦坦荡荡遗址出土的汉白玉花盆底座的精品之一。

　　（4）YT07号

　　汉白玉"巨碗"形狮头衔环铺首纹花盆底座，1件。出土于北侧金鱼池东壁中部的池底淤泥中。这也是原置于金鱼池岸边的汉白玉花盆底座之一。形似"巨碗"。口沿和器身约有五分之一残失，但大部分保存尚可。上口为一圈宽平沿，口沿上窄下宽，呈斜坡式下凹，沿壁较厚，上沿厚4.8厘米，下沿厚6厘米。内沿下凹1.9厘米，即将沿内石面铲平，形成一个平整的台面，台面以下部分均为实心。台面中央凿一抹角长方形凹槽，凹槽长14.4、宽7、深7.3厘米。在凹槽的左下角台面上，以双线阴刻一楷体"東"字。外壁呈弧线内收，底为假圈足，平底。器身绝大部分为素面，惟于外壁腹部两侧面呈对称布局，各浮雕一组狮头衔环铺首。

此件汉白玉花盆底座也曾遭大火焚烧，器表烟熏痕迹明显。器口径44.4、底径22.8、高27厘米，口沿壁厚4.8厘米（图四四；图版二二，1、2）。

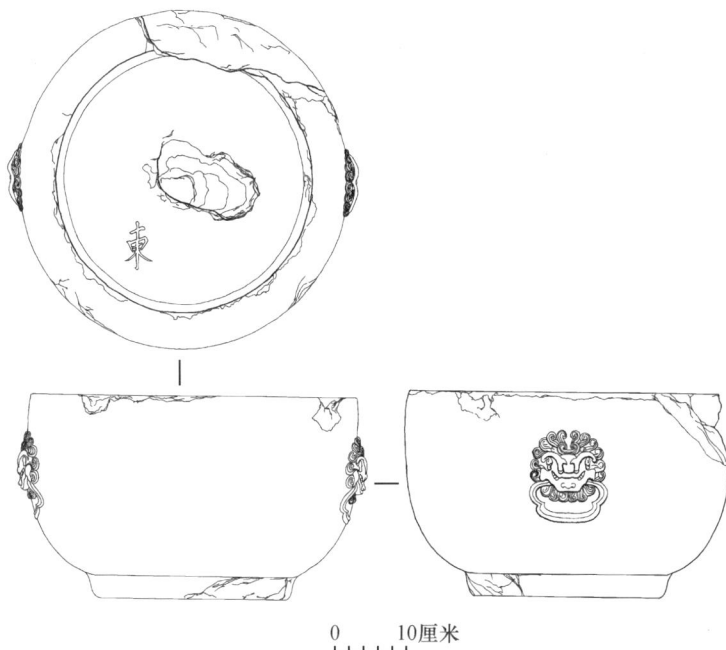

图四四　坦坦荡荡遗址金鱼池出土YT07号汉白玉"巨碗"形狮头衔环铺首纹花盆底座

（5）YT08号

汉白玉长方"石槽"形四面浮雕佛教花卉纹花盆底座，1件。出土于北侧金鱼池北壁中部的池底淤泥中。这也是原置于金鱼池岸边的汉白玉花盆底座之一。此件花盆底座外形像一"石槽"，基本保存完整。整体呈长方体，四面皆上大下小，自上而下均作斜边下收。上口为宽沿，沿宽7.8厘米。四面下凹呈浅槽形，槽深6.5厘米。槽的平面呈长边八角形，即槽的四角均作抹角斜坡式，故槽的口沿和槽的底面均呈八角形。槽的四个坡面上，都遗有錾子"穿"出来的斜向细道沟，槽底只铲平，未打磨。"石槽"上口长66.5、下口长54.7厘米，上口宽35.2、下口宽25.6厘米。槽中央再凿出一个近似方形的卯槽，此卯槽则为直壁凹槽，卯槽长18.3、宽15.6、深6.5厘米。此卯槽显然是为承接花盆底部的石榫而设计的。卯槽四周及其以下部分皆为实心。器底为四面出沿，厚底，沿宽3.9厘米，为斜坡式，底厚11.7厘米。底面平整，上面遗有用錾子"穿"出来的横向细密道沟，以加大底部的摩擦力，防止花盆底座滑移。

纹饰，上部沿四周和"石槽"四面侧边，均以减地浮雕缠枝莲纹作为边饰。"石槽"两端（两个短面），一面减地浮雕湖石忘昙花和菊花，另一面减地浮雕海水江崖莲花。两侧面（两个长面），一侧减地浮雕湖石宝相花、西番莲等，另一侧减地浮雕湖石西番莲、忘昙花和宝相

花。以上花卉，皆属佛教用花。器底外沿四面靠近两端处，均减地浮雕如意云头纹一朵（图
四五、图四六；图版二二，3、4；图版二三）。

YT08号汉白玉花盆底座，上部边长78、宽49.2、底厚10.2、通高37厘米。是坦坦荡荡遗址
金鱼池内出土的汉白玉花盆底座中的大件作品。这件器物也曾遭大火焚烧和烟熏，表面已变得
灰黄或灰黑。此花盆底座形制设计独特，纹饰丰富，雕刻精细，技艺娴熟，是金鱼池出土的这
批汉白玉花盆底座中的又一精品之作。

（6）YT09号

汉白玉"凸"字形长方体龟背纹加荷叶纹花盆底座，1件。出土于北侧金鱼池东壁中部的
池底淤泥中。这也是原置于金鱼池岸边的汉白玉花盆底座之一。外形正视，近似"凸"字形，
除底边和一边角略有残损外，其余大部分均保存完整。上部台面俯视呈长方形，整体亦作长
方体，实心，素面。台面长35.2、宽23.5、台体高15.1厘米。台体下接一层外凸的窄台阶，作

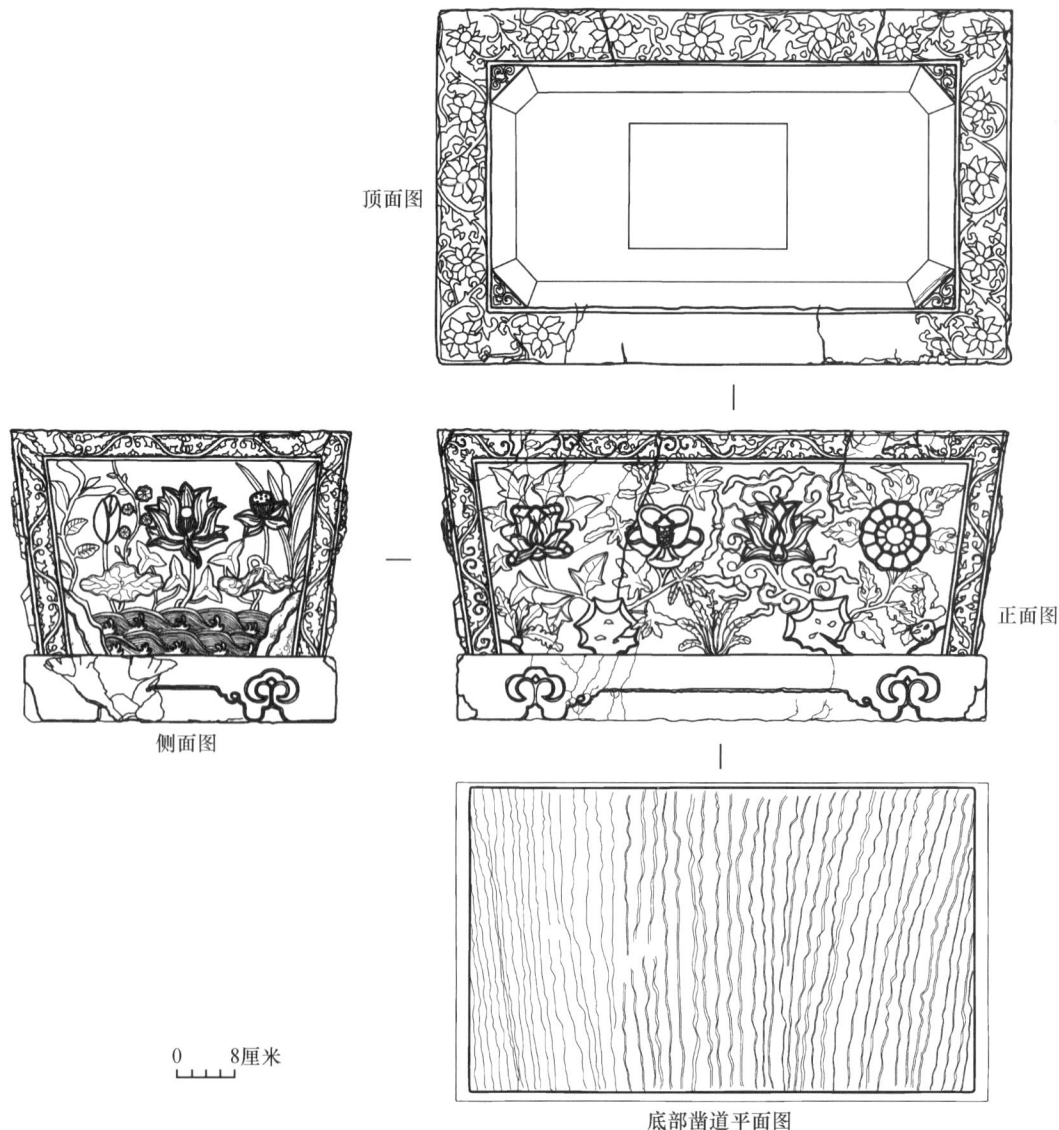

图四五　坦坦荡荡遗址金鱼池出土YT08号汉白玉长方"石槽"形四面浮雕佛教花卉纹花盆底座

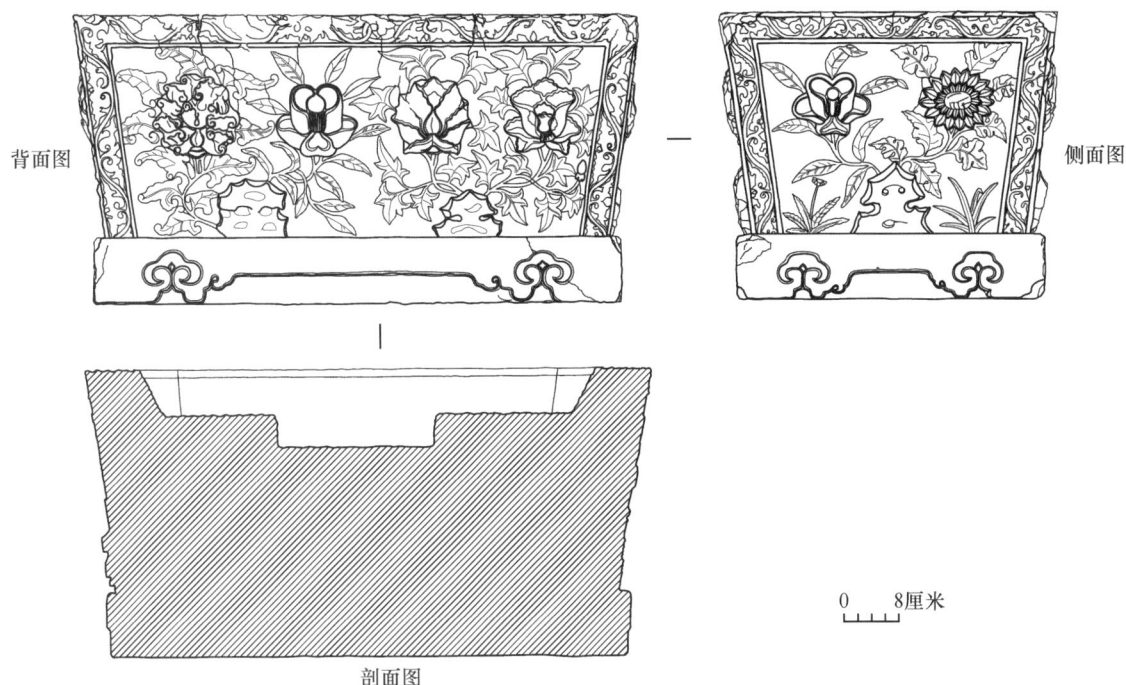

图四六　坦坦荡荡遗址金鱼池出土YT08号汉白玉长方"石槽"形四面浮雕佛教花卉纹花盆底座

为上部台面向下部基座过渡的一道承上启下的载体，此外，凸窄台阶左右两侧短边各宽1.4厘米，上下长边各宽1、高1.5厘米，素面。这层外凸窄台阶之下，即花盆底座的基座，平面呈抹角长方形，长62.7、宽48.2厘米，肩部膨鼓外弧，向下作曲线外展，底部为平底，底边四面浮雕出向上翻卷的荷叶曲线，好像这件花盆底座是被荷叶托起，飘浮在荷塘的湖水之上一样。基座表面，四面皆以减地手法浮雕出四层龟背纹，基座高15.5厘米。

YT09号汉白玉龟背纹花盆底座也曾遭大火焚烧，器表烟熏痕迹明显，多呈灰黄色。此件花盆底座边长为62.7、宽48.2、通高32.1厘米（图四七；图版二四，1~3）。

（7）YT10号

汉白玉椭圆形须弥座式变形仰覆莲瓣纹花盆底座，1件。出土于北侧金鱼池东南隅池底淤泥中。这也是原置于金鱼池岸边的汉白玉花盆底座之一。器形整体为椭圆形须弥座式，保存完整。上部台面，俯视为椭圆形，素面，长径38.6、短径31.1厘米，中央凿一椭圆形卯槽，卯槽长径14.5、短径11.4、深3.9厘米，在卯槽短径一侧槽口处，阴刻有一横向短线对接标记。卯槽四周台面錾凿平整，较宽厚。台面高9.1厘米，外表分上下两部分，均作直壁下垂，上部为台沿，高5厘米，素面；下部为台底，近底处作抹棱急内收，高4.1厘米，上面浮雕一周变形仰莲瓣纹。下接须弥座束腰，束腰为素面，高7.7厘米，上、下各雕出一道边沿，束腰长径28.9、短径19.9厘米。束腰下接须弥座底盘，底盘结构分三部分，上部形制、规格、纹饰，与上述台面之下部台底呈对称布局，所浮雕的纹饰为一周变形覆莲瓣纹；中部为一周外凸的素面矮台阶，起到过渡载体之作用，其长径40.7、高1.1厘米；下部为整个器座的底盘，因承重需要，故规格设计最为宽大，其长径47、短径37.2、高7厘米，平底，周边抹棱，表面以减地手法雕出一周

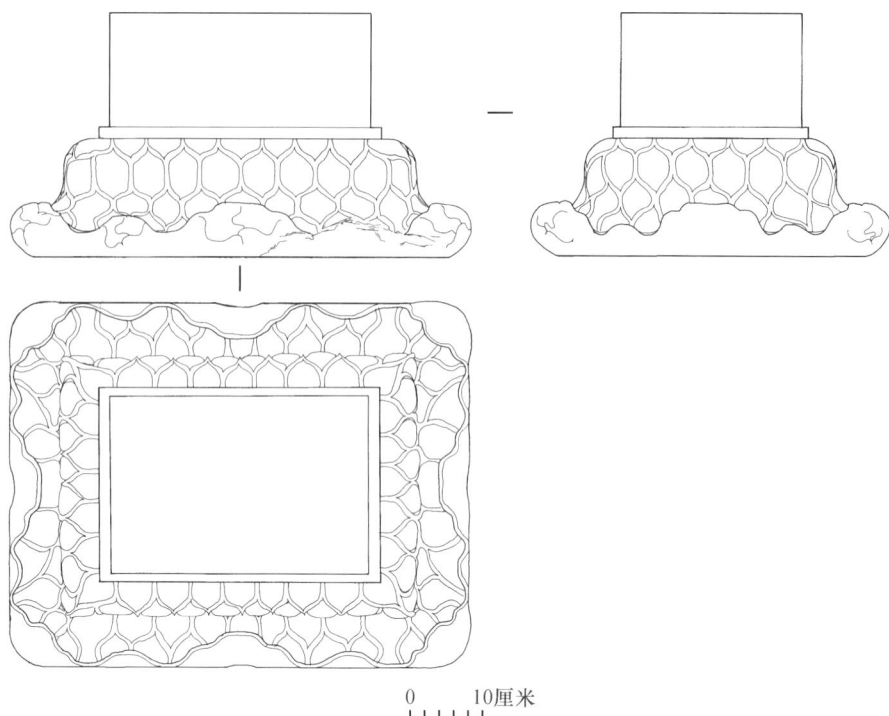

图四七　坦坦荡荡遗址金鱼池出土YT09号汉白玉"凸"字形长方体龟背纹加荷叶纹花盆底座

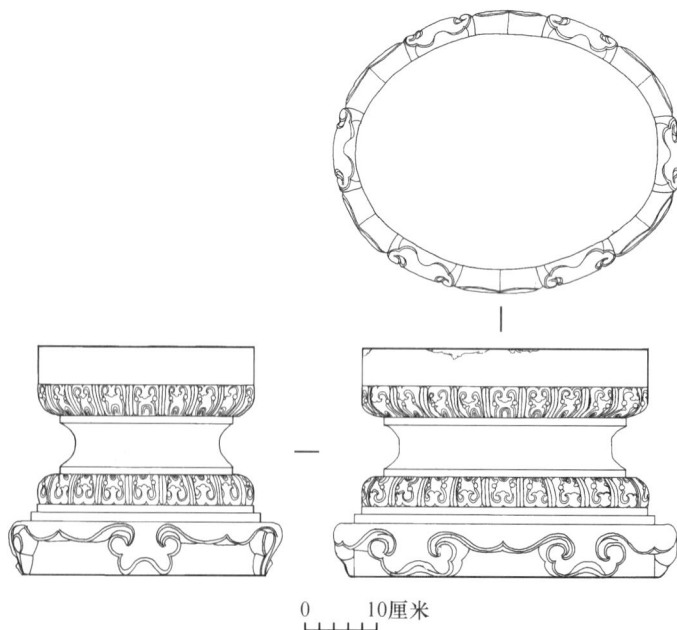

图四八　坦坦荡荡遗址金鱼池出土YT10号汉白玉椭圆形须弥座式变形仰覆莲瓣纹花盆底座

六组云头纹，具有很强的立体感。

　　YT10号汉白玉须弥座式花盆底座，最大长径在底盘，为47厘米，最大短径也在底盘，为37.2厘米，通高30.2厘米。这件花盆底座也曾遭烟火熏烤，器表多处呈灰黄色，但值得庆幸的是，这件器座迄今保存完整，已属难能可贵（图四八；图版二四，4~6）。

（二）南侧金鱼池内出土者

8件。

（8）YT11号

汉白玉圆形石墩形浮雕翻卷莲叶纹加如意云头纹花盆底座，1件。出土于南侧金鱼池西南隅池底淤泥中。这也是原置于金鱼池岸边的汉白玉花盆底座之一。整个器形为圆形石墩形，实心，除上部台沿略有残失外，其余绝大部分都保存完整。其形制结构特点自上而下分为四部分：上部为圆形台面，面平坦无卯槽，直径为47.2厘米，沿边宽厚，直壁下垂，高6.5厘米。

台面和沿边皆素面；第二部分是接沿边之下的颈部，为内收短束颈，直径为44、束颈高2.4厘米；第三部分，是接束颈之下的肩、腹部，肩为外弧肩，腹为扁鼓腹，皆为素面，下腹部作斜弧内收，其最大腹径为52、高12.4厘米；第四部分是接于腹下的底部，较腹部明显向内收敛，但因承重需要，底部高10厘米，这比沿边和束颈之和还要高（上部沿边与束颈之和为8.9厘米）。底部以减地手法，浮雕一周四组向上翻卷外展的莲叶纹，两两相对，在相邻的两组莲叶纹上端又浮雕一朵如意云头纹，将相邻的两片向上翻卷的莲叶连接起来。

YT11号汉白玉花盆底座，整个器座最大直径在腹部，为52厘米，最小直径在束颈处，为44厘米，通高31.3厘米。这件花盆底座也曾遭大火熏烤，器表有明显的烟熏痕迹，颜色多半泛黄（图四九；图版二五，1、2）。

（9）YT12号

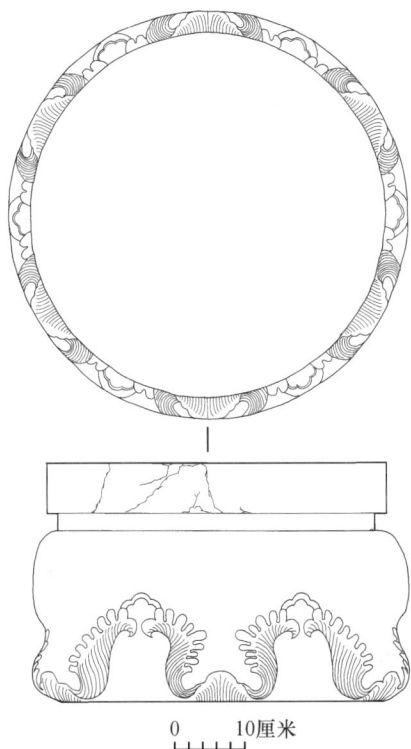

图四九　坦坦荡荡遗址金鱼池出土YT11号汉白玉圆形石墩形浮雕翻卷莲叶纹加如意云头纹花盆底座

汉白玉多层塔式罐形花盆底座，1件。出土于南侧金鱼池西南隅略偏北的池底淤泥中，这也是原置于金鱼池岸边的汉白玉花盆底座之一。整个器形如多层塔式罐，圆形，柱体，实心，素面，除台面边沿稍有残损外，绝大部分都保存完整。结构特点，自上而下，即从台面往下至底边，大致可分为五个部分。第一部分，为"工"字形须弥座部分，包括圆形台面、须弥座内凹束腰和须弥座底座三部分，其中圆形台面十分平整，直径为26.1厘米，台沿作直壁下垂，高4厘米；须弥座束腰，直径25.1、高2.1厘米；须弥座底座与台沿相对称，直径相同，惟比台沿稍窄，高3.4厘米。第二部分，为托盘式平台部分，包括托盘式台面和托盘底部两个部分，其中托盘式台面较宽大，直径32.2厘米，直径超出上面须弥座底部较多，盘沿部分也较厚实，

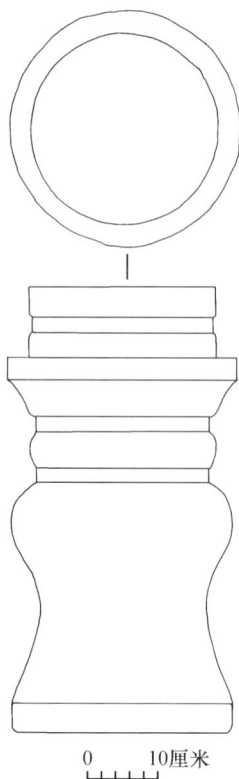

图五〇　坦坦荡荡遗址金鱼池出土
YT12号汉白玉多层塔式罐形花盆底座

高3.1厘米，这都是为了承托作用和分散上面放置花盆后的重量，减小压强；托盘底部侧壁作斜弧内收，平底，底径25、高5厘米。第三部分，为扁鼓形束腰部分，包括上下边沿和中间的鼓面两个部分，其中上下边沿为对称结构，形制和尺寸相同，边沿直径均为24厘米，高均为2.1厘米；中间的鼓面为扁鼓形，鼓面最大直径26、高3.2厘米。第四部分，为实心罐形底座部分，自上而下包括鼓肩、曲腹和喇叭口形器底三部分，其中鼓肩部分直径为30.7厘米；曲腹内敛部分直径为23厘米；下面喇叭口形器底，直径与上面的鼓肩直径一致，也为30.7厘米，这三部分总高为31.4厘米。第五部分，为整个器座的底边，亦作直壁下垂，其直径与上面的鼓肩及喇叭口形器底直径保持一致，亦为30.7厘米，其高度与最上层台沿的高度一致，二者呈上下对称布局，高度同为4厘米，惟最底边缘为抹棱，以防磕损。

YT12号汉白玉花盆底座，整个器座最大直径在第二部分——托盘式台面处，为32.2厘米，最小直径在第四部分——曲腹内敛部分，为23厘米，整器通高60.4厘米。这件花盆底座也曾遭火焚烧，器表被烟熏，颜色发灰（图五〇；图版二五，3、4）。

（10）YT13号

汉白玉须弥座加厚底塔式罐形花盆底座，1件。出土于南侧金鱼池西南隅略偏东的池底淤泥中。这也是原置于金鱼池岸边的汉白玉花盆底座之一。此件花盆底座保存完整，其形制、结构，绝大部分与YT12号一致，有区别的地方仅在于器底又增添了一层矮身须弥座和鼓肩厚底座。现主要介绍与YT12号相区别的器底——矮身须弥座和鼓肩厚底座两部分的形制结构、规格及纹饰特点。

矮身须弥座，上、下呈"工"字形结构，上、下沿均作弧线抹棱式，不再为直壁方棱，上、下沿形制对称，上沿水平承接实心罐形器底，下沿与该花盆底座鼓肩式实心罐形底座的上沿对接，是一个承上启下的"过渡"环节，是为了进一步分解上面承重的压力。上沿直径与鼓肩式实心罐形底座尺寸一致，直径40、高2.4厘米；下沿直径38.2、高2.1厘米；矮身须弥座直径35.2厘米，束腰高与下沿高一致，也为2.1厘米。整个矮身须弥座高为6.6厘米。鼓肩厚底座分为上面的鼓肩部分和下面的底座底边部分。上面的鼓肩部分膨鼓显著，直径45.9厘米，肩部以下略内敛，接底座底边部分，此处直径44.1厘米，肩部高度7.9厘米。底边部分作直壁下垂，雕有横向弦纹两条，直径44.1、高5厘米。整个鼓肩厚底座高为12.9厘米。在鼓肩与底边之间，以减地手法和对称方式，在底座的表面浮雕两组如意云纹。这是这件汉白玉花盆底座上见到的唯一装饰图案。

YT13号汉白玉花盆底座，上部须弥座台面直径为26.2厘米，最大直径在下部厚底座的鼓肩部位，为45.9厘米，最小直径在上部须弥座的束腰处，为25厘米，全器通高77厘米。这件花盆底座虽保存完整，但也同样遭到大火焚烧和烟熏，器身上下已变为灰黄色（图五一；图版二五，5）。

（11）YT14号

汉白玉三级圆盘柱础形如意云纹花盆底座，1件。出土于南侧金鱼池西壁靠近中部的池底淤泥中。这也是原置于金鱼池岸边的汉白玉花盆底座之一。此件花盆底座保存较为完整，整个器形自上而下为三级阶梯式矮身圆盘"柱础形"。第一级为上部台面，平整，无卯槽，无凸榫，直径31.6、台沿高2厘米。第二级阶梯，外沿呈弧线外凸，直径35.8、高3厘米，是第一级台面至第三级底座之间的一个过渡结构，起承上启下、分散台面压力的作用。第三级为花盆底座部分，上部为鼓肩，下部为底边。其中鼓肩部分直径41.5、高7.9厘米；底边部分，上部浮

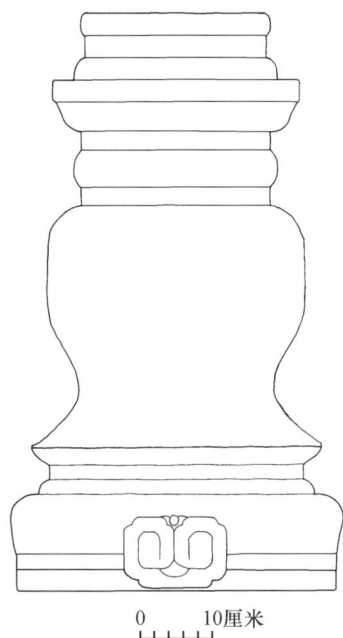

图五一 坦坦荡荡遗址金鱼池出土YT13号汉白玉须弥座加厚底塔式罐形花盆底座

雕出一道宽条箍带，直径39.8厘米，箍带宽（即高）1.7厘米；下部为器底底沿，直径38.7、高3.2厘米；整个第三级底座部分总高为12.8厘米。在鼓肩与底边之间，以减地手法和对称方式在底座表面浮雕出两组如意云纹。此与YT13号的装饰手段和方式一致。这也是此件汉白玉花盆底座上见到的唯一装饰图案。

YT14号汉白玉花盆底座，最小直径在第一级上部台面，为31.6厘米；最大直径在下面的鼓肩部分，为41.5厘米；高度最小值也在第一级台沿，为2厘米；高度最大值也在下面第三级底座部分，为12.8厘米。此器通高为17.8厘米（图五二；图版二六，1、2）。此件花盆底座也曾遭烟火熏烤，器身多半呈灰色。

（12）YT15号

汉白玉正方体浮雕变形夔龙纹花盆底座，1件。出土于南侧金鱼池西壁偏北处的池底淤泥中。这也是原置于金鱼池岸边的汉白玉花盆底座之一。这件花盆底座除三个角边略有残失外，其余大部分都保存尚好。整个器形基本为正方体，上部台面和底面均十分平整，既无卯槽，亦无凸榫，皆为素面。四面棱边笔直，棱角分明，表面以减地手法浮雕出仿古代青铜器的变形夔龙纹，四面构图相同。这件正方体汉白玉花盆底座，长边为31.9厘米，短边为31.7厘米，误差只有0.2厘米，所以基本上可称作正方体。

YT15号汉白玉花盆底座也曾遭大火焚烧，表面烟熏痕迹明显，部分地方呈灰黑色，部分地方呈黄褐色（图五三；图版二六，3、4）。

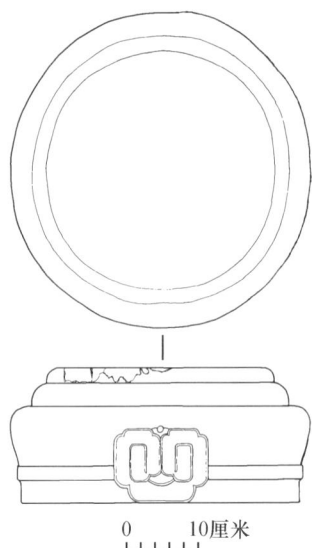

图五二　坦坦荡荡遗址金鱼池出土YT14号
汉白玉三级圆盘柱础形如意云纹花盆底座

图五三　坦坦荡荡遗址金鱼池出土YT15号
汉白玉正方体浮雕变形夔龙纹花盆底座

（13）YT16号

汉白玉长方形四层台座式龟背纹加"卐"字如意绶带纹花盆底座，1件。出土于南侧金鱼池南壁稍偏西侧的池底淤泥中，这也是原置于金鱼池岸边的汉白玉花盆底座之一。这件花盆底座保存基本完整，整个器形大体为长方体台座，自上而下可分为四层台阶，不但呈逐层下降态势，而且在规格上也呈逐层不断放大的格局。第一层台阶，为长方形台面，台面錾修得十分平整，上面既无卯槽，也无凸榫，素面无纹。长38.2、宽26、台沿高2厘米。第二层台阶，作弧边覆盆式，上面的四角均作弧边鼓肩，从第一层台阶的台沿下外凸出来，然后作弧曲下弯，再作外展，下部呈喇叭口形，底边向上翻卷宛若波浪。表面以减地手法浮雕出四层网络状龟背纹。鼓肩部位长47.6、宽33.4厘米；底边向上翻卷的部位长59.4、宽47厘米；第二层台阶总高为15厘米。第三层台阶，是一个紧接着第二台阶的长方形"托盘"，"托盘"为平面，长59.8、宽47、高2厘米，素面。这层台阶介于第二、四台阶之间，起承上启下的"过渡"作用，可分解来自上面的压力，减小第四台阶的压强。第四层台阶，是整个花盆底座的基座部分，为一厚实、规格较大的长方体台座，长64、宽52、高13厘米。器表四面均浮雕"卐"字如意绶带纹（寓意万事如意）。

YT16号汉白玉花盆底座，规格最小者在第一层台面部分，长38.2、宽26、高2厘米；规格最大者属第四层，即基座部分，长64、宽52、高13厘米；整器通高为32厘米。这件花盆底座也曾遭烟火熏烤，器表大部呈灰色或灰黑色（图五四；图版二七，1~3）。

（14）YT17号

汉白玉矮身鼓腹罐形缠枝莲花花盆底座，1件。出土于南侧金鱼池东南隅池底淤泥中。这也是原置于金鱼池岸边的汉白玉花盆底座之一。这件花盆底座仅口沿和器底边缘稍有残损，其

图五四　坦坦荡荡遗址金鱼池出土YT16号汉白玉长方形四层台座式龟背纹加"卐"字如意绶带纹花盆底座

余大部分保存完整。整个器形正视像一件"矮身鼓腹罐"形石墩。自上而下大致可分为三部分，一为上层台面，十分平整，中央无卯槽，也无凸榫，台面直径40、台沿高4厘米，台沿下部稍宽于台面，直径为41厘米。二为中间"矮身鼓腹罐"形器身，"罐口"紧接于台面底沿下，较台面底沿略内收，并雕出一道弦纹唇沿，直径37.8厘米，唇沿宽（高）1厘米。唇下接颈部，颈部呈内弧亚腰形，直径35厘米。颈部下接肩部，肩部呈斜弧广肩，广肩下接膨鼓腹器身，鼓腹处最大直径为50厘米，腹下斜弧内收接器底，整个"罐体"总高为28厘米。"罐体"表面以减地手法，浮雕出三组呈对称布局的缠枝莲花纹，雕工精致，线条流畅，是金鱼池出土的这批汉白玉花盆底座中的又一精品佳作。三为底边，即整个花盆底座的底边，与上层台面呈对称布局，其底面直径与台面直径一致，均为40厘米，惟高度比台沿高度小一半，为2厘米，二者均为素面。

YT17号汉白玉花盆底座，沿边最宽厚者在上层台面，其台沿高4厘米；直径最小者在颈部，为35厘米；直径最大者在腹部，为50厘米；整器通高34厘米。此件花盆底座亦曾遭烟火熏烤，器体大部都遗有烟熏痕迹，器表呈灰黄色（图五五；图版二七，4、5）。

（15）YT18号

汉白玉双龙戏珠纹石刻残件，1件。出土于南侧金鱼池南壁中间的池底淤泥中。这也应是原置于金鱼池岸边的汉白玉石刻构件之一。此石刻构件上、下部均已残失，仅存这一截，故具体用途不详。从现存残件形制看，这件石刻原来至少是上部有颈部，下接圆弧肩而后呈纵向下

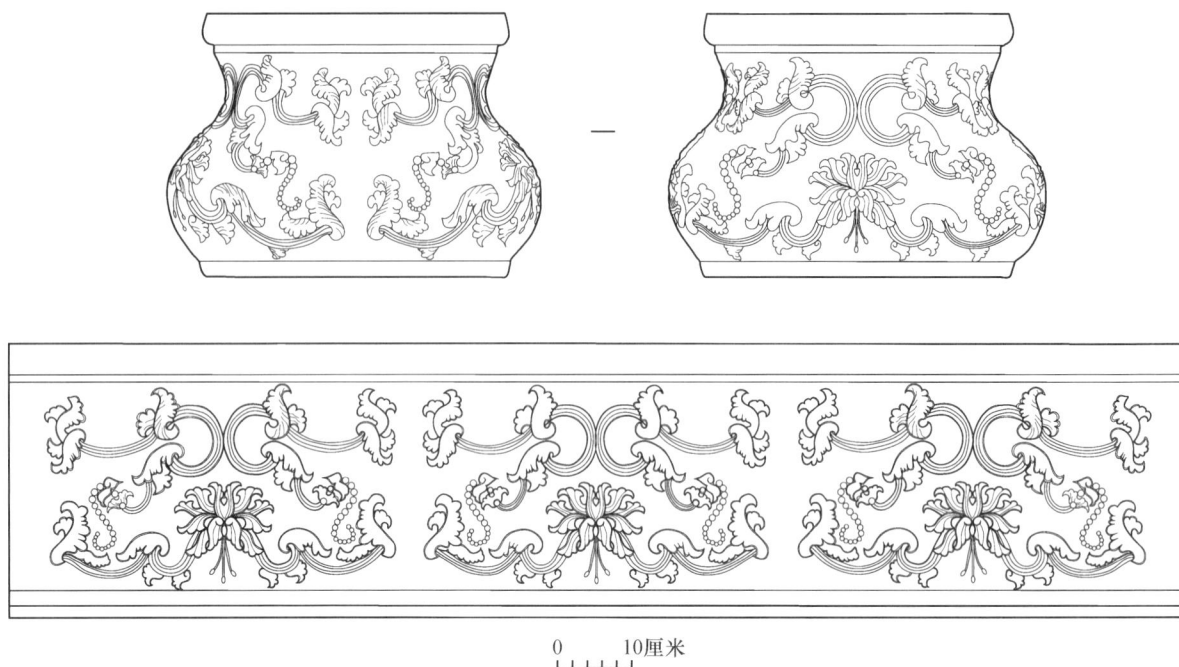

0　　　10厘米

图五五　坦坦荡荡遗址金鱼池出土YT17号汉白玉矮身鼓腹罐形缠枝莲花花盆底座

垂的圆柱体。从上部的断茬看，原有颈部也是垂直的，断茬现存只有1.5～2厘米。现可测量的是颈部的一侧边在圆弧肩以内6.4厘米处，从对称学的角度推测，原颈部的直径约21.2厘米。圆弧肩下垂处直径为34厘米，往下圆柱体浮雕图案最凸出部位的直径（即此件石刻的最大直径）为36.6厘米，圆柱体残高为48厘米。

在残存的圆柱体表面，以减地手法全幅高浮雕如意云纹和海水江崖纹为地纹，双龙戏珠纹为主题纹饰的精美图案（图五六，1）。双龙相对，头上长角，双目圆睁，躬颈昂首，鬃毛上卷，张牙舞爪，穿云破雾，共同戏玩头上的一颗火珠。双龙的龙爪均为五爪，在画面上保存的是左右相对的二龙，各伸出一只前肢及龙爪。龙爪均朝正面扭转，展现的是一对呈对称布局的正视五爪（图五六，2）。此幅高浮雕双龙戏珠图案，双龙体态矫健威猛，自由翻腾于江海之上，舞动于云海之间，力憾乾坤，气势磅礴（图五六，3）。这件汉白玉石刻作品，构图考究，雕技超凡，堪称乾隆时期汉白玉雕刻作品中的精品（图版二八）。

令人痛惜的是，YT18号汉白玉双龙戏珠纹石刻已遭人为破坏，变为残件并遭到烟火熏烤，颜色已变得灰黄。我们再也无法见到，也无法想象这件石刻原来的整体器形和完整图案到底是什么样子了。

现将坦坦荡荡遗址出土的汉白玉石刻花盆底座和建筑构件相关资料，归纳成表九，谨供参考。

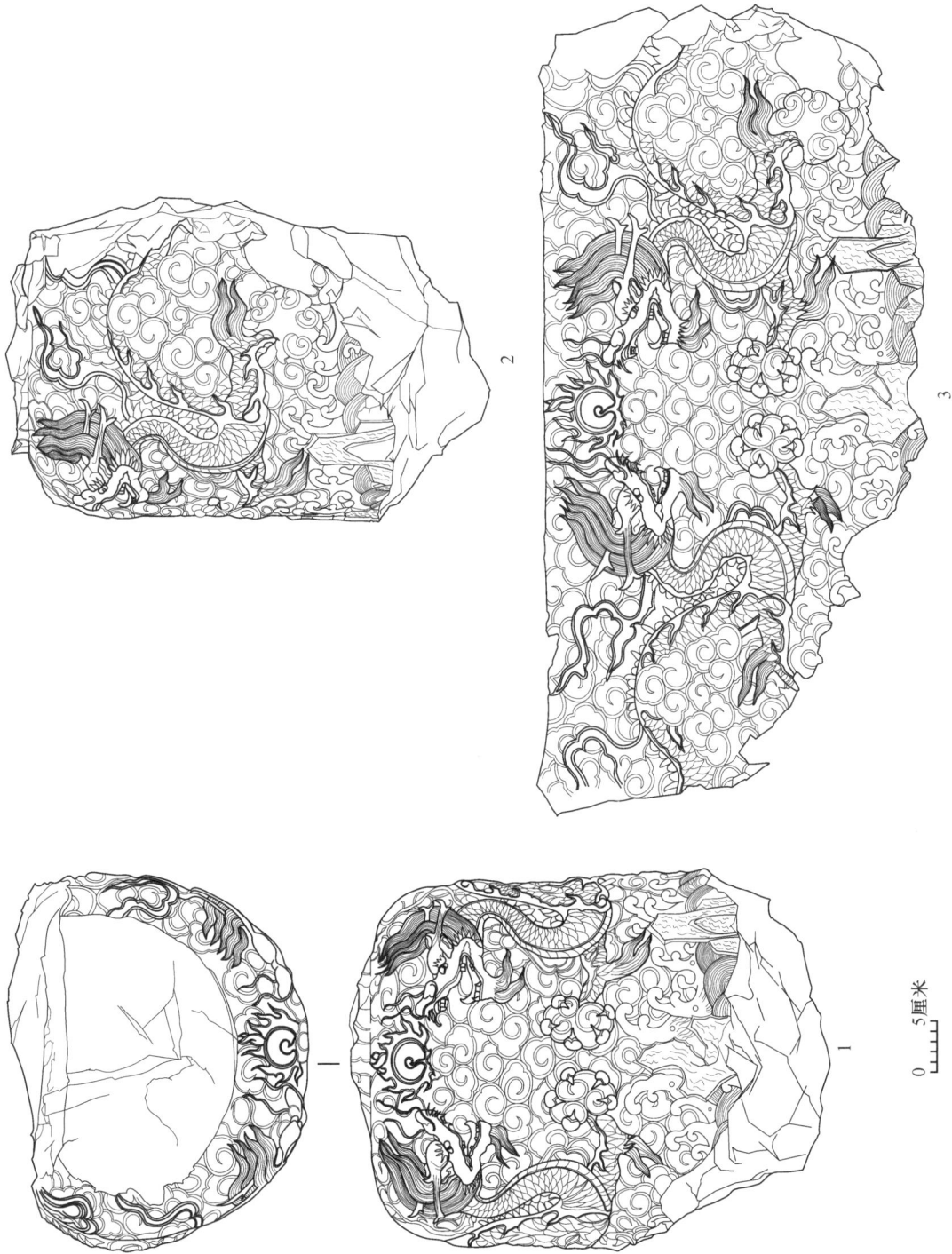

图五六　坦坦荡荡遗址金鱼池出土YT18号汉白玉双龙戏珠纹石刻残件
1. 正视与俯视图　2. 右侧单龙正视图　3. 纹饰展开图

0 ⸺⸺ 5厘米

表九　坦坦荡荡遗址出土汉白玉石刻花盆底座和建筑构件统计表

器物编号	遗址名称	器物名称	规格（厘米）	件数	备注
YT04	金鱼池	汉白玉缠枝灵芝纹石刻残件	残长23.7、残高14.2、厚3.8	1	残件
YT05	金鱼池	"凸"字形汉白玉灵芝纹加变形莲瓣纹花盆底座	通高38.8、底边见方47.2×47.2	1	上、下角残损，其他部分完整
YT06	金鱼池	汉白玉八曲瓜棱瓣柱体四季花卉纹花盆底座	通高57、束颈直径21.2、底座直径39	1	上部台面残损，其他部分完整
YT07	金鱼池	汉白玉"巨碗"形狮头衔环铺首纹花盆底座	口径44.4、底径22.8、高27、厚4.8	1	口沿器身约有五分之一残损
YT08	金鱼池	汉白玉长方"石槽"形四面浮雕佛教花卉纹花盆底座	长78、宽49.2、通高37	1	完整
YT09	金鱼池	汉白玉"凸"字形长方体龟背纹加荷叶纹花盆底座	长62.7、宽48.2、通高32.1	1	底边和边角略有残损
YT10	金鱼池	汉白玉椭圆形须弥座式变形仰覆莲瓣纹花盆底座	最大长径47、最小直径37.2、通高30.2	1	完整
YT11	金鱼池	汉白玉圆形石墩形浮雕翻卷莲叶纹加如意云头纹花盆底座	最大直径52、台面直径47.2、最小直径44、通高31.3	1	完整
YT12	金鱼池	汉白玉多层塔式罐形花盆底座	台面直径26.1、"托盘"台面直径32.2、底径30.7、通高60.4	1	完整
YT13	金鱼池	汉白玉须弥座加厚底塔式罐形花盆底座	台面直径26.2、底座鼓肩直径45.9、底径44.1、通高77	1	完整
YT14	金鱼池	汉白玉三级圆盘柱础形如意云纹花盆底座	台面直径31.6、底座鼓肩直径41.5、底径38.7、通高17.8	1	完整
YT15	金鱼池	汉白玉正方体浮雕变形夔龙纹花盆底座	长边31.9、短边31.7	1	三个角边略有残失
YT16	金鱼池	汉白玉长方形四层台座式龟背纹加"卐"字如意绶带纹花盆底座	台面长38.2、宽26、基座长64、宽52、通高32	1	基本完整
YT17	金鱼池	汉白玉矮身鼓腹罐形缠枝莲花花盆底座	台面直径40、最大腹径50、底径40、通高34	1	基本完整
YT18	金鱼池	汉白玉双龙戏珠纹石刻残件	柱体最大直径36.6、残高48	1	残
合计				15	

四、其　　他

此节将介绍坦坦荡荡遗址金鱼池内出土的另外两类器物，一是木胎贴金葫芦，二是西洋式钟表。

1. 木胎贴金葫芦

编号为YT23号，1件。出土于南侧金鱼池南壁中间偏东的池底淤泥中。此件器物的外形为亚腰葫芦形，主体材质为木胎。上小下大，上部的球体呈圆桃形，亚腰下部的球体呈椭圆形，体量比上部的圆桃形大两倍多。整个葫芦器表面曾贴有一层压印卷草纹的金箔；在葫芦的底部，嵌有铁蒂帽和倒"U"形扁铁环（为便于拴挂）。表面所贴金箔出土时已大半残损和剥落，葫芦底部所嵌铁蒂帽和铁环也已锈蚀，木胎已朽坏（图版二九，1）。此器通长13.5厘米，其中上部圆桃形葫芦头长4.2、直径4.2厘米；中间亚腰处直径3.8厘米；下部椭圆形葫芦身长4.8、直径6.6厘米；底端铁环长4.5厘米。

2. 西洋式钟表

编号为YT24号，1件。出土于南侧金鱼池北壁中部的池底淤泥中（图版二九，2）。此件钟表已完全锈蚀、残坏，失去使用功能，且仅残存上半部——双鹿驮钟设施，其形制、规格特点是自上而下分为四部分。第一部分为顶端转花结构部分，因转花已经大部分残失，现仅存转花中心的铜芯支柱，依旧立置于鼓形机芯盒顶。第二部分为鼓形机芯盒，形如扁鼓，通体饰金，周边起凸沿，直径12.3厘米，侧面厚度为9.8厘米，主体材质为铜合金。表盘饰西番莲，镶嵌料钻花。外壳边缘的环形装饰已脱落。第三部分为铜双鹿驮钟结构设施，用双鹿外展的粗壮鹿角托起鼓形机芯盒；在双鹿中间还有一根铜芯立柱，立于鼓形机芯盒底部的正中心，与双鹿角共同分担来自上部的重心压力。第四部分为长方形铜质托盘式底座，用薄铜板制作，四面围以栏杆和栏板式矮墙，并附带若干嵌窝，里面皆镶有料钻，以作为此钟表鼓形机芯盒底座的边饰。以上四部分结构，通高32厘米。底座正面最大残宽为18.2厘米，鼓形机芯盒直径为12.3厘米，侧面厚度为9.8厘米（图五七；图版二九，3、4）。

在此需要说明的是，YT24号西洋式钟表出土后，圆明园管理处出于展陈工作的需要，曾责成管理处文物科请故宫博物院文保科技部帮助做过清理、检测和修复工作。本报告所用的该钟表的正、背、侧面经整修后的彩色照片，以及规格数据，即由故宫博物院文保科技部馆员荀艳女士提供。该钟表的线图，是在荀艳提供相关照片和规格数据的前提和基础上，我们再请北京市考古研究院的考古技工刘晓贺先生用电脑绘制完成的。

坦坦荡荡遗址出土的这件YT24号西洋式钟表，在圆明园遗址，甚至在北京地区都是首次考古发现，具有重要的历史价值和资料价值，所以我们需要尽量从中发掘出更多的历史文化信息，以更准确地把握和认定其历史价值。于是我们特别邀请圆明园管理处对圆明园文物和历史素有研究的文物科科长、副研究员陈辉女士，以及直接参与YT24号西洋式钟表科学检测和修复工作的故宫博物院文保科技部馆员荀艳女士，来承担关于YT24号西洋式钟表和相关历史资料的梳理与考证和在对该钟表进行科技检测、修复过程中发现的相关问题及目前能得出的结论等项内容的撰写任务。陈辉科长和荀艳女士欣然接受、承担并提前完成了这项额外任务。我们将在附录中全文照发陈辉和荀艳二人撰写的这篇科技检测与研究报告，以作为我们三个同行单位首次友好合作的一个有意义的纪念。

此外，我们将坦坦荡荡遗址出土的铜器、玉器、木器和西洋式钟表这四类文物相关资料，归纳成表一〇，谨供参考。

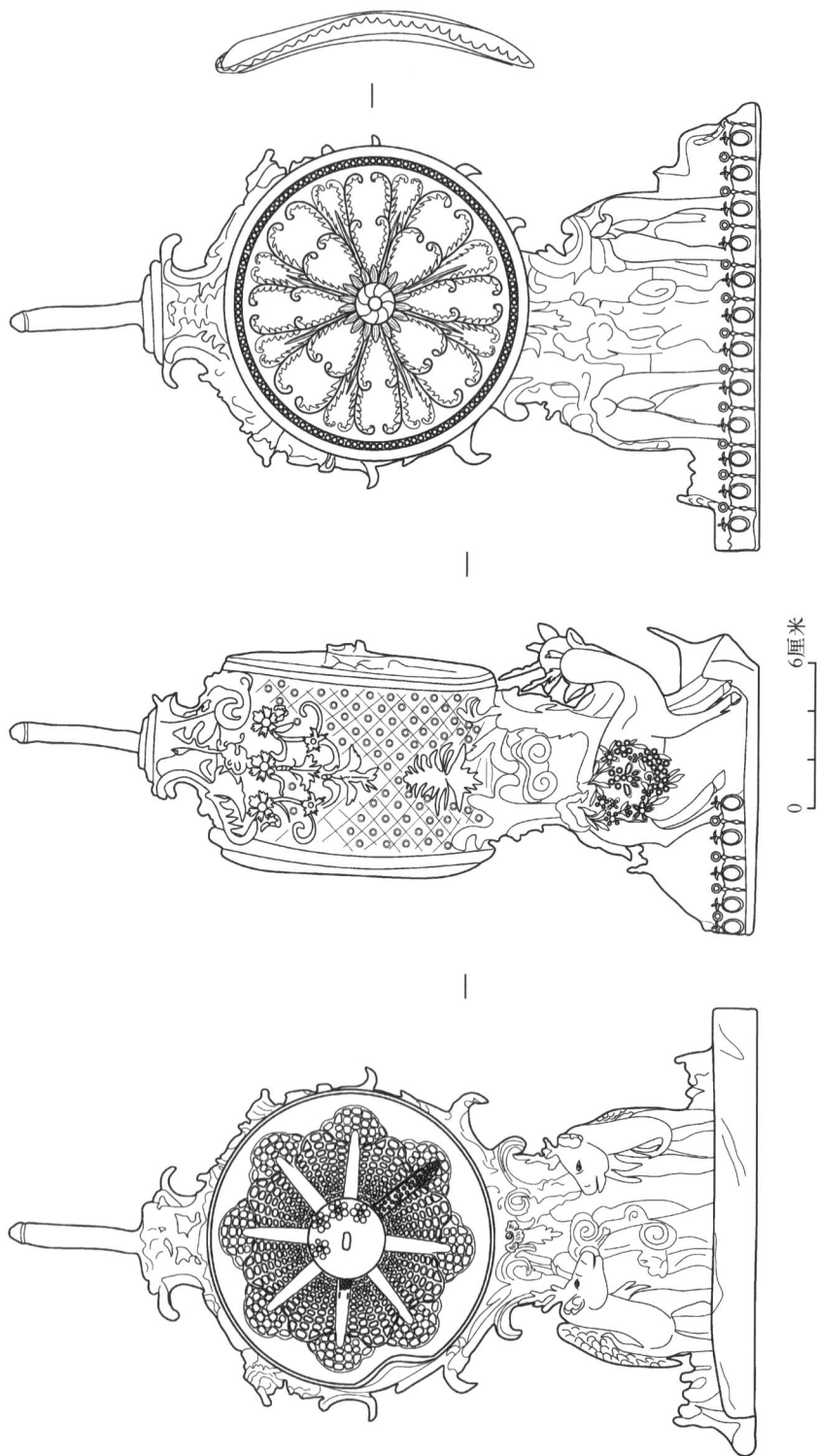

图五七　坦坦荡荡遗址金鱼池出土YT24号西洋式钟表

表一〇　坦坦荡荡遗址金鱼池出土其他器物统计表

器物编号	遗址名称	器物名称	规格（厘米）	件数	备注
YT19	金鱼池	铜壶	口径14.2、底径17.2、腹径21.9、高43.4、重23.735千克	1	完整，圈足上有铭文"大清乾隆年造"
YT20	金鱼池	铜壶	口径14.3、底径18.6、腹径21.9、高43.5、重24.662千克	1	完整，圈足上有铭文"大清乾隆年造"
YT21	金鱼池	玉人	高11.3、宽5.2、厚3.6	1	昆仑山海蓝玉，完整
YT22	金鱼池	玉扳指	高2.4、直径2.6、厚0.2	1	新疆和田白玉，完整
YT23	金鱼池	木胎贴金葫芦	通长13.5、其中葫芦体长9、下部葫芦直径6.6	1	朽损
YT24	金鱼池	西洋式钟表	通高32、底盘正面残宽18.2、鼓形机芯盒直径12.3、侧面厚度9.8	1	锈残，经修整
合计				6	

五、瓷　　器

坦坦荡荡遗址共出土各类瓷器残件和残片186件，它们大多出土于金鱼池淤泥中，都是被当作残件和废品丢弃的，未见一件完整器。经整理，这些瓷器残件和残片绝大多数属于民窑器，民窑瓷器残件和残片的数量为174件，占该遗址出土瓷器总数的93.55%。官窑器出土数量很少，只发现12件，仅占该遗址出土瓷片总数的6.45%。民窑器中，属明代者很少，绝大多数都属于清代。而官窑器中，未见有明代者，全都是清代的。现将坦坦荡荡遗址出土的全部瓷器残件和残片标本分为两类，一为官窑类，二为民窑类；再按两类标本所属时代早晚为序，依次进行介绍。因为该遗址出土的瓷器残件和残片数量较多，囿于篇幅所限，本报告不能对每一件标本都做出具体介绍，只能选取有代表性的标本进行重点介绍。对于暂没有被列入重点介绍的一般标本，可参考本节后面的附表，亦可了解其基本情况。下面，先介绍官窑类标本，再介绍民窑类标本[①]。

（一）官窑类瓷片标本

坦坦荡荡遗址出土的官窑类瓷片标本共12件，其中青花瓷器8件（tc-018、tc-001、tc-147、tc-131、tc-120、tc-182、tc-185、tc-168）；五彩瓷1件（tc-109）；杂彩瓷2件（tc-104、tc-047）；粉彩瓷1件（tc-102）。皆为清代景德镇官窑产品。包括清早期4件（康熙时期3件，雍正时期1件）；清中期8件（乾隆时期7件，嘉庆时期1件）。现按时代早晚依次介绍（标本序号接续）。

---

①　凡口沿、颈、肩、腹部和器底都有局部遗留，可予以修复和复原者，本报告均称为残件标本；凡残失上述相关部分无法复原者，本报告均称为残片或瓷片。

1. 清代早期

4件。

康熙时期　3件。

（1）tc-182号

青花西番莲纹碗残片，1件。此标本口沿、腹壁已绝大部分残失，碗底完全无存，仅残存口沿和腹壁很小一块局部。从断茬剖面可以看出，碗口外侈，口沿略外展，圆唇，腹为弧壁曲腹内收。胎质坚致、细腻、纯净，为白"糯米胎"。胎壁较薄，近口沿处厚0.18、腹部厚0.2厘米。内、外壁施白釉，釉面光洁、发亮。口沿下施两道青花弦线作为边饰，口沿边饰以下至腹壁，内壁素面无纹，外壁表面绘青花西番莲，线条准确、流畅。青花用料为国产青料，青花呈色为暗蓝色。

tc-182号青花西番莲纹碗残片，残长6.1、残宽4.6、壁厚0.18～0.2厘米。从胎质、施釉、青花主题纹饰的设计、绘工与绘画风格，以及青花用料和青花呈色等特点判断，此件标本原器应属清康熙时期景德镇官窑的产品（图五八，1；图版三二，1）。

（2）tc-185号

青花西番莲纹碗残片，1件。此碗口沿已残失无存，腹壁和圈足大部分残失，现仅残存腹壁和圈足不足五分之一的局部。碗的形制特点是近口沿处外侈，腹为弧壁曲腹内收，下接高圈足，圈足直壁下垂，外墙高1厘米，内墙下凹，高1.1厘米。从腹壁内收的曲线弧度可以看出，此碗为浅腹碗。从断茬剖面可以看出，此碗胎质坚致、细腻、纯净，胎为白"糯米胎"。胎壁较薄，腹壁上部厚0.2、下部厚0.3厘米。除圈足底边不施釉，露出素胎之外，其余内、外壁，包括圈足内底，均施白釉，釉层不厚，但釉面光洁、发亮。内壁素面，外壁口沿之下至腹壁绘青花西番莲纹，下腹部近圈足处绘一周青花折枝纹。圈足外墙表面施三道青花弦线。圈足因残失大半，圈足内底原来有无款识不详。此碗的青花用料为国产青料，青花呈色为暗蓝色。所绘青花西番莲纹与tc-182号一致。但二者断茬接不上，故目前还不能断言这2件残片原属同一件器物，因此暂分别编号，算作2件标本。

tc-185号青花西番莲纹碗残片，残长8.65、残高6.3、圈足直径约5.8、壁厚0.2～0.3厘米。从胎质、施釉、青花主题纹饰的构图、画法、线条风格、青花用料与青花呈色等特点看，均与tc-182号相一致，故其时代和窑属性质，也应与tc-182号相同。即该标本原器应属清康熙时期景德镇官窑的产品（图五八，2；图版三二，2）。

（3）tc-168号

青花折枝牡丹纹碗残片，1件。此碗口沿、腹壁已绝大部分残失，圈足无存，仅残存局部口沿与腹壁。从断茬剖面可以看出，此碗口沿外侈，沿边稍外展，小圆唇，腹壁为弧壁曲腹内收，从内收的弧度可以判定，此碗为浅腹碗。胎质坚致、细腻、纯净，为白"糯米胎"。胎壁较薄，近口沿处厚0.1、近腹底处厚0.3厘米。内、外壁均施白釉，釉层不厚，但光洁、发亮。

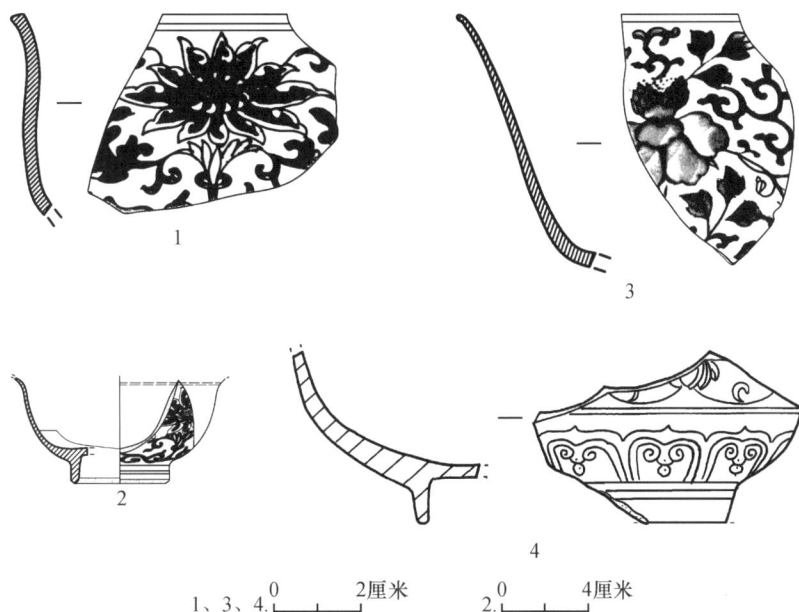

图五八　坦坦荡荡遗址出土清代早期官窑类瓷片标本

1. tc-182号青花西番莲纹碗残片　2. tc-185号青花西番莲纹碗残片　3. tc-168号青花折枝牡丹纹碗残片

4. tc-018号青花变形莲瓣纹折腹碗残片

内壁素面，外壁口沿下施一道青花弦线，青花弦线以下至整个腹壁绘青花折枝牡丹纹，线条精准，一笔到位。青花用料为国产青料，青花呈色暗蓝、深翠。

tc-168号青花折枝牡丹纹碗残片，残长5.7、残宽3.9、壁厚0.1～0.3厘米。从胎质、施釉、青花图案设计、绘工、青花用料和青花呈色等特点判断，此件标本的原器应属清康熙时期景德镇官窑的产品（图五八，3；图版三一，5）。

雍正时期　1件。

（4）tc-018号

青花变形莲瓣纹折腹碗残片，1件。此碗口沿无存，腹、底大部分残失，只存下腹部和碗底不足四分之一的局部。从残存瓷胎剖面可以看出，此碗胎壁较厚实，胎质坚致、细腻，无杂质和灰点。表面釉色光洁发亮，内外壁釉色一致。下腹部作折腹内收，折腹部为深蓝青花折枝花卉纹，折腹处施两道浅蓝色青花弦线，折腹以下近足处绘一周青花变形莲瓣纹，青花呈色深翠。圈足外墙靠上部施两道浅蓝色青花弦线，圈足内施白釉，素面，无款识。

tc-018号青花变形莲瓣纹折腹碗残片，残长6.2、残宽3.8、壁厚0.3～0.6厘米。从这件瓷碗的形制、瓷胎、釉面、青花呈色、施纹工艺等特点看，这件标本原应属清雍正时期景德镇官窑的产品（图五八，4；图版三〇，2）。

2. 清代中期

8件。

乾隆时期　7件。续号接续。

（5）tc-001号

青花缠枝莲纹盘残片，1件。此盘口沿无存，腹壁和盘底大部分残失，残存部分尚不足原器的四分之一。从残存盘壁剖面看，此盘胎质细腻、坚致，无杂质，很纯净，胎为白"糯米胎"。胎壁上部厚0.3、下部厚0.7厘米。盘壁斜敞，只残存下半截部分。盘壁呈斜弧线下收，接圈足。圈足外墙略呈斜壁内敛，外墙高0.65厘米，内墙凹入，高1.1厘米。除圈足底沿未施釉，露出素胎外，其余内、外壁，包括圈足内底均施白釉。圈足底沿露出的素胎，以手摸之，十分润滑，毫无涩手之感。内、外壁所施白釉，釉层较厚，釉面匀净、洁白、细腻、光亮，无任何小灰点和疵点。在盘的内、外壁白色釉面之上，分别绘一周青花缠枝莲纹。在盘内壁近盘底处施两道青花弦线作为盘壁与盘底的边饰，内底满绘青花缠枝莲纹。此盘所绘青花图案，呈色深翠、鲜艳。用的青料，当不是进口的"苏麻离"青料，而应是国产青料。在所绘的莲花和叶片上，虽有不少深蓝色或蓝黑色的斑点，但并非是采用了进口的"苏麻离"青料后发出来的呈自然下沉状态的氧化铁的结晶斑，而是用国产青料进行渲染后留下的痕迹。显然，这是清代人对明代宣德青花瓷器的模仿行为。盘外壁近足处，上、下各施两道青花弦线，在上、下两道弦线之间的空隙处绘一周青花卷草纹，在圈足外墙上亦施两道青花弦线，在圈足内底中央残存青花楷体纪年款"大"字一字，其余字迹皆残失无存，外围青花双线圈。在盘的下腹部外壁和圈足内底表面，还遗有五个锔钉眼痕迹，表明此盘曾被长期使用过。应该说，这件青花盘的制作和绘画工艺都够得上官窑水准，绝非一般民窑器能达到的水平。

tc-001号青花缠枝莲纹盘残片，残长13.9、残宽11.9厘米，圈足直径16.4、残高2.96、壁厚0.3～0.7厘米。从胎质、施釉、图案的设计与绘工、青花用料、青花呈色和在青花莲花及叶子上有刻意补添深蓝色和蓝黑色斑点的现象、绘画风格与制作工艺颇为考究等情况判断，此件标本应属清乾隆时期景德镇官窑仿制明代宣德青花瓷盘而专门制作的仿品。故此盘内底上所残存的青花楷体纪年款"大"字后面缺失的文字，或应为"明宣德年制"五字，即原纪年款应为六字双行纪年款："大明宣德年制"。若此推测不误，此器此款原应属清乾隆时期景德镇官窑特意制作出来的伪托款（图五九，1；图版三〇，1）。

（6）tc-147号

青花如意璎珞纹花觚残片，1件。此件标本的口、颈、身均已残失无存，现仅余不足一半的觚足局部。从残存的器形和纹饰看，此花觚系仿古代青铜觚制作的器物，残存的觚足呈圆形喇叭口。胎质坚致、细腻，无小灰点和杂质，甚纯净，为白"糯米胎"。器壁厚实，足壁上部厚0.7厘米，下部略薄，厚0.45厘米。除足底边裸露素胎之外，其余内、外壁均施白釉，釉层较厚，釉面匀净、润泽。因遭火烧，釉面已不再发亮。内壁素面，外壁绘青花图案。近足底处施两道青花弦线；弦线上部绘一周青花如意云头纹，作为瓤足底部边饰，边饰之上绘一周青花如意璎珞纹。此瓤青花用料系国产青料，青花呈色较为深翠。再上，因残不知还绘有何种图案。值得指出的是，此瓤足底边裸露的一圈素胎，是制作过程中特意预留的一圈素胎，呈宽条带形，外缘呈上卷式，内缘与施釉线呈齐边自然衔接式。以手摸之，釉面与素胎衔接处光滑无棱，浑然一体，毫无涩手之感，工艺精致至极，非后仿者所能为也。

tc-147号青花如意璎珞纹花瓤残片，底径7.3、残高3、足部壁厚0.45～0.7厘米。从器形、胎质、施釉、纹饰、青花用料和青花呈色等特点判断，此件标本的原器应属清乾隆时期景德镇官窑的产品（图五九，2；图版三一，6）。

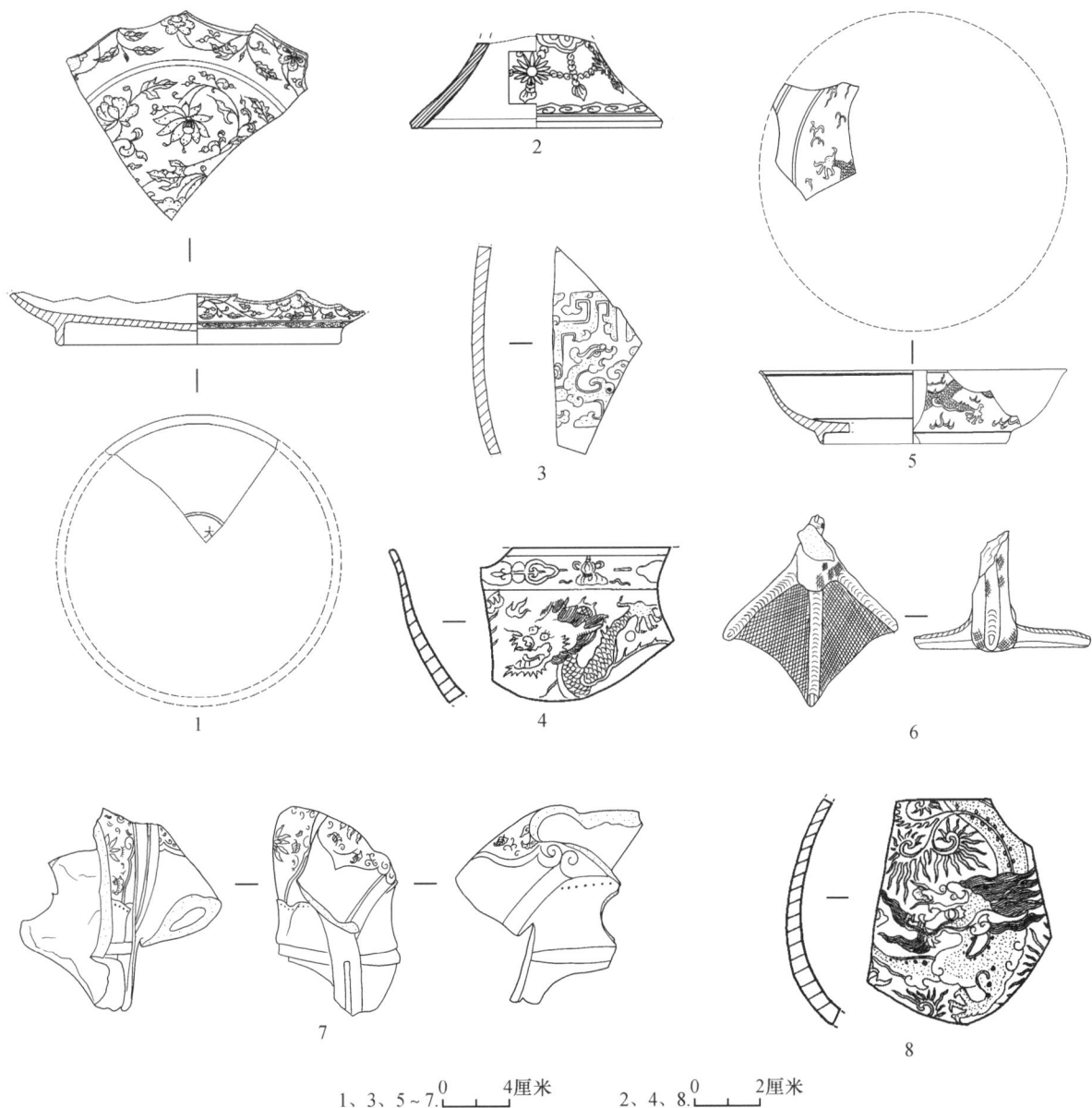

1、3、5～7.　0 ___ 4厘米　　　　2、4、8.　0 __ 2厘米

图五九　坦坦荡荡遗址出土清代中期官窑类瓷片标本

1. tc-001号青花缠枝莲纹盘残片　2. tc-147号青花如意璎珞纹花瓤残片　3. tc-131号青花夔龙纹残片　4. tc-109号青花五彩龙凤纹碗残片
5. tc-104号白地绿龙纹盘残件　6. tc-047号白釉红彩鹅蹼残件　7. tc-102号粉彩描金佛造像残片　8. tc-120号青花龙纹器盖残片

（7）tc-131号

青花夔龙纹残片，1件。这件标本只残存原器腹部的一小块瓷片，其他部分均已残失无存。从残存胎壁剖面看，胎壁较厚，胎质坚致，细密，但内含较多小灰点，并不纯净。内壁只挂一层釉，尚可见内壁表面遗有的麻布痕迹，以手摸之，还有涩面粗涩之感。外壁表面釉色光洁明亮，青花颜色呈深蓝色，青花图案为仿古代青铜器上的夔龙纹图案，只是几何形图案化特点更为明显。

tc-131号青花夔龙纹残片，残长11.58、残宽5.17、壁厚0.6～0.65厘米。从胎质、釉面、青花颜色和青花图案风格特点判断，此件标本的原器应为清乾隆时期景德镇官窑产品（图五九，3；图版三一，4）。

（8）tc-109号

青花五彩龙凤纹碗残片，1件，属五彩瓷标本。此碗口沿、腹部大部残失，碗底无存，现仅存碗的口沿以下腹壁局部较小的一块瓷片。从断茬剖面可以看出，口沿为小圆唇，胎壁很薄，口沿处厚度仅0.1厘米，腹壁厚不足0.3厘米。胎质坚质、细腻，胎为白"糯米胎"。内、外壁施白釉，细润、光洁、发亮。内壁口沿下施两道青花弦线，外壁口沿下和肩部各施一道青花弦线，在这两道弦线之间绘五彩八宝纹。在腹部，如标本不残，本应绘有红、绿两条云龙，间以凤凰、菊花、芙蓉相隔，现仅残存一条绿龙，龙头居于画面正中上方，作弓颈下探状，双目圆睁，张牙舞爪，头上长角，鬣毛向后飞扬，龙前肢上举，五爪张开，作用力抓挠状，龙的躯干朝斜后方翻卷，在龙头的前方绘有飞动的云纹。其中龙头上的鬣毛为褐色，龙舌、龙鳍和云纹均填为红色。画法为勾廓填色，填色不分深浅，凡同色部位色调都一致。这件瓷片上的五彩图案，绘工精细，色彩艳丽，与一般民窑作品区别明显，不可相提并论。

tc-109号青花五彩龙凤纹碗残片，残长4.8、残宽4.4、壁厚0.1～0.3厘米。从胎质、施釉、青花五彩龙纹的形象、填彩、背景纹饰云纹和边饰图案的布局和色彩，以及绘制工艺等特点，并参照存世的完整器形，可以判定，此残件的原器应为清乾隆时期景德镇官窑制作的一件青花五彩龙凤纹碗（图五九，4；图版三一，3）。

（9）tc-104号

白地绿龙纹盘残件，1件，属杂彩瓷标本。此盘口沿、腹壁和盘底大部分已残失无存，现仅存一点口沿、很小的一块腹壁和盘底。从断茬剖面可以看出，此盘口沿略外侈，小圆唇，腹壁呈缓弧下收，接圈足，腹较深，圈足较矮，外墙呈斜壁下垂状。胎壁较薄，近口沿处的厚度仅0.12厘米，近盘底处的厚度为0.3厘米。胎质坚致、细腻，无灰点，无杂质，十分纯净，为白"糯米胎"。除盘的圈足底沿未施釉，留出一窄圈素胎外，其余内、外壁，包括圈足内底均施白釉，厚层较厚，釉面润洁、细滑、光亮，无棕眼，无任何疵点。在盘的内、外壁白釉面之上均绘绿彩云龙纹图案。内壁于口沿下和近盘底处各施两道青花弦线，并在两道弦线中间填绘绿彩，各形成一条绿色彩带作为内壁边饰，盘内底表面绘绿彩龙纹和云纹。龙纹现仅残存一点龙身和一只伸出来的前肢及五爪，云纹皆作迎风飘飞状。外壁口沿下和圈足上缘处，亦各施两道青花弦线，其间填绘绿彩，各形成一条绿色彩带，作为外壁边饰，在这两道绿色彩带的边饰中间绘绿彩龙纹和云纹。龙纹现仅存从颈部至背部的一截及一只左前肢和张开的五爪。在龙身和龙爪的空隙间，绘有数朵绿色云纹作为背景，云纹亦皆呈迎风飘飞状，以衬托龙在空中不断舞动翻腾之状。内、外壁上所绘的绿龙和云纹图案，线条极为精细，画面十分精致，真正做到了一丝不苟。

tc-104号白地绿龙纹盘残件，口径约17.9、底径约10.76、高4、壁厚0.12～0.3厘米。从胎质、施釉、釉面、内、外壁所绘绿彩云龙纹的形象、布局、线条绘制工艺等特点判断，此件标本的原器亦应为清乾隆时期景德镇官窑制作的一件杂彩瓷盘产品（图五九，5；图版三一，1）。

（10）tc-047号

白釉红彩鹅蹼残件，1件，也属杂彩瓷标本。此件标本仅余鹅腿胫部下面的一截和鹅蹼，其余部分均已残失无存。这是一件仿生瓷写实作品。残存的鹅腿胫部呈斜立姿，鹅蹼和后爪着地。实心。胎质坚致而细腻，无灰点，无杂质，十分纯净，为白"糯米胎"。表面施白釉，釉层较厚，釉面细润、光洁、无棕眼。在颈部和鹅蹼白色的釉面上，多处遗有红彩。虽然部分地方因遭火烧，红彩已经褪色，但仍遗有浅红色的痕迹，如在胫骨下段的左、右两侧面和后面及后趾骨表面，以及蹼前掌上的三根趾骨表面都部分存留红彩，甚至细致地绘出胫骨上红色血筋脉络的分布与走向。以上遗痕表明，此鹅蹼原来确是一只"红掌"。正如初唐著名诗人骆宾王七岁时写出的一首儿诗——《咏鹅》中所说出鹅的特点："鹅鹅鹅，曲项向天歌。白毛浮绿水，红掌拨清波。"同时，为了"仿生"，达到真正写生的艺术效果，还在蹼的前掌已经突出平面的三根趾骨和一根长在后面的后趾骨的表面，又细致地浮雕出隆起的"人"字纹，并于趾端再分别雕刻出褐色的指甲纹。在蹼掌的表面和底面还写实地刻划出蹼表皮像麻布纹一样的细胞组织纹络，并于足跟、趾端及其边缘，还特意采取做旧手法，在足根、趾端和足根与趾骨的连接部位，做出足垫和趾垫及相关磨耗和磨损痕迹，达到完全逼真的效果。

tc-047号白釉红彩鹅蹼残件，蹼前后长10.5、左右宽10.16、残高6.7厘米。从造型设计、胎质、施釉、彩绘、制作工艺的精细与考究等特点判断，此件标本原器应为清乾隆时期景德镇官窑制作的一件杂彩瓷精品无疑（图五九，6；图版三〇，4）。

（11）tc-102号

粉彩描金佛造像残片，1件。此佛造像原是一件圆雕的立体全身造像。无头，无颈，无肩，无右臂和右手，无臂部，无下肢，只残存上半身左侧局部，即只有左侧胸部、腹部、左臂肱骨部分，左尺骨部分和左手缺失，还保存有左侧后背和左侧后腰局部。总之，残失情况相当严重。从残断瓷胎剖面看，该器胎质甚为坚致和细腻，没有小灰点和杂质，十分纯净。胎壁厚实，中空，内壁和外壁一样，均满施白釉，釉面光洁莹润。整个造像，雕塑工艺十分精细，服饰线条表现得自然、流畅，显示出制作技艺相当娴熟。左胸、左臂、左后背上部的表面饰有一层浮雕曲线如意形披肩，此披肩之上又满绘粉彩描金缠枝莲纹图案。后腰部位浮雕出较为宽厚且呈弓形上弧的皮护腰，皮护腰上缘还特别雕出一道缝制时留下的针脚痕迹。前腹部和腰部也分别浮雕出一条宽幅的护腹皮甲带（其上缘也遗有一道缝制时留下的针脚痕迹），以及一条窄幅的湖蓝色束腰带。还浮雕出从左肩上自然垂下的一条白色长披巾，覆盖在上述服饰之上。这些细节在这件写实的造像作品中，都表现得十分到位。

tc-102号粉彩描金佛造像残片，残长11.72、残宽11.6、壁厚0.6～1.3厘米。从胎质、雕塑工艺、人物服饰、釉面、纹饰与描金工艺风格特点等方面判断，此件标本应属清乾隆时期景德镇官窑的产品（图五九，7；图版三〇，3）。

嘉庆时期　1件。

（12）tc-120号

青花龙纹器盖残片，1件。这件标本器口、颈部、底部均已无存，只残存腹部一小块瓷片，既不是碗，也不是盘、碟之类，是否是瓶、罐、壶，也不好确定。从断茬剖面看，此胎壁较薄，厚度在0.2～0.4厘米。质地坚致、细腻，无灰点和杂质，甚为纯净。表面釉色光洁明亮，青花色呈深蓝，所绘龙纹线条精细，一丝不苟。龙头形象完整，双目圆睁，怒视远方，头上鬣毛向后甩动，下颏长须向前飞舞，张牙舞爪，二前肢向前伸出，龙爪作奋力抓物状，颈部前躬，身躯向上翻卷，背鳍和臂鳍也随身躯扭动翻卷而翻卷。画面中虽未画祥云，也未画海水江崖，背景空白，只表现了这条龙的面貌形象和身躯的舞动姿态，但却让人感到，这条鲜活灵动的蛟龙正在海水江崖上翻腾，正在苍茫云海间穿行。正是：不绘云海，胜绘云海；不见江崖，胜见江崖。给人留下了很多遐想的空间。这显然是一位有相当艺术素养的高手的作品。

tc-120号青花龙纹器盖残片，残长6.33、残宽5.34、壁厚0.2～0.4厘米。从胎质、釉面、青花颜色、绘画技法、龙纹形象和风格方面判断，这件tc-120号青花龙纹残片标本，原器应属清嘉庆时期景德镇官窑的产品（图五九，8；图版三一，2）。

现将坦坦荡荡遗址出土的清代早、中期景德镇官窑瓷器残件和残片标本相关资料归纳成表一一，谨供参考。

表一一　坦坦荡荡遗址出土清代早、中期景德镇官窑类瓷片标本统计表

分期	朝代	序号	标本编号	器物名称	规格（厘米）	备注
清早期	康熙	1	tc-182	青花西番莲纹碗残片	残长6.1、残宽4.6、壁厚0.18～0.2	
		2	tc-185	青花西番莲纹碗残片	残长8.65、残高6.3、圈足直径约5.8、壁厚0.2～0.3	
		3	tc-168	青花折枝牡丹纹碗残片	残长5.7、残宽3.9、壁厚0.1～0.3	
	雍正	4	tc-018	青花变形莲瓣纹折腹碗残片	残长6.2、残宽3.8、壁厚0.3～0.6	
清中期	乾隆	5	tc-001	青花缠枝莲纹盘残片	残长13.9、残宽11.9、圈足直径16.4、残高2.96、壁厚0.3～0.7	圈足内底署楷体"大□□□□□"六字双行款。原应为"大明宣德年制"，此款应为清乾隆时期景德镇官窑特意制作出来的伪托款
		6	tc-147	青花如意璎珞纹瓠残片	底径7.3、残高3、足部壁厚0.45～0.7	仿古代青铜瓠的形制制作
		7	tc-131	青花夔龙纹残片	残长11.58、残宽5.17、壁厚0.6～0.65	

续表

分期	朝代	序号	标本编号	器物名称	规格（厘米）	备注
清中期	乾隆	8	tc-109	青花五彩龙凤纹碗残片	残长4.8、残宽4.4、壁厚0.1~0.3	
		9	tc-104	白地绿龙纹盘残件	口径约17.9、底径约10.76、高4、壁厚0.12~0.3	
		10	tc-047	白釉红彩鹅蹼残件	蹼前后长10.5、左右宽10.16、残高6.7	
		11	tc-102	粉彩描金佛造像残片	残长11.72、残宽11.6、壁厚0.6~1.3	
	嘉庆	12	tc-120	青花龙纹器盖残片	残长6.33、残宽5.34、壁厚0.2~0.4	
合计		12件				

根据以上介绍和表一一的内容，现可将坦坦荡荡遗址出土的官窑瓷器残件和残片标本的种类、数量及年代分布特点，再进一步归纳为表一二，以从总体上了解和认识官窑瓷器在清代圆明园皇家园林的存在和使用等基本特点。

通过统计和归纳，可以看出坦坦荡荡遗址出土的官窑瓷器残件和残片标本中，没有明代官窑器或更早时期的官窑器，只有清代官窑器。其窑口皆属景德镇官窑。

表一二　坦坦荡荡遗址出土清代景德镇官窑类瓷片标本种类、数量及年代统计表

瓷器种类		青花	杂彩（单色瓷）	粉彩	五彩	合计	占该遗址出土瓷器总数（186）的百分比
出土数量		8	2	1	1	12	6.45%
占出土官窑瓷器总数的百分比		66.67%	16.67%	8.33%	8.33%	100%	
时代	康熙	3（tc-182、185、168）				3	1.61%
	雍正	1（tc-018）				1	0.54%
	乾隆	3（tc-001、147、131）	2（tc-047、104）	1（tc-102）	1（tc-109）	7	3.76%
	嘉庆	1（tc-120）				1	0.54%
占该遗址出土瓷器总数（186）的百分比		4.3%	1.07%	0.54%	0.54%	6.45%	

注：表中数字下面带"·"点符号者为日常生活用瓷；带"▲"符号者为陈设用瓷

从瓷器种类看，包括四类瓷器，即青花、杂彩（单色瓷）、粉彩和五彩。其中以青花瓷出土数量较多，所占比例较大，占到官窑器总数的三分之二。而杂彩、粉彩和五彩瓷三类之和，才占到官窑瓷器总量的三分之一，其中杂彩瓷出土量略大于粉彩和五彩，相当于粉彩与五彩之和。

从年代看坦坦荡荡的官窑器，只有清代早期康熙、雍正时期，清代中期乾隆、嘉庆时期，不见清代晚期道光以后者。

从两期瓷器的种类和数量看，从康熙到嘉庆均以青花瓷为主，其中尤以康熙和乾隆两个时期出土的青花瓷数量最多。而乾隆时期还兼出杂彩、粉彩和五彩瓷，做到了四类俱全，比较康熙、雍正和嘉庆三个时期，不论在瓷器的种类方面，还是在出土的数量方面，都更胜一筹。显示出乾隆时期更重视景德镇官窑器的生产，并大量地用在了圆明园，从一个侧面反映出圆明园在乾隆时期正处于空前的鼎盛阶段。

从用项看，这12件官窑瓷以日常生活用瓷为主，器类多为碗、盘之属，占三分之二；而以陈设瓷为副，只占三分之一。其中未见祭祀用瓷，这与坦坦荡荡景点的用途性质有关。因为这里主要是观鱼和游赏之地，不是寺庙，也不搞任何祭祀活动，故不见祭祀用瓷。

关于款识问题，因坦坦荡荡遗址出土的这12件官窑瓷器均为残件和残片，其中11件缺少款识。器底保存有年款者仅1件——tc-001号青花缠枝莲纹盘。经考察推测，此款应为清乾隆时期江西景德镇官窑仿明代宣德瓷器而特意制作的伪托款，故此款全文应为"大明宣德年制"楷体六字双行款。

（二）民窑类瓷器标本

坦坦荡荡遗址出土的民窑类瓷片标本共174件。其中具有一定代表性的重点标本为79件，参见表一三至表一七；其余95件为一般标本。下面将按时代早晚顺序，先介绍重点标本，然后再介绍一般标本。一般标本将以附表形式，将其相关内容纳入其中，附于本节内容之后，具体参见表一八至表二〇。

重点标本

共79件，其中属明代者10件，属明末清初者2件，属清代者66件，属民国时期者1件。

1. 明代

10件。

这10件标本中，年代最早者属明嘉靖时期，只有1件（tc-154）；然后是万历时期，有2件（tc-048、tc-129）；另有7件是属于明晚期的，具体年号暂难以确定（tc-011、tc-164、tc-014、tc-016、tc-017、tc-012、tc-013）。

嘉靖时期　1件。

（1）tc-154号

青花石榴纹残片，1件。从残片的规格、内外壁呈现的弧度、胎壁的厚度，以及青花图案的构图特点等方面看，这应是一件大型瓷罐或瓷缸肩部的残片。断茬剖面显示其胎壁较厚，薄处为1.4厘米，厚处为2.2厘米。胎质不坚致，也不细腻，颜色发灰，里面有较多小灰点，甚至还存在稀疏的棕眼。内壁分布有制胎过程中留下的较浅但行距较密的瓦棱沟，以手摸之，有凸凹不平之感。内胎满施青白釉，釉层较厚，釉面光洁。外壁为白釉青花，上部施两道青花弦线，弦线以上绘深蓝青花植物茎叶纹；弦线以下绘有深蓝青花石榴纹及其呈横向弯曲前伸的茎叶纹图案。此残片中的深蓝青花呈色略泛紫红，显得这种深蓝青花较为浓艳。

tc-154号青花石榴纹残片，残长16.2、残宽10.87、壁厚1.4~2.2厘米。从胎质、釉面、青花用料和呈色特点判断，此件残片的原器应属明嘉靖时期景德镇民窑的产品（图六〇，1；图版七〇，5）。

万历时期　2件。序号接续。

（2）tc-048号

青花缠枝莲纹细颈瓶残片，1件。此瓶残失腹部和底部，口、颈和肩部也有部分残缺，只保存了大部分口、颈部和少部分肩部。瓶口沿较平齐，内沿向内削。颈部上端或因残损曾被锯掉了一截，被锯掉的断茬又经过打磨，之后又经历过较长时间的再利用，锯茬和打磨的瓶沿已经很陈旧了。所以，现存的瓶颈高度已非原来的高度。从断茬剖面看，胎壁较薄，胎质不坚硬，也不细腻，掺杂有不少小灰点和杂质，内壁只涂一层薄薄的白釉，摸之有粗涩之感。外壁表面挂白釉，满施青花图案。釉面较光洁。颈部较细，表面绘正背两组对称的青花冰梅纹和如意云头纹。其中梅花和如意云头纹均以拔白技法处理，装饰效果明显。颈部下方与肩部衔接处施两道青花弦线，但弦线画得不规范，或有间距不一致，或有首、尾接头处出现错位的缺点。肩为弧肩下垂，肩部满施青花缠枝莲纹图案，绘制工艺较为细致。此瓶青花图案整体呈色为暗蓝色或蓝灰色，并不鲜亮。

tc-048号青花缠枝莲纹细颈瓶残片，口径3.15、残高9.22、壁厚0.28~0.32厘米。从该瓶的形制、胎质、釉面、青花用料、呈色及纹饰风格等特点判断，此件残件的原器应为明万历时期景德镇民窑的产品（图六〇，2；图版四五，3）。

（3）tc-129号

青花双龙戏珠纹残片，1件。因只存口沿和一截短颈，原器为何种器形已不能确定。从断茬剖面看，此器胎壁较厚实，质地较坚硬、细密，但胎色发灰，杂有较多细小灰点，并有少量小砂眼。内壁涂青白釉，釉层较厚，釉面光洁发亮，惟有数处小砂眼，使内壁有明显瑕疵。口沿呈方角平沿，较宽厚，两边各画一道青花边框线，边框线中间绘三圈青花螺旋连续图案作为口沿边饰。口沿下方与颈部衔接处绘两道青花弦线，作为口沿和颈部的分界装饰。颈部为内凹短束颈，束颈表面绘青花双龙戏珠图案，在火珠下方还绘出一朵如意云头纹。双龙头相对，距离很近，中间即火珠，双龙身躯均呈横向双"S"形翻腾扭动状，龙头上长角，鬣毛向上扬

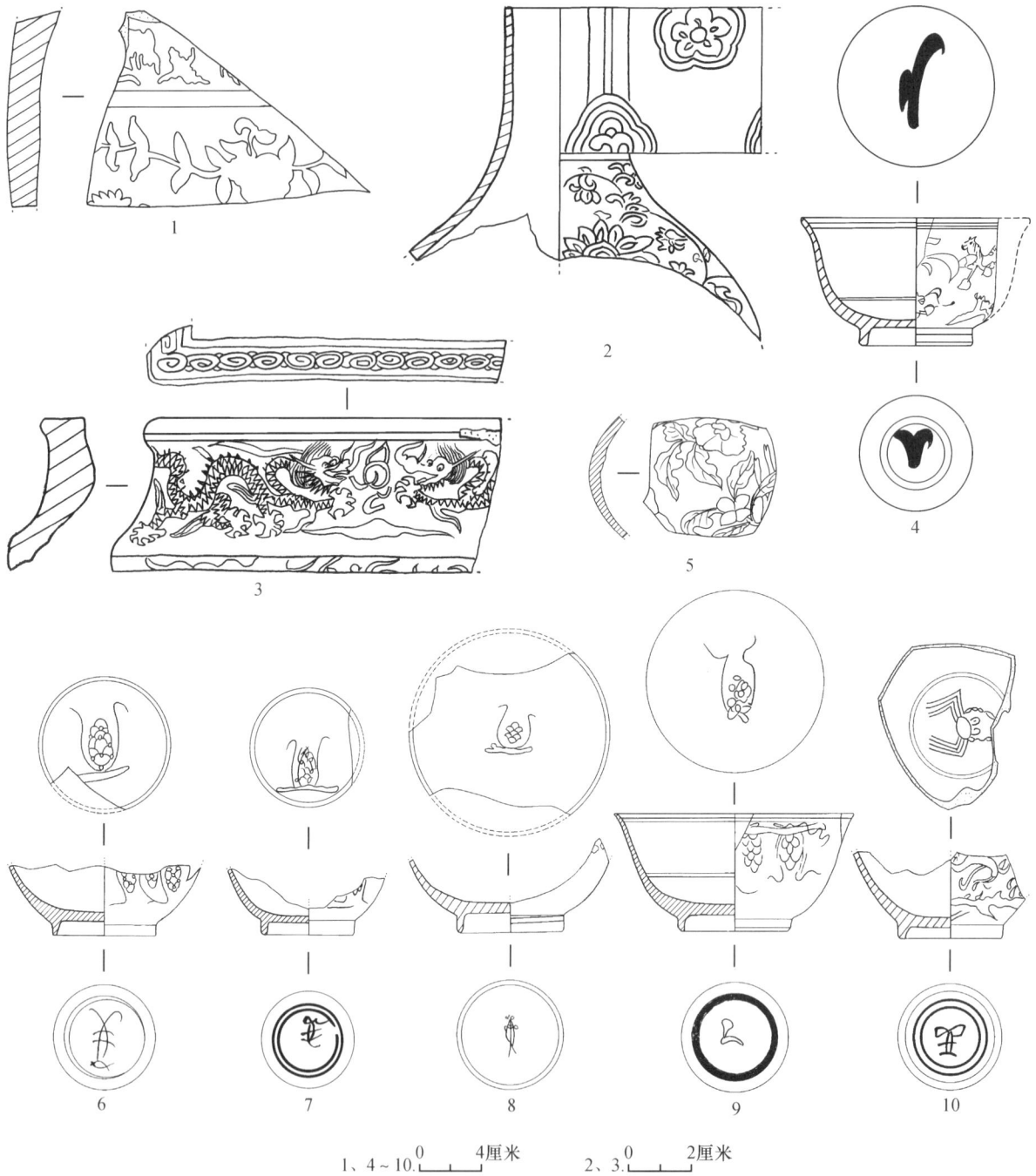

图六〇　坦坦荡荡遗址出土明代民窑类瓷片标本

1. tc-154号青花石榴纹残片　2. tc-048号青花缠枝莲纹细颈瓶残片　3. tc-129号青花双龙戏珠纹残片　4. tc-011号青花骏马纹碗残件

5. tc-164号青花折枝茶花纹罐残片　6. tc-014号青花葡萄纹碗残片　7. tc-016号青花葡萄纹碗残片　8. tc-017号青花葡萄纹碗残片

9. tc-012号青花葡萄纹碗残件　10. tc-013号青花螃蟹纹碗残片

起，双目圆睁，凝视火珠，四肢奋力前伸，张牙舞爪（爪为五爪），形象十分生动。此青花图案呈色深蓝，色彩较为鲜艳。

tc-129号青花双龙戏珠纹残片，残长10.75、残宽4.11、壁厚0.64～1.2厘米。从胎质、青花用料、呈色、纹饰风格特点等判断，此件残件的原器应为明万历时期景德镇民窑的产品（图六〇，3；图版六六，2）。

明晚期 7件。序号接续。

（4）tc-011号

青花骏马纹碗残件，1件。此碗口沿、腹部大部残缺，底部也有局部残失。从断茬剖面可以看出，此碗胎壁略薄，胎色呈浅灰色，含有小灰点和杂质，质地不坚致，不细密。内外壁和器底均施一层薄釉，表面显露不少棕眼，以手摸之，釉面还有粗涩之感。这是一件很普通的粗瓷饭碗。口沿为窄弧面，酱口。口沿内壁沿下和内底上部，各施两道浅蓝色青花弦线，内底中心绘一株宽条"⼑"形青花草叶纹，笔画简洁潦草，一笔画就。外壁酱口边沿下亦施两道浅蓝色青花弦线。腹部表面绘青花骏马纹和草叶纹，现残存两匹骏马，其中一匹大部保存，另一匹只保存马头和前肢，其余大部残失。这两匹马均作向前奔跑姿态，但画工不细，画技不精，笔触较潦草。空隙间装点的草叶纹也颇显潦草和随意，未能起到较好的背景衬托效果。腹下圈足外墙亦施两道浅蓝色青花弦线。圈足底沿未施釉，用刀削成平沿，保持涩沿。圈足内沿粘有一层细砂，圈足内底中央署青花"⼂"形黑色草叶纹植物纹样款。此草叶纹样款笔道十分粗钝，黑色特别浓重。其外围浅蓝色青花双线圈。此碗内、外所施青花图案和弦线，呈色皆为灰蓝色或暗蓝色。所画的马蹄和马身上的斑点，皆以一大块墨斑示之，显得过于夸张、潦草。

tc-011号青花骏马纹碗残件，口径12.9、底径6.2、高7.3、壁厚0.2～0.3厘米。从胎质、釉面、圈足底沿及其内沿保留有粘砂的特点，以及青花呈色和马的绘画风格等方面判断，此碗应属明代晚期景德镇民窑的产品（图六〇，4；图版三五，1）。

（5）tc-164号

青花折枝茶花纹罐残片，1件。此残件只保留了罐的肩部和腹部的一个局部，其余大部均已残失无存。从残存现状看，罐的腹部呈圆形，肩为弧肩下垂，腹为鼓腹，下腹部作弧形内收。胎质坚致，较细密，内含微粒小灰点，胎色呈灰白色。胎壁较厚实。内壁素胎素面，不施釉，在肩、腹衔接部位，遗有制作时两部分接胎留下一道胎泥挤压形成的横向凸棱，同时胎壁上还遗有细密的多道横向慢轮打磨痕，用手摸之，有明显的粗涩感。外壁施白釉，釉层较厚，釉面匀净、润洁，但不光亮。白釉上使用的是进口的苏麻离青料，绘制青花折枝茶花纹。青花呈色深蓝，线条略带晕散感，有的叶片和花茎带有下沉的呈铁黑色的氧化铁结晶斑。

tc-164号青花折枝茶花纹罐残片，残长6.7、残宽6.3、壁厚0.3～0.6厘米。从胎质、施釉、青花用料和青花呈色反映的特点判断，此件标本应属明代晚期景德镇民窑的产品（图六〇，5；图版七二，2）。

（6）tc-014号

青花葡萄纹碗残片，1件。此碗缺失口沿和上腹部，仅残存下腹部和碗底，且断为两半。从断茬剖面可以看出，此碗上部胎壁较薄，厚0.2厘米，下部略厚，为0.45厘米。质地不坚致，不细密，但胎土较纯净，无杂质，呈浅白色，不发灰。内、外壁均施青白釉，釉面较光洁。内壁仅有很少小灰点，外壁仅有几个小棕眼，整体较干净。内壁近碗底处施两道浅蓝色青花弦，内底中央绘一串青花葡萄，悬垂于木架横杆之下。在葡萄串两侧还各绘有一条长须，长须下垂，然后再向上或向外侧翻卷。外壁腹部（尚存的一侧）绘一组三串葡萄，均呈倒垂状。圈足外墙略呈斜直壁向下，素面。圈足底部内、外面都粘满细砂。圈足内底中间署青花"🌿"形植物纹样款，外围绘青花双线圈。

tc-014号青花葡萄纹碗残片，圈足底径5.85、残高4.4厘米，其中圈足外墙高0.7厘米，壁厚0.2～0.45厘米。从胎质、青花纹饰的构图与绘画技法、圈足底部粘砂，以及圈足内底所署青花纹样款的形式风格与特点等方面判断，此碗亦应属明代晚期景德镇民窑的产品（图六〇，6；图版三六，2）。

（7）tc-016号

青花葡萄纹碗残片，1件。此碗残损情况与tc-014号标本差不多，也是仅存腹部下半部和圈足。从断茬剖面可以看出，此碗下腹呈斜弧内收，下接圈足。胎壁上部较薄，为0.2厘米，下部略厚，为0.4厘米。胎质不够坚致，也不细密，内含杂质较多，胎色呈灰白色。除圈足底沿不施釉，保持素胎涩面外，其余内、外壁，包括圈足内、外，均施青白釉，釉层较薄，虽有光泽，但并不光亮。碗内底有较多灰点，外壁和圈足内底遗有较多棕眼。在内壁近底处施两道浅蓝色青花弦线。在此弦线圈内绘一串青花葡萄纹，倒垂于木架横杆之下。在葡萄串两侧还各绘一条长须，长须下垂，而后向上或向外侧翻卷。外壁残存有一组三串葡萄纹残迹，这三串葡萄纹也都呈倒垂状。通过这一残迹可以推测，这类青花碗，如绘这种葡萄纹图案，在碗外壁可能会绘四组（各有三串倒垂状葡萄纹）这样的纹饰。在圈足底沿内壁（主要在内壁）粘有一圈细砂，很硬，亦很结实。圈足外墙稍呈斜壁下垂状。在圈足内底署青花"🌿"形植物纹样款，外围施浅蓝灰色青花双线圈。

tc-016号青花葡萄纹碗残片，圈足保存完整，底径6.1、残高4.4厘米，其中圈足外墙高0.8厘米，壁厚0.2～0.4厘米。从胎质、青花葡萄纹的构图设计、绘画技法、青花呈色、圈足底部粘有一圈细砂，以及圈足内底所署的青花纹样款的形式与风格等特点看，这件标本与上述tc-014号标本基本相似，二者时代应属同一时期，窑系性质也应一致。由此可以判定，tc-016号标本亦应属明代晚期景德镇民窑的产品（图六〇，7；图版三七，2）。

（8）tc-017号

青花葡萄纹碗残片，1件。此碗残存状况，与前述tc-014号和tc-016号2件标本差不多，也是只剩下腹部和圈足，其余大部已残失无存。此碗下腹部作弧曲内收，与圈足外墙之间形成的夹角略小。胎壁上部比tc-016号稍厚，为0.3厘米，下部二者一致，也是0.4厘米。胎质明显比tc-014号和tc-016号要好，较坚致、细密，小灰点和杂质很少，胎色呈很淡的灰白色。碗内壁施白釉，釉面虽不厚，但较为光洁、泛亮。外壁，包括圈足外墙，施很淡的青灰釉，釉面也较光洁、泛亮。只在外壁近圈足处发现有少数棕眼。圈足外墙，基本上呈直壁下垂。在圈足内底涂一层白釉，釉层很薄，釉面上遗有较多小棕眼。圈足底沿涂了一圈浅酱色釉。在内壁近底处施两道浅蓝色青花弦线。在此弦线圈内绘一串青花葡萄纹，倒垂于木架横杆之下。在葡萄串两侧还各绘有一条长须，长须下垂，然后再向上或向外侧翻卷。惟这串葡萄纹和木架横杆，规格比tc-014号和tc-016号所画的都小很多。在碗的外壁腹部残存有两条弯卷的须子，估计上面画的也是葡萄串。在圈足内壁周围和外墙及内底局部都粘满一层细砂。在圈足外墙施两道浅蓝色弦线。在圈足内底中央署有青花"🌱"形植物纹样款，外围青花双线圈。整个青花图案的呈色都是暗蓝色，品相与tc-014号和tc-016号基本一致。

tc-017号青花葡萄纹碗残片，圈足底径6.1、残高4.5厘米，其中圈足外墙高0.9厘米，壁厚0.3～0.4厘米。从胎质、青花葡萄纹的构图设计和画法、青花用料与呈色、圈足底部粘有细砂，圈足内底也署有青花植物纹样款，其形式和所用青料颜色等特点看，其都与tc-014号和tc-016号2件标本基本一致。故推测tc-017号标本在时代、所属窑系性质方面，都应与tc-014号和tc-016号相同，亦属明代晚期景德镇民窑的产品（图六〇，8；图版三八，1）。

（9）tc-012号

青花葡萄纹碗残件，1件。此碗口沿和腹部四分之三已残失无存，仅残存四分之一的口沿和腹部，只有圈足保存完整。此碗口沿略外撇，小圆唇，涂一圈浅酱釉。腹壁作弧曲下收，圈足较矮，外墙略呈斜壁下垂，外墙高0.68厘米。胎壁较薄，上部厚0.2、下部厚0.4厘米。胎质不坚致，也不细密，有小灰点和杂质，胎色灰白。除圈足底沿不施釉，露出素胎和刀削痕迹外，其余内、外壁均施青白釉，釉层较薄，但有光泽。在碗的内底和圈足内底的表面，均遗有小棕眼和疵点。在内壁口沿下和内底近底处，各施两道青花弦线，在内底中央绘一串青花葡萄纹，呈倒垂状，悬于一短木架下，在葡萄串两侧还画出两条长须，亦呈倒垂状，须下端向外侧翻卷。外壁口沿下和圈足外墙上，各施两道青花弦线作为边饰。在口沿下和腹部之间亦绘青花葡萄纹。现仅残存一组，上绘一横杆，横杆之下垂挂两串葡萄，横杆上和葡萄串两侧也有长须伴存。从画面左侧也残存一条长须判断，这组葡萄纹原应由三串葡萄组成。如果这一判断不误的话，此碗葡萄纹的整体布局原应为四组（每组各绘三串葡萄），呈对称布局。在圈足内底中央署一青花"Ƴ"形（草叶纹）植物纹样款，外围青花双线圈（此双线圈叠压在一起，形成一条宽条粗线圈）。圈足内墙周边亦粘满细砂。该碗所绘青花葡萄纹图案，青花呈色均为暗蓝色。

tc-012号青花葡萄纹碗残件，口径约14、底径6.3、高6.7、壁厚0.2～0.4厘米。从形制、胎质、青花葡萄纹的构图、画法、青花呈色、圈足底部粘有一圈细砂，以及圈足内底所署的青花植物纹样款的形式和风格等特点看，这件标本与上述tc-014号、tc-016号、tc-017号基本相似。故有理由推测，tc-012号的时代和所属窑系均与上述3件标本相同，即亦应为明代晚期景德镇民窑的产品（图六〇，9；图版三五，2）。

（10）tc-013号

青花螃蟹纹碗残片，1件。此碗口沿无存，腹部大部残失，仅存圈足大部。从残存现状看，此碗腹壁下半部斜弧内收，下接矮圈足，圈足外墙略呈斜壁下垂，外墙高为0.6厘米。胎壁厚度适中，上部为0.3、下部为0.4厘米。胎质硬度和细密度一般，内含细小灰点，未见其他杂质，较为纯净，胎色灰白。除圈足底边未施釉，保持素胎和刀削痕之外，其余内、外壁和圈足内底均施青白釉，釉面较匀净，稍显光泽，但不光洁。内壁显示有灰点，外壁显示有小凹坑疵点。内壁近足处施两圈淡蓝色青花弦线，弦线圈内、碗心中央绘一只青花螃蟹，作向前运动状，头朝前，双目向上仰视，两前肢向前伸出，双钳爪张开，蟹壳呈椭圆形，左右两侧各有四只屈膝后肢，作用力蹬腿状。将螃蟹放在碗心中央作为装饰图案主题纹饰的情况较为少见。尽管多有几何纹饰的表现形式，但仍让人感到很新鲜，富有生活气息。外壁腹部绘青花水藻蝌蚪纹，采取写意、简捷的笔法，只寥寥数笔，一蹴而就。圈足外墙上施两道青花弦线。圈足内底署青花 "✿" 形植物纹样款，外围青花双线圈。圈足内墙周围粘满一层细砂。此碗所绘碗心上的螃蟹纹蟹壳、外壁腹部的水藻蝌蚪纹及圈足内底上绘的青花纹样款呈色皆为暗蓝色，其他部分均呈浅蓝色。

tc-013号青花螃蟹纹碗残片，底径5.8、残高4.8、壁厚0.3～0.4厘米。从胎质、施釉、青花用料及呈色、圈足内底所署青花植物纹样款的形式和画法、圈足内墙上粘有一圈细砂等特点判断，这件标本在时代和窑系归属性质方面都应与上述4件标本一致，即亦属明代晚期景德镇民窑的产品（图六○，10；图版三六，1）。

2. 明末清初

2件。

（11）tc-067号

青花缠枝纹卧足杯残片，1件。此杯口沿已残失，腹部大部分残缺，仅残存三分之一的腹壁和大半卧足。从断茬剖面可以看出，胎壁厚度适中，上部厚0.2、下部厚0.35厘米。胎质较坚致、细密，但含有较多细密小灰点，胎为灰白胎。内、外壁及卧足内底均施白釉，釉面较为光洁。只有卧足底边及内、外墙不施釉，裸露素胎。卧足内、外墙均呈斜坡面，汇于卧足底边，卧足剖面呈倒三角形。在卧足内墙一侧粘有一层细砂。杯内壁素面，外壁绘青花缠枝纹，青花呈色深翠。下腹近卧足处施两道淡蓝色青花弦线。卧足内底素面，无任何款识。

tc-067号青花缠枝纹卧足杯残片，底径3.7、残高4.9、壁厚0.2～0.35厘米。从胎质、胎色、卧足内墙粘有细砂、青花呈色等特点判断，此件标本应属明末清初时期景德镇民窑的产品（图六一，1；图版五一，1）。

（12）tc-049号

青花缠枝纹罐残片，1件。从残件的形状、胎壁厚度、内壁纹理痕迹，以及器表施纹的部位看，此残件应是瓷罐肩、腹部的一块残片。即从肩部向腹部过渡的部分，自上而下呈外弧

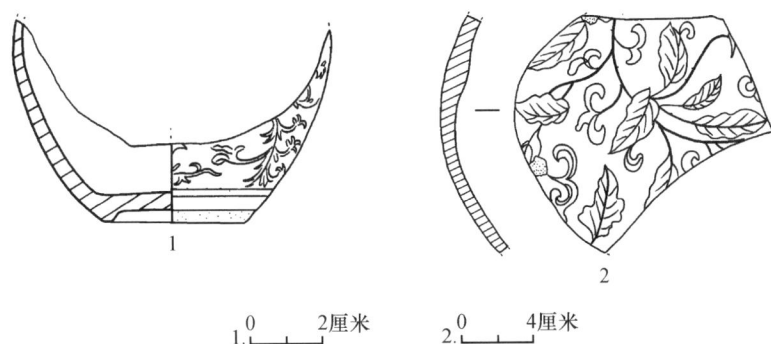

图六一 坦坦荡荡遗址出土明末清初民窑类瓷片标本
1. tc-067号青花缠枝纹卧足杯残片 2. tc-049号青花缠枝纹罐残片

鼓面形。从断荏剖面可以看出，此罐胎壁较厚，胎质较坚硬，但里面也含有少量的小灰点和棕眼痕迹。内、外壁均施白釉，釉层较厚，釉面光洁发亮。内壁遗有多道横向涂釉痕，用手触摸，有凸凹不平的瓦棱的感觉。外壁釉面上满施青花缠枝纹，青花呈色深蓝、鲜艳。所绘缠枝茎、叶线条，虽不算精致，但也较为自然、流畅。惟釉面上有两处露胎（未挂上釉）的疵点。

tc-049号青花缠枝纹罐残片，残长13.78、残宽12、壁厚0.6~1.3厘米。从胎质、器形、釉面、青花用料、青花呈色、纹饰特点等方面判断，此件标本之原器应属明末清初景德镇民窑的产品（图六一，2；图版四五，4）。

现将坦坦荡荡遗址出土的明代和明末清初景德镇民窑瓷器残件和残片重点标本相关资料归纳成表一三，谨供参考。

表一三 坦坦荡荡遗址出土明代和明末清初景德镇民窑类瓷片标本统计表

分期	朝代	序号	标本编号	器物名称	规格（厘米）	备注
明代	嘉靖	1	tc-154	青花石榴纹残片	残长16.2、残宽10.87、壁厚1.4~2.2	应属罐或缸的残片
	万历	2	tc-048	青花缠枝莲纹细颈瓶残片	口径3.15、残高9.22、壁厚0.28~0.32	瓶颈上部被锯掉一截，经磨平后又继续使用
	万历	3	tc-129	青花双龙戏珠纹残片	残长10.75、残宽4.11、壁厚0.64~1.2	
明代	明晚期	4	tc-011	青花骏马纹碗残件	口径12.9、底径6.2、高7.3、壁厚0.2~0.3	圈足内底署青花"Υ"形植物纹样款
	明晚期	5	tc-164	青花折枝茶花纹罐残片	残长6.7、残宽6.3、壁厚0.3~0.6	
	明晚期	6	tc-014	青花葡萄纹碗残片	圈足底径5.85、残高4.4、壁厚0.2~0.45	圈足内底署青花"❀"植物纹样款，圈足内外粘满细砂
	明晚期	7	tc-016	青花葡萄纹碗残片	圈足底径6.1、残高4.4、壁厚0.2~0.4	圈足内底署青花"⊚"植物纹样款，圈足底部粘有细砂
	明晚期	8	tc-017	青花葡萄纹碗残片	圈足底径6.1、残高4.5、壁厚0.3~0.4	圈足内底署青花"✾"植物纹样款，圈足底部粘有细砂

分期	朝代	序号	标本编号	器物名称	规格（厘米）	备注
明代	明晚期	9	tc-012	青花葡萄纹碗残件	口径14、底径6.3、高6.7、壁厚0.2~0.4	圈足内底署青花"Υ"形草叶纹样款，圈足底部粘有一圈细砂
	明晚期	10	tc-013	青花螃蟹纹碗残片	底径5.8、残高4.8、壁厚0.3~0.4	圈足内底署青花"芝"植物纹样款，圈足内外粘有细砂
明末清初		11	tc-067	青花缠枝纹卧足杯残片	底径3.7、残高4.9、壁厚0.2~0.35	卧足内墙粘有一层细砂
		12	tc-049	青花缠枝纹罐残片	残长13.78、残宽12、壁厚0.6~1.3	
合计	明代	10件				
	明末清初	2件				

3. 清代

66件。

在这66件清代民窑瓷器残件标本中，清代早期者有18件；清代中期者有40件；清代晚期者有8件。

属于清代早期者：清初2件（tc-162、tc-134）；康熙时期5件（tc-010、tc-115、tc-009、tc-166、tc-118）；不能确定具体年号，但可确定属于清代早期者1件（tc-132）；雍正时期8件（tc-114、tc-050、tc-051、tc-052、tc-053、tc-056、tc-122、tc-125）；雍乾时期2件（tc-057、tc-113）。

属于清代中期者：乾隆时期21件（tc-019、tc-058、tc-062、tc-072、tc-111、tc-123、tc-126、tc-059、tc-119、tc-002、tc-003、tc-127、tc-069、tc-004、tc-006、tc-005、tc-007、tc-103、tc-128、tc-130、tc-183）；不能确定具体年号，但可确定属于清代中期者1件（tc-063）；嘉庆时期18件（tc-025、tc-184、tc-021、tc-022、tc-116、tc-117、tc-065、tc-066、tc-121、tc-027、tc-124、tc-020、tc-008、tc-023、tc-106、tc-045、tc-046、tc-107）。

属于清代晚期者：嘉道时期2件（tc-108、tc-112）；道光时期5件（tc-105、tc-146、tc-064、tc-173、tc-043）；光绪时期1件（tc-042）。

现依时代早晚顺序，分别叙述如下。

清代早期 18件。

清初 2件。

（1）tc-162号

青花山水云纹残片，1件。现残存器口和腹部局部，器底残失。器口平沿，直壁下垂，腹壁下部作缓弧内收。从现存瓷片的形状难以确定原器的类别和名称。从断茬剖面可以看出，此件标本胎壁厚度适中，为0.35~0.6厘米，质地不够坚致和细腻，杂有少量小灰点。口沿和内壁沿边不施釉，保留一圈涩胎，摸之有粗涩之感。内壁涩胎以下施白釉，釉面光洁、明亮，但有少量砂眼，同时还有制作时留下的多道浅瓦棱沟痕迹，以手摸之，凸凹不平。外壁满施白釉，釉面光洁、莹润。口沿下施一道浅蓝色青花弦线。之下一直到下腹部，都绘浅蓝色青花山石、丛竹、木栏杆和多层"括号云"。构图简洁，设色淡雅，笔法随意。"括号云"只寥寥数笔，便具有神韵。

tc-162号青花山水云纹残片，残长9.37、残宽8.45、壁厚0.35～0.6厘米。从胎质、施釉方式、青花呈色、构图特点、"括号云"的绘画笔法和风格判断，此件标本的原器应属清初时期景德镇民窑烧制的产品（图六二，1；图版七一，6）。

（2）tc-134号

绿釉如意纹花口莲叶瓶残片，1件。此瓶口沿、颈部已大部残失，肩、腹、底已完全无存，现仅余口沿约五分之一、瓶颈约三分之一的部分。从断茬剖面可以看出，此瓶口、颈呈喇叭口形，口沿外展较宽，弧线曲壁，颈部呈筒状下垂。口沿为如意花口式。胎质坚致，但不细腻，质地略显粗糙，较纯净，灰胎。胎壁很厚，上部近口沿处厚0.7、颈部厚1.2厘米。内、外壁均施绿釉，釉层较厚，釉面匀净、光洁、发亮。内、外釉面均形成自然开片纹，开片纹路自上而下漫散攀爬，酷似荷叶脉络。尤其外壁表面，在开片纹路之下，还有多条暗刻纵向叶脉纹作地纹，这使开片的叶脉纹络显得更加自然和逼真。工艺之精，令人叹为观止。遗憾的是，在内壁口沿部分有1个疵点（棕眼）和2个凸起的小气泡，致使这件佳品与官窑失之交臂。

tc-134号绿釉如意纹花口莲叶瓶残片，口径约17.5、残高9.4、近口沿处壁厚0.7、颈部厚1.2厘米。从器形设计、胎质、施釉、开片工艺技术等特点判断，此件标本的原器应属清初景德镇民窑的上品之一（图六二，2；图版六七，3）。

康熙时期　5件。序号接续。

（3）tc-010号

青花冰梅纹观音瓶残片，1件。此件标本仅存瓶身下部和底部。瓶口、瓶颈和肩、腹部均残失无存。从断茬剖面可看出，胎壁较厚，厚0.5厘米，质地坚致、细腻，胎土纯净，无杂质，颜色为浅灰白色，内壁遗有盘筑工艺法留下来的横向逐层向上盘旋的瓦棱面，凸凹不平。内壁表面仅涂一层薄釉，器底较厚，中心上凸。瓶的外壁釉面光洁明亮，上面以冰裂纹青花作铺地纹，冰裂纹之上绘四组构图形式基本一致的梅花纹图案。下面的冰片用的是青花淡料，冰片裂纹线条和梅花花瓣的轮廓线使用的是青花浓料，呈深蓝色，而梅花瓣则均以拔白技法处理为白色。如此，冰裂纹的青，梅花瓣的白，便形成鲜明对比，很好地体现出梅花的品格——冰清玉洁。近足部呈内弧外撇，圈足外展，略呈喇叭口形。圈足底沿不施釉，保持一圈涩胎、涩面，为的是加大器底摩擦力，防止滑移。圈足内底为平底，施白釉，中间署青花双线圈款，无字。此类器底绘青花双线圈款的形式，自明万历至天启、崇祯时期即已有之，至清康熙时期仍继续延用。

以梅花为主题用于瓷器装饰的做法，自唐代已有之。然冰梅纹的出现，则始于仿宋官窑瓷器作品，有绘冰裂纹青花作铺地纹，上绘有白色梅花，或斜出一两枝干枝梅者，被称为"冰梅纹"。青花冰梅纹观音瓶则流行于康熙早期，是当时民窑选择最多的装饰题材之一。

tc-010号青花冰梅纹观音瓶残片，底径6.74、残高4.5、壁厚0.5厘米。从胎质、施釉方式、

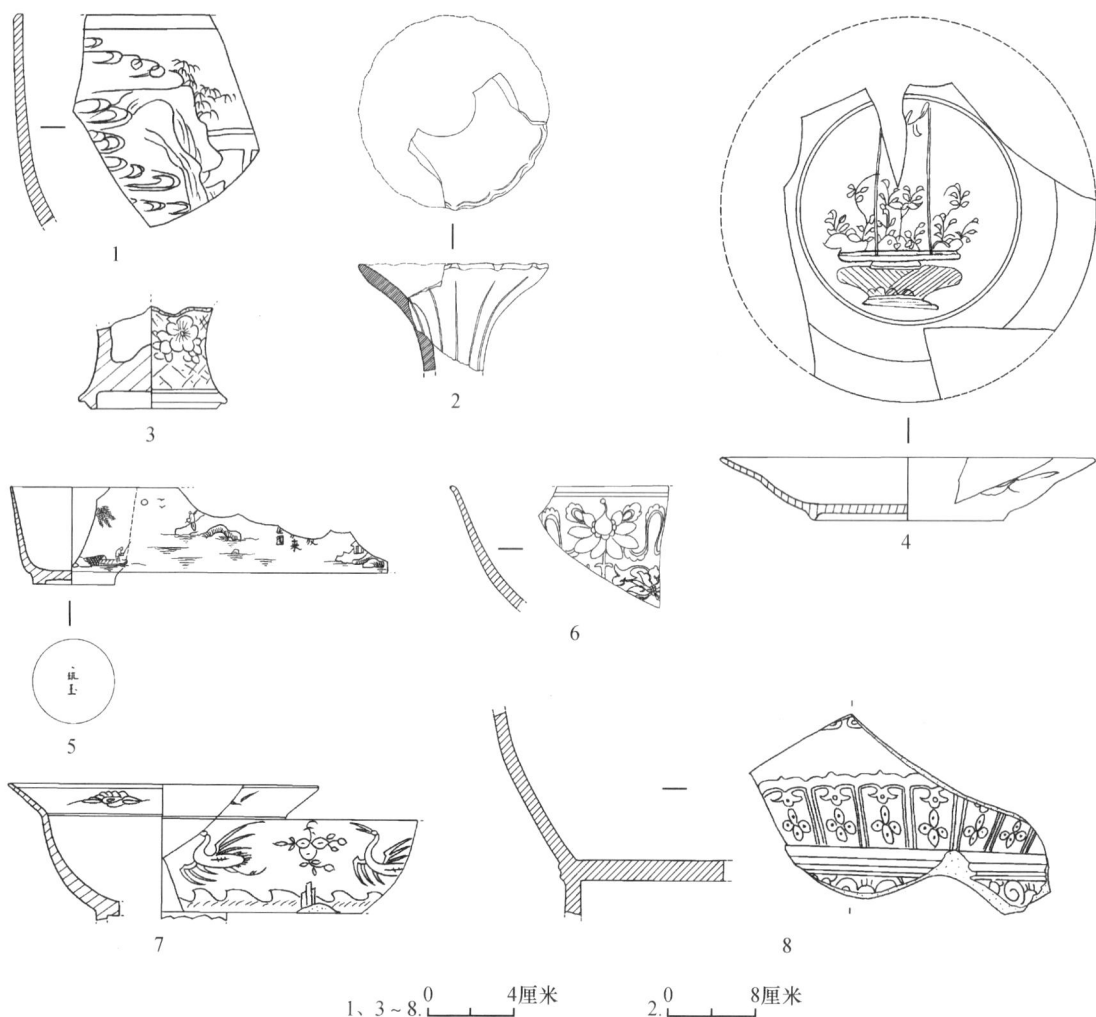

图六二　坦坦荡荡遗址出土清代早期民窑类瓷片标本

1. tc-162号青花山水云纹残片　2. tc-134号绿釉如意纹花口莲叶瓶残片　3. tc-010号青花冰梅纹观音瓶残片　4. tc-115号青花提篮
花卉纹盘残件　5. tc-009号青花山水纹小杯残件　6. tc-166号青花矾红莲纹碗残片　7. tc-118号青花海水江崖仙鹤纹碗残片
8. tc-132号青花变形莲瓣纹花盆残片

釉面、青花冰梅纹构图及梅花拔白的技法与表现形式，以及瓶底涩面假圈足和所署的青花双线圈款等特点判断，此件标本的原器应属清康熙时期景德镇民窑的产品（图六二，3；图版三四，3）。

（4）tc-115号

青花提篮花卉纹盘残件，1件。此盘口沿、腹壁大部残失，底部断裂，也有局部残缺，但内底所绘青花提篮花卉纹大部分保存较好。盘为圆形，斜敞口，圆唇，斜壁宽折沿，圈足。盘壁较薄，厚度为0.2厘米。内、外壁均施白釉，釉面发暗。内壁口沿下施一周青花宽带纹，宽带纹下缘加施一道青花弦线。内底外围施两道青花弦线，内底中间绘一幅青花提篮花卉纹。外壁宽折沿下绘三组草叶纹（现只残存一组，从残存部分看，推测可能是三组）。圈足较矮，圈足底沿涂一层薄酱釉，圈足内底施白釉，中间署青花双线圈款，无字。此盘内、外壁所施青花宽带纹、提篮花卉图案、弦线和双线圈，呈色皆为灰蓝色或暗蓝色，显得质朴无华，沉静而稳重。此类青花提篮花卉纹盘在清康熙时期民窑产品中较为流行。

tc-115号青花提篮花卉纹盘残件，口径约17、底径8.8、高2.78、壁厚0.2厘米。从胎质、施釉、青花图案风格、青花呈色特点、圈足内底所署青花双线圈款等特点判断，这件标本为清康熙时期景德镇民窑产品无疑（图六二，4；图版六三，2）。

（5）tc-009号

青花山水纹小杯残件，1件。此杯口沿和腹壁大部分残失无存，口沿只残存约五分之一，腹壁五分之四的部分仅残存下半截，只有圈足是完整的。从断茬剖面可以看出，此杯胎壁很薄，近口沿处厚度仅有0.06厘米，下部近圈足处厚度为0.22厘米。胎质细腻、坚致，无小灰点，无杂质，白胎。杯作斜直壁，敞口，尖圆唇。下腹与圈足衔接处作折沿下收。圈足底面为削足，外高内低，呈坡面内倾。圈足底沿不施釉，保持素胎涩面，以手摸之，有粗涩之感。除圈足底沿不施釉之外，其余部分均施青白釉，釉层较厚，细腻、匀净、光洁、发亮，无任何疵点。杯内壁素面。外壁口沿之下至圈足以上的腹壁表面绘制了一幅青花山水图案。画面呈现的是一幅秋日江渔山水图。江岸上有屋舍、树木，江中有一渔舟在缓缓行进，舟篷前有一渔夫手持鱼竿，正欲垂钓。江面平静，波澜不惊。在渔舟右侧前方较远的对岸，有一座山岛，山岛临江处，江崖耸峙，水草丰茂。在江崖和水草的后面有一行者，正肩负雨伞，寻路前行。在屋舍、渔舟、江岛的上空飘着一朵云彩，云彩的旁边正有一对南归的大雁悄然飞过。在江岸屋舍和江岛之间的空隙之处原有两句题诗，但因杯子残碎，只剩下末尾的一个"来"字和模糊不清的青花方款圆章。在圈足内底中间署青花楷体"玩玉"二字纵排款。外围素面无纹。此杯的青花呈色虽然较为深翠，但并没有使用进口青料产生的那种下沉状的氧化铁结晶斑——深蓝色或铁黑色的斑点。这表明，此杯的青花用料肯定是国产青料。这同时也表明，此杯的时代，肯定不属于明代，而应属于清代早期。

"玩玉"，属赞颂款之一。创始于康熙时期，延续至乾隆时期，且多见于康熙时期，惯以楷体"玩玉"纵排款署于瓷器圈足内底釉面之上。

tc-009号青花山水纹小杯残件，口径约5.8、底径3.8、通高4.3、壁厚0.06～0.22厘米。从造型、胎质、釉面、青花用料与呈色、圈足内底所署的青花"玩玉"二字赞颂款识，以及圈足底沿呈削足的特点等考察、判断，此件标本应属清康熙时期景德镇民窑的产品（图六二，5；图版三四，2）。杯上所绘的这幅山水图，其构图设计、表达的意境和绘画的技巧，都显示出作者具有不俗的艺术素养和深厚的艺术功力。这幅画作，不是画在宣纸上，而是画在一个小杯子周围的方寸之间，空间极其有限。但就在这极其有限的空间之内，作者却设计并绘制了一幅相当开阔而深远的画面。景物、人物、环境氛围的表达，是那样自然、安宁与和谐，将人们带进了一个与世无争的世外桃源。这幅作品真正达到了艺术性与思想性的完美统一。所以，它堪称是清康熙时期景德镇民窑瓷器产品中的精品佳作之一。

（6）tc-166号

青花矾红莲纹碗残片，1件。此碗仅残存口沿和腹壁不足六分之一的局部，其余大部分都已残失无存。从断茬剖面可以看出，此碗口沿为侈口，圆唇，略外展。腹壁斜弧下收。胎质较坚致、细密、纯净，白胎。胎壁厚度适中，上部厚0.22、下部厚0.5厘米。内、外壁均施白釉，釉层较厚，施釉匀净，釉面光洁、细润。内、外壁口沿之下各施两道青花弦线作为边饰。内壁素面。上部绘矾红彩莲花，只画一朵盛开的莲花和背景绶带，未绘莲叶；外壁下部绘青花莲纹，莲花小，莲叶大。下部青花莲纹的青花用料是国产青料，青花呈色深翠，不见铁黑色结晶斑。上部矾红彩莲花和绶带，红中略泛一点黄，呈砖红色或深橘红色。此碗外壁边缘从上到下遗有一串锔眼痕迹，表明此碗曾被长时间使用过。

青花矾红彩瓷器是釉下青花与釉上矾红彩相结合的一种装饰品种，创烧于明宣德时期。它是在烧成的青花器釉上再绘矾红彩，然后复入炉内，操控好低温，进行二次烘烤制成的产品。这种制作方法，正是它同青花釉里红的不同之处。青花釉里红是用青花钴料和铜红料在釉下着色，之后置于炉内，以高温一次烧成。从烧制工艺上看，釉里红的烧成难度难以把控，风险很大，难度极高，故成功率很小。而矾红的主要着色剂为氧化铁，亦称铁红或抹红，是用青矾为原料，经煅烧、漂洗制成。其分解后的成分即为氧化铁，颗粒极细，活性很大，有利于发色。只要能控制好炉内适当的低温和烘烤的时间，便能得到鲜艳的红色。若烘烤温度过高或时间过长，便会导致氧化铁熔入被烘烤器物的底釉中，使红彩色调闪黄。但烧制青花矾红彩容器的工艺难度，比起烧制釉里红瓷器的难度毕竟小得多。所以，青花矾红彩瓷器自明宣德创制出来之后，一直到有清一代，都得到较充分的发展，尤其在雍正至道光时期，又有不少创新发展，产品量很大，涌现出大量精品之作，其总量不知比釉里红瓷器高出多少倍。坦坦荡荡遗址出土的这件青花矾红莲纹碗残片，只是清代此类瓷器中甚为普通的日常生活用瓷——瓷碗之一。

tc-166号青花矾红莲纹碗残片，残长5.94、残宽5.37、壁厚0.22~0.5厘米。从其胎质、釉面、青花莲纹的用料和呈色、矾红彩莲花及绶带的用料及呈色等特点判断，此件标本的原器应属清康熙时期景德镇民窑的产品（图六二，6；图版七二，4）。

（7）tc-118号

青花海水江崖仙鹤纹碗残片，1件。此盘口沿、腹壁大部已残失无存，口沿现存约四分之一，腹壁现存约三分之一。此盘为宽折沿，斜敞口，尖圆唇。深腹，腹壁作斜弧下收，接圈足。圈足内、外墙已残失无存，只剩盘底很小的一块平底面。从断茬剖面看，此盘胎壁较厚实，上部厚0.15、下部厚0.5厘米。胎质坚致、细密、纯净，无小灰点，也无杂质，白胎。内、外壁均施白釉，釉面匀净、光洁，无棕眼、无疵点。内壁口沿上施一周暗蓝色青花宽带纹，宽带纹上绘有仙鹤纹，是鹤头、喙及鹤身上的羽毛和翅膀的正视图。口沿折沿处施一道青花弦线，作为口沿与盘壁之间的边饰。盘内底边缘处施两道青花弦线，作为盘底圈的边饰。外壁口沿下缘施一道青花弦线；口沿与盘壁相衔接的折棱处施两道青花弦线。在上、下青花弦线边饰之间，残存部分仙鹤翅膀的青花线条。在腹部绘有主题图案——青花海水江崖仙鹤纹。残存部分的主要空间绘有两只仙鹤，在空中展翅飞翔。在两只仙鹤中间的空间绘有一束仙果。右侧一只仙鹤，长喙微张，准备去衔空中飘来的这束仙果。仙鹤和仙果的下方绘有波涛澎湃的海水和连绵起伏的江崖与山峦。整个青花图案呈色均为暗蓝色，但没有蓝黑色或铁黑色进口青料那种下沉性的氧化铁结晶斑，表明此青花用料为国产青料。

tc-118号青花海水江崖仙鹤纹碗残片，口径约13.98、残高6、壁厚0.15~0.5厘米。从盘的形制、胎质、施釉、构图与绘画风格、青花用料和青花呈色等特点判断，此件标本的原器应属清康熙时期景德镇民窑的产品（图六二，7；图版六四，2）。

具体年代暂难以明确，但可确定是属于清代早期者　1件。序号接续。

（8）tc-132号

青花变形莲瓣纹花盆残片，1件。这件花盆残件只保存了花盆下部和圈足的局部，花盆的口沿和中、上部均已无存。从残存的圈足底边和下部边棱的角度观察，此花盆应为六边形的花盆。现只残存圈足上两条边棱和圈足以上的两个棱面。从断茬剖面可以看出，此花盆胎壁较厚，壁厚0.85、圈足内底厚0.9厘米。胎质较为坚硬和细密，但内含较多小灰点和杂质，胎色发灰。内壁仅施一层薄釉，外壁施白釉，釉层较厚，釉面较光亮。花盆底部内、外壁皆不施釉，素胎裸露，仅作铲平。花盆下部近底处绘一周变形莲瓣纹。与圈足衔接部位雕出两道圆凸的边棱弦线作为边饰。圈足外墙绘一周卷草纹。圈足内底素面，无任何款识。这件花盆上所绘的青花纹饰呈色为暗蓝色，虽不鲜亮，但给人以素雅、稳重之感。

tc-132号青花变形莲瓣纹花盆残片，残长14.5、残宽8.82、残高12.4、壁厚0.65~0.7厘米。从胎质、施釉方式、釉面、青花纹饰的构图形式、青花用料及其呈色特点等方面判断，此件花盆标本的原器应属清代早期景德镇民窑的产品（图六二，8；图版六六，4）。

雍正时期　8件。序号接续。

（9）tc-114号

青花花间寿缠枝莲挂寿小盘残件，1件。此盘口沿、盘壁和盘底大部残缺，现存部分只有原器三分之一大小。盘为圆形，弧壁，斜敞口，圆唇，薄壁，矮圈足。胎质坚致、细腻、纯净，无杂质，白胎。胎壁厚度适中，上薄下厚，上部厚0.2、下部厚0.4厘米。内、外壁施白釉，釉面光洁发亮。内壁口沿下和盘内底外围各施两道浅蓝色青花弦线，两处弦线中间的盘壁表面和盘底中央均绘青花花间寿缠枝莲挂寿纹，线条精细，工艺精致。外壁口沿下、圈足外墙上部各施两道浅蓝色青花弦线。外壁口沿下、盘壁表面绘四组两两相对的如意纹（系推测，现存如意纹只有一组，从此盘的残缺现状和设计的对称原理推测，原来应绘有四组如意纹，两两相对，寓意"事事如意"）。圈足内底中央署青花双方栏方形纹样款，款识中间写有一楷体"正"字，外围青花双线圈。此盘所绘青花花间寿缠枝莲挂寿图案呈色深翠，鲜艳悦目。

tc-114号青花花间寿缠枝莲挂寿小盘残件，口径约15.37、底径8.98、高2.9、壁厚0.2~0.4厘米。从胎质、釉面、青花图案的构图设计和工艺、青花呈色等特点判断，这件瓷盘应属清雍正时期景德镇民窑的佳品之一（图六三，1；图版六三，1）。

（10）tc-050号

青花花间寿盘残片，1件。此盘口沿已残失无存，腹壁大部残缺，只存下半截局部，盘底圈足尚有大半得以保存。盘壁作斜弧内收，下接圈足。圈足较矮，外墙呈斜坡式下垂，高度仅有0.55厘米。胎壁较薄，厚度为0.2~0.3厘米。胎质坚致、细腻，很少有杂质，白胎。除圈足底沿不施釉外，其余内、外壁，包括圈足内底，均施白釉，釉层较厚，釉面光洁、细润、发亮。盘内腹壁绘青花折枝纹。盘内底外缘施两道青花弦线。盘底中间，绘主题纹饰——青花花间寿。外壁圈足外墙上缘施两道青花弦线。圈足内底中央署一青花双方栏方形纹样款"▦"，外围青花双线圈。此盘内壁所绘青花图案及圈足内底所署的青花方形纹样款呈色青翠、鲜艳，青花用料为国产青料。

tc-050号青花花间寿盘残片，底径11.7、残高1.98、胎壁厚0.2～0.3厘米。从胎质、施釉、青花图案、青花用料和青花呈色等特点判断，此件标本原器应属清雍正时期景德镇民窑的产品（图六三，2；图版四五，5）。

（11）tc-051号

青花花间寿碗残片，1件。此碗口沿无存，腹部大部分无存，只残存腹壁下半部局部和圈足大半部。从断荐剖面可以看出，腹壁斜弧下收，下接圈足。圈足较高，作直壁下垂，圈足外墙高1.3厘米，内墙高1.2厘米。胎质坚致、细腻，无灰点，无杂质，白胎。胎壁厚度适中，上

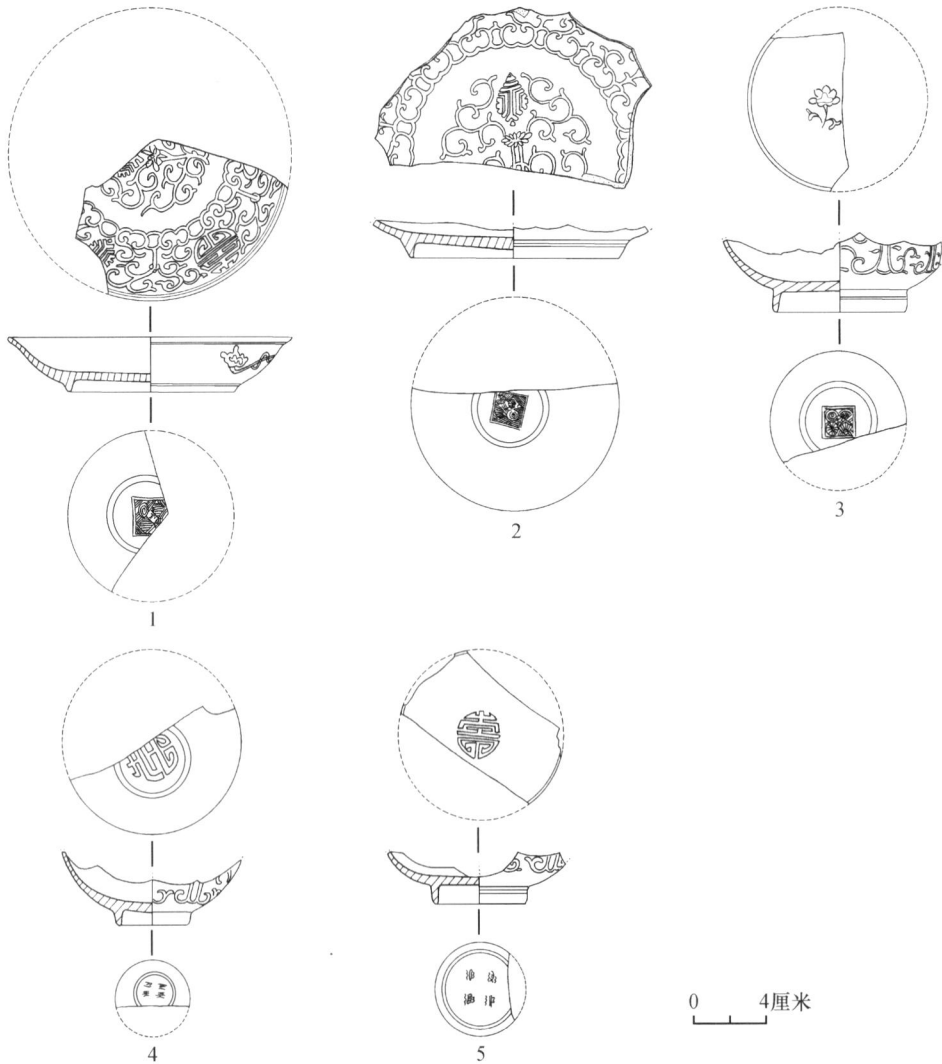

图六三　坦坦荡荡遗址出土清代早期民窑类瓷片标本

1. tc-114号青花花间寿缠枝莲挂寿小盘残件　2. tc-050号青花花间寿盘残片　3. tc-051号青花花间寿碗残片

4. tc-052号青花花间寿碗残片　5. tc-053号青花花间寿碗残片

部厚0.2厘米，下部厚0.4厘米。除圈足底边不施釉之外，其余内、外壁，包括圈足内底，均施白釉。釉层较厚，釉面光洁、发亮。仅在圈足内底遗有少量棕眼痕迹。碗底边缘施两道青花弦线。内底中央绘一株青花花朵纹。外壁腹部绘青花折枝纹，折枝纹上面的"寿"字已残失。在腹壁下缘施一道青花弦线。在圈足外墙表面施两道青花弦线。在圈足内底中央署一青花双方栏方形纹样款"▨"，外围青花双线圈。其纹样形式与tc-050号的方形纹样款形式有较多差异。此碗所绘的青花图案和青花方形纹样款的青花呈色与tc-050号基本一致，也较青翠，表明也是采用国产青料绘制的。

tc-051号青花花间寿碗残片，底径约7.32、残高3.8、壁厚0.2～0.4厘米。从胎质、施釉、青花图案的形式、圈足内底绘制的方形纹样款的形式、青花用料和青花呈色等特点判断，此件标本原器的时代、产地和窑属性质均应与tc-050号标本一致，即清雍正时期景德镇民窑的产品（图六三，3；图版四六，1）。

（12）tc-052号

青花花间寿碗残片，1件。此碗口沿残缺，腹壁大半无存，只残存腹壁下半截局部和圈足大半部。腹壁呈斜弧下收，下接圈足。圈足较矮，直壁下垂，圈足内、外墙均高0.7厘米。胎质较坚致，但不细密，内有灰点和杂质，灰白胎。胎壁厚度适中，上部厚0.2、下部厚0.5厘米。除圈足底边不施釉，露出素胎外，其余内、外壁，包括圈足内底，均施白釉。釉层较厚，釉面较光洁。仅在圈足内底中心和圈足底沿上遗有一两个小凹坑疵点。内壁近碗底处施两道青花弦线。在两道弦线内，碗底中心绘青花篆体粗线条团"寿"字纹。外壁腹部下半部残存一周青花折枝纹，青花呈色青翠，与上述tc-050号和tc-051号标本的青花呈色近似。折枝纹上面的"寿"字已残失无存。圈足外墙上施三道浅蓝色青花弦线。圈足内底中央署青花变体梵文纵排四字二行花押款（字迹模糊），外围青花双线圈。

tc-052号青花花间寿碗残片，底径4.02、残高3.84、壁厚0.2～0.5厘米。其胎质、施釉、青花图案形式、青花用料和青花呈色，均与tc-050和tc-051号2件标本基本一致。据此可判断，tc-052号标本亦应属清雍正时期景德镇民窑的产品（图六三，4；图版四六，3）。

（13）tc-053号

青花花间寿碗残片，1件。此碗口沿已残失无存，腹壁上半部也残失无存，仅存圈足大部。从断茬剖面可以看出，此碗腹壁下半部斜弧下收，下接圈足。圈足呈直壁下垂，圈足外墙高0.8、内墙高0.9厘米。胎质坚致，较细密、纯净，白胎。胎壁厚度适中，上部厚0.2、下部厚0.4厘米。除圈足底沿不施釉，露出素胎以外，其余内、外壁，包括圈足内底，均施白釉，釉层较厚，釉面光洁、发亮。内壁近碗底处施两道青花弦线。碗底中间绘篆体粗线条团"寿"字纹。外壁腹部下半截表面残存一周青花折枝纹。圈足外墙施两道青花弦线。圈足内底中间署青花变体梵文纵排四字二行花押款"▨"，外围青花双线圈。此碗所绘青花折枝纹，碗底中间所绘青花篆体团"寿"字及圈足内底所署的青花梵文四字款，其青花用料和青花呈色均与上述3件标本相近似或相同。

　　tc-053号青花花间寿碗残片，底径5、残高2.4、壁厚0.2~0.4厘米。从胎质、施釉、釉面青花图案的形式，碗底中间所绘的青花篆体团"寿"字，圈足内底所署的青花梵文四字款，所用青料和青料呈色，与上述3件标本均相似或相同。据此，有理由推断，tc-053号标本亦应属清雍正时期景德镇民窑的产品（图六三，5；图版四六，2）。

　　（14）tc-056号

　　青花梵文万寿碗残片，1件。此碗口沿和腹壁上半部均已残失无存，仅残存下腹部和圈足，其中圈足还有三分之一的残损。从断茬剖面可以看出，碗腹壁呈弧壁下收，下接圈足。圈足较矮，外墙作直壁下垂，圈足外墙高0.7厘米，内墙高0.85厘米。胎壁厚度适中，上部厚0.2、下部厚0.5厘米。胎质坚致、细腻，未见小灰点和杂质，白胎。内壁碗底中心处绘一青花梵文。外壁腹部绘纵向青花"万寿"纹，排列较密集。圈足外墙中间施两道青花弦线。圈足内底署青花象征性四字符号花押款"✧✧✧✧"，表示为纵排四字二行款，外围青花双线圈。内、外壁所绘青花梵文呈色深翠，没有下沉的氧化铁结晶斑，所用青料应为国产青料，而非进口的苏麻离青料。

　　tc-056号青花梵文万寿碗残片，底径4.54、残高2、壁厚0.2~0.5厘米。从胎质、施釉、釉面、青花梵文万寿纹所用青料和青花呈色等特点判断，此件标本应属清雍正时期景德镇民窑的产品（图六四，1；图版四七，3）。

　　（15）tc-122号

　　青花云龙纹碗残片，1件。此碗仅残存口沿和腹壁很小的一块局部，其余大部均已残失无存。从断茬剖面可以看出，此碗口大致呈直口，圆唇，唇外沿稍外侈，腹壁略外弧而后内敛。胎质坚致、细腻、纯净，白胎。胎壁厚度适中，近口沿处厚0.2、下部厚0.35厘米。内、外壁均施白釉，釉层较厚，釉面光洁、发亮。内壁素面，外壁绘青花云龙纹。在残存的画面中，龙在上，云在下。龙仅存龙身后半截、龙尾与后肢，云纹只残存迎风飘动的上端。龙身呈横向弯转翻动状，龙尾朝后方弯卷飞扬，龙的后肢向下伸出，张开四爪，作用力抓挠状。龙身上未画鳞片，只填蓝色条带，在蓝色条带中间留出一道空白的波状曲线，龙爪用白描法，勾出爪的轮廓线，中间未填色。整个青花图案呈色为暗蓝色。

　　tc-122号青花云龙纹碗残片，残长5.75、宽4.93、壁厚0.2~0.35厘米。从胎质、施釉、青花图案布局设计、绘画风格、青花用料和青花呈色等特点判断，此件标本应属清雍正时期景德镇民窑的产品（图六四，2；图版六五，1）。

　　（16）tc-125号

　　青花瑞兽（貔貅）纹杯残件，1件。此杯口沿和腹部已大半残失，只残存少半口沿、腹部和大半圈足。从断茬剖面可以看出，此杯口沿略外展，斜壁，弧腹，下接圈足。胎壁上薄下厚，上部厚0.1、下部厚0.4厘米。胎质较坚致、细密，只有很少的小灰点，基本纯净，白胎。圈足为直壁，内、外墙均高0.6厘米。圈足底边未施釉，露出素胎。其余内、外壁和圈足内底均施青白釉，釉面光洁、发亮。口沿内、外壁下均施两道青花弦线。外壁在腹底与圈足外墙衔接处也施一道青花弦线作为边饰。内壁碗心中央绘一青花花果图案。外壁腹部绘青花瑞兽（貔

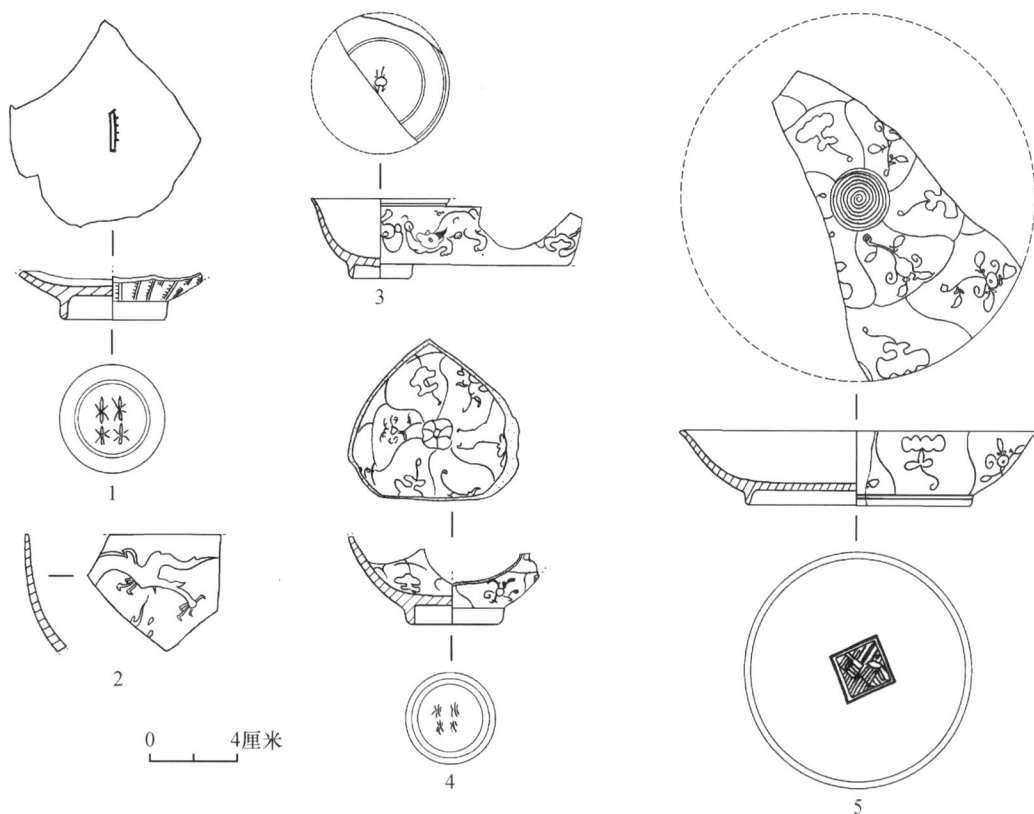

图六四　坦坦荡荡遗址出土清代早期民窑类瓷片重点标本

1. tc-056号青花梵文万寿碗残片　2. tc-122号青花云龙纹碗残片　3. tc-125号青花瑞兽（貔貅）纹杯残件　4. tc-057号青花花卉
月华纹碗残片　5. tc-113号青花花卉月华纹盘残件

貔）纹与灵芝纹。在残存的画面中只残存一只瑞兽（貔貅，居中间）、两株灵芝（一株在瑞兽前方，另一株在瑞兽后方）。瑞兽的前肢作下趴屈肢状，后肢作直立叉腿状，撅臀、塌腰、弯颈、头向前探，右前肢上举、爪内勾，两耳竖起，双目聚精会神地盯住自己的前爪，似在确认是否已抓住前方那株灵芝弯卷下来的长蔓。画面将瑞兽（貔貅）的动作姿态和表情表达得生动而逼真，童趣十足。圈足内底素面无款识。所绘青花图案，青花呈色为暗蓝色，但没有下沉性的氧化铁结晶斑，所用青料应是国产青料，而非进口青料。

貔貅，是中国民间传说中一种凶猛的瑞兽，它与龙、凤、龟、麒麟一起，并称五大瑞兽。据《史记·五帝本纪》记载，貔貅是有六只脚的猛兽，外貌像老虎，或说像熊，首尾似龙，其色亦金亦玉，肩上有双翼，但不可展，头上长角，一角者谓之"天禄"，双角者谓之"辟邪"。貔貅的造型多以单角为主。貔貅的艺术形象最早出现于汉代，多为带翼的四足兽，或认为其造型可能源自西亚。传说在古代，貔貅为两种氏族的"图腾"，曾帮助炎黄二帝打仗，立有战功，被封为"天禄兽"，即天赐福禄之意。它专为帝王守护财宝，汉武帝曾封其为"帝宝"。部分文献则将貔貅比喻为勇猛的战士，可以守土安邦。民间则以貔貅舞的形式，表示貔貅可为百姓驱邪祈福，保佑平安。

tc-125号青花瑞兽（貔貅）纹杯残件，口径5.92、底径2.44、高3.33、壁厚0.1～0.4厘米。

从胎质、施釉、构图设计、青花用料和青花呈色等特点判断，此件标本应属清雍正时期景德镇民窑的产品（图六四，3；图版六五，5）。

雍乾时期 2件。序号接续。

（17）tc-057号

青花花卉月华纹碗残片，1件。此碗仅残存腹壁下半部和圈足部分，其余大部分均已残失。从断茬剖面可以看出，碗壁下部呈斜弧下收，与圈足衔接。圈足外墙呈斜向下垂，高0.7厘米，圈足内墙下凹略深，高0.8厘米。胎质较坚致、细密，但含少量杂质，灰白色胎，胎壁厚0.2~0.35厘米。除圈足底边不施釉、露出素胎外，其余内、外壁，包括圈足内底，均施青白釉，釉层较厚，釉面光亮。但在碗底中心、圈足底沿和圈足内底，均发现有一两处疵点。内、外壁均绘青花花卉月华纹，呈色深翠。圈足内底中间署一青花象征性四字符号花押款"※※"，表示为纵排四字二行款，外围青花双线圈。

tc-057号青花花卉月华纹碗残片，底径3.85、残高4、壁厚0.2~0.35厘米。从胎质、施釉、青花图案的构图设计、青花用料和青花呈色等特点判断，此标本应属清雍正至乾隆时期景德镇民窑的产品（图六四，4；图版四八，1）。

（18）tc-113号

青花花卉月华纹盘残件，1件。此盘口沿、腹壁大部已残失，现仅存口沿和腹壁不足四分之一和圈足二分之一的部分。从断茬剖面可以看出，此盘胎壁厚度适中，近口沿处厚0.2、下部厚0.4厘米。盘口略外侈，弧壁，浅腹，宽平底。胎质较坚致、细密，但含有小灰点，灰白色胎。除圈足底边不施釉、露出素胎之外，其余内、外壁，包括圈足内底，均施青白釉，釉层较厚，釉面较匀净、光亮。仅在圈足内底发现有几个小棕眼。口沿唇边绘一周青花蓝边。腹内壁绘一周青花花卉月华纹；盘底中间绘一周青花花卉月华纹，盘心处绘多圈青花螺旋纹。腹外也绘一周青花花卉月华纹；圈足内底署青花方形纹样款，外围青花双线圈。此盘内、外壁所绘青花花卉月华纹和盘心的圆圈螺旋纹，以及圈足内底的方形纹样款，青花呈色均较深翠，但还是不同于采用进口青料所产生的那种氧化铁结晶斑，所用青料还是国产青料。

月华纹是以"S"形线条，将圆形画面分割成若干阴阳交错的图形，并围绕一个中心点回旋不息，前后相随，与回旋的太极图略有相近，接近于变形的团莲纹。月华纹始见于明永乐时期，经历了由简单到复杂的演变过程。明代时月华纹花瓣都是空白的，并未在其中填绘其他图案。到了清代，则常在旋转的花瓣内绘别的花纹，使之变得更为复杂。tc-057号和tc-113号2件标本，便属于后者。

tc-113号青花花卉月华纹盘残件，口径约15.4、底径9.9、高3.15、壁厚0.2~0.4厘米。从胎质、施釉、青花图案的构图设计、青花用料和青花呈色等特点判断，此标本应属清雍正至乾隆时期景德镇民窑的产品（图六四，5；图版六二，4）。

现将坦坦荡荡遗址出土的清代早期景德镇民窑瓷器残件和残片重点标本相关资料归纳成表一四，谨供参考。

表一四　坦坦荡荡遗址出土清代早期景德镇民窑类瓷片重点标本统计表

分期	朝代	序号	标本编号	器物名称	规格（厘米）	备注
清代早期	清初	1	tc-162	青花山水云纹残片	底径9.37、残宽8.45、壁厚0.35~0.6	
		2	tc-134	绿釉如意纹花口莲叶瓶残片	口径约17.5、残高9.4、壁厚0.7~1.2	景德镇民窑上品之作
	康熙	3	tc-010	青花冰梅纹观音瓶残片	底径6.74、残高4.5、壁厚0.5	圈足内底署青花双线圈款
		4	tc-115	青花提篮花卉纹盘残件	口径约17、底径8.8、高2.78、壁厚0.2	圈足内底署青花双线圈款
		5	tc-009	青花山水纹小杯残件	口径约5.8、底径3.8、通高4.3、壁厚0.06~0.22	圈足内底署青花楷体"玩玉"二字纵排款
		6	tc-166	青花矾红莲纹碗残片	残长5.94、残宽5.37、壁厚0.22~0.5	
		7	tc-118	青花海水江崖仙鹤纹碗残片	口径约13.98、残高6、壁厚0.15~0.5	
	清代早期	8	tc-132	青花变形莲瓣纹花盆残片	残长14.5、残宽8.82、残高12.4、壁厚0.65~0.7	
清代早期	雍正	9	tc-114	青花花间寿缠枝莲挂寿小盘残件	口径约15.37、底径8.98、高2.9、壁厚0.2~0.4	圈足内底署青花双方栏方形纹样款，款识中有一楷体"正"字
		10	tc-050	青花花间寿盘残片	底径11.7、残高1.98、壁厚0.2~0.3	圈足内底署青花双方栏方形纹样款" "
		11	tc-051	青花花间寿碗残片	底径约7.32、残高3.8、壁厚0.2~0.4	圈足内底署青花双方栏方形纹样款" "
		12	tc-052	青花花间寿碗残片	底径4.02、残高3.84、壁厚0.2~0.5	圈足内底署青花变体梵文纵排四字二行花押款
		13	tc-053	青花花间寿碗残片	底径5、残高2.4、壁厚0.2~0.4	圈足内底署青花变体梵文纵排四字二行花押款" "
		14	tc-056	青花梵文万寿碗残片	底径4.54、残高2、壁厚0.2~0.5	圈足内底署青花象征性仿文字符号纵排四字二行花押款" "
	雍正	15	tc-122	青花云龙纹碗残片	残长5.75、宽4.93、壁厚0.2~0.35	
		16	tc-125	青花瑞兽（貔貅）纹杯残件	口径5.92、底径2.44、高3.33、壁厚0.1~0.4	
	雍乾时期	17	tc-057	青花花卉月华纹碗残片	底径3.85、残高4、壁厚0.2~0.35	圈足内底署青花象征性仿文字符号纵排四字二行花押款" "
		18	tc-113	青花花卉月华纹盘残件	口径15.4、底径9.9、高3.15、壁厚0.2~0.4	圈足内底署青花方形纹样款" "
合计			18件			

清代中期　40件。

乾隆时期　21件。

（1）tc-019号

青花松竹梅纹汤勺残片，1件。此勺勺柄缺失，勺身也有少半残缺，只保存勺身大半。勺身呈长圆形，弧壁，斜敞口，腹稍深，尖圆唇，上沿稍内敛。勺底边呈圆弧内收，平底。胎壁较薄，边沿厚0.15、柄根厚0.3厘米。胎质较坚致、细腻，仅有很少的小灰点，白胎。内、外壁均施白釉，釉面光洁、发亮。勺内壁侧面上绘青花缠枝纹，内底绘青花松竹梅岁寒三友图案。青花线条较精细，图案较精致。外壁侧面上绘有一株青花折枝灵芝纹植物纹样款"🌿"。勺外中央署青花篆体"大清乾隆年制"六字三行款。青花呈色青翠，既雅致又鲜艳。勺底靠近柄部的一侧边缘部位遗有一颗较小的支钉痕。

tc-019号青花松竹梅纹汤勺残片，残长6.2、残高3、壁厚0.15～0.3厘米。从胎质、施釉、青花用料和呈色、图案的构图特点，以及勺外底中央所署的青花篆体"大清乾隆年制"六字三行款，可以明确判断，这件汤勺是清乾隆时期景德镇民窑的产品无疑（图六五，1；图版三八，2）。

（2）tc-058号

青花凤穿牡丹纹盏托残件，1件。此盘口沿、盘壁的圈足已大半残失，仅存一少半口沿、盘壁和大半圈足。从残存的现状看，此盘为圆形，弧壁，斜敞口，圆唇，浅腹，高圈足（圈足高1厘米）。从断茬剖面可以看出，此盘胎壁较厚实，口沿处厚0.25、近圈足处厚0.5厘米。胎质较坚致、细密，无杂质，白胎。内、外壁（包括圈足）均施白釉，釉层较厚，釉面光洁、发亮，无棕眼。盘内壁素面无纹。外壁口沿下施两道青花弦线，盘壁至下腹部绘青花凤穿牡丹纹图案。现存有两组，从对称布局的角度看，原器可能绘有四组。圈足外墙表面施三道青花弦线。圈足内底中央署青花方形纹样款"🔲"，外围青花双线圈。此盘所绘青花图案构图丰满，纹样繁密，工艺精致，青花呈色深翠、鲜艳。

tc-058号青花凤穿牡丹纹盏托残件，口径约13.7、底径约6.2、高4.38、壁厚0.25～0.5厘米。从盘的形制、胎质、釉面、青花图案的风格与呈色、圈足内底所署的青花方形纹样款等特点判断，此盘原器应为清乾隆时期景德镇民窑的精品之作（图六五，2；图版四八，2）。

（3）tc-062号

青花缠枝莲纹罐残片，1件。从残片的形制、胎壁厚度和制作加工痕迹等方面看，这应是一件瓷罐肩腹部的局部残件。肩部呈斜弧溜肩下垂，腹部微鼓。胎质较坚致、细腻，但含有少量杂质，浅灰色胎。内、外均施一层薄釉，外壁釉面遗有较多棕眼。内壁遗有制器时盘筑法工艺留下的多道横向瓦棱面痕迹，用手摸之，凸凹不平。外壁表面绘青花缠枝纹图案，绘制笔法较为简略，工艺不精。可能由于窑温变化不稳定的缘故，此青花缠枝莲纹图案的青花呈色为蓝黑色。在青花瓷的呈色方面，显得较为特殊。

tc-062号青花缠枝莲纹罐残片，残长10.38、残宽8.21、厚0.36～0.63厘米。从胎质、施釉工艺、青花用料和呈色、青花图案的构图特点等方面判断，此件残片的原器应属清乾隆时期景德镇民窑的产品（图六五，3；图版四九，2）。

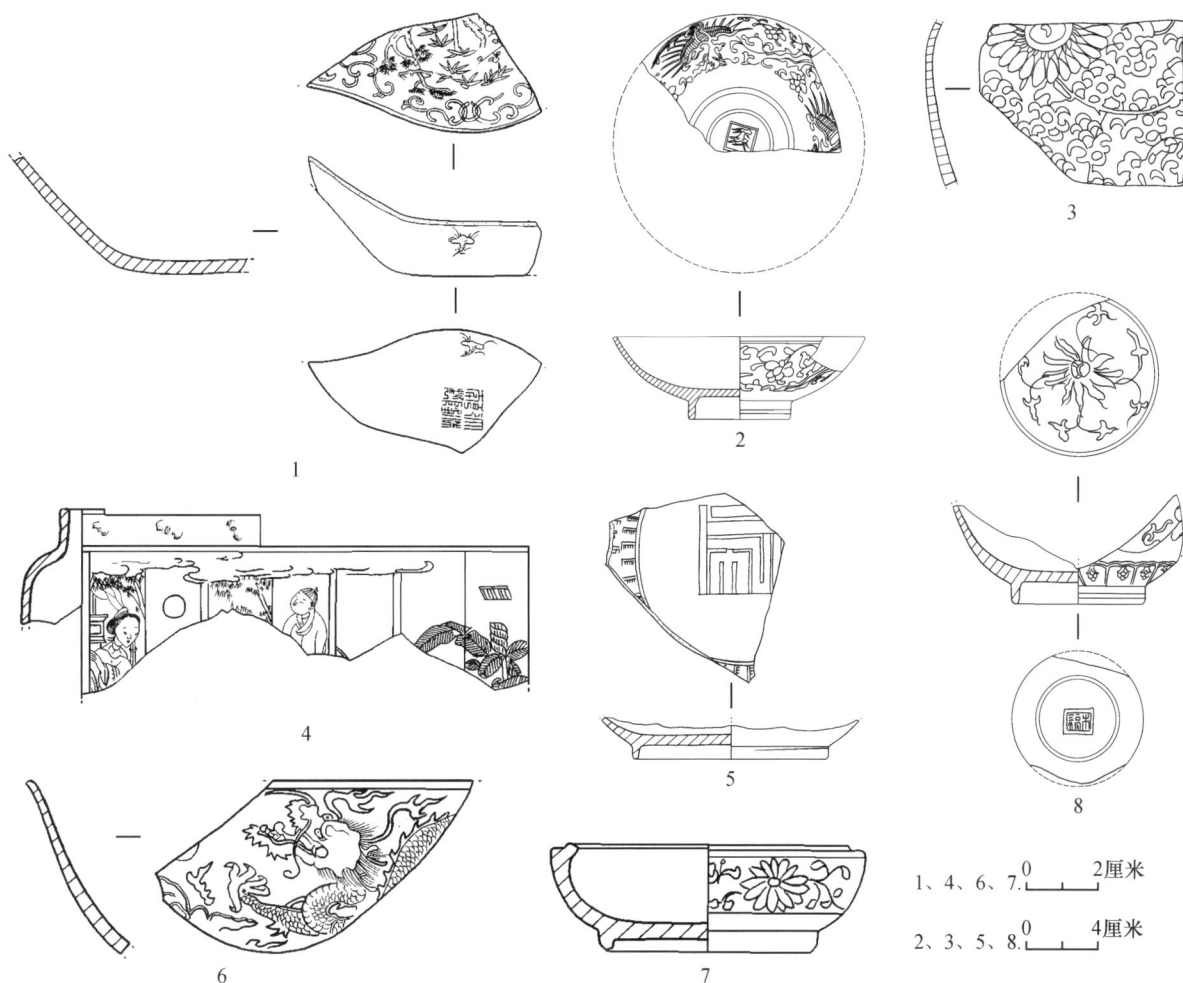

图六五　坦坦荡荡遗址出土清代中期民窑类瓷片标本
1. tc-019号青花松竹梅纹汤勺残片　2. tc-058号青花凤穿牡丹纹盏托残件　3. tc-062号青花缠枝莲纹罐残片　4. tc-072号青花
"待月西厢"鼻烟壶残片　5. tc-111号青花梵文"万寿"盘残片　6. tc-123号青花云龙纹碗残片　7. tc-126号青花缠枝菊印泥盒残件
8. tc-059号青花缠枝莲纹碗残片

（4）tc-072号

青花"待月西厢"鼻烟壶残片，1件。此鼻烟壶现仅存壶口、壶肩和壶腹上部，壶盖、壶腹下部和壶底均已残失。此鼻烟壶体形细小，胎壁很薄，壁厚仅0.15厘米，瓷胎细腻，无杂质，但质地并不坚硬，体很轻。内、外施白釉，釉面光润、洁净。壶口很小，内径仅0.65厘米，外径为1.1厘米。直口，短颈，颈长0.9厘米，加上肩和腹，残高不过3.4厘米。腹内径2.65、外径2.95厘米。圆弧肩，竖直下垂，腹壁仅微外弧。壶口抹棱圆唇，口沿下施一道青花弦线。颈部下缘与肩部衔接部位施两道青花弦线。

在颈部和肩、腹部各绘一幅青花工笔画。在颈部表面绘有三只飞舞的蝙蝠，蝙蝠头朝下（朝向肩、腹部），寓意："福到"。在肩部、腹部周围画出七个间隔空间，中间的两个空间，一个画庭院墙外长有翠竹，另一个空间的上空画了一轮月亮，表示是在夜晚。在翠竹丛外面，画一书生，头戴瓜皮帽，身着蓝布长衫，歪着头，朝其右侧斜上方张望。在月亮旁边的一个空间画了一个苗条女子，发髻上盘，身着长裙，掀开窗帘，一手扶着窗框，正向其左侧斜下方（书生所在的空间）垂首探望。这女子身后的两个空间，画的是长着蕉叶树的后院。显然，鼻烟壶上画的这一男一女，指的应是《西厢记》故事中的张生和崔莺莺，正是二人于夜晚时分难耐相思，欲偷情约会的情景。在小小的鼻烟壶的方寸之间，竟能细致入微地表达了一对痴情男女相恋的故事，小模大样，实在是难能可贵。此鼻烟壶上的青花呈色青翠悦目，耐人鉴赏。

鼻烟壶，在明代以前的中国是没有的。在明末清初之际，由西洋传教士带来，并进贡给朝廷，受到清朝皇帝的青睐，于是从康熙朝开始，有了制作鼻烟壶的营生。雍正更是乐此不疲，竟令造办处大量制作。上行下效，有清一代，鼻烟壶已充斥社会各个阶层，俨然成了一种社会风气。于是清代鼻烟壶种类繁多，形制、工艺别出心裁，极尽巧思，甚至成为享用者身份地位的象征。在圆明园遗址曾出土数件鼻烟壶，此件tc-072号残片只是其中之一，品级属于中下等，可能是身份不高的宦官或下人平时享用和玩赏的物件。

从鼻烟壶的胎质、形制、釉面、青花图案构图、绘画工艺、青花呈色等特点判断，这件鼻烟壶应属清乾隆时期景德镇民窑的产品（图六五，4；图版五二，1）。

（5）tc-111号

青花梵文"万寿"盘残片，1件。此盘残失过甚，现仅存盘底圈足一少半及很小一点的盘壁下部，其余大部分已无存。从断茬剖面看，胎质较坚致、细密、纯净，很少有杂质，浅白色胎。除圈足底沿保存刀削素胎外，其余部分皆施白釉，釉层较厚，釉面较光亮。内壁在残存的盘壁下部绘有较密集的纵行青花梵文。内底中央署有青花梵文"寿"字款，此"寿"字是先写笔画边线，然后往里填色，字迹十分规整，外围青花双线圈。圈足外墙上沿施两道青花弦线。圈足内底素面，但遗有少量棕眼痕迹。

在明朝以前，未见有在瓷器上用梵文作装饰的情况。在瓷器上用梵文作饰图案，是从明永乐、宣德时期才出现的，到成化时期开始变多。梵文，系梵摩之省称，本意是"清净""安静"。佛教信徒相信，用梵文来装饰东西，能得到佛祖的保佑。在这种信仰和观念的支配下，很快便使梵文程式化、图案化，并将其作为吉祥寓意的符号，在社会文化的诸多领域广泛地传布开来。所以，到了清代，我们在百姓日常生活所用的瓷碗、盘、罐、杯之类的最普通的器类中，都能常常见到用梵文作装饰图案，以作为吉祥之象征的文化现象。

tc-111号青花梵文"万寿"盘残片，底径约9.8、残高2、壁厚0.2~0.4厘米。从此盘残件残存的形制、施釉方式、梵文字体、书写形式、青花呈色等特点判断，这件标本原器应属清乾隆时期景德镇民窑的产品（图六五，5；图版六二，2）。

（6）tc-123号

青花云龙纹碗残片，1件。现存碗的口沿和口沿以下腹部和上半截的局部，其余大部分已残失无存。从断茬剖面看，胎壁很薄，接近口沿的部分厚度仅有0.12厘米，腹壁厚仅为0.2厘米。内、外壁施白釉，釉面光洁、明亮。外壁口沿下施一道青花弦线，线条纤细、规范。弦线以下至腹部绘青花云龙纹。龙头呈上仰状貌，双目圆睁，向上仰视，头上长角，鬣毛向后甩动，乘风飞扬，上、下颌张得很大，似已达到了极限，利齿、舌头全部显露出来，龙须向前弯卷，也像是铆足了劲，颈部和躯干扭动向上呈翻卷状、前肢用力前伸，并张开五爪。在龙头的前、后和周围的空间绘有一朵朵乘风飞扬的云纹，更衬托出龙在空中翻腾时的威武雄姿和恢宏气势。此碗上的青花云龙纹图案画工精致，一丝不苟。青花呈色青翠、鲜艳、明快。

tc-123号青花云龙纹碗残片，残长8.5、残宽4.3、壁厚0.12～0.2厘米。从胎质、施釉、青花用料、构图、龙纹形象、画工、青花呈色等特点判断，此件残件的原器应为清乾隆时期景德镇民窑的佳品（图六五，6；图版六五，2）。

（7）tc-126号

青花缠枝菊印泥盒残件，1件。现存残件只是原器的一少半，器盖和盒身大部分已残失无存。从断茬剖面看，胎壁稍厚，为0.3厘米。口沿部分厚0.6、底厚0.4厘米。质地不算坚硬，也不算细密，含有较多小灰点和杂质，灰白色胎。从此器的形制看，应是一件印泥盒的残件。除口沿（为子母口）和圈足底沿保持原素胎、未施釉之外，其余内、外壁均施白釉，但在内、外壁的釉面上，却遗有不少棕眼。外壁子母口下沿、盒腹近底处，以及腹下与圈足衔接处皆各施一道青花弦线作为边饰。盒腹表面绘青花缠枝菊纹。圈足内底为素面，无款识。此件标本上的青花图案呈色深蓝，色相发暗，无鲜亮之感。

tc-126号青花缠枝菊印泥盒残件，口径约7.9、底径5.2、高2.65、壁厚0.3～0.6厘米。从器物形制、胎质、施釉、青花用料和图案设计，以及青花呈色等特点判断，此件标本的原器应属清乾隆时期景德镇民窑的产品（图六五，7；图版六五，4）。

（8）tc-059号

青花缠枝莲纹碗残片，1件。此碗口沿已残失无存，腹部大部无存，仅余下腹局部和碗底圈足。从断茬剖面看，腹壁下部呈斜弧内收，下接圈足，圈足呈直壁下垂，胎壁较厚，上部厚0.3、下部厚0.65厘米。胎质坚致、细腻，无杂质，白胎。除圈足底边不施釉，露出素胎外，其余内、外壁，包括圈足内底，均施白釉。釉层较厚，釉面光洁、发亮。内壁近碗底处施两道青花弦线，弦线圈内的碗心部位绘青花缠枝莲纹。青花呈色深蓝，但无氧化铁结晶斑。外壁腹部亦绘青花缠枝莲纹。仅碗底处绘一周青花变形莲瓣纹，在变形莲瓣内又填绘青花花朵纹。这一部分青花图案呈色为翠蓝色。圈足外墙上施两道青花弦线。圈足外墙高0.9厘米，圈足内墙下凹，高1.1厘米。圈足内底中央署一青花双方栏篆体二字吉言款"🔲"（大福），外围青花双线圈。

tc-059号青花缠枝莲纹碗残片，底径6.7、残高5.45、壁厚0.3～0.65厘米。从胎质、施釉、青花图案构图设计、青花用料及青花呈色等特点判断，此件标本应属清乾隆时期景德镇民窑的产品（图六五，8；图版四八，3）。

（9）tc-119号

青花云龙纹碗残件，1件。此碗口沿、腹部和碗底大部分已残失无存，现仅残存很小的一块口沿、腹部和圈足。从断茬剖面看，此碗口沿略外侈，圆唇、斜壁外敞、弧腹，下腹作斜曲内收，下接直壁圈足。胎壁厚度适中，上部厚0.2、下部厚0.4厘米。胎质较坚致、细密，内含少量杂质，白胎。除圈足底边不施釉，露出素胎外，其余内、外壁，包括圈足内底，均施白釉，釉面较光洁，但内壁遗有疵点和一两个小气泡，外壁也有少量小棕眼。口沿上涂一圈酱色釉。内壁口沿下绘青花宽条带及一周单弦线。近碗底处施两道青花弦线。两道弦线内的碗底部分残存三朵青花云朵纹。外壁口沿下施两道青花弦线。腹壁绘青花海水江崖云龙纹，龙纹仅存龙尾和后肢及其四爪，龙尾朝后弯卷舞动，后肢向后伸出，四爪张开，作用力抓挠状。龙身后的空间绘数朵青花云朵纹，云作迎风飘动状。龙身下面绘海水江崖。青花呈色为暗蓝色。整个画面笔法均十分简略，不论是龙、云朵，还是海水江崖，都是勾出轮廓线之后，再用笔蘸上青料，很快、很随意地一点、一抹、一勾。尤其是海水江崖部分，更显得潦草，仅用数条斜线代表海水，再用一条起伏不平的横向曲线代表江崖。总之，此碗的青花图案，画工不够精细，过于简单。

tc-119号青花云龙纹碗残件，高8.43、残宽5.7、壁厚0.2～0.4厘米。从胎质、施釉、青花图案的构图、青花用料和青花呈色等特点判断，此件标本应属清乾隆时期景德镇民窑的产品（图六六，1；图版六四，3）。

（10）tc-002号

青花缠枝莲纹小碗残片，1件。此件小碗只残存腹部下半部和圈足大部，其余部分已残失无存。从断茬剖面看，此碗腹壁下部呈缓弧内收，下接直壁矮圈足，圈足外墙高0.7厘米。胎质较坚致、细密，白胎。胎壁很薄，上部厚0.11、下部厚0.2厘米。除圈足底沿未施釉，露出素胎以外，其余内、外壁均施白釉，釉层虽不厚，但较为光洁、发亮。碗心素面无纹。外壁腹部绘青花缠枝莲纹。下腹部近足处绘一周青花茎叶纹作为边饰。青花呈色为暗蓝色，花叶和花瓣上多有绘制过程中人为点染的深蓝色斑点。圈足外墙上缘施一道青花弦线。圈足内底署青花楷体"成化年制"四字双行款，其中"成"字右上角缺一点，"化"字因圈足残失，缺少右侧上挑钩，外围青花双线圈。此"成化年制"款属乾隆时期景德镇民窑的伪托款。

tc-002号青花缠枝莲纹小碗残片，腹径8、底径4、残高4.3、胎壁厚0.11～0.2厘米。从胎质、施釉、青花纹饰中有人为点染深蓝色斑点痕迹，甚至直接在圈足内底署"成化年制"的伪托款等特点判断，此件标本应属清乾隆时期景德镇民窑仿明成化瓷器烧制的仿品（图六六，2；图版三二，3）。

（11）tc-003号

青花双龙戏珠纹茶碗盖残件，1件。此茶碗盖现仅存捉手大半和盖的肩、腹部一小部分，其余部分均已残失。捉手口沿为圆唇，唇部涂一圈浅酱釉，略外撇，稍作斜侈口状，故内、外壁略呈斜直壁。捉手下缘与肩部衔接处施两道青花弦线作为捉手的边饰。肩、腹壁呈弧线下弯，底沿亦施两道青花弦线作为茶碗盖底边的边饰。从断茬剖面看，胎质很坚致，也很细腻，属"糯米白胎"，胎壁厚0.2～0.4厘米。内、外壁均施白釉，釉面匀净、光洁，无疵点，无棕眼。肩、腹部表面绘青花双龙戏珠纹。龙头居左上方，作扭头弯颈回首状，龙头上长角，头上鬃毛向左后方甩动，双目圆睁，朝右前方凝视，张牙舞爪，颈与躯干呈下弯上拱的"S"形，龙尾弯曲，连续翻卷于右后方，露出的前后肢各张开四个利爪。在龙尾右侧斜上方绘一青花火珠，火珠的右侧斜上方又露出另一条龙的嘴、牙齿和龙爪。表明此茶碗盖上所绘为双龙戏

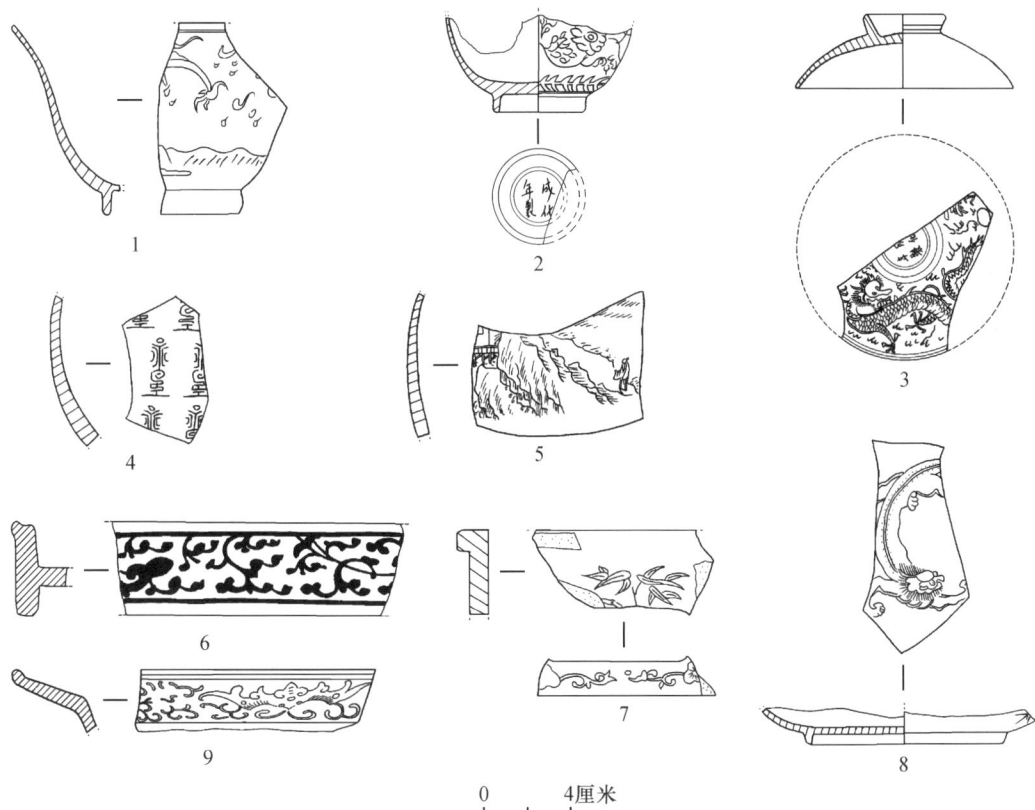

图六六　坦坦荡荡遗址出土清代中期民窑类瓷片标本

1.tc-119号青花云龙纹碗残件　2.tc-002号青花缠枝莲纹小碗残片　3.tc-003号青花双龙戏珠纹茶碗盖残件　4.tc-127号青花百寿纹碗残片　5.tc-069号青花山水纹瓶残片　6.tc-128号青花缠枝花卉纹花盆残片　7.tc-130号霁蓝堆白竹纹残片　8.tc-103号釉里红夔龙纹盘残片　9.tc-183号矾红蝙蝠纹口沿残片

珠图。在双龙和火珠周围的空隙处还填绘数朵迎风飘飞的青花云纹作为背景纹饰。以上青花图案中，在龙头的上颌、龙背、龙尾、龙爪、火珠及云纹上，有多处人为点描的深蓝色斑点的现象。在捉手内底署青花楷体"成化年制"四字双行款，外围青花双线圈。但从字迹看，这并非"成化"款原迹，而应为乾隆时期景德镇民窑的伪托款。

　　tc-003号青花双龙戏珠纹茶碗盖残件，底径约10、捉手直径3.8厘米，捉手外壁高0.3、内壁深1.15厘米，通高3.8、壁厚0.2～0.4厘米。从形制、胎质、釉面、青花四爪龙纹的形象设计、青花呈色，特别是在青花图案中有多处人为点描深蓝色斑点的现象，包括"成化年制"的楷体四字双行款，从字体、字迹，都表明是后世的伪托款，而绝非明成化款的真迹。它应是清乾隆时期景德镇民窑仿明成化瓷器烧制的仿品（图六六，3；图版三二，4）。因明成化器很有名，故刻意在捉手内底署上"成化年制"的款，企图鱼龙混杂，以假乱真。清乾隆时期，江西景德镇官窑或民窑经常有仿明宣德、明成化等名牌瓷器产品的情况，以抬高生产者和买售者的身价，这是业界众所周知的历史事实，不足为怪。

　　（12）tc-127号

　　青花百寿纹碗残片，1件。从断茬剖面看，此残片应是碗腹壁的局部残片，自上而下呈斜弧形下收。从断茬剖面看，胎壁较厚，上部厚0.4、下部厚0.6厘米。胎质较坚致，也较细密，但内含较多小灰点，灰白色胎。内、外壁均施白釉，釉层较厚，釉面光洁发亮。内壁素面。外壁绘青花百寿纹。青花"寿"字图案所用的青料为国产青料，青花呈色青翠、鲜艳。

tc-127号青花百寿纹碗残片，残长6.4、残宽3.3、壁厚0.4～0.6厘米。从胎质、施釉、青花百寿纹的设计内容与形式、青花用料及青花呈色等特点判断，此件标本应属清乾隆时期景德镇民窑的产品（图六六，4；图版六五，6）。

（13）tc-069号

青花山水纹瓶残片，1件。此瓶口、颈、肩、底皆残失无存，只残存腹壁很小一块瓷片。从断茬剖面看，瓶壁厚度适中，上部厚0.3、下部厚0.6厘米。胎质坚致，较细密，仅有很少的小灰点，白胎。内、外壁均施白釉。内壁仅涂一层薄釉，有少量棕眼；外壁釉层较厚，光洁、发亮。内壁素面。外壁绘青花山水纹，有桥、江崖、波涛、人物等。青花呈色青翠。

tc-069号青花山水纹瓶残片，残长7.78、残宽6.36、壁厚0.3～0.6厘米。从胎质、施釉、青花图案的构图设计、青花用料和青花呈色等特点判断，此标本应属清乾隆时期景德镇民窑的产品（图六六，5；图版五一，4）。

（14）tc-128号

青花缠枝花卉纹花盆残片，1件。这件标本应是青花瓷花盆口沿的一截残件。从断茬剖面可以看出，此花盆口部外沿起一道凸棱，顶面为平面。口沿外壁有一道凹棱，然后呈折沿内凹，与花盆直壁大致呈直角衔接。沿内壁为平面，折沿向内，也大致呈直角与花盆直壁衔接。胎壁较厚，口沿外侧厚0.75、内侧（与直壁衔接处）厚0.9、直壁厚0.7厘米。胎质坚致、细密，含有小灰点，灰白色胎。口沿顶面内侧边沿和外沿凸棱，外侧边沿及内地面，均施白釉。釉层较厚，釉面光洁、发亮。内沿底面和内壁素面，裸露素胎。在口沿顶面的两侧边缘各施一道青花弦线作为边饰。在两道青花弦线之间的长条空隙处绘青花缠枝花卉纹，在口沿外壁的凹棱内填绘一道青花条带纹，作为花盆口沿外侧棱面的边饰。此花盆口沿残件遗留的青花缠枝花卉纹，青花呈色深翠，未见下沉性氧化铁结晶斑，表明所用青料为国产青料。在花盆外壁残存的壁面上也绘有青花花卉图案，因大部已残失，原图案到底画的是什么，已未可知。

tc-128号青花缠枝花卉纹花盆残片，残长13.2、宽4.12、壁厚0.75～0.9厘米。从胎质、施釉、青花图案的构图、青花用料和青花呈色等特点判断，此件标本的原器应属清乾隆时期景德镇民窑的产品（图六六，6；图版六六，1）。

（15）tc-004号

霁蓝釉瓶残片，1件。此瓶口沿、腹部均已残失，仅存瓶底圈足部分。从断茬剖面可以看出，胎壁较厚，为0.6厘米。胎质坚致、细腻，较为纯净，只有很少的小灰点，白胎。瓶内底仅施一层薄釉，其与圈足相衔接的刀削痕及其素胎表面的遗痕，都清晰可见。仅圈足内底所施白釉釉层较厚，釉面光洁发亮，不见疵点，也无棕眼。圈足底沿不施釉，露出素胎。圈足外墙和腹部外壁均施霁蓝釉，釉面较厚，光亮照人。圈足内底署青花篆体"大清乾隆年制"六字三行款，外围素面，无青花双线圈。

tc-004号霁蓝釉瓶残片，圈足直径6.4、残高3.2、壁厚0.6厘米。根据此瓶圈足内底的青花篆体"大清乾隆年制"六字款识可以判定，这件标本应属清乾隆时期景德镇民窑的产品无疑（图版三三，1）。

（16）tc-130号

霁蓝堆白竹纹残片，1件。这件标本，原是何种器物上的残片，暂不能确定。现存的只是一截折棱边沿和与此折棱边沿连为一体的一块立面。胎壁较厚，折棱部分胎厚1厘米，立面部分壁厚0.9（下部）～1.1厘米（上部）。胎质坚致、细密，但含有很多小灰点，灰色胎。内、外壁先施一层透明釉，然后在折棱和立面外壁施霁蓝釉，釉层较厚，釉面光洁、发亮。在折棱平面上，于霁蓝釉之上，以堆白的技法雕饰折枝花卉纹；在立面的霁蓝釉之上，也用堆白的技法雕饰一组竹枝和竹叶纹。霁蓝釉衬托堆白竹纹，工艺精致，色彩对比既鲜明，又高雅。

tc-130号霁蓝堆白竹纹残片，残长8.24、残宽3.4、壁厚0.9～1.1厘米。从胎质、施釉、图案设计、堆白工艺等特点判断，此标本原器应是清乾隆时期景德镇民窑的佳品之一（图六六，7；图版六六，3）。

（17）tc-006号

蓝釉碗残片，1件。此碗仅残存很窄的一块下腹部和圈足局部，其余大部已残失无存。从断茬剖面看，下腹呈弧线急内收，下接圈足，外墙较矮，内墙下凹较深，外墙高0.65、内墙高0.95厘米。胎质坚致而细腻，纯净无杂质，白胎。腹部上部壁薄，厚度仅为0.2厘米，下部壁厚，为0.5厘米。内壁和圈足内底均施白釉，釉面发亮。外壁施蓝釉，直至圈足外墙。因遭火烧，蓝釉已褪色，变为淡蓝色，以手摸之，有粗涩之感。在圈足内底署青花篆体"大□乾□年□"六字三行款。外围素面，无青花双线圈。

tc-006号蓝釉碗残片，圈足底径约4.8、残高4.8、壁厚0.2～0.5厘米。从胎质、施釉、圈足形制及内底有青花篆体六字三行年款等特点判断，此件标本应属清乾隆时期景德镇民窑的产品无疑（图版三三，3）。

（18）tc-103号

釉里红夔龙纹盘残片，1件。此盘口沿已残失无存，盘壁绝大部分缺失，现仅存盘底圈足约三分之一的部分，以及与残存圈足衔接的很小的一块盘壁底部。从断茬剖面可以看出，盘壁较薄，壁厚在0.2～0.3厘米。胎质坚致、细腻，只有很少的小灰点，胎质较纯净，白胎。除圈足底沿未施釉外，其余内、外壁和圈足外墙及内底，均施白釉。内、外壁和圈足外墙所施白釉，釉层较厚，釉面较光洁。但在盘壁内面，发现有个别疵点。圈足内底釉层较薄，仅略有光泽，釉面不亮。在内、外壁白釉面上，以铜红彩绘制了两幅图案。在内壁盘心，用铜红釉采取线描的方式，绘制了一条夔龙图案。夔龙身躯上弯，龙首下探，双目圆睁，鬃毛向四周甩动，两前肢一伸一屈，呈奋力抓挠状。在外壁表面也用铜红釉绘制了竹子和竹叶，现仅存一组釉里红竹叶痕迹。在釉里红瓷器系列中，此盘的图案属于线绘釉里红，这是釉里红瓷器的四种类型之一，即以氧化铜为着色剂的铜红彩，以线条的形式在瓷坯上描绘纹饰，然后施透明釉，入窑在高温还原气氛中一次烧成的高温釉下彩瓷器，由此形成白地衬托红色的图案。由于氧化铜的发色会随窑内高温和烧制气氛的变化而变化，因而发色深浅和纯正度也各有差异。所以，烧成一件颜色纯正、质量上乘的釉里红瓷器，难度相当大。这种线绘釉里红的制作技术，在景德镇创烧于元代。至明洪武和宣德时期，又有较大的创新和发展。清雍正、乾隆时期是釉里红瓷器烧造得最为成功的时期，已达到鼎盛阶段。

tc-103号釉里红夔龙纹盘残片，釉里红发色略显灰暗，与颜色纯正、品相精美的釉里红瓷器还有相当大的差距。该标本残长9.2、残宽4.9、底径约8.7、壁厚0.2～0.3厘米。从胎质、胎色、釉色、构图设计、釉里红线描工艺、釉里红发色特点等方面判断，此件标本应属清乾隆时期景德镇民窑的釉里红瓷器品种（图六六，8；图版六〇，2）。

（19）tc-005号

豆青釉盘残片，1件。此盘只残存很小的一块盘底和衔接圈足的盘壁下缘，其余大部分皆已残失无存。从断茬剖面可以看出，此盘胎质坚致、细腻、纯净，无杂质，胎色洁白。盘壁较薄，壁厚0.25～0.3厘米。盘内底和外壁及圈足外墙皆施豆青釉，釉层较厚，釉面光洁、发亮。圈足底边沿面不施釉，露出素胎。圈足内底施白釉，釉层也较厚，釉面润洁、发亮。圈足内底中央署青花篆体"□清□隆□制"六字三行款，字迹规范。外围素面，无青花双线圈。

tc-005号豆青釉盘残片，残长6.7、残宽4.8、残高1.8、圈足底径约11.2、壁厚0.25～0.3厘米。从胎质、施釉及圈足内底遗留的书法规范的青花篆体六字三行年款等特点判断，此件标本应属清乾隆时期景德镇民窑的产品无疑（图版三三，2）。

（20）tc-007号

白釉粉彩缠枝纹碗残片，1件。此碗只残存腹部下半截和圈足，其余大部皆已残失无存。从保存现状看，此碗腹壁缓弧下收，下接圈足。圈足外墙较矮，内墙下凹较深。圈足外墙高0.6、内墙高1.05厘米。胎质坚致、细腻、纯净，无杂质，胎色洁白。胎壁厚度适中，上部厚0.2、下部厚0.4厘米。内、外壁皆施白釉（包括圈足内底）。只有圈足底边下缘不施釉，保留素胎。釉层较厚，施釉均匀，釉面光洁、发亮。碗心素面。外壁腹部绘粉彩缠枝纹。腹底与圈足外墙衔接部位绘粉彩变形莲瓣纹。因该标本遭大火焚烧，所绘粉彩均已褪色，现仅存一点痕迹。缠枝纹显出一点淡黄色，变形莲瓣纹显示出一点淡灰泛蓝色。圈足内底署青花篆体"大清乾隆年制"六字三行款。外围素面，无青花双线圈。

tc-007号白釉粉彩缠枝纹碗残片，圈足底径3.8、残高4.2、壁厚0.2～0.4厘米。从形制、胎质、施釉、纹饰、圈足内底遗留的青花篆体六字三行款等特点判断，此件标本应属清乾隆时期景德镇民窑的产品无疑（图版三三，4）。

（21）tc-183号

矾红蝙蝠纹口沿残片，1件。此件标本只残存一截器物口沿的残片。至于器物种类暂不能确定，或可能是盘，或可能是盆，或可能是洗之类器物的口沿。此口沿为宽沿，方圆唇，唇上卷，作凸棱式。胎壁较厚，口沿外侧厚0.3、内侧厚0.6厘米，残存的腹壁厚0.6厘米。胎质坚致、较细密，内含少量小灰点，灰白胎。内、外壁均施豆青釉，釉层较厚，釉面匀净、光洁。唇沿涂一圈酱色釉。外壁素面。内壁口沿下施一道矾红弦线，沿面有暗花折枝纹，在暗花折枝纹之上绘矾红蝙蝠纹。蝙蝠头朝口沿内侧，两翼展开作飞舞状。在口沿内折的腹壁表面，遗有斑驳不清的绿彩花卉纹残痕。

tc-183号矾红蝙蝠纹口沿残片，残长10.9、残宽4.2、壁厚0.3～0.6厘米。从口沿形制、胎质、施釉、釉面暗花、矾红蝙蝠纹的绘制特点等方面考察，此标本应属清乾隆时期景德镇民窑的产品（图六六，9；图版七五，3）。

现将坦坦荡荡遗址出土的清代中期——乾隆时期景德镇民窑瓷器残件和残片重点标本相关资料归纳成表一五，谨供参考。

表一五　坦坦荡荡遗址出土清代中期——乾隆时期景德镇民窑类瓷片重点标本统计表

分期	朝代	序号	标本编号	器物名称	规格（厘米）	备注
清代中期	乾隆时期	1	tc-019	青花松竹梅纹汤勺残片	残长6.2、残高3、壁厚0.15～0.3	勺外底署青花篆体"大清乾隆年制"六字三行款
		2	tc-058	青花凤穿牡丹纹盏托残件	口径约13.7、底径约6.2、高4.38	圈足内底署青花方形纹样款"🔲"
		3	tc-062	青花缠枝莲纹罐残片	残长10.38、残宽8.21、厚0.36～0.63	
		4	tc-072	青花"待月西厢"鼻烟壶残片	壶口外径1.1、腹外径2.95、残高3.4、壁厚0.15	
		5	tc-111	青花梵文"万寿"盘残片	底径约9.8、残高2、壁厚0.2～0.4	
		6	tc-123	青花云龙纹碗残片	残长8.5、残宽4.3、壁厚0.12～0.2	
		7	tc-126	青花缠枝菊印泥盒残件	口径约7.9、底径5.2、高2.65、壁厚0.3～0.6	
		8	tc-059	青花缠枝莲纹碗残片	底径6.7、残高5.45、壁厚0.3～0.65	圈足内底署青花双方栏篆体二字吉言款"🔲"（大福）
		9	tc-119	青花云龙纹碗残件	高8.43、残高5.7、壁厚0.2～0.4	
		10	tc-002	青花缠枝莲纹小碗残片	腹径8、底径4、残高4.3、壁厚0.11～0.2	圈足内底署青花楷体"成化年制"（🔲）四字双行款，属清乾隆时期景德镇民窑的伪托款
		11	tc-003	青花双龙戏珠纹茶碗盖残件	底径约10、捉手直径3.8、通高3.8、壁厚0.2～0.4	捉手内底署青花楷体"成化年制"（🔲）四字双行款，亦属乾隆时期景德镇民窑的伪托款
		12	tc-127	青花百寿纹碗残片	残长6.4、残宽3.3、壁厚0.4～0.6	
		13	tc-069	青花山水纹瓶残片	残长7.78、残宽6.36、壁厚0.3～0.6	
		14	tc-128	青花缠枝花卉纹花盆残片	残长13.2、宽4.12、壁厚0.75～0.9	
		15	tc-004	霁蓝釉瓶残片	圈足直径6.4、残高3.2、壁厚0.6	圈足内底署青花篆体"大清乾隆年制"六字三行款

续表

分期	朝代	序号	标本编号	器物名称	规格（厘米）	备注
清代中期	乾隆时期	16	tc-130	霁蓝堆白竹纹残片	残长8.24、残宽3.4、壁厚0.9～1.1	
		17	tc-006	蓝釉碗残片	圈底直径约4.8、残高4.8、壁厚0.2～0.5	圈足内底署青花篆体"大□乾□年□"六字三行款
		18	tc-103	釉里红夔龙纹盘残片	残长9.2、残宽4.9、底径约8.7、壁厚0.2～0.3	
		19	tc-005	豆青釉盘残片	残长6.7、残宽4.8、残高1.8、圈足底径11.2、壁厚0.25～0.3	圈足内底署青花篆体"□清□隆□制"六字三行款
		20	tc-007	白釉粉彩缠枝纹碗残片	圈足底径3.8、残高4.2、壁厚0.2～0.4	圈足内底署青花篆体"大清乾隆年制"六字三行款
		21	tc-183	矾红蝙蝠纹口沿残片	残长10.9、残宽4.2、壁厚0.3～0.6	
合计			21件			

具体年代不能确定，但可推断应属清中期者　1件。序号接续。

（22）tc-063号

窑变铜红釉瓶残件，1件。此件标本肩、腹部断裂，并有部分残失，但瓶的口、颈完好，肩、腹及器底主要部分尚存，惟圈足下部或因残损，曾被锯掉一截。故现存的圈足底面不平整，并且矮了一截，高度比例显得不够协调，也不够美观。到底被锯掉多大一截，也不好判定。为了大体复原此瓶的器形，我们将断裂和残失的肩、腹部，进行了黏接和修复，而对缺失的圈足下部，因不知锯断多少，故未敢擅作修补工作，以免造成添足之乱。需要指出的是，被锯掉之后的圈足底面，不但曾经被打磨过，而且还被长期使用过，磨耗痕迹已很陈旧。显然，这件窑变铜红釉瓶在历史上就是一件曾被人看重和珍惜的瓷器。此瓶为撇口、圆唇、长颈、弧肩、鼓腹，腹下作内弧收，下接矮圈足。除圈足底沿和内底保留素胎外，其余内、外壁表面均通体呈铜红窑变釉。其中瓶口和颈上部内外壁的釉色深红泛紫，并含有兔毫一样的细微星点，灿然炫目。在瓶颈下部和腹部，直至圈足外墙，釉面均呈紫红色，并泛出无数碎絮状银色星云一样的亮斑，灿然炫目。这是此件瓷胎中所含有的矿物质和经历窑内高温烧制过程中，法生窑变而产生的奇异化学反应。这种灿烂悦目的紫红釉，特别是瓶口和瓶颈上部，其呈色颇有点像钧瓷的品相。这种偶发事例，实不多见。圈足内底无款识。

tc-063号窑变铜红釉瓶残件，口径6.5、腹径10、底径5.4、残高14.98厘米。从胎质、造型、施釉和釉色特点判断，此瓶应属清代中期景德镇民窑的一件窑变佳品（图六七，1；图版四九，3）。

嘉庆时期　18件。序号接续。

（23）tc-025号

青花白描缠枝莲纹碗残片，1件。此碗口沿无存，腹部大部残失，仅存下腹部和圈足大部。从断茬剖面看，此碗胎壁较厚实，腹壁厚度在0.3～0.7厘米。胎质较坚致、细腻，仅含少量小灰点，浅白色胎。内、外壁均施白釉，釉层较厚，釉面较光洁，仅在碗内底发现少量小灰点；在圈足内底发现有少量棕眼。碗内壁素面无纹。外壁腹部绘青花白描缠枝莲纹。在圈足外墙上施三道青花弦线。在圈足内底中央署青花变体文字"大清嘉庆年制"六字三行款，外围青花单方栏。此件标本残片上所绘青花白描缠枝莲纹图案，以及圈足内底上所署的青花变体文字款，其青花呈色深翠、悦目。

tc-025号青花白描缠枝莲纹碗残片，下腹径残长12.9、底径6.9、残高5.13、壁厚0.3～0.7厘米。从胎质、施釉、青花用料、青花白描技法、青花呈色及圈足内底所署的青花变体文字款"大清嘉庆年制"等情况判断，这件标本应属清代中期嘉庆时期景德镇民窑的产品无疑（图六七，2；图版四〇，3）。

（24）tc-184号

青花白描缠枝莲纹碗残片，1件。此碗仅残存腹部下半部局部和半个圈足，其余大部已残失无存。从断茬剖面可以看出，此碗腹壁呈下弧内收，下接直壁圈足。胎质坚致、细腻、纯净，无杂质，白胎。除圈足底沿未施釉以外，其余内、外壁，包括圈足内、外，均施白釉，釉面虽不厚，但光洁匀净，没有棕眼，也没有疵点。碗心素面。外壁腹部绘青花白描缠枝莲纹，尚存一点残迹。下腹部与圈足外墙之间绘一周青花白描变体莲瓣纹。青花呈色青翠、清新。圈足外墙上部施两道青花弦线作为边饰。圈足内底署青花变体文字款"□清嘉庆年制"（"大"字残失，为象征性六字三行款），外围青花单方栏。

tc-184号青花白描缠枝莲纹碗残片，残长8.9、残宽3.9、底径4.5、壁厚0.25～0.4厘米。从胎质、施釉、青花白描图案的构图、画法、青花呈色，以及圈足内底署的青花变体文字款"□（大）清嘉庆年制"等特点判断，此件标本原器应属清嘉庆时期景德镇民窑的产品无疑（图版七五，4）。

（25）tc-021号

青花白描缠枝莲纹盘残件，1件。此盘口沿、腹壁大部分已残失无存，现仅存口沿、腹壁约四分之一的局部，还有盘底圈足部分。从残存现状看，此盘为斜敞口，圆唇，浅腹，平底，矮圈足。从断茬剖面可以看出，此盘胎壁厚度适中，近口沿处厚0.2、下部厚0.3厘米。胎质较为坚致、细密、纯净，白胎。除圈足底沿不施釉之外，其余内、外壁，包括圈足内底，均施白釉。釉层较厚，釉面光洁，仅在圈足内底见到几个稀疏的小棕眼。内壁口沿下施两道青花弦线作为口沿的边饰。腹壁绘一周青花白描缠枝莲纹。在近盘底处又施两道青花弦线作为盘底的边饰。在两道盘底边饰线之内，即盘内底空间，亦绘一组青花白描缠枝莲纹图案。外壁口沿下施两道青花弦线，两道弦线之下的腹壁上部残存一组青花朵花纹。从残存部位看，原应饰四组青花朵花纹，对称分布于外侧腹壁上。盘底处与圈足衔接部位亦施两道青花弦线作为盘底边饰。

圈足内底中央署青花变体文字款——"大清嘉庆年制"六字三行款，外围青花单方栏。此盘内、外壁上所绘的青花白描图案和青花署款皆呈色青翠，其青花用料明显为国产青料。

　　tc-021号青花白描缠枝莲纹盘残件，口径约15.5、底径8、高2.6、壁厚0.2~0.3厘米。从胎质、青花图案的构图、白描技法、青花用料和青花呈色，以及圈足内底所署的青花变体文字款——"大清嘉庆年制"六字三行款所标识的时代等特点判断，此件标本应属清嘉庆时期景德镇民窑的产品无疑（图六七，3；图版三九，1）。

　　（26）tc-022号

　　青花白描缠枝莲纹盘残件，1件。此盘口沿和腹壁约有一半已残失无存，圈足部分得以完整保留。此盘为敞口，斜壁，浅腹，平底，下接矮圈足。圈足外墙呈斜坡面，高度仅有0.3厘米，内墙下凹，高度不过0.4厘米。壁厚适中，近口沿处厚0.2、下部厚0.4厘米。胎质较坚致、细密、纯净，白胎。除圈足底边不施釉，露出素胎之外，其余内、外壁，包括圈足内底，均施白釉，釉层较厚，釉面光洁、发亮。内壁口沿下施两道青花弦线作为口沿边饰。腹壁绘三组青花白描缠枝莲纹，呈三角形布局。盘底中央绘一朵青花白描莲花，作为主题纹饰的核心，表达十分明确和突出。外壁口沿下和腹壁与圈足外墙相衔接的部位，各施两道青花弦线作为腹壁上、下的边饰。在两道边饰之间，外侧腹壁偏上部位，绘青花朵花纹三组，亦呈三角形布局，分布在外侧腹壁表面。圈足内底中央署青花变体文字款——"大清嘉庆年制"六字三行款，外围青花单方栏。此盘内、外壁上所绘的青花白描图案和圈足内底上所署的青花变体文字署款，所用青料均属国产青料，青花呈色青翠而鲜艳。

　　tc-022号青花白描缠枝莲纹盘残件，口径15.2、底径8.6、高2.3、壁厚0.2~0.4厘米。从胎

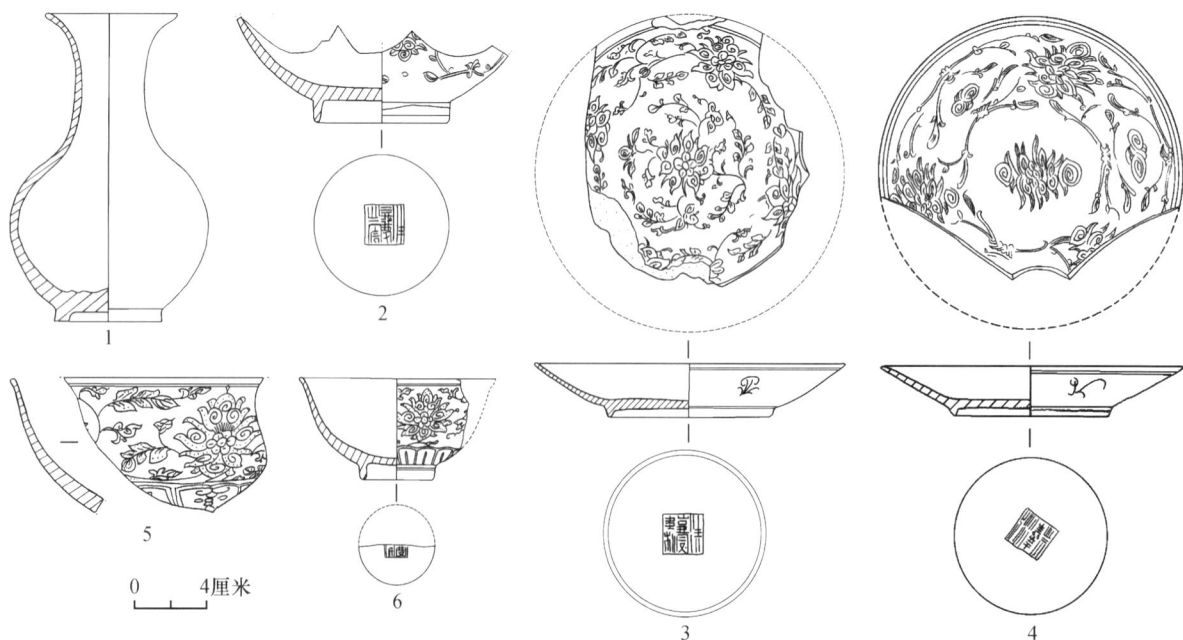

图六七　坦坦荡荡遗址出土清代中期民窑类瓷片标本

1. tc-063号窑变铜红釉瓶残件　2. tc-025号青花白描缠枝莲纹碗残片　3. tc-021号青花白描缠枝莲纹盘残件　4. tc-022号青花白描缠枝莲纹盘残件　5. tc-116号青花白描缠枝莲纹碗残片　6. tc-117号青花白描缠枝莲纹碗残件

质、施釉、青花图案的构图设计、白描技法、青花用料和青花呈色，以及圈足内底所署的青花变体文字款——"大清嘉庆年制"六字三行款所标识的时代等特点判断，此件标本应属清嘉庆时期景德镇民窑的产品无疑（图六七，4；图版三九，2）。

（27）tc-116号

青花白描缠枝莲纹碗残片，1件。此碗口沿和腹部约有四分之三的残失，碗底圈足无存，现仅存口沿和腹部约四分之一的局部。此碗口沿斜侈外展，腹壁弧曲，向下缓收。胎壁较薄，小圆唇上部近口沿处厚0.2、下部近底处厚0.5厘米。胎质坚致、细腻，较纯净，白胎。内、外壁均施白釉，釉层虽不厚，但釉面光洁、发亮，无棕眼，无任何疵点。内壁素面。外壁口沿下施两道青花弦线。腹壁绘一周青花白描缠枝莲纹，下腹部绘一周青花变形仰莲瓣纹，莲瓣内空隙处均填绘青花花朵纹。所绘青花图案采用的青料均为国产青料，青花呈色青翠、鲜艳。

tc-116号青花白描缠枝莲纹碗残片，残长8、残宽7、壁厚0.2～0.5厘米。从胎质、青花图案的构图设计、青花白描技法、青花用料和青花呈色等特点看，此标本在时代和窑属性质上，应同于tc-022号标本，属清嘉庆时期景德镇民窑的产品（图六七，5；图版六三，3）。

（28）tc-117号

青花白描缠枝莲纹碗残件，1件。此碗口沿、腹壁、碗底已有多半残失，现仅残存不足一半。从保存现状看，此碗侈口，口沿外展，小圆唇，腹壁弧曲，作缓慢下收，下接圈足。圈足直壁，底边稍内敛，圈足内、外墙高，均为0.7厘米。胎壁上部较薄，厚0.18厘米，下部略厚，厚0.5厘米。胎质坚致、细腻，无小灰点，也无杂质，白胎。圈足底边不施釉，裸露素胎，其余部分，包括圈足内底，均施白釉。釉层较厚，釉面光洁发亮。内壁素面。外壁口沿下和下腹底部与圈足外墙衔接处分别施两道和一道青花弦线，腹壁中、上部绘一周青花白描缠枝莲纹。下腹部绘一周青花变形仰莲纹，变形仰莲瓣内填绘青花长方条形纹。圈足外墙表面施两道青花弦线。圈足内底中央署青花变体文字款——"囗庆囗制"四字双行款，外围青花单方栏。此碗外壁所绘青花白描图案和圈足内底所署青花变体文字署款，所用青料均系国产青料，青花呈色青翠鲜艳。

tc-117号青花白描缠枝莲纹碗残件，口径约10、底径3.6、高4.94、壁厚0.18～0.5厘米。从胎质、施釉、青花图案构图设计、白描技法、青花用料、青花呈色以及圈足内底所署的青花变体文字四字双行款所标识的时代等特点判断，此标本的时代和窑属性质，应同上述tc-022号、tc-116号等标本一样，属清嘉庆时期景德镇民窑的产品无疑（图六七，6；图版六四，1）。

（29）tc-065号

青花白描龙凤纹碗残件，1件。此碗口沿、腹壁和圈足已残失一半，现存约一半。侈口略外展，弧壁向下缓收，下接圈足。圈足直壁，高度适中，内、外墙均高0.6厘米。胎壁较薄，上部厚0.2、下部厚0.4厘米。胎质较坚致、细密，但有小灰点，灰白胎。除圈足底边不施釉、露出素胎之外，其余内、外壁，包括圈足内底，均施白釉，釉面光洁、莹润，无棕眼，无疵点。内壁素面，外壁口沿下施两道青花弦线作为口沿边饰。腹壁绘青花白描龙凤纹。因残损，龙纹只剩下龙须和向前方伸出的前肢和五爪，凤纹仅存翅膀的翅尖和向后飘扬的凤尾。在龙头和凤尾之间绘一青花火珠，在火珠周围绘有横向三排迎风飘动的青花云朵。在龙凤纹的下方绘青花白描海水江崖。这里的火珠、云朵和海水江崖，都是作为背景图案来衬托龙凤的活动空间，表示龙凤正在海水江崖之上的天空中自由地翻腾与飞舞。在圈足外墙表面施三道青花弦线。在圈足内底中央署一青花变体文字款，外围青花单方栏。款中文字不能识读。此碗外壁所绘青花图案和圈足内底所署的青花变体文字款识，所用青料为国产青料，青花呈色青翠、鲜艳。

tc-065号青花白描龙凤纹碗残件，口径9.1、底径3.7、高5.2、壁厚0.2～0.4厘米。从胎质、施釉、青花构图设计、白描工艺、青花用料、青花呈色，以及圈足内底所署青花变体文字款的形式等特点判断，此件标本在时代和窑属性质上，应与上述tc-022号、tc-116号、tc-117号等标本相同，即亦应属清嘉庆时期景德镇民窑的产品（图六八，1；图版五〇，1）。

（30）tc-066号

青花白描莲托八宝纹碗残件，1件。此碗口沿、腹壁和碗底一小部分已残失，尚存大半部。口沿斜侈外展，腹壁呈弧线下垂，然后缓收，下接圈足，圈足外墙向内呈斜壁内敛，内墙为直壁内凹。圈足外墙高0.7、内墙高0.85厘米。胎壁上半部很薄，厚度仅0.1厘米，下部厚0.4厘米。胎质坚致、细腻、纯净，白胎。除圈足底边不施釉外，其余内、外壁，包括圈足内底，均施白釉，釉面光洁、莹润、剔透。在阳光下，可从碗内壁看清碗外壁装饰的青花图案。外壁口沿下施两道青花弦线。在碗底部与圈足外墙衔接处施一道青花弦线。在上、下青花弦线边饰之间，即腹壁表面绘制青花白描莲托八宝。在圈足外墙表面亦施两道青花弦线。圈足内底署青花变体文字六字三行款，外围青花单方栏。款中文字不能解读。此碗外壁绘制的青花图案和在圈足内底所署的青花变体文字款识，所用青料为国产青料，青花呈色为浅蓝色，清新而淡雅。

tc-066号青花白描莲托八宝纹碗残件，口径9.73、底径4.25、高5.75、壁厚0.1～0.4厘米。从胎质、施釉、釉面、青花构图设计、白描技法、青花用料、青花呈色，以及圈足内底所署青花变体文字款等特点看，此标本在时代和窑属性质上，应与上述tc-022号、tc-116号等标本一致，即亦应属清嘉庆时期景德镇民窑的产品无疑（图六八，2；图版五〇，2）。

（31）tc-121号

青花杂宝纹碗残片，1件。此碗仅存口沿和腹壁约三分之一的部分，其余部分皆已残失。从断茬剖面可以看出，此碗壁呈斜弧形向下缓收状，口沿斜直，稍作侈口，圆唇。壁厚适中，上部厚0.2、下部厚0.3厘米。胎质坚致、细腻，无小灰点和杂质，白胎。内、外壁均施白釉，釉层不厚，但光洁、发亮。口沿之下，在内外壁均施两道青花弦线。在内壁近碗底处也施两道青花弦线。内壁素面。外壁绘两周横向青花杂宝纹，青花呈色深翠，但绘工不够精致，略显潦草。

tc-121号青花杂宝纹碗残片，残长10.54、残宽3.85、壁厚0.2～0.3厘米。从胎质、施釉、青花图案设计、青花用料和呈色等特点判断，此标本原器应属清嘉庆时期景德镇民窑的产品（图六八，3；图版六四，4）。

（32）tc-027号

青花龙凤纹茶碗盖残件，1件。这件茶碗盖残件底边大部无存，腹部少数无存，仅存部分

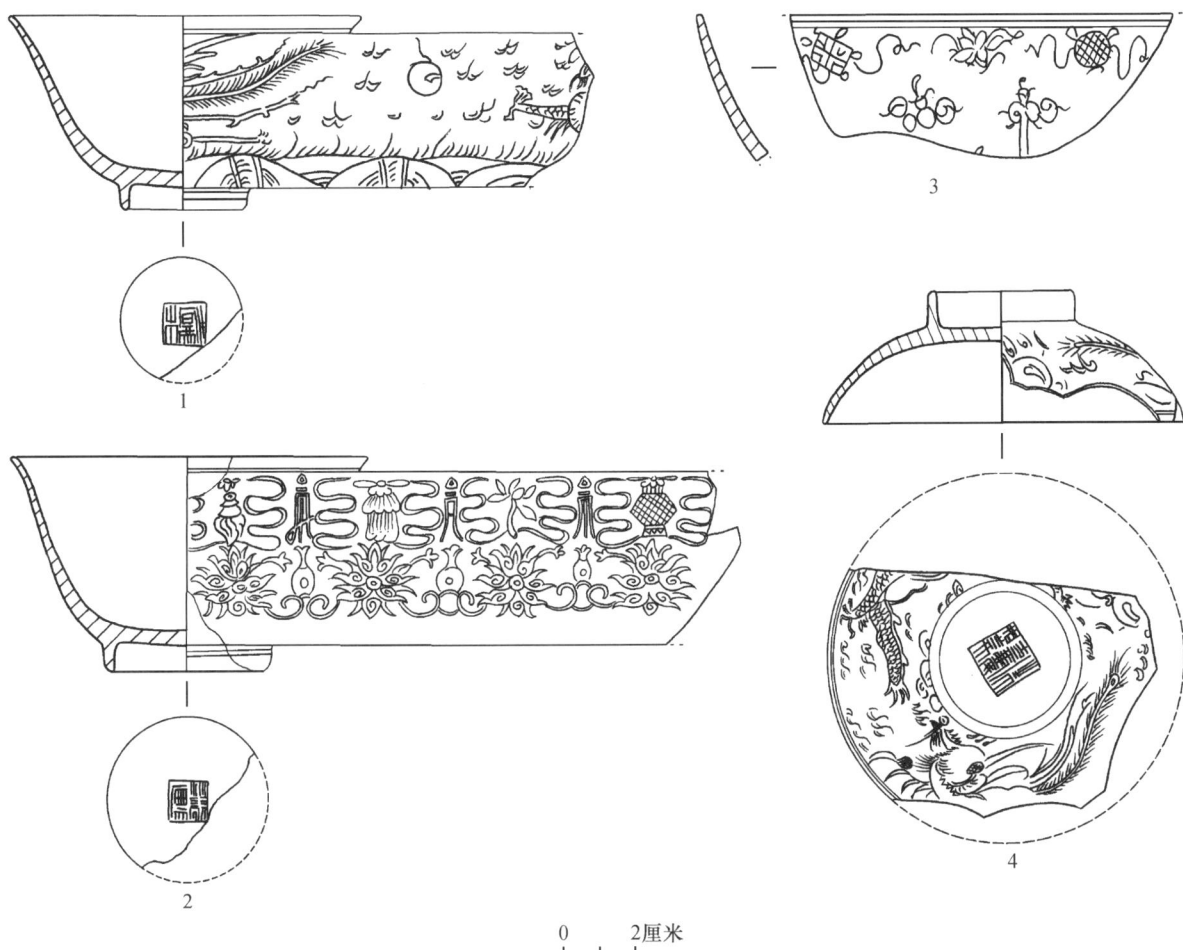

图六八　坦坦荡荡遗址出土清代中期民窑类瓷片标本

1. tc-065号青花白描龙凤纹碗残件　2. tc-066号青花白描莲托八宝纹碗残件　3. tc-121号青花杂宝纹碗残片

4. tc-027号青花龙凤纹茶碗盖残件

底沿和腹部，惟捉手完好无损。从断茬剖面可以看出，该茶碗盖底边为小圆唇。薄胎，厚度在0.11～0.4厘米。胎质坚致、细腻，无灰点和杂质，白胎。捉手口沿为圆唇，素胎，不施釉。捉手壁面上部稍作外撇，下部稍作内敛，略有倾斜角度，便于手指抓捏。捉手外墙深0.85厘米，内墙深1厘米。肩、腹部呈弧面下垂状。茶碗内、外壁，包括捉手外墙和内壁，均施白釉，釉面光洁、莹润，无疵点，无棕眼。内壁素面。外壁口沿下施两道青花弦线。腹壁表面绘青花龙凤纹。布局是：左侧绘四爪青龙纹，右侧绘长尾凤凰纹。青龙龙头、龙身和龙尾三部分均残失，仅存两只后肢和龙爪。凤凰头、身、尾俱全，只缺下腹部和两腿。凤喙中衔有仙草和仙果，凤眼细长，曲颈昂首，腹身下摆，长尾上扬。在龙、凤之间的空隙处绘有数朵飞动的祥云作为背景图案，表明一龙一凤正在空中飞舞。在业界装饰领域有一个约定俗成的提法，即龙凤二者同在一幅画面中时，即可称作"龙凤呈祥"。此茶碗盖上的图案，符合这一约定俗称的构图特点，故亦可称为青花龙凤呈祥纹茶碗盖。在捉手外墙与肩部上缘衔接处施一道青花弦线作为边饰。在捉手内底署青花变体文字"大清嘉庆年制"六字三行款，外围青花单方栏。此件茶碗盖上的青花图案所用青花料色较为清淡，呈色青翠、淡雅，一改清代早期和明代所用青料颜色较为浓重的特点。

tc-027号青花龙凤纹茶碗盖残件，口径约9.97、底径3.8、高3.5、壁厚0.11～0.4厘米。从器形、胎质、釉面、青花图案构图、青花用料、呈色特点，以及捉手内底所署青花变体文字款"大清嘉庆年制"等特点判断，此件青花龙凤纹茶碗盖应属清嘉庆时期景德镇民窑的产品无疑（图六八，4；图版四一，1）。

（33）tc-124号

青花蝴蝶纹小杯残件，1件。此件标本口沿、腹壁已残失约四分之三，杯底完全残失，现仅残存口沿和腹壁约四分之一的局部。此杯口沿稍外侈，小圆唇，直壁，底部斜弧内收。壁薄体轻，近口沿处壁厚仅0.08厘米，下部壁厚0.23厘米。胎质坚致而细腻，白胎，无杂质。内、外壁均施白釉，釉层虽不厚，但釉面细润、光洁、发亮。内壁素面。外壁绘青花蝴蝶纹，蝴蝶双翼展开，作向上飞舞状。在蝴蝶周围绘青花花草纹。青花用料为国产青料，青花呈色青翠、鲜艳，在白地的衬托下，格外醒目。

tc-124号青花蝴蝶纹小杯残件，口径约7.9、底径约4.4、残高3.62、壁厚0.08～0.23厘米。从胎质、施釉、青花构图设计、青花用料和青花呈色等特点判断，此件标本的原器亦应属清嘉庆时期景德镇民窑的产品（图六九，1；图版六五，3）。

（34）tc-020号

青花缠枝莲纹盘残件，1件。此盘口沿、腹壁已大部分残失，仅残存口沿和腹壁很少的局部及约一半的圈足部分。从断茬剖面可以看出，盘为斜敞口，圆唇，外侈，浅腹，矮圈足，圈足外墙呈斜坡式内敛，圈足外墙高仅0.3厘米，内墙直壁下凹，高0.65厘米，胎壁厚0.2～0.3厘米。胎质不算坚致，也不够细密，内含较多小灰点，白胎。除圈足底边不施釉、裸露素胎之外，其余内壁，包括圈足内底，均施白釉，釉层较厚，釉面较光润，但在圈足内底遗有棕眼和较多细小的气泡痕迹。口沿施一周青花作为唇沿边饰。内壁唇沿边饰之下，又分别施一道（上边）和两道（下边）青花弦线，内绘一周青花卷草纹作为整个盘口的边饰。近盘底处又施两道青花弦线。在两道青花弦线之内，即整个盘内底部分绘青花缠枝莲纹。青花呈色暗蓝，略有晕散，在花蕊、花瓣和花叶上，也有深蓝色斑点，但均属人为加工所致，并非是使用了进口青料而产生的自然晕散和下沉形成的氧化铁结晶斑，其采用的青料仍为国产青料。外壁、腹壁表面残存青花折枝纹。圈足外墙表面施两道青花弦线。圈足内底中央署青花变体文字"大清嘉庆年制"六字三行款，外围青花单方栏，外侧无青花双线圈。

tc-020号青花缠枝莲纹盘残件，口径约14.7、底径约8.2、残高2.65、壁厚0.2～0.3厘米。从胎质、施釉、青花图案构图、画工、青花用料和青花呈色，以及圈足内底所署的青花变体文字"大清嘉庆年制"六字三行款所标识的时代等特点判断，此件标本应属清嘉庆时代景德镇民窑的产品无疑（图六九，2；图版三八，3）。

（35）tc-008号

白釉粉彩蝙蝠纹小碗残片，1件。此件小碗仅残存圈足及与其衔接的碗的下腹部局部一小块残片。从断茬剖面可以看出，此小碗胎质坚致，较为纯净，很少有杂质，白胎。壁厚适中，为0.3～0.4厘米。除圈足底沿未施釉以外，其余内、外壁表面皆施白釉，釉面光洁、明亮。碗心素面。外壁下腹部残存一只粉彩红色蝙蝠，朝上部碗口方向飞舞，其余只残存少许红色痕迹，已不能辨识是什么图案。圈足内底署青花楷体"□庆年制"四字双行款，外围青花双方栏。

tc-008号白釉粉彩蝙蝠纹小碗残片，残长4.75、残宽2.8、残高2.3、圈足直径约3.7、圈足外墙高0.7、壁厚0.3～0.4厘米。从胎质、施釉、釉面、粉彩纹饰，以及圈足内底所署的青花楷体四字款识等特点判断，此件小碗原器应属清嘉庆时期景德镇民窑的产品无疑（图版三四，1）。

（36）tc-023号

豆青釉盘残片，1件。此盘仅残存盘底与盘底相衔接的盘壁下腹局部，盘口和盘壁大部均已残失无存。从断茬剖面可以看出，盘壁下腹呈斜弧内收，与圈足衔接。圈足外墙呈斜坡状向内收敛，而非直壁下垂。盘壁厚度在0.3～0.4厘米，盘底厚度为0.5厘米。胎质坚致、细腻，无杂质，白胎。盘内外壁，包括圈足外墙，均施豆青釉，釉层较厚，釉面匀净、光洁、发亮。圈足底沿不施釉，素胎裸露，圈足内墙与内底均施白釉，仅涂一层，远不及盘内底和外壁的豆青釉光洁、亮丽。在圈足内底白色釉面上还遗有少量棕眼。此盘内外光素无纹。唯在圈足内底中央署青花变体文字"大清嘉庆年制"象征性六字三行款，外围青花单方栏。

tc-023号豆青釉盘残片，残长12.6、残宽7、底径8.6、残高2.3、壁厚0.3～0.4厘米。从胎质、施釉、釉面和圈足内底所署的青花变体文字款"大清嘉庆年制"等特点判断，此件标本应属清嘉庆时期景德镇民窑的产品无疑（图版四〇，1）。

（37）tc-106号

豆青釉粉彩寿桃纹碗残件，1件。此碗口沿、腹部和碗底已残失约四分之三，现仅存四分之一。从残存现状看，碗口作斜侈口略外展，小圆唇，弧腹，作缓慢下收，下接圈足，圈足外墙略呈斜壁内敛，高0.75厘米，内墙下凹，高0.9厘米。胎质较坚致，也较细密，但含有较多小灰点，灰白胎。胎壁近口沿处很薄，厚度仅0.1厘米，但下腹壁较厚，为0.7厘米。除圈足底边不施釉、露出素胎之外，其余内、外壁，包括圈足内底，均施釉。口沿唇边施一圈酱色釉。内壁及圈足内底和圈足内墙均施青白釉，虽釉层较薄，但匀净、细润、光洁。外壁及圈足外墙施豆青釉，釉层较厚，釉面润泽、发亮。在腹壁豆青釉之上又绘一周粉彩寿桃纹，现残存3个寿桃，据此推测，原器可能画8个寿桃。

tc-106号豆青釉粉彩寿桃纹碗残件，口径约12、底径4、高6.2、壁厚0.1～0.7厘米。从胎质、施釉、粉彩寿桃纹的设计、绘画作风等特点判断，此件标本的原器应属清嘉庆时期景德镇民窑的产品（图六九，3；图版六一，2）。

（38）tc-045号

粉彩石榴纹碗残片，1件。此标本仅残存碗下腹部很小的局部和圈足大部，其余绝大部分都已残失无存。从断茬剖面可以看出，碗的下腹部斜弧内收，与圈足衔接，圈足稍作外撇。圈足外墙高1厘米，内墙下凹，高1.1厘米。胎质坚致、细密，较纯净，很少有杂质，白胎。下腹壁厚0.5、碗底厚0.6厘米。除圈足底边不施釉、露出素胎之外，其余内、外壁，包括圈足内底，均施青白釉。釉层较厚，釉面较匀净、光洁。只在圈足内底发现有数个稀疏小棕眼。内壁碗心中央绘有一组粉彩石榴纹，三颗石榴为棕褐色，作三角形分布，三根石榴枝汇结在同一中心，三颗石榴之间的空隙处绘有绿色粉彩石榴叶。外壁下腹部绘粉彩缠枝花卉纹。圈足内底署红色粉彩"万"字结（亦称盘长结）纹样款，外无青花双线圈。

tc-045号粉彩石榴纹碗残片，底径5.6、残高2.73、壁厚0.5~0.6厘米。从胎质、施釉、粉彩图案构图设计、圈足内底署有红色粉彩"万"字结纹样款等特点判断，此标本应属清嘉庆时期景德镇民窑的产品（图六九，4；图版四五，1）。

（39）tc-046号

粉彩四季花卉纹碗残片，1件。此标本口沿已残失无存。腹壁大部分无存，仅余下腹部，唯圈足基本上是全形保存。从断荐剖面可以看出，碗壁上部较薄，厚度为0.25厘米，下腹略厚，为0.4厘米。下腹部呈斜弧内收，下接圈足。圈足直壁，外墙高1厘米。胎质坚致、细腻、纯洁，白胎。除圈足底边不施釉、裸露素胎之外，其余内、外壁，包括圈足内底，均施青白釉，釉层较厚，釉面匀净、润泽，仅在内壁近碗底处遗有2个支钉痕，在圈足内底遗有几个小棕眼。内壁碗心中央绘一周绿色粉彩花叶纹。外壁腹部残存四组粉彩四季花卉，均只余下部，上部残失。圈足内底署红色粉彩"万"字结纹样款，外无青花双线圈。

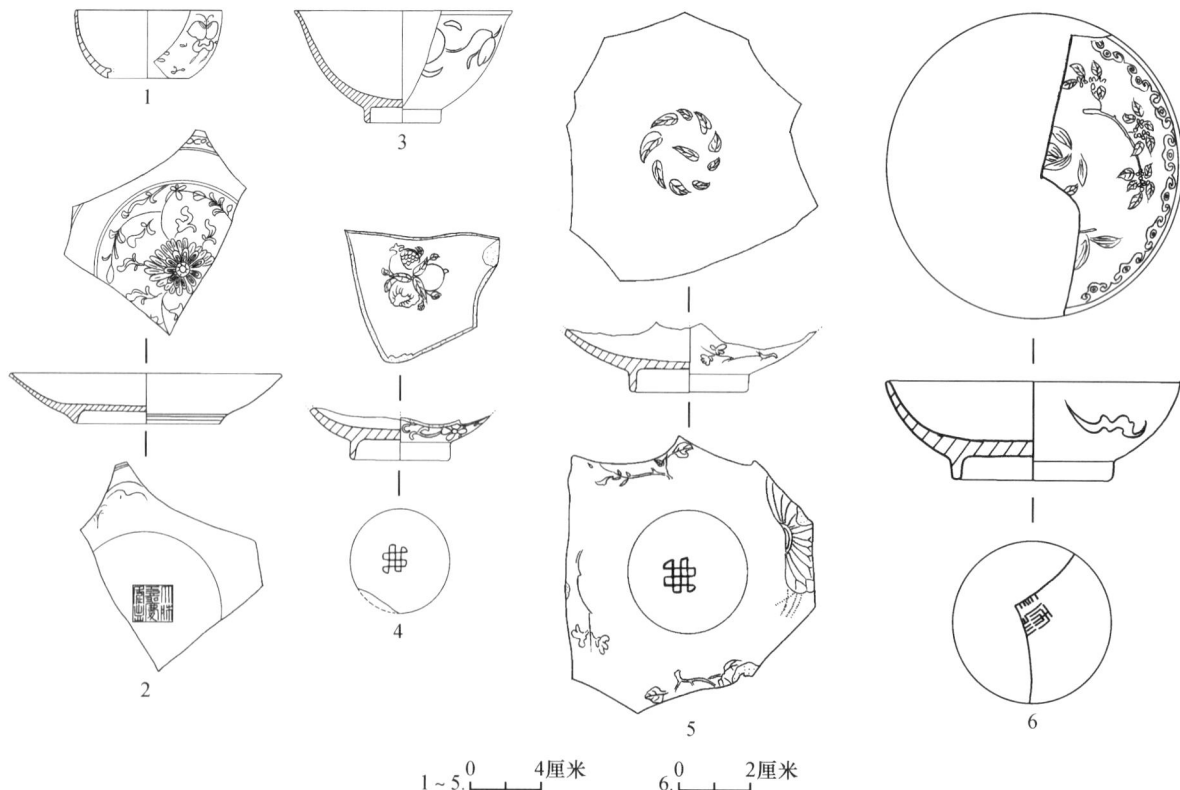

图六九　坦坦荡荡遗址出土清代中期民窑类瓷片标本

1. tc-124号青花蝴蝶纹小杯残件　2. tc-020号青花缠枝莲纹盘残件　3. tc-106号豆青釉粉彩寿桃纹碗残件　4. tc-045号粉彩石榴纹碗残片　5. tc-046号粉彩四季花卉纹碗残片　6. tc-107号粉彩四季花卉纹小碟残件

tc-046粉彩四季花卉纹碗残片，底径6.3、残高3.65、壁厚0.25～0.4厘米。从胎质、施釉、粉彩四季花卉构图设计、圈足内底所署红色粉彩"万"字结纹样款等特点看，此件标本在时代、窑属性质上，应同于tc-045号标本，即亦应属清嘉庆时期景德镇民窑的产品（图六九，5；图版四五，2）。

（40）tc-107号

粉彩四季花卉纹小碟残件，1件。此碟大半已残失无存，现仅残存口沿、腹壁不足一半，圈足不足三分之一的局部。从断茬剖面可以看出，碟为小圆唇，口沿略外侈，斜敞，腹壁弧曲下收，下接圈足。圈足直壁，底边稍内敛，外墙高0.4厘米，内墙下凹，高0.6厘米。胎壁上部较薄，近口沿处厚度只有0.1厘米，腹壁下部较厚，厚度为0.5厘米。胎质坚致、细腻、纯净，白胎。除圈足底边不施釉、露出素胎之外，其余内、外壁，包括圈足内底，均施白釉，釉层不厚，但釉面匀净、光洁。内壁口沿下施一道黄色粉彩弦线，其绘一周黄色粉彩如意云头纹作为口沿的边饰。底部绘粉彩四季花卉纹。因碟心残缺，四季花卉纹残缺不全，现存约三分之一的部分。外壁残存一只矾红粉彩蝙蝠纹，蝙蝠头朝碟心方向，两翼展开，作飞舞状。圈足内底署青花变体文字款"大清嘉□□□"象征性六字三行款。后三字因残损无存。

tc-107号粉彩四季花卉纹小碟残件，口径约8.11、底径约4.4、高2.6、壁厚0.1～0.5厘米。从胎质、施釉、粉彩构图设计、粉彩工艺，以及圈足内底所署青花变体文字款识等特点判断，此件标本的原器应属清嘉庆时期景德镇民窑的产品（图六九，6；图版六一，3）。

现将坦坦荡荡遗址出土的清代中期——嘉庆时期景德镇民窑瓷器残件和残片重点标本相关资料归纳成表一六（序号接续表一五），谨供参考。

表一六 坦坦荡荡遗址出土清代中期——嘉庆时期景德镇民窑类瓷片重点标本统计表

分期	朝代	序号	标本编号	器物名称	规格（厘米）	备注
清代中期	中期	22	tc-063	窑变铜红釉瓶残件	口径6.5、腹径10、底径5.4、残高14.98	景德镇民窑的窑变佳品，圈足曾被锯掉一截
	嘉庆时期	23	tc-025	青花白描缠枝莲纹碗残片	下腹径残长12.9、底径6.9、残高5.13、壁厚0.3～0.7	圈足内底署青花变体文字"大清嘉庆年制"六字三行款：
		24	tc-184	青花白描缠枝莲纹碗残片	残长8.9、残宽3.9、底径4.5、壁厚0.25～0.4	圈足内底署青花变体文字款"□（大）清嘉庆年制"，六字三行款，外围青花单方栏：
		25	tc-021	青花白描缠枝莲纹盘残件	口径约15.5、底径8、高2.6、壁厚0.2～0.3	圈足内底署青花变体文字"大清嘉庆年制"六字三行款，外围青花单方栏：
		26	tc-022	青花白描缠枝莲纹盘残件	口径15.2、底径8.6、高2.3、壁厚0.2～0.4	圈足内底署青花变体文字"大清嘉庆年制"六字三行款，外围青花单方栏：
		27	tc-116	青花白描缠枝莲纹碗残片	残长8、残宽7、壁厚0.2～0.5	

分期	朝代	序号	标本编号	器物名称	规格（厘米）	备注
清代中期	嘉庆时期	28	tc-117	青花白描缠枝莲纹碗残件	口径约10、底径3.6、高4.94、壁厚0.18～0.5	圈足内底署青花变体文字"□庆□制"四字双行款，外围青花单方栏：
		29	tc-065	青花白描龙凤纹碗残件	口径9.1、底径3.7、高5.2、壁厚0.2～0.4	圈足内底署青花变体文字款，外围青花单方栏："　"，文字不识
		30	tc-066	青花白描莲托八宝纹碗残件	口径9.73、底径4.25、高5.75、壁厚0.1～0.4	圈足内底署青花变体文字六字三行款，外围青花单方栏："　"，文字不识
		31	tc-121	青花杂宝纹碗残片	残长10.54、残宽3.85、壁厚0.2～0.3	
		32	tc-027	青花龙凤纹茶碗盖残件	口径约9.97、底径3.8、高3.5、壁厚0.11～0.4	捉手内底署青花变体文字"大清嘉庆年制"六字三行款，外围青花单方栏："　"
		33	tc-124	青花蝴蝶纹小杯残件	口径约7.9、底径约4.4、残高3.62、壁厚0.8～0.23	
		34	tc-020	青花缠枝莲纹盘残件	口径约14.7、底径约8.2、残高2.65、壁厚0.2～0.3	圈足内底署青花变体文字"大清嘉庆年制"六字三行款，外围青花单方栏："　"
		35	tc-008	白釉粉彩蝙蝠纹小碗残片	残长4.75、残宽2.8、残高2.3、圈足直径约3.7、壁厚0.3～0.4	圈足内底署青花楷体"□庆年制"四字双行款，外围青花双方栏："　"
		36	tc-023	豆青釉盘残片	残长12.6、残宽7、底径8.6、残高2.3、壁厚0.3～0.4	圈足内底署青花变体文字"大清嘉庆年制"象征性六字三行款，外围青花单方栏："　"
		37	tc-106	豆青釉粉彩寿桃纹碗残件	口径约12、底径4、高6.2、壁厚0.1～0.7	
		38	tc-045	粉彩石榴纹碗残片	底径5.6、残高2.73、壁厚0.5～0.6	圈足内底署红色粉彩"万"字结纹样款："　"
		39	tc-046	粉彩四季花卉纹碗残片	底径6.3、残高3.65、壁厚0.25～0.4	圈足底署红色粉彩万字结纹样款："　"
		40	tc-107	粉彩四季花卉纹小碟残件	口径约8.11、底径4.4、高2.6、壁厚0.1～0.5	圈足内底署青花变体文字"大清嘉□□□"象征性六字三行款："　"
合计		19件				

清代晚期　8件。

嘉道时期　2件。

（1）tc-108号

粉彩花卉回纹碗残片，1件。此件标本仅存碗口和腹壁不足五分之一的局部，其余大部分均已残失。从断茬剖面可以看出，口沿外展，圆唇，腹壁呈斜弧缓收。胎质坚致、细腻、纯净，白胎。胎壁较厚，近口沿厚0.25、腹壁厚0.55厘米。口沿和内壁施白釉，釉层较厚，釉面光洁，发亮。外壁口沿以下满施金黄釉。口沿上、下的金黄釉上分别施一道矾红彩弦线，两条弦线之间绘一周矾红彩回纹作为碗口沿的边饰。腹壁表面的金黄釉上绘粉彩花卉卷草纹，残存的花瓣填矾红彩，花叶填绿彩。

tc-108粉彩花卉回纹碗残片，残长7.4、残宽4、壁厚0.25～0.55厘米。从胎质、施釉、粉彩图案的构图及绘画特点等判断，此标本原器应属清嘉道时期景德镇民窑的产品（图七〇，1；图版六一，4）。

（2）tc-112号

青花菊纹盘残件，1件。此盘口沿、腹壁和圈足约有四分之三已残失，现仅残存约四分之一的局部。此盘弧壁，圆唇，腹壁斜敞，口沿稍内敛，深腹，下腹斜向内收，下接圈足。圈足外墙略呈斜坡式下垂，高1厘米，内墙下凹，高1.1厘米。胎壁较厚，上部厚0.3、下部厚0.4厘米。胎质较坚致、细密，含有较多小灰点，灰白胎。内壁与外壁腹部及圈足外墙施青白釉，釉层较厚，釉面匀净，较光洁。在外壁腹部表面遗有数个小棕眼。圈足底边和内底不施釉，裸露素胎。内壁口沿下施两道青花弦线；盘底边缘施三道青花弦线。在内侧腹部表面绘青花菊纹，现残存两朵菊花，菊瓣均为细长尖齿状，整体呈圆形风轮形。从残存的这两朵菊花的分布位置和间距判断，原器上应绘有八朵同式菊花。在每两朵菊花之间的空隙处，分别填绘青花曲线纹或螺旋纹。盘内底亦绘青花菊纹，表现形式与腹壁表面所绘的青花图案类似。外壁口沿下施两道青花弦线；近底处施一道青花弦线条带。在上、下弦线和条带之间，即外侧腹壁表面，绘有青花植物纹样款"ꙮ"，现只残存一个。此盘壁所绘青花图案和外壁所绘的植物纹样款所用青料为国产青料，青花呈色略显青翠。但绘工不够精细，显得较为潦草。

tc-112号青花菊纹盘残件，残长17.8、残宽12.6、高5.2、壁厚0.3～0.4厘米。从胎质、施釉、青花图案的构图设计、所用青料和青花呈色等特点判断，此件标本的原器应属清嘉道时期景德镇民窑的产品（图七〇，2；图版六二，3）。

道光时期　5件。序号接续。

（3）tc-105号

粉彩缠枝丝瓜双喜纹碗残件，1件。此碗口沿已残失约四分之三，腹壁已残失约五分之三，圈足已残失大半，现仅存口沿约四分之一、腹壁约五分之二，以及圈足一少半的部分。从断茬剖面看，此碗口沿为斜侈口，小圆唇，弧壁，下腹呈缓弧内收，下接圈足。圈足直壁，

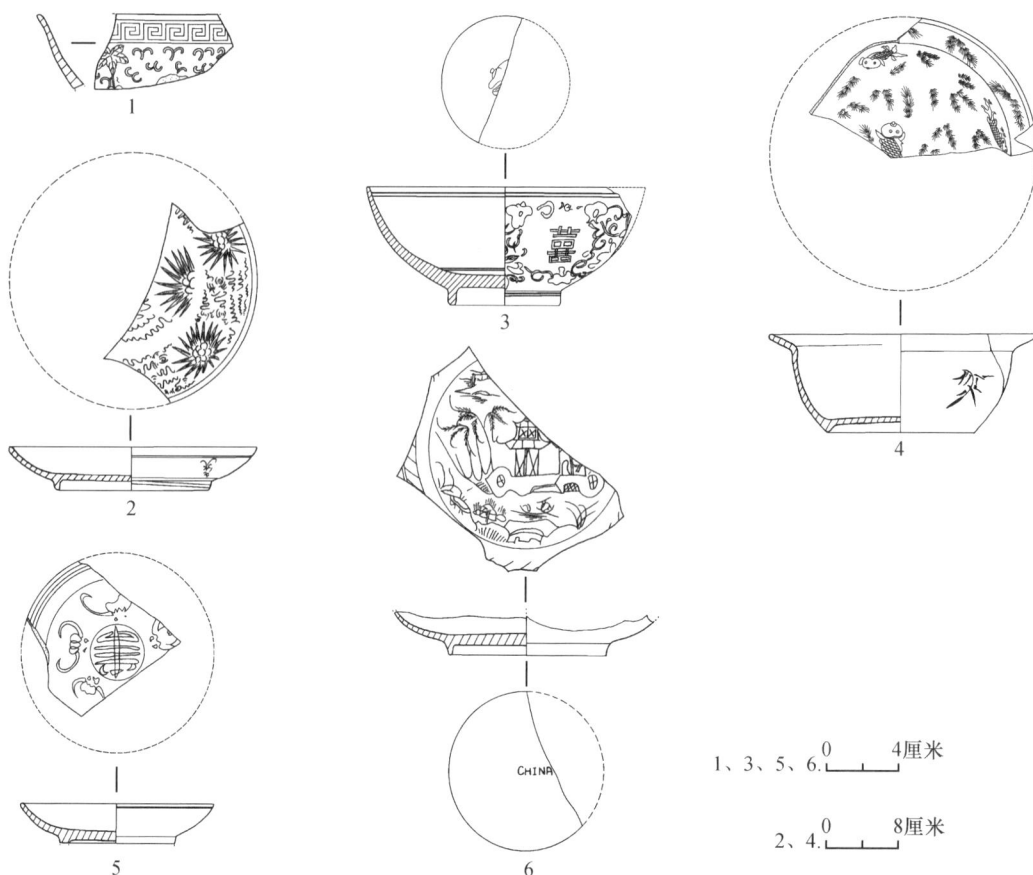

图七〇　坦坦荡荡遗址出土清代晚期民窑类瓷片标本

1. tc-108号粉彩花卉回纹碗残片　2. tc-112号青花菊纹盘残件　3. tc-105号粉彩缠枝丝瓜双喜纹碗残件　4. tc-043号青花鱼藻纹盆残件
5. tc-042号青花"五福捧寿"纹盘残件　6. tc-060号青花山水景物纹盘残片

外墙底边略内敛，高0.7厘米，内墙下凹，高0.8厘米。胎壁厚度适中，近口沿处厚0.15、下部厚0.45厘米。胎质较坚致、细密，内含小灰点，灰白胎。除圈足底边不施釉之外，其余内、外壁，包括圈足内底，均施青白釉，釉层较厚，釉面光润。内壁口沿下和碗底边缘分别施两道青花弦线。在上、下弦线之间，即内壁腹部，素面无纹。碗心中央绘粉彩丝瓜纹，残，只余图案上端。外壁口沿下和圈足外墙表面，亦分别施两道青花弦线。在外壁腹壁表面绘粉彩缠枝丝瓜双喜纹。其中双喜字、大丝瓜用红彩，以表示并强调这是本图案的主题要素，小的丝瓜纽和缠枝用绿彩，丝瓜花用黄彩。圈足内底署青花单方栏变体文字款，残，现仅存下面三字的下半截，且只有中间的"光"字可以辨识"　　"。原应为篆体六字三行款："大清道光年制"。

　　tc-105号粉彩缠枝丝瓜双喜纹碗残件，口径约14.8、底径5.8、高6.1、壁厚0.15～0.45厘米。从胎质、施釉、粉彩图案的构图设计、绘画风格，以及圈足内底所署的青花变体文字单方栏款中有"光"字等特点判断，此标本原器应属清道光时期景德镇民窑的产品（图七〇，3；图版六一，1）。

（4）tc-146号

粉彩缠枝丝瓜双喜纹碗残片，1件。此件标本口沿已完全残失，腹壁仅残存下腹部很小的一块，圈足只残存圈足边缘和内底一点胎壁。粉彩大部分已经脱落，只残存底部少许痕迹。从断茬剖面可以看出，胎质坚致、细腻、纯净，无杂质，白胎。胎壁厚度适中，腹壁厚0.3～0.7厘米。下腹作斜弧内收，下接圈足，圈足外墙呈直壁下垂，高0.7厘米，内墙垂直内凹，高0.8厘米。除圈足底边不施釉、露出素胎外，其余内、外壁，包括圈足内底，均施青白釉，釉层不厚，但釉面光润，仅在内壁近碗底处遗有一个黑斑疵点，在残余的圈足内底遗有几个小棕眼。内壁素面。外壁青白釉面上绘粉彩缠枝丝瓜双喜纹，其纹饰主题设计、绘画方式、风格与tc-105号标本大同小异。

tc-146号粉彩缠枝丝瓜双喜纹碗残片，残长8.9、残宽3.8、壁厚0.3～0.7厘米。从胎质、施釉、粉彩图案的纹饰设计、颜色搭配、绘画风格等特点看，该标本与tc-105号标本十分相似，二者应属同一时期、同一地方窑系的产品，即亦应为清道光时期景德镇民窑的产品（图版六九，3）。

（5）tc-064号

青釉仿哥釉瓶残片，1件。此瓶口、颈部已残失无存，只残余腹下部约三分之二、圈足约四分之一的部分。从断茬剖面看，此瓶腹壁下半部呈缓弧内收，下接高圈足。圈足底部呈小喇叭口外撇，圈足外墙高2.8厘米，内墙向内作斜直壁内凹，高3.2厘米。胎质坚致、细密，很少有小灰点，较纯净，灰胎。胎壁厚实，器体沉重。腹壁上部厚0.5、下部厚1.05厘米。除圈足底边不施釉之外，其余内、外壁，包括圈足内底，均施青釉。釉层外壁较厚，为0.1厘米；内壁仅施一层薄釉，釉面上遗有五六个小的黑色斑点，还遗有在制胎时采用盘筑法，以瓶底中心为圆心进行旋转而产生的多道螺旋纹，以手摸之，有明显的凸凹不平之感。内外壁釉面，均因烧制过程中发生窑变而形成疏密不同的龟裂开片纹，其中内壁的开片纹十分细密、微小；而外壁的开片纹则相对疏朗且较大，多呈小方块或小长方块碎片，开片纹理呈深灰色。釉面光亮，龟裂纹理自然，颇耐人赏视。

tc-064号青釉仿哥釉瓶残片，腹径约10、底径约6.4、残高8.1、壁厚0.5～1.05厘米。从器形、胎质、施釉工艺、开片形式和特点判断，此件标本的原器应属清道光时期景德镇民窑为仿哥釉瓷而专门烧制的产品（图版四九，4）。

（6）tc-173号

青灰釉仿哥釉瓶残片，1件。此瓶口、腹壁和器底均已残失无存，只剩下颈部不足二分之一、肩部约四分之一的部分。从断茬剖面看，此瓶口颈为圆形，上面原应塑有其他饰件，但因残无法推测其结构。颈肩衔接部位凸凹不平，遗有数处疵坑眼。肩为膨鼓肩，其下垂弧线接腹壁。因腹壁已残失，其形制特点不详。胎质坚致、细密，但不纯净，存在"夹馅"杂质，灰胎。胎壁较厚，肩部厚0.45、颈肩衔接部位厚1.3厘米。内壁表面凸凹不平，在肩腹结合部尚遗有挤压流淌的泥条痕迹。内、外壁的疵点较多，未见有开片纹。外壁釉层较厚，为0.07～0.18厘米。内壁施釉较薄，釉面较光亮，但显露的疵点较多，未见有开片纹。外壁青灰釉表面，布满因窑变形成的龟裂开片纹。此开片纹理呈土褐色，如纤细疏朗的植物须脉网络，爬满此瓶的颈肩，十分逼真而自然。其艺术水平明显高于tc-064号标本的开片纹，故更为悦目，也更耐人鉴赏。

tc-173号青灰釉仿哥釉瓶残片，腹径约14.5、残高约9、壁厚0.45～1.3厘米。从器形、胎质、制作工艺、施釉、开片纹饰等特点判断，此件标本原器亦属清道光时期景德镇民窑为仿哥釉瓷而特意烧制的产品（图版七三，4）。

（7）tc-043号

青花鱼藻纹盆残件，1件。此盆口沿、腹壁已残失约四分之三，器底也残失大半，现仅存口沿和腹壁约四分之一、器底一少半的部分。从断茬剖面看，此盆为宽折沿，圆唇上卷，深腹，弧壁，底微内凹。胎质较坚致、细密，但含有较多灰点，灰白胎。胎壁厚度适中，口沿、腹壁厚度在0.4～0.6厘米。内、外壁，包括器底，均施青白釉。内壁和盆内底均绘青花鱼藻纹。内壁现残存三条金鱼，残缺部分还应有一条，故原来内壁上应绘有四条金鱼，呈对称分布，相对两条的游动方向和姿态是一致的。有两条向上游动，另外两条则朝下游动。盆底正中还绘有一条青花金鱼，头朝外侧前方游动。这样看来，此盆内共绘有5条金鱼。在金鱼周围布满大大小小的青花鱼藻。金鱼的品种皆为"狮子头"，大大的头，胖胖的脸，圆圆的眼，硕长的尾鳍，小小的嘴，喁唼（yóng shà）于水藻之间，甚是逍遥自在。外壁残余一组青花竹叶纹，竹叶长叶弯卷，作迎风摆动状。盆内、外的画面，都充满了动感，绘工较为精致。使用的青料为国产青料，青花呈色青翠、鲜艳、悦目。

tc-043号青花鱼藻纹盆残件，口径约28.32、底径约15.5、高10.2、壁厚0.4～0.6厘米。从胎质、施釉、青花鱼藻纹的构图设计、金鱼和鱼藻的绘画笔法之精细，还有使用的青料和青花呈色等特点判断，此标本应属清道光时期景德镇民窑的佳品之一（图七〇，4；图版四四，4）。

光绪时期　1件。序号接续。

（8）tc-042号

青花"五福捧寿"纹盘残件，1件。此盘口沿、腹壁和圈足已大部残失，现仅存口沿、腹壁约七分之一和圈足约三分之一的局部。从断茬剖面看，此盘为斜侈口，圆唇，浅腹，平底，矮圈足。胎质较疏松，胎土不细密，质地发糠，内含杂质，盘体较轻。胎壁较厚，近口沿处厚0.25、下部厚0.5厘米。除圈足底边不施釉之外，其余内、外壁，包括圈足内底，均施乳白釉，釉层较薄，釉面疵点较多，不光洁。内壁遗有较多棕眼，外壁遗有不少气泡。外壁口沿下施一道青花弦线条带纹，腹壁与圈足内底均为素面。内壁口沿下施一道青花弦线条带纹，其下再施一道青花弦线作为盘口沿的边饰。近盘底处又施一道青花弦线。盘心中央署青花篆体"寿"字，外围青花单线圈。在盘底中间的青花单线圈和盘底边缘青花弦线之间，围绕盘底"寿"字周围，绘五只青花蝙蝠（现残存四只，原图应是五只），组成"五福捧寿"吉祥与祝福图案。五只蝙蝠皆作展翼飞舞姿态，头向一律朝着盘心的"寿"字。此青花图案呈色深蓝，但此深蓝色并无进口青料所产生的铁黑色结晶斑。

tc-042号青花"五福捧寿"纹盘残件，口径约10.35、底径6.11、高2、壁厚0.25～0.5厘米。

从胎质、施釉、釉面、青花"五福捧寿"图案的构图设计、绘画风格、使用的青料，以及青料呈色等特点判断，此件标本的原器应属清光绪时期磁州窑民窑的产品（图七〇，5；图版四四，3）。

民国时期 1件。序号接续。

（9）tc-060号

青花山水景物纹盘残片，1件。此盘口沿已残失无存，腹壁已绝大部分残缺，仅余盘底大半局部。从断茬剖面看，盘壁呈斜弧内收，下与圈足衔接。圈足很矮，圈足外墙作斜壁下垂，内、外墙高仅有0.45厘米。此盘胎壁较薄，近盘底部分厚度仅0.2～0.3厘米，可推知盘的上部和口沿部分更薄。胎质坚致、细腻，仅有很少小灰点。除盘的圈足底沿未施釉、露出一圈素胎之外，其余内、外壁，包括圈足内底，均施白釉，釉层较薄，釉面光洁。只在盘的外壁靠近圈足处和圈足内底发现几个小棕眼和一两个小疵点。其余部分，特别是盘的内壁，都是光润、无缺陷的。外壁素面。内壁上部绘青花宽带纹；近盘底处上、下各施一道青花弦线，在上、下弦线之间绘青花斜线纹；盘底内、外缘也施一道青花弦线作为内底的边饰。内底中间绘有主题图案——青花山水景物纹图案。画面分近、中、远三部分。近处绘有青花江崖、水草、树木、双孔拱桥、江水渔舟和坐在渔舟后面正在划桨的渔夫；中间绘的应该是码头，岸边建有高铁架岗楼式灯塔、码头灯塔的旁边长有树木；远处绘有逶迤远去的江岸和江水，以及江岸上的村舍和小桥。圈足内底中央署青花"CHINA"英文横排款。外周素面，无青花双线圈。此盘所绘的青花图案呈色较青翠，所用青料是国产青料无疑。

tc-060号青花山水景物纹盘残片，底径8.23、残高2.22、壁厚0.2～0.3厘米。从胎质、施釉、构图内容、青花用料、青花呈色，以及圈足内底所署的青花"CHINA"英文款等特点判断，此件标本原器应属民国时期景德镇民窑的产品（图七〇，6；图版四八，4）。

现将坦坦荡荡遗址出土的清代晚期（嘉道时期及嘉道以后）景德镇和磁州窑民窑瓷器残件和残片重点标本相关资料归纳成表一七，谨供参考。

表一七 坦坦荡荡遗址出土清代晚期——嘉道以后景德镇和磁州窑民窑类瓷片重点标本统计表

分期	朝代	序号	标本编号	器物名称	规格（厘米）	备注
清代晚期	嘉道时期	1	tc-108	粉彩花卉回纹碗残片	残长7.4、残宽4、壁厚0.25～0.55	
		2	tc-112	青花菊纹盘残件	残长17.8、残宽12.6、高5.2、壁厚0.3～0.4	在盘外侧腹壁表面绘有青花植物纹样款：
	道光时期	3	tc-105	粉彩缠枝丝瓜双喜纹碗残件	口径约14.8、底径5.8、高6.1、壁厚0.15～0.45	圈足内底署青花变体文字"□清□光□制"六字三行款：。因残，字迹很难辨识
		4	tc-146	粉彩缠枝丝瓜双喜纹碗残片	残长8.9、残宽3.8、壁厚0.3～0.7	

续表

分期	朝代	序号	标本编号	器物名称	规格（厘米）	备注
清代晚期	道光时期	5	tc-064	青釉仿哥釉瓶残片	腹径约10、底径约6.4、残高8.1、壁厚0.5～1.05	开片多为密集小方格形碎片
		6	tc-173	青灰釉仿哥釉瓶残片	腹径约14.5、残高约9、壁厚0.45～1.3	开片为疏朗的植物须脉网络纹碎片
		7	tc-043	青花鱼藻纹盆残件	口径约28.32、底径约15.5、高10.2、壁厚0.4～0.6	此件标本和以上几件标本，其窑属均为江西景德镇民窑的产品
	光绪时期	8	tc-042	青花"五福捧寿"纹盘残件	口径约10.35、底径约6.11、高2、壁厚0.25～0.5	此件标本属磁州窑产品
合计			8件			

一般标本

　　共95件。其中青花类瓷器77件，杂彩类瓷器14件，粉彩类瓷器4件。时代自明代晚期迄于清代晚期。现分别按瓷类及其时代早晚顺序，将"坦坦荡荡"遗址出土的这95件一般瓷器残片和残件标本相关资料，制成表一八至表二〇，谨供参考。

表一八　坦坦荡荡遗址出土民窑类青花瓷片一般标本统计表

序号	标本编号	器物名称	瓷类	年代	窑属性质	用项	规格（厘米）	款识		图版
								种类	图示	
1	tc-095	青花仙鹤纹碗底残片	青花	明晚期	民	日常生活	底径5.8、厚0.3～0.8	方形纹样款		五八，4
2	tc-101	青花菊纹碗底残片	青花	明晚期	民	日常生活	底径6.5、厚0.3～0.6	方形纹样款		六〇，1
3	tc-151	青花缠枝花卉纹残片	青花	明末清初	民	日常生活	残长9.5、厚0.6～0.7	无款		七〇，2
4	tc-089	青花"万"字纹碗底残片	青花	清早期	民	日常生活	底径4.4、厚0.3～0.5	方形变体文字款		五七，1
5	tc-090	青花虾纹碗底残片	青花	清早期	民	日常生活	底径7、厚0.3～0.6	方形变体文字款		五七，2
6	tc-074	青花"寿"字纹杯残件	青花	清早期	民	日常生活	口径5.1、底径2.7、通高3、厚0.2～0.3	方形变体文字款		五三，1
7	tc-078	青花缠枝莲纹碗底残片	青花	清早期	民	日常生活	底径4.5、厚0.3～0.5	方形纹样款		五四，1

序号	标本编号	器物名称	瓷类	年代	窑属性质	用项	规格（厘米）	款识		图版
								种类	图示	
8	tc-087	青花花卉纹碗底残片	青花	清早期	民	日常生活	底径5.2、厚0.3~0.7	方形纹样款		五六，3
9	tc-088	青花花卉纹碗底残片	青花	清早期	民	日常生活	底径5.7、厚0.5~0.6	方形纹样款		五六，4
10	tc-091	青花火珠纹碗底残片	青花	清早期	民	日常生活	底径6.3、厚0.4~0.6	方形纹样款		五七，3
11	tc-093	青花花卉纹碗底残片	青花	清早期	民	日常生活	底径6.7、厚0.3~0.7	方形变体文字款		五八，2
12	tc-096	青花云珠纹碗底残片	青花	清早期	民	日常生活	底径6.1、厚0.8	方形纹样款		五九，1
13	tc-097	青花花卉纹碗底残片	青花	清早期	民	日常生活	底径6.7、厚0.5~0.8	方形纹样款		五九，2
14	tc-098	青花云珠纹碗底残片	青花	清早期	民	日常生活	残长4.8、厚0.5	方形纹样款		五九，3
15	tc-163	青花缠枝菊纹盘底残片	青花	清早期	民	日常生活	底径11.4、厚0.6	方形纹样款		七二，1
16	tc-165	青花龟纹碗残片	青花	清早期	民	日常生活	口径13.2、厚0.3~0.4	无款		七二，3
17	tc-172	青花仙鹤纹碗残片	青花	清早期	民	日常生活	残长8.5、厚0.3~0.8	无款		七三，3
18	tc-070	青花"回"字纹鸟食罐残片	青花	清早期	民	日常生活	口径4.2、厚0.2~0.3	无款		五一，3
19	tc-160	青花花卉纹碗残片	青花	康熙	民	日常生活	口径13.8、厚0.2~0.4	无款		七一，4
20	tc-073	青花龙纹鼻烟壶残片	青花	康熙	民	日常生活	口径1.8、残高3.5、厚0.1~0.3	无款		五二，2
21	tc-186	青花花卉纹盒盖残片	青花	康熙	民	日常生活	长7.5、残宽3.6、厚0.5~0.8	无款		七五，5
22	tc-152	青花绶带纹盒盖残片	青花	康熙	民	日常生活	残长5.7、厚0.3~0.5	无款		七〇，3
23	tc-171	青花缠枝牡丹纹残片	青花	康熙	民	日常生活	残长8、厚0.6~0.8	无款		七三，2

续表

序号	标本编号	器物名称	瓷类	年代	窑属性质	用项	规格（厘米）	款识 种类	款识 图示	图版
24	tc-054	青花万寿纹碗底残片	青花	雍正	民	日常生活	底径4.3、厚0.3~0.6	四字花押款		四七, 1
25	tc-055	青花万寿纹碗残件	青花	雍正	民	日常生活	口径7、底径3.9、残高5.1	四字花押款		四七, 2
26	tc-075	青花花间寿字纹杯残件	青花	雍正	民	日常生活	底径2.9、残高3.8、厚0.3~0.5	四字花押款	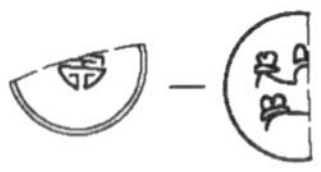	五三, 2
27	tc-076	青花缠枝花卉纹碗底残片	青花	雍正	民	日常生活	底径3.6、厚0.3~0.8	四字花押款		五三, 3
28	tc-015	青花卷草纹碗底残片	青花	雍正	民	日常生活	底径6、厚0.3~0.7	鱼纹款		三七, 1
29	tc-167	青花兰草纹碗底残片	青花	雍正	民	日常生活	底径5.7、厚0.2~0.7	"万"字结款		七二, 5
30	tc-077	青花花卉月华纹碗底残片	青花	雍正	民	日常生活	底径7.3、厚0.4~1.1	方形纹样款		五三, 4
31	tc-079	青花花卉月华纹碗底残片	青花	雍正	民	日常生活	底径6.5、厚0.4~1	方形纹样款		五四, 2
32	tc-080	青花花卉月华纹碗底残片	青花	雍正	民	日常生活	底径6.3、厚0.3~0.6	方形纹样款	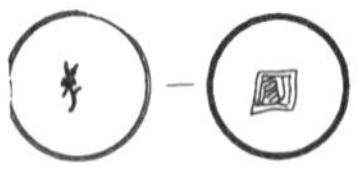	五四, 3
33	tc-081	青花花卉月华纹碗底残片	青花	雍正	民	日常生活	底径6.3、厚0.3~0.7	方形纹样款	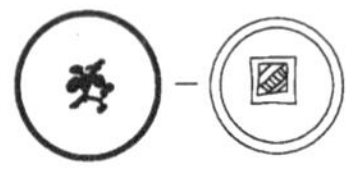	五五, 1
34	tc-082	青花花卉月华纹碗残片	青花	雍正	民	日常生活	底径6.2、厚0.3~0.7	方形纹样款	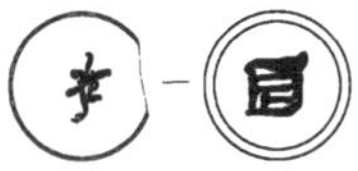	五五, 2
35	tc-085	青花碗底残片	青花	雍正	民	日常生活	底径4.6、厚0.3~0.7	方形变体文字款		五六, 1
36	tc-100	青花花卉月华纹碗底残片	青花	雍正	民	日常生活	底径6.3、厚0.4~0.6	方形纹样款	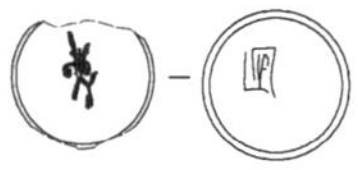	六〇, 3
37	tc-179	青花万寿纹碗残件	青花	雍正	民	日常生活	口径13.2、厚0.2~0.7	无款		七五, 1

序号	标本编号	器物名称	瓷类	年代	窑属性质	用项	规格（厘米）	款识种类	款识图示	图版
38	tc-110	青花梵文寿字盘残片	青花	雍正	民	日常生活	残长8.8、厚0.3~0.4	无款		六二，1
39	tc-135	青花寿字纹残件	青花	雍正	民	日常生活	口径4.7、底径3、高2.5、厚0.2~0.3	无款		六七，2
40	tc-092	青花花卉纹碗底残片	青花	乾隆	民	日常生活	底径6、厚0.3~0.7	方形变体文字款	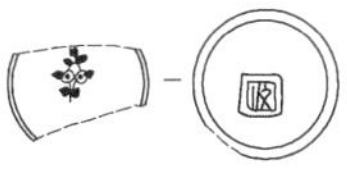	五八，1
41	tc-136	青花夔龙纹茶碗盖残片	青花	乾隆	民	日常生活	底径4.1、厚0.2~0.6	无款		六七，4
42	tc-161	青花龙纹碗残片	青花	乾隆	民	日常生活	残长3.8、厚0.2~0.4	无款		七一，5
43	tc-176	青花钱字纹碗残片	青花	乾隆	民	日常生活	口径20.2、厚0.2~0.3	无款		七四，3
44	tc-068	青花缠枝花卉纹碗残件	青花	乾隆	民	日常生活	残长8.7、厚0.3~0.5	无款		五一，2
45	tc-137	青花花卉纹折沿盘残片	青花	乾隆	民	日常生活	残长7.7、厚0.5~0.8	无款		六七，5
46	tc-142	青花提篮花卉纹盘残件	青花	乾隆	民	日常生活	口径13.2、底径7.7	无款		六八，2
47	tc-138	青花镂孔如意卷草纹花盆残片	青花	乾隆	民	陈设	残长7.3、厚0.7	无款		六七，6
48	tc-139	青花仿古代青铜器夔龙花盆残片	青花	乾隆	民	陈设	残长8.9、厚0.7	无款		六八，1
49	tc-143	青花仿古代青铜器夔龙花盆残片	青花	乾隆	民	陈设	残长8、厚0.6	无款		六八，4
50	tc-155	青花仿古代青铜器如意夔龙花盆残片	青花	乾隆	民	陈设	残长16、厚0.7	无款		七〇，6
51	tc-156	青花仿古代青铜器如意夔龙花盆残片	青花	乾隆	民	陈设	残长13.5、厚0.7	无款		七〇，7
52	tc-157	青花如意夔龙花盆残片	青花	乾隆	民	陈设	残长12、厚0.7	无款		七一，1
53	tc-158	青花卷草纹花盆残片	青花	乾隆	民	陈设	残长6、厚0.6	无款		七一，3

序号	标本编号	器物名称	瓷类	年代	窑属性质	用项	规格（厘米）	款识		图版
								种类	图示	
54	tc-148	青花仿古代青铜器夔龙花盆残片	青花	乾隆	民	陈设	残长4.6、厚0.6～0.8	无款		六九，4
55	tc-144	青花海水波浪纹瓶底残片	青花	乾隆	民	陈设	底径6、厚0.1	无款		六九，1
56	tc-141	青花缠枝莲纹盒盖残件	青花	乾隆	民	日常生活	残长4.8、厚0.3～0.4	无款		六八，3
57	tc-159	青花山水图盒盖残件	青花	乾隆	民	日常生活	残长4.6、厚0.4	无款		七一，2
58	tc-175	青花冰梅纹盒盖残件	青花	乾隆	民	日常生活	直径7.6、厚0.3	无款		七四，2
59	tc-026	青花缠枝变形莲瓣纹碗底残片	青花	清中期	民	日常生活	底径4、厚0.2～0.5	方形变体文字款		四〇，4
60	tc-032	青花海水江崖龙纹碗底残片	青花	清中期	民	日常生活	底径4.2、厚0.3～0.6	方形变体文字款		四二，2
61	tc-034	青花白描缠枝莲纹碗底残片	青花	清中期	民	日常生活	底径4.4、厚0.2～0.6	方形变体文字款		四二，4
62	tc-086	青花缠枝花卉纹碗底残片	青花	清中期	民	日常生活	底径3.7、厚0.2～0.6	方形纹样款		五六，2
63	tc-145	青花缠枝莲纹碗残片	青花	清中期	民	日常生活	口径14、厚0.3	无款		六九，2
64	tc-153	青花缠枝莲纹碗残片	青花	清中期	民	日常生活	口径9.8、厚0.3～0.6	无款		七〇，4
65	tc-170	青花花卉月华纹碗残件	青花	清中期	民	日常生活	口径16.3、底径6.8、高5.5、厚0.3～1.1	无款		七三，1
66	tc-189	青花缠枝莲纹碗残片	青花	清中期	民	日常生活	口径15.5、厚0.3～0.6	无款		七六，2
67	tc-133	青花缠枝花卉纹折沿盘残片	青花	清中期	民	日常生活	残长8、厚0.5～0.7	无款		六七，1
68	tc-174	青花花卉月华纹盘残片	青花	清中期	民	日常生活	残长6.5、厚0.3～0.6	无款		七四，1

续表

序号	标本编号	器物名称	瓷类	年代	窑属性质	用项	规格（厘米）	款识		图版
								种类	图示	
69	tc-188	青花花卉月华纹盘残件	青花	清中期	民	日常生活	残长7.7、厚0.3～0.6	无款		七六，3
70	tc-181	青花缠枝花卉纹残片	青花	清中期	民	日常生活	口径5.4、残高3.2、厚0.3	无款		七五，2
71	tc-190	青花缠枝莲纹罐残片	青花	清中期	民	日常生活	残长8.8、厚0.3～0.8	无款		七六，4
72	tc-149	青花折枝花卉纹盒残件	青花	清中期	民	日常生活	口径7.2、底径5.3、高3、厚0.6～0.4	无款		六九，5
73	tc-150	青花折枝花卉纹盒残件	青花	清中期	民	日常生活	口径6.6、底径4.3、高2.4、厚0.6～0.3	无款		七〇，1
74	tc-028	青花海水江崖纹碗底残片	青花	嘉庆	民	日常生活	底径4.4、厚0.3～0.6	方形变体文字款		四一，2
75	tc-033	青花白描缠枝莲纹碗底残片	青花	嘉庆	民	日常生活	底径4.3、厚0.2～0.5	方形变体文字款		四二，3
76	tc-041	青花碗底残片	青花	嘉庆	民	日常生活	底径6.1、厚0.4～0.9	方形变体文字款		四四，2
77	tc-177	青花缠枝花卉纹罐残片	青花	清晚期	民	日常生活	底径14.6、厚0.4～0.7	无款		七四，4

表一九　坦坦荡荡遗址出土民窑类杂彩瓷片一般标本统计表

序号	标本编号	器物名称	瓷类	年代	窑属性质	用项	规格（厘米）	款识		图版
								种类	图示	
1	tc-061	黄釉碗残件	杂彩	康熙	民	日常生活	高5.7、厚0.2～0.5	无款		四九，1
2	tc-029	豆青釉碗底残片	杂彩	乾隆	民	日常生活	底径5.4、厚0.4～0.7	方形变体文字款		四一，3
3	tc-031	豆青釉碗底残片	杂彩	乾隆	民	日常生活	底径3.8、厚0.5～0.6	方形变体文字款		四二，1
4	tc-035	豆青釉碗底残片	杂彩	乾隆	民	日常生活	底径3.7、厚0.4～0.8	方形变体文字款		四二，5
5	tc-038	豆青釉碗残件	杂彩	乾隆	民	日常生活	口径9.8、底径3.6、高4.9、厚0.2～0.8	方形变体文字款		四三，3

续表

序号	标本编号	器物名称	瓷类	年代	窑属性质	用项	规格（厘米）	款识		图版
								种类	图示	
6	tc-039	豆青釉碗底残片	杂彩	乾隆	民	日常生活	底径6、厚0.4~1.2	方形变体文字款		四三，4
7	tc-040	豆青釉碗底残片	杂彩	乾隆	民	日常生活	底径4.4、厚0.4~0.8	方形变体文字款		四四，1
8	tc-083	豆青釉杯残件	杂彩	乾隆	民	日常生活	底径2.5、高3.7、厚0.2~0.6	方形变体文字款		五五，3
9	tc-024	豆青釉碗残件	杂彩	清中期	民	日常生活	口径12.2、底径5、高6.25、厚0.3~0.6	方形变体文字款		四〇，2
10	tc-030	豆青釉碗底残片	杂彩	清中期	民	日常生活	底径5.9、厚0.4~0.9	方形变体文字款		四一，4
11	tc-036	豆青釉碗底残片	杂彩	清中期	民	日常生活	底径4.2、厚0.4~0.8	方形变体文字款		四三，1
12	tc-037	豆青釉盘残件	杂彩	清中期	民	日常生活	口径15、底径9、通高3.1、厚0.4~0.8	方形变体文字款		四三，2
13	tc-099	豆青釉碗残件	杂彩	清中期	民	日常生活	口径11.6、底径3.8、高6.6、厚0.3~0.7	方形变体文字款		五九，4
14	tc-071	青白釉鸟食罐残件	杂彩	清中期	民	日常生活	残高3.3、厚0.2~0.3	无款		五一，5

表二〇　坦坦荡荡遗址出土民窑类粉彩瓷器残片一般标本统计表

序号	标本编号	器物名称	瓷类	年代	窑属性质	用项	规格（厘米）	款识		图版
								种类	图示	
1	tc-094	粉彩花卉纹碗底残片	粉彩	清早期	民	日常生活	底径6.7、厚0.4~0.5	方形纹样款		五八，3
2	tc-084	豆青釉粉彩寿桃纹小盘残片	粉彩	清中期	民	日常生活	残长5、厚0.3~0.5	方形变体文字款		五五，4
3	tc-178	粉彩鱼藻纹残片	粉彩	清中期	民	日常生活	口径17.7、厚0.3~0.4	无款		七四，5
4	tc-187	粉彩瓜蝶连绵碗残片	粉彩	清中期	民	日常生活	残长6.7、厚0.5~0.8	无款		七六，1

根据以上介绍和表一三至表二〇记录的相关资料，现可将坦坦荡荡遗址出土的全部民窑瓷片标本所涵盖的种类和各个种类出土的数量，以及其年代分布特点，再进一步归纳出表二一，以从总体上了解和认识民窑瓷器在圆明园坦坦荡荡景点的存在和使用等方面的一些基本特点。

从表二一归纳的项目和内容可以看出，坦坦荡荡遗址出土的民窑瓷器具有以下几个特点。

1）时代特点明显。只包含明代晚期和清代早、中、晚三期，未见明中期或更早时代者。即只含有明嘉靖，万历及其以后的明晚期瓷器，以及明末清初和清康熙、雍正、乾隆、嘉庆、道光、光绪几个时期的瓷器。

表二一　坦坦荡荡遗址出土民窑类瓷片标本种类、数量及年代统计表

瓷器种类	时代		占该遗址出土民窑瓷器总数（174件）的百分比（%）	占该遗址出土瓷器总数（186件）的百分比（%）	标本编号（tc-）	数量
青花	明代	嘉靖	6.9	6.45	154	1
		万历			048、129	2
		晚期			011、164、014、016、017、012、013、095、101	9
	明末清初		1.72	1.61	067、049、151	3
	清代早期	早期	30.46	28.49	162、132、089、090、074、078、087、088、091、093、096、097、098、163、165、172、070	17
		康熙			010、115、009、118、160、073、166、186、152、171	10
		雍正			114、050、051、052、053、056、122、125、054、055、075、076、015、167、077、079、080、081、082、085、100、179、110、135	24
		雍乾			057、113	2
	清代中期	乾隆	36.21	33.87	019、058、062、072、111、123、126、059、119、002、003、127、069、128、092、136、161、176、068、137、142、138、139、143、155、156、157、158、148、144、141、159、175	33
		中期			026、032、034、086、145、153、170、189、133、174、188、181、190、149、150	15
		嘉庆			025、184、021、022、116、117、065、066、121、027、124、020、028、033、041	15
	清代晚期	晚期	2.3	2.15	177	1
		嘉道			112	1
		道光			043	1
		光绪			042（这是唯一一件磁州窑产品）	1
	民国时期		0.58	0.54	060	1
	合计		78.17	73.11		136

续表

瓷器种类	时代		占该遗址出土民窑瓷器总数（174件）的百分比（%）	占该遗址出土瓷器总数（186件）的百分比（%）	标本编号（tc-）	数量
杂彩	清早期	清初	1.15	1.08	134	1
		康熙			061	1
	清中期	乾隆	12.07	11.29	004、130、006、103、005、183、029、031、035、038、039、040、083	13
		中期			063、024、030、036、037、099、071	7
		嘉庆			023	1
	清晚期	道光	1.15	1.08	064、173	2
	合计		14.37	13.45		25
粉彩	清早期		0.58	0.54	094	1
	清中期	乾隆	5.17	4.84	007	1
		中期			084、178、187	3
		嘉庆			008、106、045、046、107	5
	清晚期	嘉道	1.72	1.61	108	1
		道光			105、146	2
	合计		7.46	6.99		13

注：表中数字下面带"·"符号者为重点标本，不带符号者为一般标本

2）瓷器种类不全，只有青花、杂彩（单色瓷）和粉彩三种，缺五彩瓷，以青花瓷为主。坦坦荡荡遗址共出土青花瓷136件，占该遗址出土民窑瓷器总数（174件）的78.17%，占该遗址出土瓷器总数（186件）的73.11%。这一比例比出土的杂彩瓷和粉彩瓷之和还高出两倍多。杂彩瓷的数量比粉彩瓷略多，约为粉彩瓷的两倍，占该遗址出土民窑瓷器总数的14.37%，而粉彩瓷仅占该遗址出土民窑瓷器总数的7.46%。

3）以瓷器种类和出土数量看，民窑瓷器以清代中期，尤以乾隆时期最为丰富和突出。统计资料显示，明晚期民窑瓷器虽在圆明园存在，但一是出土数量少，二是种类单一，只见青花而未见别的种类。清代早期的民窑瓷器，只见有数量较多的青花瓷和数量很少的杂彩瓷，罕见粉彩瓷和五彩瓷。至清代中期，格局发生了很大变化，瓷器种类除青花、杂彩之外，又有了粉彩，且每一种类的出土数量都超过前朝和后世。如青花瓷，清中期即出土63件，占到该遗址出土民窑青花瓷总数（136件）的46.3%，占该遗址出土民窑瓷器总数（174件）的36.21%。其中乾隆时期就出土33件，占到该遗址出土清中期民窑青花瓷总数的52.4%。民窑杂彩瓷，坦坦荡荡遗址一共出土25件，其中清早期和清晚期均各出2件，其余21件均为清中期出土，占该遗址出土杂彩民窑瓷总数（25件）的84%，而乾隆时期就出土13件，占该遗址出土杂彩民窑瓷总数的52%。粉彩民窑瓷，坦坦荡荡遗址一共出土13件，其中清早期1件，清晚期3件，其余9件均

为清中期，占该遗址出土民窑粉彩瓷总数（13件）的69.23%。这从另一个侧面反映出清代中期，尤其是乾隆时期，圆明园这座皇家园林曾出现过空前的繁荣。

4）瓷器用项特点明显。主要是日常生活用瓷，比例占90%以上。其次为陈设用瓷，比例不到10%。日常生活用瓷主要是碗、盘、杯、罐、盆、盒之类。陈设用瓷最多见者为花盆。未见祭祀用瓷，原因与坦坦荡荡景点的用途性质有关，这在前面官窑瓷器一节中已有说明，在此不赘。

5）窑属特点清楚。绝大多数各类民窑瓷器，均属清代江西景德镇民窑烧制，绝少有其他窑系的产品。经统计，在坦坦荡荡遗址出土的174件民窑瓷器中，只发现1件（tc-042号）青花"五福捧寿"盘是由清晚期光绪时期河北磁州民窑烧制的产品，其余173件皆出自江西景德镇民窑。

6）款识特点尤为明显。众所周知，清代民窑器的款识种类繁多，据不完全统计，有30余种。坦坦荡荡遗址出土的景德镇民窑瓷器的款识种类即有12种，共计91件，占该遗址出土民窑瓷器总数（174件）的52.3%，算是比较丰富的。这12种款识包括：①植物纹样款，6件；②方形纹样款，22件；③方形变体文字款，38件；④双线圈款，2件；⑤赞颂款，1件；⑥花押款，8件；⑦纪年款，6件；⑧伪托款，2件（不含官窑器tc-001号标本）；⑨吉言款，1件；⑩动物纹样款——鱼纹款，1件；⑪图案款——"万"字结款，3件；⑫外文款——英文款，1件。

为了全面了解和考察坦坦荡荡遗址民窑瓷器在款识方面的特点，我们对以上所列举的12种款识资料又做了分类归纳，列出表二二至表二七，以便就此问题再做进一步分析。

表二二 坦坦荡荡遗址出土植物纹样款识瓷片标本统计表

标本编号	器物名称	数量	时代	款识
tc-011 ·	青花骏马纹碗残件	1	明晚期	
tc-012 ·	青花葡萄纹碗残件	1	明晚期	
tc-013 ·	青花螃蟹纹碗残片	1	明晚期	
tc-014 ·	青花葡萄纹碗残片	1	明晚期	
tc-016 ·	青花葡萄纹碗残片	1	明晚期	
tc-017 ·	青花葡萄纹碗残片	1	明晚期	
合计		6	均属明晚期	

注：标本编号下面带"·"符号者为重点标本；另，tc-112残存的植物纹样款绘于盘外壁，不属于器物底款，不在此统计之内

表二三　坦坦荡荡遗址出土方形纹样款识瓷器残件和残片标本统计表

标本编号	器物名称	数量	时代	款识
tc-095	青花仙鹤纹碗底残片	1	明晚期	
tc-101	青花菊纹碗底残片	1	明晚期	
tc-078	青花缠枝莲纹碗底残片	1	清早期	
tc-087	青花花卉纹碗底残片	1	清早期	
tc-088	青花花卉纹碗底残片	1	清早期	
tc-091	青花火珠纹碗底残片	1	清早期	
tc-094	粉彩花卉纹碗底残片	1	清早期	
tc-096	青花云珠纹碗底残片	1	清早期	
tc-097	青花花卉纹碗底残片	1	清早期	
tc-098	青花云珠纹碗底残片	1	清早期	
tc-163	青花缠枝菊纹盘底残片	1	清早期	
tc-077	青花花卉月华纹碗底残片	1	雍正	
tc-079	青花花卉月华纹碗底残片	1	雍正	
tc-080	青花花卉月华纹碗底残片	1	雍正	

续表

标本编号	器物名称	数量	时代	款识
tc-081	青花花卉月华纹碗底残片	1	雍正	
tc-082	青花花卉月华纹碗残片	1	雍正	
tc-100	青花花卉月华纹碗底残片	1	雍正	
tc-050 ·	青花花间寿盘残片	1	雍正	
tc-051 ·	青花花间寿碗残片	1	雍正	
tc-114 ·	青花花间寿缠枝莲挂寿小盘残件	1	雍正	
tc-113 ·	青花花卉月华纹盘残件	1	雍乾	
tc-058 ·	青花凤穿牡丹纹盏托残件	1	乾隆	
合计		22	明晚期2 清早期9 雍正9 雍乾1 乾隆1	

注：标本编号下面带"·"符号者为重点标本，不带符号者为一般标本

表二四 坦坦荡荡遗址出土方形变体文字款识瓷片标本统计表

标本编号	器物名称	数量	时代	款识
tc-074	青花"寿"字纹杯残件	1	清早期	
tc-089	青花"万"字纹碗底残片	1	清早期	
tc-090	青花虾纹碗底残片	1	清早期	

续表

标本编号	器物名称	数量	时代	款识
tc-093	青花花卉纹碗底残片	1	清早期	
tc-085	青花碗底残片	1	雍正	
tc-029	豆青釉碗底残片	1	乾隆	
tc-031	豆青釉碗底残片	1	乾隆	
tc-035	豆青釉碗底残片	1	乾隆	
tc-038	豆青釉碗残件	1	乾隆	
tc-039	豆青釉碗底残片	1	乾隆	
tc-040	豆青釉碗底残片	1	乾隆	
tc-083	豆青釉杯残件	1	乾隆	
tc-092	青花花卉纹碗底残片	1	乾隆	
tc-026	青花缠枝变形莲瓣纹碗底残片	1	清中期	
tc-032	青花海水江崖龙纹碗底残片	1	清中期	
tc-034	青花白描缠枝莲纹碗底残片	1	清中期	
tc-024	豆青釉碗残件	1	清中期	

标本编号	器物名称	数量	时代	款识
tc-030	豆青釉碗底残片	1	清中期	
tc-036	豆青釉碗底残片	1	清中期	
tc-037	豆青釉盘残件	1	清中期	
tc-084	豆青釉粉彩寿桃纹小盘残片	1	清中期	
tc-086	青花缠枝花卉纹碗底残片	1	清中期	
tc-099	豆青釉碗残件	1	清中期	
tc-028	青花海水江崖纹碗底残片	1	嘉庆	
tc-033	青花白描缠枝莲纹碗底残片	1	嘉庆	
tc-041	青花碗底残片	1	嘉庆	
tc-020	青花缠枝莲纹盘残件	1	嘉庆	
tc-021	青花白描缠枝莲纹盘残件	1	嘉庆	
tc-022	青花白描缠枝莲纹盘残件	1	嘉庆	
tc-023	豆青釉盘残片	1	嘉庆	
tc-025	青花白描缠枝莲纹碗残片	1	嘉庆	

续表

标本编号	器物名称	数量	时代	款识
tc-027 ·	青花龙凤纹茶碗盖残件	1	嘉庆	
tc-065 ·	青花白描龙凤纹碗残件	1	嘉庆	
tc-066 ·	青花白描莲托八宝纹碗残件	1	嘉庆	
tc-107 ·	粉彩四季花卉纹小碟残件	1	嘉庆	
tc-184 ·	青花白描缠枝莲纹碗残片	1	嘉庆	
tc-117 ·	青花白描缠枝莲纹碗残件	1	嘉庆	
tc-105 ·	粉彩缠枝丝瓜双喜纹碗残件	1	道光	
合计		38	清早期4 雍正1 乾隆8 清中期10 嘉庆14 道光1	

注：标本编号下面带"·"符号者为重点标本，不带符号者为一般标本

表二五　坦坦荡荡遗址出土双线圈款、赞颂款和花押款识瓷片标本统计表

款名	标本编号	器物名称	数量	时代	款识
双线圈款	tc-010 ·	青花冰梅纹观音瓶残片	1	康熙	
	tc-115 ·	青花提篮花卉纹盘残件	1	康熙	
赞颂款	tc-009	青花山水纹小杯残件	1	康熙	

款名		标本编号	器物名称	数量	时代	款识
花押款	四字梵文花押款	tc-052 •	青花花间寿碗残片	1	雍正	
		tc-053	青花花间寿碗残片	1	雍正	
	象征性四字符号花押款	tc-056 •	青花梵文万寿碗残片	1	雍正	
		tc-057	青花花卉月华纹碗残片	1	雍正	
		tc-054 •	青花万寿纹碗底残片	1	雍正	
		tc-055	青花万寿纹碗残件	1	雍正	
		tc-075	青花花间寿字纹杯残件	1	雍正	
		tc-076	青花缠枝花卉纹碗底残片	1	雍正	
合计				11	康熙3 雍正8	双线圈款2 赞颂款1 花押款8

注：标本编号下面带"·"符号者为重点标本，不带符号者为一般标本

表二六　坦坦荡荡遗址出土纪年款、伪托款和吉言款识瓷片标本统计表

款名	标本编号	器物名称	数量	时代	款识	
纪年款	tc-004 •	霁蓝釉瓶残片	1	乾隆		篆体六字三行款
	tc-005 •	豆青釉盘残片	1	乾隆		篆体六字三行款，上面三字残失
	tc-006 •	蓝釉碗底残片	1	乾隆		篆体六字三行款，下面三字残失
	tc-007 •	白釉粉彩缠枝纹碗残片	1	乾隆		篆体六字三行款

款名	标本编号	器物名称	数量	时代	款识
纪年款	tc-008 ·	白釉粉彩蝙蝠纹小碗残片	1	嘉庆	嘉庆年制 楷体四字双行款
	tc-019 ·	青花松竹梅纹汤勺残片	1	乾隆	篆体六字三行款
伪托款	tc-001 ·	青花缠枝莲纹盘残片（官窑）	1	乾隆（乾隆仿宣德）	大明宣德年制 楷体六字双行款
	tc-002 ·	青花缠枝莲纹小碗残片	1	乾隆（乾隆仿成化）	成化年制 成字少一点，楷体四字双行款
	tc-003 ·	青花双龙戏珠纹茶碗盖残件	1	乾隆（乾隆仿成化）	成化年制 成字右边残，楷体四字双行款
吉言款	tc-059 ·	青花缠枝莲纹碗残片	1	乾隆	篆体二字，自右至左横排："大福" 外围青花双方栏
合计			10		纪年款6（乾隆5，嘉庆1） 伪托款3（皆为乾隆） 吉言款1（乾隆）

注：标本编号下面带"·"符号表示为重点标本，不带符号者为一般标本

表二七　坦坦荡荡遗址出土动物纹样款、图案款（万字结）和外文款识瓷片标本统计表

款名		标本编号	器物名称	数量	时代	款识
动物纹样款	鱼纹款	tc-015	青花卷草纹碗底残片	1	雍正	
图案款	万字结	tc-167	青花兰草纹碗底残片	1	雍正	
		tc-045 ·	粉彩石榴纹碗残片	1	嘉庆	
		tc-046 ·	粉彩四季花卉纹碗残片	1	嘉庆	
外文款	英文款	tc-060	青花山水景物纹盘残片	1	民国	青花英文横排款
合计				5	雍正2 嘉庆2 民国1	动物纹样款——鱼纹款1 图案款——万字结款3 外文款——英文款1

注：标本编号下面带"·"符号者为重点标本，不带符号者为一般标本

　　通过表二二至表二七对坦坦荡荡遗址出土民窑瓷器款识的分类归纳，不难看出，植物纹样款、方形纹样款、双线圈款、赞颂款、方形变体文字款（一少部分）、花押款，以及动物纹样款（鱼纹款）七类款识，在坦坦荡荡遗址都是属于早期出现的款识类型。其中以植物纹样款和方形纹样款出现的年代最早，在明代晚期即已出现；双线圈款和赞颂款出现于康熙时期；方形变体文字款（少数）出现于清早期至雍正时期；花押款和动物纹样款（鱼纹款）均出现于雍正时期。方形变体文字款（大部分）、纪年款、伪托款、吉言款及图案款（万字结款）这五类款识，基本上都是清代中期出现的款识，特别前四类——方形变体文字款、纪年款、伪托款和吉言款，主要都是集中出现于乾隆时期。图案款内的万字结款，则主要出现于嘉庆时期，至于外文款——英文款"CHINA"，仅见1例，应属于个别发现，其时代已晚至民国时期。

　　统计资料表明，在坦坦荡荡遗址，带款识的民窑瓷器，最早出现于明代晚期。当时所见类型只有植物纹样款和方形纹样款两种，且数量有限。进入清代早期之后，植物纹样款不见，方形纹样款数量却明显增多。同时又增添了五个新的款识类型，即双线圈款、赞颂款、方形变体文字款、花押款和动物纹样款（鱼纹款）五种，其中方形变体文字款与花押款数量较多。款识类型和数量，呈现出初步拓展和繁荣发展的局面。及至清代中期，款识类型和数量在清代早期的基础上又有进一步拓展和发展，增添了纪年款、伪托款、吉言款和图案款（万字结）四种。其中方形变体文字款的数量激增，此期已增至32例，占该类款识出土总数（38例）的84.2%。纪年款绝大多数属乾隆时期，伪托款和吉言款则皆属乾隆时期。这表明，清代中期，特别是乾隆时期，是坦坦荡荡景点民窑瓷器款识种类最为丰富、数量最多的时期。到清代晚期——道光时期，在坦坦荡荡遗址出土的民窑瓷器款识种类只有方形变体文字款一种，且只有1件，已呈现全面衰落和一蹶不振的局面。

第五节　结　　语

一、坦坦荡荡遗址考古遗迹的年代问题

　　坦坦荡荡景点始建于康熙后叶，初名"金鱼池"，是胤禛赐园十二景之一。从胤禛所做的咏《金鱼池》诗可知，作为胤禛赐园时期的金鱼池，其平面形状当是"卍"字形。至乾隆四年（1739年），乾隆皇帝仿照杭州西湖"玉泉鱼跃"一景，重新对该景点进行了扩建和改造，将胤禛赐园时期的"卍"字形金鱼池，改建成三个矩形、呈倒"品"字形结构的大鱼池，并于此年十一月，正式改称此景点为"坦坦荡荡"。本次考古发掘证实了经乾隆改建的呈倒"品"字形三个矩形鱼池的存在。

　　本次考古发掘，在金鱼池中央的平台上揭示出五间敞厅基址，为光风霁月遗址；在池南临近湖岸的空地上，发掘出东西向一字排开的一组主体建筑，中间规格较大的五间基址为

坦坦荡荡（素心堂）遗址；东、西两侧各有规格略小的五间基址，分别为半亩园和澹怀堂遗址；东北侧发掘出知鱼亭及其游廊基址，还有萃景斋；西侧和西北侧则发掘出三间双佳斋基址和数座值房基址。在遗址北面的湖岸上正对着金鱼池南北中轴线的位置，还发掘出一座以汉白玉石材建造的跨河桥涵基址，从出土的汉白玉栏板上所具的三字楷书铭文和带四字篆体"乾隆御笔"戳记可以明确证实，此桥正是乾隆时期经乾隆御批、命名、御笔题签桥名的碧澜桥。此外，在发掘金鱼池的过程中，在池底的淤泥中还出土了2件铜壶和1件西洋式钟表。在2件铜壶的圈足表面均铸有楷体"大清乾隆年造"六字铭文，证明这2件铜壶确系乾隆年间铸制的，并于乾隆时期在坦坦荡荡这处景点使用过。西洋式钟表经检测、验证，也是乾隆年间由广州制作，经粤海关官员进献给朝廷的，也曾在坦坦荡荡景点中被乾隆或皇后、嫔妃们鉴赏过。

考古发掘所揭示出来的坦坦荡荡遗址的建筑遗迹，其分布、建筑格局、体量规格等，与成书于乾隆四十二年（1777年）或稍后的《日下旧闻考》中关于坦坦荡荡景点的记载是完全吻合的。这表明：①《日下旧闻考》关于坦坦荡荡景点的记述，确为乾隆时期对坦坦荡荡遗址经过实地勘察所写的实录，是信史。②今日考古发掘的坦坦荡荡建筑遗迹和建筑格局，以及周围环境，特别是依旧存在的山形水系"骨架"，仍旧保持了乾隆时期建筑格局的特点，是乾隆时期历史遗迹基本框架的再现。这一点，坦坦荡荡遗址出土的碧澜桥汉白玉栏板上遗留的乾隆帝题签和"乾隆御笔"篆体方形戳记，以及金鱼池出土的2件铸有"大清乾隆年造"铜壶铭文等历史文物，也都可作为直接有力的实证。③坦坦荡荡景点的建筑格局和用途，自乾隆帝定局、定格、定位之后，后世几代帝王未再作重要变更或改建，而一直秉承和维护乾隆既定的格局，所以坦坦荡荡遗址今日的考古发现，才能较完整地再现乾隆盛世的建筑格局与文化风貌，给后世留下一份珍贵的历史记录。

二、金鱼池内两座曲尺形观鱼游廊和方亭的年代问题

据唐岱、沈源于乾隆九年（1744年）绘制告竣的《圆明园四十景图》中《坦坦荡荡》图保存的画面，在坦坦荡荡西北部金鱼池内，绘有一座四柱攒尖灰瓦顶方亭。表明西北部金鱼池内的方亭于乾隆九年之前已经建成、使用。而在东北部金鱼池内并无方亭存在，这里的空间是空白的。这表明，到乾隆九年，东北部金鱼池内还未添建方亭。这种格局一直延续到样式雷家族承接完成圆明园四十景地盘画样任务，画《坦坦荡荡地盘画样》任务时，画稿中仍是维持《圆明园四十景图》中坦坦荡荡景点的建筑格局，即只在西北部金鱼池内画有一座曲尺形观鱼游廊和方亭，图中以楷书注明三字："四方亭"，而东北部的金鱼池空间仍是一片空白，并未见有方亭的踪迹（见样式雷《坦坦荡荡地盘画样》，国家图书馆善本部藏，样式雷排架024-2号；图五）。样式雷的这幅《坦坦荡荡地盘画样》到底是何年完成的，并无确切记载，预计应在乾隆中期。因为至乾隆后期已在金鱼池东北部添建了一座新的曲尺形观鱼游廊和方亭，其平面形

制、建筑风格、所处位置与西部原有的观鱼游廊和方亭相对称。如此，两个观鱼游廊和方亭，便以坦坦荡荡景点中轴线为轴心东西对称布局，遥相呼应。两个方亭共存于金鱼池的格局一直维持到道光时期，这从另一幅样式雷《坦坦荡荡》踏勘实测图中，同时绘有东西两座方亭的形制结构与分布位置的画面中可以得到证明（见样式雷《坦坦荡荡》踏勘实测图，国家图书馆善本部藏，样式雷排架024-4号），此图绘制年代标明为道光二十年至咸丰八年（1840～1858年）（图七一）。

值得注意的是，在024-4号图东北角，即坦坦荡荡金鱼池东北部所绘的曲尺形观鱼游廊和方亭外侧的边框线旁，还附带标注了一个"×"号，有推测可能要将此方亭建筑拆除。如果这一推测不错的话，金鱼池东北部的方亭应该是在咸丰八年或稍后不久被拆除的。如此，在咸丰末年之前，即在英法联军焚毁圆明园之前，在坦坦荡荡金鱼池中，便已经不存在东、西两座观鱼方亭并存的景观，而只剩下早期就建好的那一座西北"四方亭"景观了。本次考古发掘，我

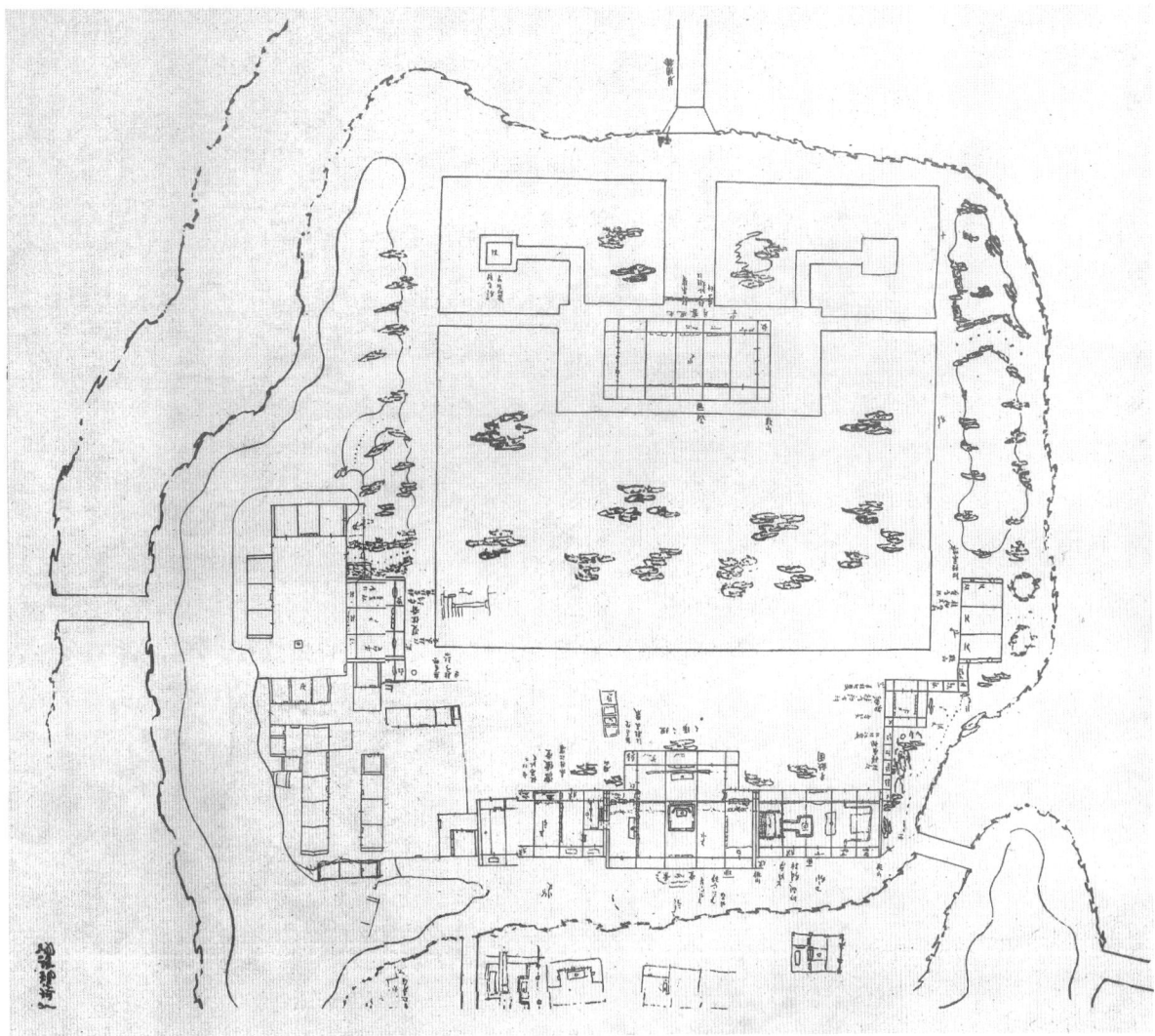

图七一　样式雷《坦坦荡荡》踏勘实测图
（国家图书馆善本部藏，样式雷排架024-4号，绘制年代约为道光二十年至咸丰八年）

们在金鱼池东北部的池底沙层中，发现了这座大约在乾隆朝后期增建，后于咸丰后期拆除的曲尺形观鱼游廊和方亭基础遗迹。此基础遗迹，只剩下26根已被锯断或砍断的柏木桩下端截面残迹，其中用来支撑曲尺形游廊廊体的为16根，用来支撑方亭底部的为10根。这26根柏木桩，直径为0.17～0.27厘米，在沙层以上的残高在0.25米左右，沙层以下埋深尚有1.95～2.5米。其平面形制、规格、位置，与西北部四方亭呈对称布局。

总之，坦坦荡荡西北部金鱼池内的方亭应始建于乾隆早期，即乾隆四年（1739年）或稍后一二年内。建成后一直延续存在，直至1860年被英、法联军焚毁。东北部金鱼池的方亭，建造年代晚于西北四方亭，大约是在乾隆后期添建的，之后或于咸丰后期被拆除。考古发掘结果证实了它曾经的存在，以及被拆除后遗留的基础样貌。

三、中轴线理念在坦坦荡荡景点设计中的体现

当我们全面完成了坦坦荡荡遗址的考古发掘任务，并测绘出遗址总平面图时，便明显看出遗址存在一条隐形的南北中轴线。表明坦坦荡荡景点在当初设计和制定建筑工程规划时，便是秉承中国传统的中轴线理念来做的。

坦坦荡荡遗址中的中轴线，南端起点是坦坦荡荡大殿（素心堂）中间南侧石台阶，北端终点是碧澜桥。从南向北穿过坦坦荡荡大殿中间北侧石台阶及通向南侧金鱼池的一段南北向的甬路，再跃过南侧金鱼池中间的水面，然后穿过光风霁月敞厅中间，再经过光风霁月敞厅中间、夹在北侧东西两个金鱼池之间的一条南北向2号通道，直对北端碧澜桥终点。

这条中轴线，南端以坦坦荡荡大殿为中心，使其东侧的半亩园和西侧的澹怀堂形成东、西对称布局。中部，在地面上，前段则使东侧的知鱼亭和西侧的值房F4构成东西对称布局；后段，则使东侧的萃景斋与西侧的双佳斋构成东西对称布局。中北部，以光风霁月敞厅为中心，将南侧金鱼池内的4座鱼凳和太湖石假山分为东西两组（东侧一组为2号、3号；西侧一组为4号、5号），构成两两一组的东西对称布局。北部，则以光风霁月敞厅中间向北伸出的2号通道为轴心，将北侧东、西两个矩形金鱼池及其坐落其中的2座鱼凳和太湖石假山（东侧的为1号、西侧的为6号）分隔在东、西两边，亦构成东西对称的布局。此外，前述2座曲尺形观鱼平台和方亭，也是以2号通道为轴心，在坦坦荡荡景区的北部呈东西对称布局进行设计和建造的。

本次考古发掘所揭示出来的坦坦荡荡景区的主体建筑群呈明显的东西对称布局的特点，表明坦坦荡荡景点的设计、规划始终是在传统的中轴线审美理念和指导思想的支配下进行和实施的。这无疑是乾隆帝的旨意和设计理念的表达和体现，充分表明乾隆帝是一位十分崇尚和重视正统和传统的皇帝。哪怕在圆明园这类供皇帝和后妃们游玩、消遣的"离宫"景点的建造上，也不会被轻易忽略，更不会放弃这种被封建帝王视为命根子的正统和传统观念。坦坦荡荡只是圆明园诸多以中轴线理念设计、建造的园林景点之一。

四、弄清了鱼凳及其太湖石假山的结构和用途

本次考古发掘，在坦坦荡荡遗址金鱼池内揭示出6座鱼凳。这6座鱼凳均挖在池底下面。井口均以花岗岩条石砌筑，井壁用青砖和白灰浆砌筑，底部以柏木围筑八角形井框，八角形柏木井框均直接坐落在沙石层上。因此，每个鱼凳的底部都是沙底。井口直径在2.8～4.25米，从井口到井底深度为0.9～1.4米。井底的沙层当年皆有泉眼，不断向上冒出泉水。因井底沙层与地气相通，故井水冬暖夏凉，利于鱼儿在此鱼凳中躲避池上的寒暑。历史文献和相关图典资料中，从未有过坦坦荡荡金鱼池中曾建有鱼凳的记载，以前也从未听人说过坦坦荡荡金鱼池内还有鱼凳。至本次考古发掘，才发现了遗址内原建有6座鱼凳，并理清了鱼凳的结构特点、用途和作用。同时还理清了建在鱼凳上面，与鱼凳配套的6座太湖石假山的形制结构特点及作用。考古遗迹显示，建于鱼凳上面的6座太湖石假山，虽外表形状各有差异，但其中间均设有分支水道，这一点是一致的。6座假山中，只有1号假山因被破坏，原来所设的分支水道形制不太清楚，其余5座假山中间原来都设有分支水道。其中2～5号4座假山，均设有三叉式三条分支水道；6号假山则设有四叉式四条分支水道。在假山中间设置分支水道，其目的和作用是：①可让鱼儿在鱼凳、假山和金鱼池之间随意出入，给鱼儿创造更多、更大的活动空间；②可让鱼儿在冬夏两季躲避在鱼凳里或假山的分支通道内，起到御寒或避暑的作用，给鱼儿提供一个更为有利的生存和活动的环境与空间。

五、出土了一批具有较高历史价值和艺术价值的珍贵文物

1）本次考古发掘，在坦坦荡荡遗址金鱼池底部淤泥内，发掘出一批汉白玉石刻和汉白玉花盆底座，共计15件，这批汉白玉石刻和汉白玉花盆底座都是乾隆四年（1739年）或稍后在金鱼池建好之后，摆放在金鱼池岸边、与金鱼池景点配套的陈设器物。后于1860年不幸遭英法联军焚毁、破坏，并被推倒、弃至金鱼池水中，故很少有完整者，绝大多数都是不同程度的残件。但从这些残件中，仍能看到几件构图精美、浮雕工艺堪称精湛的精品，如YT06号汉白玉八曲瓜棱瓣柱体四季花卉纹花盆底座，在八个瓜棱瓣的表面，分别以浮雕技法精致地雕出四季当中各种名贵花卉图案，显得既华美又高雅。再如YT08号汉白玉长方"石槽"形四面浮雕佛教花卉纹花盆底座，这是一件体量较大、重量很重的大件汉白玉石雕佳作。在"石槽"的四面浮雕出不同的佛教名花，如忧昙花、菊花、莲花、宝相花、西番莲等。形制设计独特，花卉种类繁多，构图丰满，雕工精细，技艺娴熟，是乾隆时期石雕作品中的又一件精品。还有YT18号汉白玉双龙戏珠纹石刻残件，在残存的圆柱体表面，以减地手法全幅高浮雕以如意云纹和海水江崖纹为地纹、以双龙戏珠纹为主题纹饰的精美图案，双龙相对，躬颈昂首，双目圆睁，鬃

毛上卷，张牙舞爪，身躯扭动翻卷，腾云驾雾，共同戏玩头上一颗火珠，下面是波涛汹涌的海水浪花，空中是茫茫云海，将两条苍龙力撼乾坤、气吞山河的磅礴气势塑造得活灵活现，刻画得惟妙惟肖。这件高浮雕作品构图精美，主题突出，雕技超凡，堪为乾隆时期汉白玉石雕作品中少有的代表性作品之一。

2）在金鱼池底部的淤泥中，出土一对形制完整的铜壶，在这2件铜壶圈足的表面，均铸有一行自右向左的横排六字楷体铭文"大清乾隆年造"，将这一对铜壶的铸造和使用年代定在了乾隆时期。这对于考察保存至今的坦坦荡荡遗址和金鱼池的建造年代提供了一份最有力的实证依据。因此，这2件带铭文铜壶（YT19号、YT20号）具有较高的历史价值。

3）在金鱼池底部的淤泥中，还清理出2件玉器，一是玉人，二是玉扳指。其中玉扳指（YT22号）由新疆和田白玉籽料制成，质地坚致细腻，十分纯净，无任何瑕疵，形制完整，表面打磨、抛光极为精细，光洁圆润，并以减地手法在一面浮雕篆体四字"華甲聯芳"（即"华甲联芳"），在另一面以阴刻手法刻出一篮荷花，寓意品格高洁。这件玉扳指玉质绝佳，形制端庄，工艺精致，在清代玉扳指类文物中堪称名副其实的上品。

关于YT21号玉人和YT22号"华甲联芳"玉扳指的年代，这2件玉饰件均出土于金鱼池内。根据前面对坦坦荡荡景点和金鱼池建造年代的考证，其应是建于乾隆时期（乾隆四年或稍后一两年内）的遗迹；这一点，由金鱼池内出土的2件铜壶（YT19号和YT20号）上面的六字铭文"大清乾隆年制"也可以得到有力的证明；另外，金鱼池内出土的YT24号西洋式钟表，经考察也是乾隆年间的制品；还有金鱼池内出土的一批汉白玉石刻和汉白玉花盆底座，其造型设计、纹饰，以及减地浮雕的技法与风格，也都明显具有乾隆时代的特点，如YT06号、YT08号、YT18号等都是乾隆时期汉白玉石刻之精品。YT21号玉人和YT22号玉扳指与上述文物同出于金鱼池淤泥之中。2件玉器玉质均坚致、细腻，雕刻工艺均极为精细，尤其YT22号玉扳指，本身即为新疆和田白玉籽料制成，表面浮雕的篆体四字"華甲聯芳"铭文字迹规范，线条精准、流畅，雕技超凡，具有明显的乾隆时期御制减地浮雕技法的风格与特点，故推测这2件玉饰品的年代亦属于乾隆时代。

4）在金鱼池底部的淤泥中，还出土一件西洋式钟表。虽然已经锈蚀、残坏，失去使用功能，但仍保存有上半部的设施：顶端的转花及立柱残件，上部的鼓形机芯盒、下部的双鹿驮钟底座，以及底部的金属托盘。经过检测和修复，尚能对其结构、金属成分、来源和产地等做出说明。此钟表主体是以铜合金材料制成（包括表壳、机芯、双鹿驮钟造型及底部托盘），表体表面采用金汞齐鎏金技术进行过通体鎏金处理，表面呈金色。表盘饰西番莲，镶嵌料钻花，底部边缘亦饰料钻，底座设计成双鹿驮钟造型，显得自然、美观，既充满童趣，又有活力。经考察对比相关材料可以判定，此钟表的年代属乾隆时期。它是由当时广州钟表厂的匠师，在研究、吸收欧洲式钟表科学原理和技术性能的基础上，既吸收西洋式的艺术元素，又兼容了中国文化因素而制作出来的产品，然后由粤海关及广州官员献入宫廷。据清代历史档案记载，乾隆皇帝不但十分看重西洋钟表精准计时功能的技术性能，更关注其造型的精巧和外观的华丽。在一份咸丰末期的肃顺奏折中披露"圆明园原库存大小钟表四百四十一件"（参见本报告附录，陈辉、荀艳：《坦坦荡荡遗址出土YT24号西洋钟表的年代考证及其科技检测与修复报告》）。毫无疑问，这些钟表绝大多数都应是西洋式钟表，而且不少都是乾隆时期的稀罕珍藏。金鱼池出土的这件YT24号西洋式钟表，在圆明园遗址，甚至在北京地区，都属首次发掘出土的考古实例，具有重要的历史价值和资料价值。它的时代特征，又从一个侧面，为坦坦荡荡景点和金鱼池的建造年代提供了一份实证依据。与此同时，这一线索也为我们深入探讨清代与西方的文化交流问题打开了一个新的窗口，拓展了一个值得重视的新领域。

5）坦坦荡荡遗址出土了数量较多的瓷器残件标本，对于考察和研究清代圆明园皇家园林的用瓷问题提供了一批重要的实物资料。遗址共出土各类瓷器残件标本186件，属于官窑器者只有12件，仅占该遗址出土瓷器总数的6.45%；属于民窑器者有174件，占该遗址出土瓷器总数的93.55%。但没有一件完整器。

窑属问题，不论官窑器，还是民窑器，绝大多数都属江西景德镇的产品。在186件瓷器残品中，仅发现1件（tc-042号青花"五福捧寿"盘残件）系光绪时期河北磁州民窑的产品。其余皆出自景德镇的官窑或民窑。

官窑器的时代均属清代，未有明代者。且主要属于清代早期和清代中期，而不见清代晚期道光或道光以后者。其中清早期康熙朝和清中期乾隆朝出土的官窑器数量相对较多，所占比例相对较高。

官窑器瓷器的种类包括青花、杂彩、粉彩和五彩四种。以青花瓷为主，这在康熙和乾隆两个时期尤为突出。乾隆时期实现了四类俱全，不论在瓷器种类、数量，还是品相上，都更胜一筹。这从一个侧面反映出，圆明园在乾隆时期曾呈现出空前繁盛的局面。

官窑器的用项主要以日常生活用瓷为主，以碗、盘为多，占官窑器总数的三分之二；以陈设瓷为副，只占官窑器总数的三分之一。未见祭祀用瓷，这应与坦坦荡荡这处景点的用途性质有关。

官窑器的款识，因出土的标本皆为残件，在12件官窑器残件标本中，有11件不具款识，这的确是本次考古发掘中的一个缺憾。只有1件标本（tc-001号青花缠枝莲纹盘残片）圈足内底署有楷体"大□□□□□"六字双行款，经辨识，此盘原是一件乾隆时期景德镇官窑仿明代宣德瓷器而作的伪托款。款识缺失五字，复原款识全文，应为："大**明宣德年制**"六字为是。这一实例，为清乾隆时期制瓷业时兴官仿明宣德瓷的风气又补充了一个新的例证。

官窑器中的精品佳作，在遗址出土的12件官窑瓷器残件中，仍不乏数件珍品杰作。除前面已经提到的tc-001号青花缠枝莲纹盘残片是乾隆时期景德镇官仿官的作品之外，还有tc-018号属于雍正时期的青花变形莲瓣纹折腹碗残片、tc-147号属于乾隆时期的青花如意璎珞纹花觚残片、tc-047号属于乾隆时期的白釉红彩鹅蹼残件、tc-102号属于乾隆时期的粉彩描金佛造像残片、tc-104号属于乾隆时期的白地绿龙纹盘残件，以及tc-109号属于乾隆时期的青花五彩龙凤纹碗残片等，都是令人称道的清代雍、乾官窑的精品佳作。这为本次考古发掘成果又增添了一层亮色。

遗址出土的民窑瓷器种类包括三种：青花瓷、杂彩瓷和粉彩瓷，缺少五彩瓷。已有的三类瓷器中，以青花瓷为主，这一点与官器一致。出土的青花瓷共计137件，占该遗址出土民窑瓷器总数（174件）的78.74%。其次为杂彩，出土数量为25件，占该遗址出土民窑瓷器总数的14.37%。再次为粉彩，出土数量为13件，仅占该遗址出土民窑瓷器总数的7.47%。

民窑器的时期包含明代晚期（嘉靖、万历）、明末清初和清代早、中、晚三期（自康熙、雍正，到乾隆、嘉庆，以至道光、光绪几个时期）。

从瓷器种类和出土数量看，民窑器以清代中期，尤以乾隆时期最为丰富，所占比例最高。出土青花瓷数量为63件，占到遗址出土民窑青花瓷总数的46.3%，其中乾隆时期就出土33件，占到该遗址出土清中期民窑青花瓷总数的52.4%。民窑杂彩瓷，清中期的数量为21件，占出土民窑杂彩瓷总数（25件）的84%，而乾隆时期就出土13件，占该遗址出土民窑杂彩瓷总数的52%，占清中期民窑杂彩瓷总数的61.9%。民窑粉彩瓷，共出土13件，其中清早期1件，清晚期3件，其余9件均为清中期，占该遗址出土民窑粉彩瓷总数的69.23%。这从另一个侧面反映出清代中期，特别是乾隆时期，圆明园曾出现过空前的繁荣。

瓷器用项，主要为日常生活用瓷，占90%以上。其次为陈设用瓷，占比不足10%。民窑陈设瓷的这一占比，大大低于官窑瓷的同类用瓷比例。这其中当然是由于官窑瓷与民窑瓷的享有人和使用人的身份地位存在等级差别使然。但二者均缺少祭祀用瓷，这一点是共同的。这当然又与坦坦荡荡景点的用途性质密切相关，此已不必赘言。

窑属特点，坦坦荡荡遗址出土各个时期的各类民窑瓷器，绝大多数都是江西景德镇窑烧制的产品，极少有其他窑系的产品。我们通过对该遗址出土的174件民窑瓷器残件标本的整理，仅发现有1件（tc-042号）青花"五福捧寿"盘是出自清晚期光绪时期的河北磁州窑，其余173件均为江西景德镇民窑烧制的产品。

款识特点，民窑器的款识与官窑的款识在外在形式和内容上都存在明显差异。官窑款不论在形式上还是内容上，都体现出格式化和规范化的特点，都有一定的定式，不存在简率化和随意性的问题。而民窑款在形式上和内容上，都普遍存在简率、粗糙和随意性强的问题，既无格式化的约束，更无规范化的标准。即无定式，各自为政，自行其是，各取所需，纷繁无序。据初步研究，民窑款的种类有30余种之多，而坦坦荡荡遗址出土的民窑瓷器的款识也有12种。包括：① 植物纹样款；② 方形纹样款；③ 方形变体纹样款；④ 双线圈款；⑤ 赞颂款；⑥ 花押款；⑦ 纪年款；⑧ 伪托款；⑨ 吉言款；⑩ 动物纹样款（鱼纹款）；⑪图案款（万字结款）；⑫外文款（英文款）。

在坦坦荡荡遗址，民窑器款识出现最早的是植物纹样款和方形纹样款，出现的时代是在明代晚期。进入清代早期后，植物纹样款消失不见，但方形纹样款继续存在，并不断发展。继植物纹样款和方形纹样款之后，在清代早期，又新出现了五种民窑款识，即双线圈款、赞颂款、方形变体文字款、花押款和动物纹样款（鱼纹款）。其中双线圈款和赞颂款出现于康熙时期；方形变体文字款（少数）出现于清早期至雍正时期；花押款和动物纹样款（鱼纹款）出现于雍正时期。至清代中期，方形纹样款已基本消失不见，而方形变体文字款却呈现激增和迅速扩张发展的态势，与此同时，又增添了另外四种款识，即纪年款、伪托款、吉言款和图案款（万字结款），且都集中出现在乾隆时期。从这一个侧面反映出坦坦荡荡这处景点在清代中期，特别在乾隆时期，的确呈现出一个繁荣发展的局面。至清代晚期，民窑款识已骤然衰落，几近消失。仅在方形变体文字款识类型中见到1例（tc-105号粉彩缠枝丝瓜双喜纹碗残件）。其余款识均无再现。至于外文款识（英文CHINA款识）则仅发现1例（tc-060），其时代已晚至民国，是圆明园被英法联军焚毁后的个别遗存。这也从一个侧面反映出，清王朝确实已经全面衰落，处于风雨飘摇、一蹶不振的时期，圆明园和坦坦荡荡的昔日辉煌，已经一去不复返了。

民窑瓷器中也不乏精品之作。虽然民窑瓷器的使用者为清代社会中身份较低的中、下层人士，但清代江西景德镇民窑的产品为了能与官窑产品竞争，也经常能创烧出一些精致良品。这就是说，并不是所有的民窑产品都是低档货或劣等货。在坦坦荡荡遗址出土的民窑瓷器中，就不时能见到清代由景德镇民窑烧制出来的精品佳作。如tc-134号绿釉如意纹花口莲叶瓶残片，即属清初的一件民窑陈设用瓷佳品。再如tc-009号具"玩玉"青花山水纹小杯残件，以及tc-123号青花云龙纹碗残片，都是康乾时期民窑日常生活用瓷的精品。再如属乾隆时期的tc-130号霁蓝堆白竹纹残片，以及属清代中期的tc-063号窑变铜红釉瓶残件，皆属清代民窑陈设用瓷中的精品。这也从一个侧面反映出，圆明园这座皇家园林在用瓷制度方面所具有的特点，即使是民窑类瓷器，也尽量选用其中的优质品——这大约就是当年圆明园的"原则"。

关于瓷器的名称和断代分期问题，我们曾请教过韩鸿业、李永强和左鹏三位先生，有不少标本，三位先生的认识和意见并不完全一致，甚至差异较大，我们只能按自己目前有限的知识进行取舍，这当中就难免会出现不准确、不恰当或错误的地方，故请三位先生海涵，也诚望识者不吝指正。

六、填补了23项空白

对比1933年北平市政府工务局《实测圆明园长春园万春园遗址形势图》所绘制的坦坦荡荡遗址平面图，本次考古发掘结果填补了此图中的23项空白。

这23项空白是：①金鱼池内发掘出6座圆筒形鱼凳。②金鱼池内6座鱼凳上面或旁边还各建有1座太湖石假山。③金鱼池东北池底部发掘出曲尺形观鱼游廊和方亭的柏木桩基础，证明了此方亭的历史存在。④在坦坦荡荡遗址北驳岸发掘出2个呈南北向的过水涵洞，与金鱼池联通；在呈倒"品"字形布局的三个金鱼池内，又发掘出3个过水涵洞，其中北面的一个呈东西向，南侧的2个呈南北向。⑤揭示出澹怀堂大殿东侧2座连地炕。⑥揭示出澹怀堂大殿西侧建有1座灶址。⑦F1、F2和F3后建有一道护山墙。⑧发掘出萃景斋与知鱼亭之间的回廊基址。⑨发掘出知鱼亭与F4之间的东西甬路遗迹。⑩发掘出双佳斋北侧的建筑遗迹。⑪发掘出双佳斋东侧的花盆底座遗迹。⑫发掘出F1。⑬发掘出F4。⑭发掘出F5。⑮发掘出F6。⑯发掘出F7。⑰发掘出通往坦坦荡荡大殿、半亩园与澹怀堂大殿的甬路遗迹。⑱发掘出澹怀堂大殿前东西两侧的花盆底座遗迹。⑲发掘出通往F1、F2、F3和双佳斋的卵石甬路遗迹。⑳发掘出F6后的护山墙遗迹。㉑发掘出坦坦荡荡大殿前的建筑遗迹。㉒发掘出2号假山中部的过山道遗迹。㉓发掘出第7号木桥基址（材料将刊于《圆明园西部桥涵遗址发掘报告》中）。

七、发现英法联军毁灭圆明园的历史罪证

在发掘坦坦荡荡遗址过程中，发现坦坦荡荡大殿殿址的铺地砖均被大火烧成了红烧土块；其东部的半亩园殿址的地面及其西邻的澹怀堂殿址的地面，也同样因遭大火焚烧，而变成一大片一大片的红烧土块。金鱼池岸边的花岗岩阶条石，也因遭大火焚烧而崩裂，或变成灰黄色。金鱼池内出土的大量汉白玉石刻和汉白玉花盆底座，多数都因遭大火焚烧和烟熏，颜色变得灰黄或黑黄，或被砸毁后推进池中。很多名贵官窑瓷器也被砸碎，弃之水中。连铜壶、西洋式钟表等也都统统被推入池中。这些，都应是1860年10月英法联军入侵圆明园，实施劫掠和焚毁时遗留下来的历史罪证。英法联军侵华的这一罪行，也将同本报告一起，永远载入圆明园的史册。它将提示国人：莫忘历史，牢记国耻，挺起胸膛，振兴中华！

总之，本次坦坦荡荡遗址的发掘，成果丰硕，亮点不少，对于全面了解和研究坦坦荡荡的历史，并以此为基础进一步深入了解和考察圆明园的历史，更好地进行圆明园遗址的保护和利用工作，都提供了一份重要的参考资料。

第二章　万方安和遗址

第一节　万方安和遗址历史概述

万方安和，亦为圆明园四十景之一。位于圆明园九州清晏后湖的西北部，东邻杏花春馆，西南湖外为山高水长。景区南北长约215、东西宽约105.35米（按万方安和遗址总平面图南北中轴线A—A′、东西横轴线B—B′测量得出的数据），占地1.82公顷。主体建筑平面呈"卍"字形，坐落在一个南北向、抹角长方形的大湖中，四面环水，初名"万字房"。整个建筑如漂在水上，冬暖夏凉，四季景色千变万化。始建于雍正初叶，建成于雍正五年（1727年）（据清朝内务府《活计档》，雍正五年七月，成做御笔"万方安和"匾，悬于万字房，知此时万方安和已建成，并已将万字房一名，正式改为万方安和）。与此同时，在万字房（亦称万字轩）的南岸还修建了一座十字亭。这里是雍正帝最喜居的寝宫（图七二；图版七七）。雍正帝为其东南正字亲笔御书匾额："万方安和"，又在"卍"字中字题写："四方宁静"匾额，企盼天下太平，国泰民安。用雍正帝自己的话说，就是"不求自安而期万方之宁谧，不图自逸而冀百族之恬熙"[1]。由此体现并突显了雍正帝建造万字房，并命名该景区为万方安和的良苦用心和统治天下的政治理念。

成书于乾隆四十二年（1777年）或稍后的《日下旧闻考》，是这样记述万方安和一景的："万方安和在杏花春馆西北，建宇池中，形如卍字。万方安和，四十景之一，南面正室额也。东西内宇曰'对溪山'，曰'佳气迎人'。卍字中宇曰'四方宁静'。西面曰'观妙音'，曰'枕流漱石'，曰'洞天深处'。东面曰'安然'，曰'一炉香'，曰'碧溪一带'，曰'山水清音'。北面曰'涤尘心'，曰'神洲三岛'，曰'高山流水'。皆世宗御书。又南面西厦额曰'凝神'，曰'静寄'。东面曰'澄观'。正中联曰'四海昇平承帝眷，万几兢业亮天工'。皆皇上御书。"[2]

根据以上《日下旧闻考》的记载，可知万方安和"卍"字轩平面结构可分为九部分，故可"得景凡九"，这九部分的位置名称应分别确定为：①东南侧朝南的五开间带回廊部分，为东

---

① 于敏中等编纂：《日下旧闻考》卷八十《清世宗御制圆明园记》，北京古籍出版社，1983年。
② 于敏中等编纂：《日下旧闻考》卷八十一，北京古籍出版，1983年，第1345、1346页。

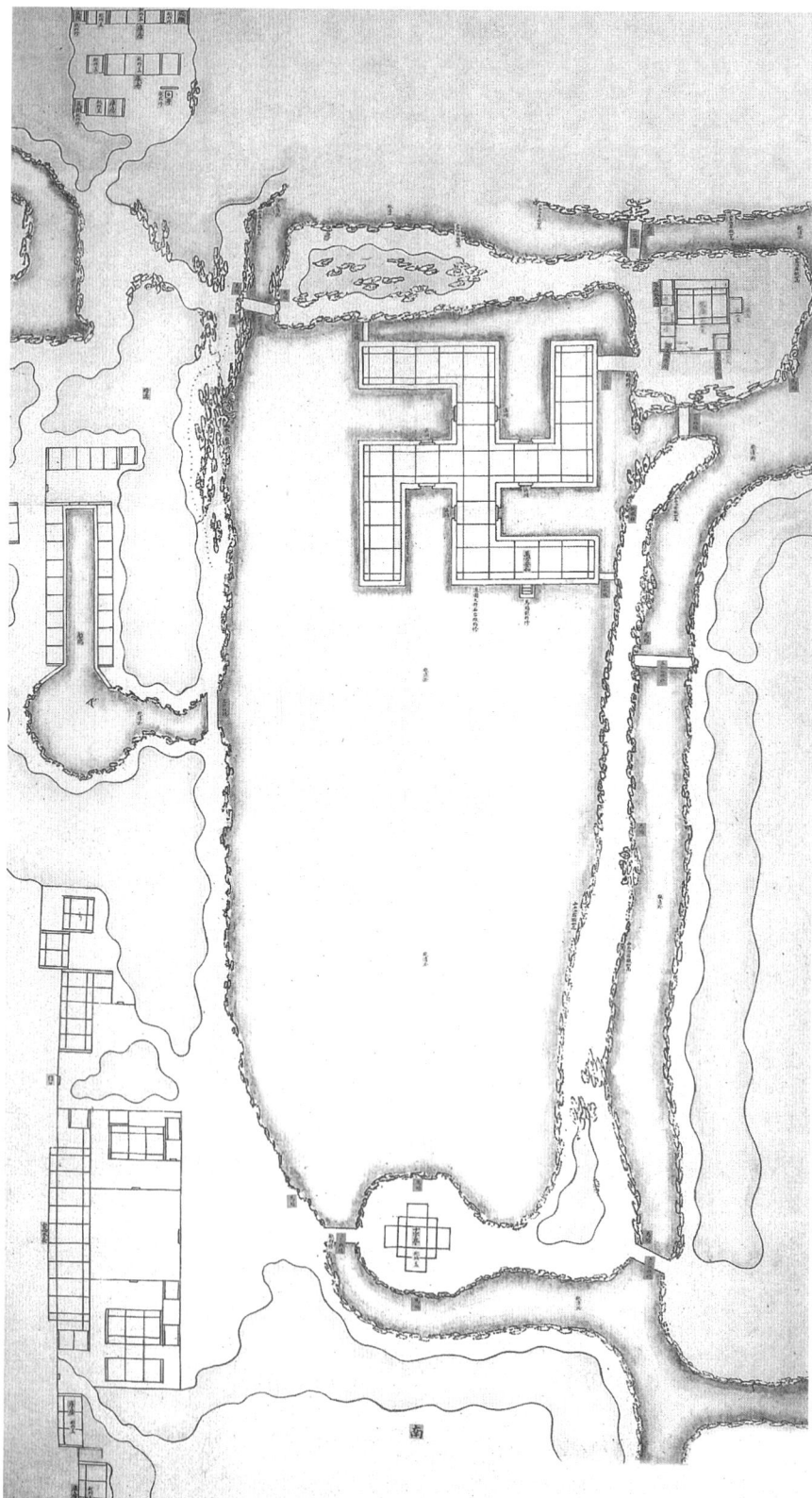

图七二　样式雷《万方安和景区地盘画样》图
（国家图书馆善本部藏样式雷，排架053-1-2号）

南正宇；②东北侧朝东的五开间带回廊部分，为北面东厦或东一路；③西南侧朝西的五开间带回廊部分，为南面西厦或西一路；④西北侧朝北的五开间带回廊部分，为西面北厦或北一路；⑤自东南正宇至中宇的三开间前后廊部分，为南连宇；⑥自西面北厦至中宇的三开间前后廊部分，为北连宇；⑦自南面西厦至中宇的三开间前后廊部分，为西暖阁或西连宇；⑧自北面东厦至中宇的三开间前后廊部分，为东暖阁或东连宇；⑨"卍"字中部的空间，称为"中宇"[①]（图七三）。

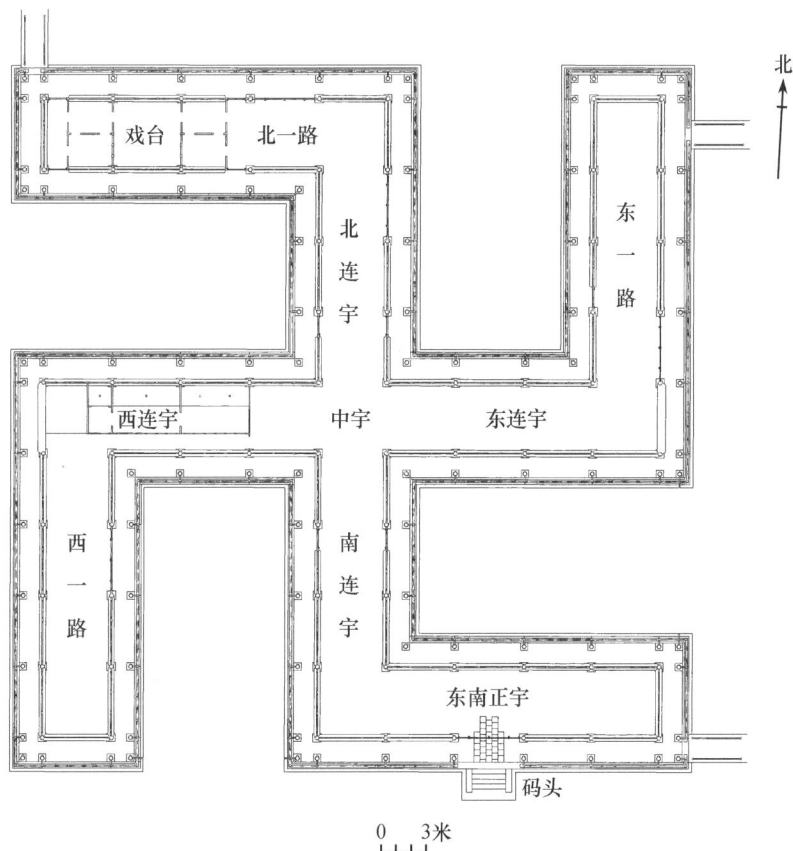

图七三　"卍"字轩殿址平面图

从上述《日下旧闻考》的记载中我们得知，雍正帝在"卍"字轩建成后，曾亲笔御书过多块匾额。除了上面提到的在东南正宇题写的"万方安和"及在中宇题写的"四方宁静"匾额之外，还在其东西内宇题写过"对溪山""佳气迎人"；在中宇的西面题写过"观妙音""枕流漱石""洞天深处"；在中宇的东面题写过"安然""一炉香""碧溪一带""山水清音"；在中宇的北面题写过"涤尘心""神州三岛""高山流水"等匾额。

《日下旧闻考》还记载了乾隆九年（1744年）乾隆帝所作的一首《万方安和诗》，以及乾隆二十九年（1764年）的御制《万方安和九咏》序及诗。

---

①　亦可参阅郭黛姮：《乾隆御品圆明园》，浙江古籍出版社，2007年，106页。

　　乾隆九年御制万方安和诗：水心架构，形作卍字，略彴相通，遥望彼岸，奇花缬若绮绣。每高秋月夜，沆瀣澄空，圆灵在镜，此百尺地宁非佛胸涌出宝光耶！作室轩而豁，当年志若何（是地冬燠夏爽，四序皆宜，亦皇考所喜居也）？万方归覆冒，一意愿安和。触景怀承器，瞻题仰偓波。九年遗泽在，四海尚讴歌。

　　乾隆二十九年御制《万方安和九咏》，有序："圆明园西首，于湖上筑室，作卍字形，万方安和其总名也，为四十景之一。回廊面面各标胜概，曲折向背辄复不同，就四言标榜者得景凡九。皆我皇考御笔也。其二三言者尚不在此数。夫室一区耳，而为景不可胜计，岂诚点缀之擅天巧哉！于以见圣人之会心无穷，又以见圣人之制度有节，是予小子所当敬法也。各成近体以志遐思。"

　　一咏曰：肯构见于墙，安和愿万方，十三年宵旰，千百载金汤。卓尔吾由末，瞠乎敢不覆？明堂设稽古，左个在青阳（是额悬于"卍"字东南方，为向阳正室，即以此统名之。右万方安和）。

　　二咏曰：向西旋转北，步近室之中。东接函关气，南来虞舜风。迎人仰霁色，爱物体渊衷。夫子得于五，温良象独崇（右佳气迎人）。

　　三咏曰：四面尽通廊，中间正且方。周旋皆中矩，镇静以持纲。忆昔求安志，于今岂敢忘？要惟祈岁稔，民庶共安康（右四方宁静）。

　　四咏曰：东向俯长溪，溪烟入膪低。气蒸银沆瀣，界是碧玻璨。秋月芦花渚，春风柳线堤。于何识常住，翘首睇璇题（右碧溪一带）。

　　五咏曰：山崿水常流，清音乐志投。籁从风处峭，响自石边遒。博夏宁须藉，宫商得概不？崇情契仁知，然岂忘先忧（右山水清音）。

　　六咏曰：室中亦有楼，仙榜揭神洲。云自栋梁写，风从窗户流。箫曾闻子晋。袖可把浮丘。那似刘家帝，空劳海上舟（右神洲三岛）。

　　七咏曰：疏泉还叠石，位置俨天然。境与尘凡隔，景供轩榭全。崇高标岭岫，流动带沦涟。那数期牙奏，心存解愠弦（右高山流水）。

　　八咏曰：枕漱高人操，因差转得奇。洗流耳雅合，砺石齿偏宜。易象占肥遁，诗风咏乐饥。渴贤别有托，驹谷缝般思（右枕流漱台）。

　　九咏曰：武夷穷九曲，方识洞天佳。仿佛虹桥架，依稀毛竹排。益深斯致远，惟静与为谐。欲会凝神抱，缘澄出冶怀（右洞天深处）[1]。

　　"卍"字轩大殿的基础总体平面呈正方形，皆以长方形花岗岩大条石砌筑，十分坚固，且耐腐蚀，南北和东西边长各为44.45米，高2.1米。周围皆建有桥梁与湖岸相连。为减轻水流对台基的冲刷，在"卍"字的每一边都设计、建造了通水涵洞。在西部驳岸还设计、建造了一处人工"响水"瀑布，此水由西部藻园高水位河道引来。此万字房对瀑布仙楼一景，在雍正

---

① 于敏中等编纂：《日下旧闻考》卷八十一，北京古籍出版社，1983年，第1346、1347页。

年间的档案中已有记载，在乾隆年间所绘的《圆明园四十景图》万方安和图中，也清楚地绘出了这条瀑布的位置和景象。这里提到的"仙楼"，是设在"卍"字房北连宇中的北次间。另外，在挂"洞天深处"匾的北一路西次间，还设计、建造了一座室内小戏台，专为对面西连宇自西第二间的皇帝演戏，皇帝坐在临窗的宝座床上观戏，与小戏台上演戏的演员仅有一池碧水相隔，唱腔姿容都真真切切、清清楚楚。"卍"字轩大殿，共有33间房子，间间陈设都十分考究。据成图晚于乾隆年间的样式雷图档所绘，在东南正宇迎面设有宝座和八字围屏，两次间各设一座大玻璃镜，玻璃镜后各设碧纱橱一堂。东次间也设有碧纱橱。东梢间又设一宝庭和八字围屏，等等。另在中宇北部，过了圆光门，安置有皇帝的"寝具"，在东连宇、东一路、西一路等处，也有多处带有卧室性质的房间[①]。万方安和景区不仅风光秀丽，景色宜人，而且各种设施齐全，且相当考究，为皇帝在此避喧理政、看书、休闲和娱乐提供了最优越的条件，难怪雍正帝把这里当作他最喜居的寝宫。

乾隆时期，万方安和轩仍是乾隆帝临幸游憩的寝宫之一，常于端午节例在此轩设宴，迎奉皇太后来此赏景、进宴、看戏。

在"卍"字轩的南岸，十字亭周围还栽种了很多花卉和树木，在东南三孔桥旁、东侧溪流上还建有多处码头，以便舟船停靠、方便皇帝及其随从人员往来。雍正五年（1727年），在"十"字亭亭顶安装了铜凤凰试风旗，标志着"十"字亭正式建成（据内务府《活计档》，雍正五年八九月，万字房房前十字亭，亦安讫铜凤试风旗）。因此，万方安和也是皇帝乘换车、船的中转之所。据乾隆二十一年（1756年）穿戴档记载："正月初九日，是玉皇上帝圣诞，九州清晏有供。至晚，九洲清晏请皇太后看灯。是日，山高水长筵宴蒙古王子等……办事毕，乘拖床至十字亭。"正月十三日，"上率王公大臣看掼跤、放花炮、盒子毕。乘四人亮轿……引着至十字亭，乘拖床至同乐园前码头"[②]。

据乾嘉时期样式雷图样，乾隆、嘉庆朝时期曾对万方安和景区进行过本体"周围大料石台拆修""拈修驳岸""清淤""加高山石驳岸""拆修库房""添盖值房""西岸响水""拟拆修"等整修。乾隆三十一年（1766年）档案记载"拆堆万方安和西边响水石山"[③]。乾嘉时期，圆明园总图上所绘万方安和通往周围的桥梁有3座，及至咸丰年间，圆明园总图中仅剩下东北角的1座了。

1860年10月，万方安和景区同样遭到英、法联军的疯狂劫掠和纵火焚毁，"卍"字形大殿最终化为了一片灰烬。

---

① 郭黛姮：《乾隆御品圆明园》，浙江古籍出版社，2007年，第109～111页。

② 中国第一历史档案馆：《清代档案史料——圆明园》下编第一册，上海古籍出版社，1991年，第828、829页。

③ 据乾隆三十一年六月二十六日内务府奏案，见《清代档案史料——圆明园》上编第一册，上海古籍出版社，第110页，第93款。

第二节 考古发掘

2003~2004年，圆明园管理处在圆明园遗址西部区域开展了大规模的环境整治工作。为了配合此次环境整治工程，进一步做好圆明园遗址的科学保护和合理利用工作，北京市文物局责成北京市文物研究所圆明园考古队在圆明园坦坦荡荡、杏花春馆、上下天光和万方安和四处遗址进行考古勘探和发掘，以积累一些探索性经验。在这样的背景下，圆明园考古队于2004年度在发掘坦坦荡荡遗址的同时，对万方安遗址也进行了全面发掘。

因万方安和遗址地处九州景区西北部，四面临水，为水上孤岛，位置较为偏僻，与陆地交通多有不便，与外界联系相对较少，故该景点被英、法联军焚毁后，后世再无人在该遗址上建房居住，故遗址地面保存相对较好。又因为该遗址平面形状为"卍"字形，所用建筑材料非石即砖，没有任何土地空间，不易被流散农民选择在此落户建房，故遗址地面比较干净。这里既无晚期建筑遗迹，也不像其他陆地遗址那样被堆满了各种近现代生活垃圾和建筑垃圾。而且该遗址地面皆为砖石结构，也很少有杂树生长存活，只是在砖石缝隙间，长了一些低矮的小灌木、蒿草、野花和野菜，积尘积土层较薄。较厚之处不过15~20厘米，较薄之处，只有6~8厘米，甚至在靠近湖岸边缘的一些地方还裸露有花岗岩条石和青砖遗迹。所以，清理、发掘的前期工作——清理地面堆积一项，比较其他陆地遗址要简单、省事一些。

万方安和遗址的发掘项目，只有"卍"字轩大殿基址和"十"字亭基址两项。我们先发掘"卍"字轩大殿基址，再发掘"十"字亭基址。

根据"卍"字轩遗迹保存现状，结合"卍"字轩的形制、规格特点，我们一改发掘坦坦荡荡、杏花春馆和上下天光遗址那样，在遗址西南角先确定中心坐标点，再以中心坐标点为轴心，向东、向北布10米×10米的探方，开始依此发掘的做法。在该遗址，我们根据遗址环境和地貌的实际情况，不布探方，而是依"卍"字轩的平面结构形制特点，将"卍"字轩九部分建筑遗迹直接划分为五个发掘区，分别是：第一发掘区为西一路和西连宇；第二发掘区为中宇；第三发掘区为南连宇和东南正宇，包括东南正宇南侧正中的码头遗址；第四发掘区为北一路和北连宇；第五发掘区为东一路和东连宇（图七四）。

发掘工作依这五个发掘区的排列顺序，于2004年4~10月，有计划、有步骤地逐步实施，并最终圆满完成。具体做法是首先，清除覆盖在遗址上面的一层6~20厘米的近现代积尘、积土和灌木、杂草等堆积物。然后，根据每一区遗迹的分布位置和形制结构特点，由南向北或由西向东，依次在该发掘区对其遗迹实施全面揭示与发掘，进行网格式平行推进，中间不留任何空挡和死角，直至全部完成该区发掘任务。

为了了解"卍"字轩大殿四面内、外壁的基础结构特点，在发掘之前，即决定于四边外侧往外扩方1米，实施解剖性发掘的发掘方案。"卍"字轩大殿遗址南北和东西边长各为44.45

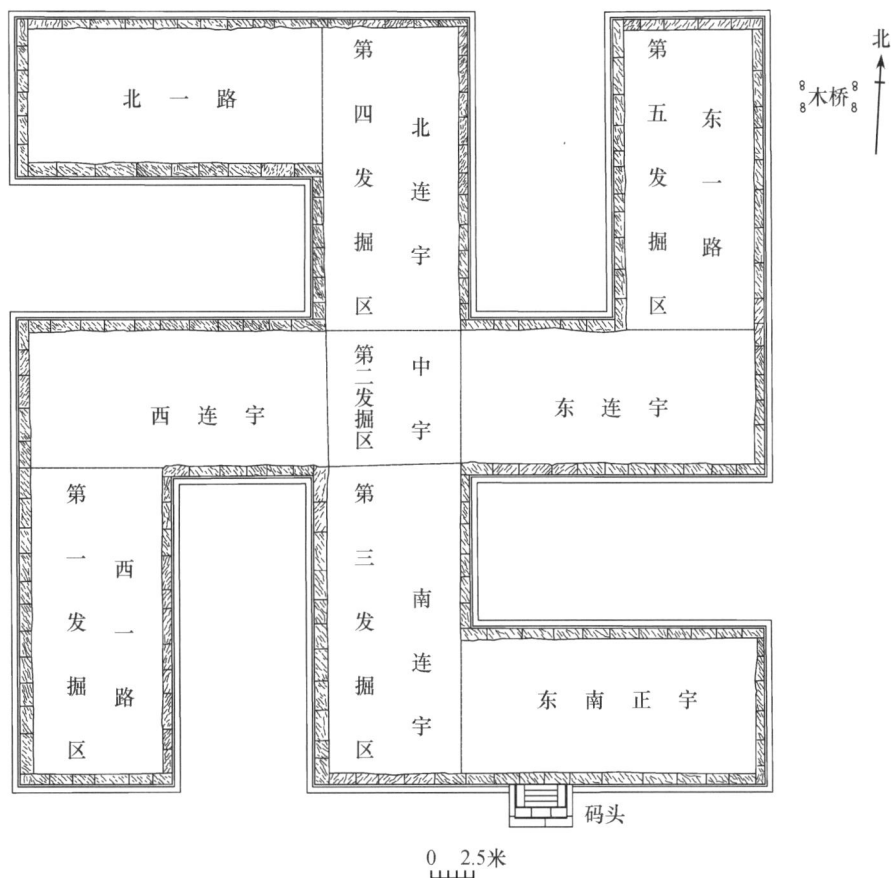

图七四　"卍"字轩殿址考古发掘区分布示意图

米，加上两侧外边向外各放1米，其总发掘面积即为46.45米×46.45米＝2157.6平方米（包括"卍"字中间的湖底面积，均属发掘范围），发掘深度总体平均为2.4米，需做基础结构解剖的地段发掘深度达3.7～3.8米。

完成了"卍"字轩大殿遗址的发掘任务后，2004年11月，又接着完成了南部"十"字亭基址的勘探和发掘任务。"十"字亭遗址，现存基址坑平面呈正方形，边长15米，发掘面积225平方米，深度1.2米。遗址上面覆盖一层厚0.3～0.5米的近现代堆积物，该遗址已遭严重毁坏。因发掘面积小；故未实施布方发掘，而是直接在勘探坑位范围内实施一步到位的全面发掘。

本报告刊布北京市文物研究所圆明园考古队于2004年度在圆明园万方安和遗址进行考古发掘所获得的全部考古资料。

第三节　遗　　迹

一、万方安和大殿（"卍"字轩）基址

　　"卍"字轩大殿坐落在万方安和景区北部，距北岸约45米，距东岸约8.5米，距西岸约29米。基址平面呈"卍"字形，四边通长相等（图版七八，1），均为44.45米。大殿方向357°，该殿所有墙基均用长方形花岗岩条石夹白石灰（灰缝0.5厘米）顺向错缝平砌五层，高2.1米。上四层条石的宽度、厚度相同，宽0.6、厚0.47米。下层条石宽于上层条石，宽0.86、厚0.15米。大殿基址下面钉有柏木钉，柏木钉长1.3～1.4、直径0.06～0.1米（柏木钉打入沙石层中），柏木钉间距0.25米左右。

　　"卍"字轩大殿的中心建筑被其周边水域分割成均等的曲尺形。东西段南北通长15.8、宽9.1米。向东、北、西、南四方凸出部分规格相等，长9.1、宽3.25米（图七五）。中心建筑周壁用长方形花岗岩条石加白石灰（灰缝0.5厘米）顺向错缝平砌五层（上层多被破坏揭去），通高2.1米，内填三合土，三合土夯层厚0.17米左右。

　　距大殿台基顶面以上0.6米，内、外壁有一圈凸出0.13米的花岗岩条石台面，此台面自上而下高1.3米，由三层条石组成，上层厚0.44米、中层厚0.5米、下层厚0.36米。其下层底边均坐于出沿宽0.34、厚0.09米的最底层的花岗岩条石之上。这层宽0.34、厚0.09米的花岗岩条石基础，即"卍"字轩大殿台基的底盘基础（参见后文码头一节内容）。

　　"卍"字轩中心建筑中宇部分呈正方形，边长9.1米；三合土台面上，四个角在对角线上各有1个长方形柱础坑（柱础坑长3.45、宽0.8、深0.2米）。从复位的东南角的柱础石看，它由上、中、下三段组成，通长3.45、宽0.8、厚0.23米左右。上段长1.6米，距上边0.5米左右，是一个棱角向上，下凹9厘米，边长58厘米，中心有直径17、深11厘米的方形柱窝，下边距两边11厘米，相距35厘米处是两个梯形且上宽14、下宽10、长8、深6厘米的铁锔窝。中段长0.2米（不存）。下段长1.6米，距下边0.3米、与上段方形柱窝相距1米，下凹9厘米处也有一个棱角向上，边长61厘米，中心有直径17、深11厘米的正方形柱窝，在其上边也有一对与上段铁锔窝相对称的铁锔窝。中心建筑东、北、西、南四个部位，八个内角里各有1个长2.3、宽0.8、深0.2米的长方形柱础坑。其中东、西两面凸出部位的4个柱础坑呈南北向，相互对称，南北两排相距3.25米，东西两排相距25米。南北两面凸出部位的4个柱础坑呈东西向，相互对称，南北两排相距25米，东西两列相距3.25米。

　　在"卍"字轩中心建筑东、北、西、南四个方位，各有1个长9.1、宽2.1、高1.95米的长方形过水涵洞（图版七八，2；图版七九；图版八〇，1）。过水涵洞两侧壁用长方形花岗岩条石顺向夹白石灰（灰缝0.5厘米）错缝平砌五层，高2.1米，每个口部在第三层条石上部对称砌一对方形石柱，石柱边长40、高80厘米，上面中心位置有直径8、高8厘米的石榫。

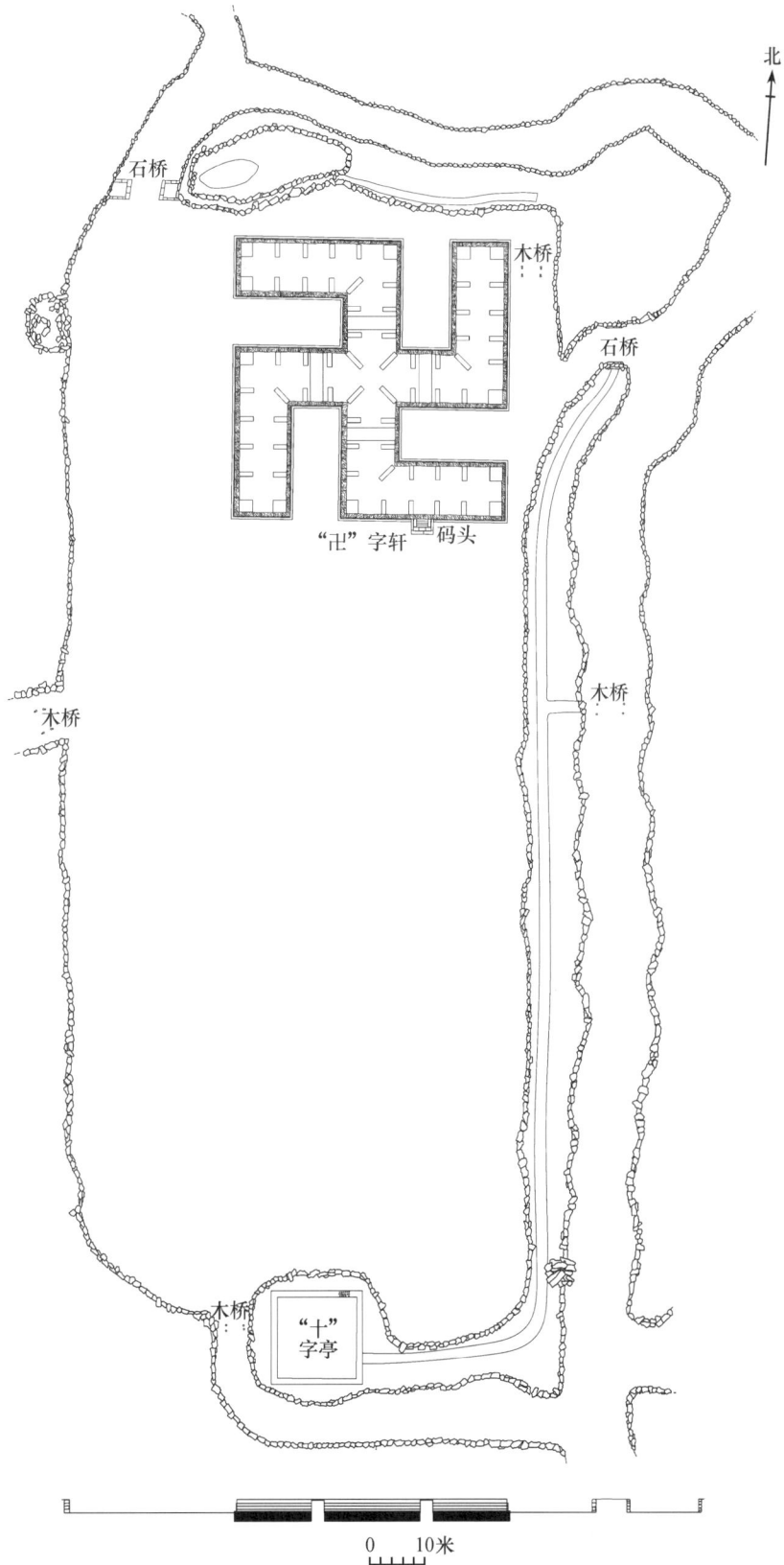

北

石桥

木桥

石桥

木桥

"卍"字轩　码头

木桥

木桥

"十"字亭

石桥

0　10米

图七五　万方安和遗址总平、剖面图

　　"卍"字轩大殿的东南部建筑（东南正宇和南连宇）呈"凵"形，东西通长27.1米。其中呈东西走向的东南正宇长18、宽9.1米，南北走向的南连宇长12.5、宽9.1米。该建筑周壁用长方形花岗岩条石顺向错缝（灰缝0.5厘米）平砌而成，高2.1米。上层大部分被破坏揭去，上面四层条石宽0.6、厚0.47米，底层条石宽于上层0.34、厚0.09米。内填三合土，夯层厚17厘米左右。在三合土台面上，贴东边条石墙基有6个南北向、间距3.75米的长方形柱础坑，其中，南、北两端的位于该建筑东南内角和东北内角，各有1个大小相等的长2.3、宽2、深0.2米的柱础坑。其余4个大小相同，长2.3、宽0.8、深0.2米。东部的三合土台面北侧，临东边条石墙基还有4个柱础坑，与其南边的一排4个相距3.25米，南北对称，走向一致，大小相同。西部三合土台面东北角和西北角及西边中部，各有1个南北向，长2.3、宽0.8、深0.2米的长方形柱础坑，东北角和西北角的2个柱础坑相距3.25米；西边中间的柱础坑与其两侧的柱础坑间距均为3.25米。特别的是，在东部北边与西部东边两道条石墙基垂直相交处，有一个东北—西南向的长方形柱础坑，长3.4、宽0.8、深0.2米。

　　"卍"字轩大殿的东北部建筑（东一路和东连宇）呈"凵"形，南北通长27.1米。其中北段——东一路长18、宽9.1米，东西走向的一段——东连宇长12.5、宽9.1米。该建筑周壁用花岗岩长方形条石顺向错缝（灰缝0.5厘米）平砌五层（上层被破坏揭去），高2.1米，内填三合土，夯层在17厘米左右。在三合土台面上，贴东边条石墙基有6个南北向、间距3.75米的长方形柱础坑，其中南北两端的位于该建筑东南内角和东北内角，各有1个大小相等的长2.3、宽2、深0.2米的柱础坑。其余的4个大小相同，长2.3、宽0.8、深0.2米。北部三合土两侧，临西边条石墙基还有4个柱础坑，和东边一排相距3.25米，东西对称，走向一致，大小相同。南部在其西南角和西北角及南边中部，各有1个南北向，大小相同，长2.3、宽0.8、深0.2米的长方形柱础坑。西南角和西北角的2个柱础坑相距3.25米，南边中部的柱础坑和其东、西两侧的柱础坑相距均为3.75米。特别的是，在北部的西边和南部的北边两道条石墙基垂直相交处，有1个东南—西北向的长方形柱础坑，长3.4、宽0.8、深0.2米。

　　"卍"字轩大殿的西北部建筑（北一路和北连宇）呈"冖"形，东西通长27.1米。其中东西走向——北一路长18、宽9.1米，南北走向——北连宇长12.5、宽9.1米。该建筑周壁用花岗岩长方形条石夹白灰（灰缝0.5厘米）错缝平砌五层（上层破坏被揭去），高2.1米，内填三合土，夯层17厘米左右。在三合土台面北侧，临北边条石墙基有6个南北向、间距3.75米的柱础坑，其中东、西两端的柱础坑位于该建筑的东北内角和西北内角，大小相同，长2.3、宽0.8、深0.2米。其余4个也大小相同，长2.3、宽0.8、深0.2米。在西部的三合土南侧，临条石墙基处还有4个柱础坑，与其北边的4个相距3.25米，大小相同，南北对称。东部在其西南内角和东南内角及东边中部，各有1个东西向的长2.3、宽0.8、深0.2米的长方形柱础坑。西南角和东南角的2个柱础坑间距3.25米，东边中部的柱础坑与其南北两侧的柱础坑间距均为3.75米。特别的是，在西部南边和东部西边两道石条墙基垂直相交处，有一个西北—东南向的长方形柱础坑，长3.4、宽0.8、深0.2米。

　　"卍"字轩大殿的西南建筑（西一路和西连宇）呈"⌐"形，南北通长27.1米。其中南北走向的一段——西一路长18、宽9.1米，东西走向的一段——西连宇东西长12.5、南北宽9.1米。该建筑周壁用花岗岩长方形石条夹白灰（灰缝0.5厘米）错缝平砌五层（上层破坏被揭去），高2.1米，内填三合土，夯层厚17厘米左右。在三合土台面西侧，有6个东西向、间距3.75米的柱础坑，其中东西两端的2个位于该建筑的西北内角和西南内角，大小相等，长2.3、宽2、深0.2米。其余4个柱础坑，规格相同，均长2.3、宽0.8、深0.2米。南部的三合土面东侧，临东边石条墙基处还有4个柱础坑，与其西边的4个相距3.25米，东西对称，方向一致，大小相同。北部三合土台面东北角和东南角及北边中部，各有1个南北向的长2.3、宽0.8、深0.2米的长方形柱础坑。东北角和东南角的2个柱础坑相距3.25米，北边中部的柱础坑与其东西两侧的柱础坑间距均为3.75米。特别的是，在南部北边与北部东边两道石条墙基垂直相交处，有一个东北—西南向的长方形柱础坑，长3.4、宽0.8、深0.2米。

　　"卍"字轩大殿墙基，上三层石条规格，宽度为0.6、厚0.47、最长2.3、最短0.95米，一般长度在1.2～1.6米；下层石条宽0.86、厚0.15、长0.9～1.7米。

二、码头遗址

　　在"卍"字轩大殿东南正宇南壁外侧正中位置，至今保留一座当初修建的临水码头遗址（图版八〇，2；图版八一）。

　　该码头平面形状呈长方形，坐北朝南，北壁紧贴东南正宇南壁，凸出向前。东西通长3.71、南北通宽2.46米。由上下两部分组成，上部为踏跺部分，青石结构，由四级台阶砌成，台阶东、西两侧各用一块南北向的垂带石压面；下部为码头台基基础部分，主体由花岗岩大条石砌筑而成。在第四层花岗岩条石（最下层条石）之下再夯筑一层柏木地钉（图七六、图七七）。

　　上部由四级台阶和东、西垂带石组成，皆用青石砌筑。自上而下第一级台阶宽0.34米，上距东南正宇殿面0.21米，阶身高0.205米；第二级台阶宽0.325、阶身高0.205米；第三级台阶宽0.31、阶身高0.2米；第四级台阶宽0.325、阶身高0.41米。四级台阶石东西通长（东、西垂带石之间的长度）均为1.93米。东、西垂带石平面形状均为长方形，上面斜面通长均为1.49、宽均为0.48、高均为0.2米。垂带石的身下由一块楔形和一块三角形的青石石条填实砌严，楔形石条底边长0.74、上边长0.43、高0.21米；三角形石条斜边长0.64、底边长0.57、直角立边长0.37米。下部台基基础，由四层条石垒砌而成。

　　自上而下，第一层条石砌在第四级台阶石外侧，为整个码头台基的上层阶条石。其台面与第四级台阶台面相平。宽度为0.555米，即相当于从第四层台阶的南边，又向南侧延伸了0.555米。这层阶条石东西通长3.03米，由3块形制、规格完全相同的青石条组成，长均为1.01、宽均为0.555、厚均为0.41米。这层阶条石东西两侧，各探出垂带石南侧底边和踏跺石东、西底边0.07米，即在踏跺底盘东西两侧形成宽0.07米的凸沿台面。这层阶条石东西两侧通长1.68米

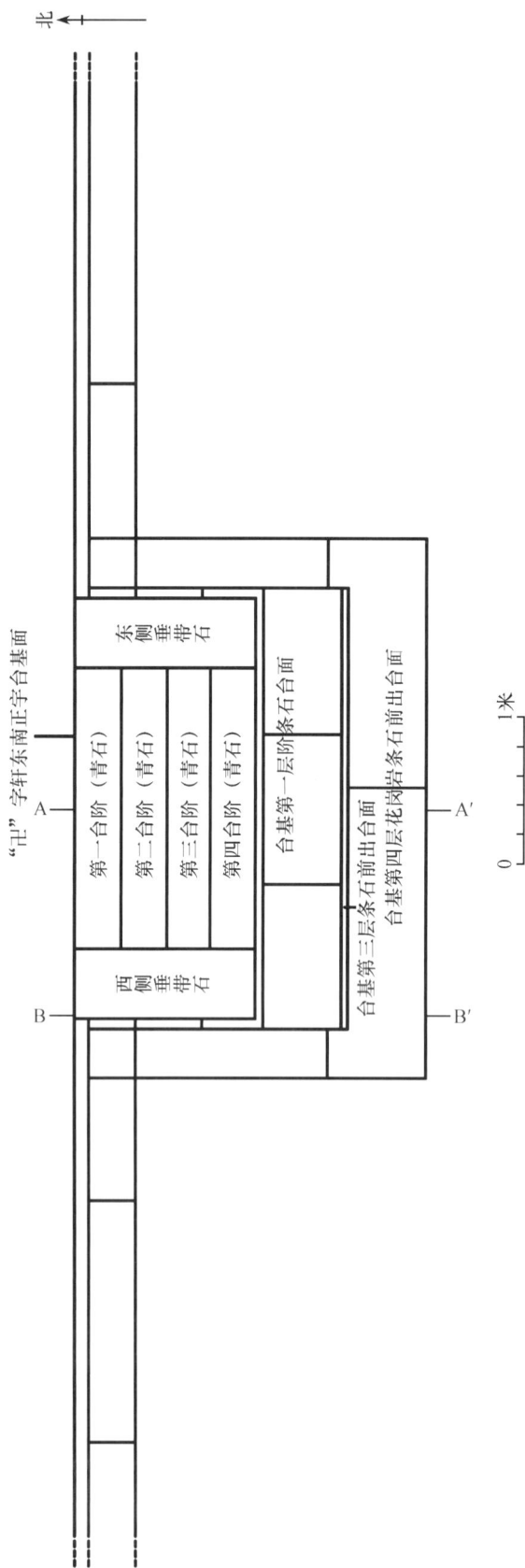

图七六　万方安和遗址东南正宇码头遗址平面图

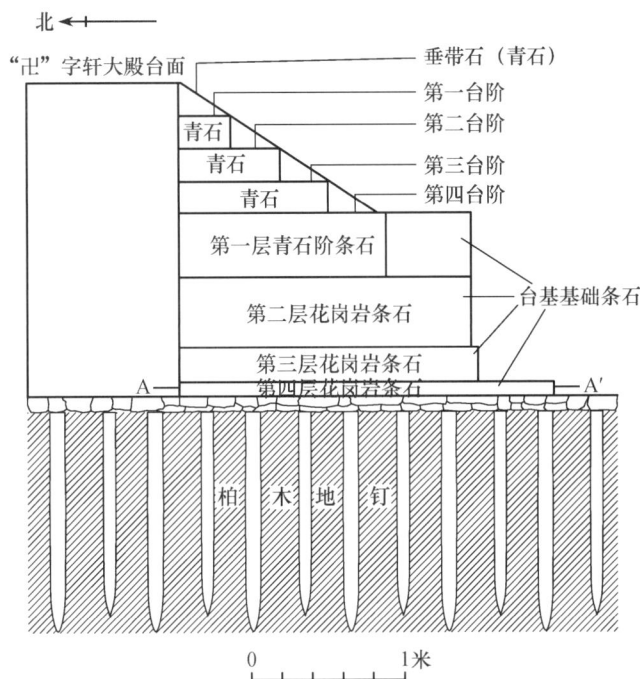

图七七　万方安和遗址东南正宇码头遗址剖面图（A—A′南北向纵剖图）

（含其南侧0.555米宽度），北侧与东南正宇南壁凸出的一圈宽0.13米的花岗岩条石立面相接。

　　阶条石之下为第二层花岗岩条石，从南面正视，其东西通长亦为3.03米，与第一层阶条石等长，立面对齐。也由3块条石组成，东、西两端二石各宽0.61米，中间的一块长1.81米，厚均为0.45米。与第一层阶条石作上下错缝垒砌。东西两端二石，在东西两侧分别与第一层阶条石立面对齐，均由一整块大条石作南北向平砌，南北通长均为1.77米，北侧亦与东南正宇南壁凸出的一圈宽0.13米的花岗岩条石立面相接。

　　其下为第三层花岗岩条石，从南面正视，东西通长亦为3.03米，与第一、二层等长。其东西两侧立面与以上两层条石的立面平齐。也由3块条石组成，东西两端二石各宽0.63米，中间的一块长1.77米，厚均为0.22米。与第二层花岗岩条石作错缝垒砌。唯其南边的台面向外（即向南）凸出了0.045米，未与南面的第一、二层立面保持平齐。这层花岗岩条石的东西两侧面均为一整块大条石作南北向平砌，南北通长均为1.82米，北侧亦与东南正宇南壁凸出的一圈宽0.13米的花岗岩条石相接。

　　再下为第四层花岗岩条石，从南面正视，其东西通长为3.71米，由2块条石组成，东边的一块长1.7米，西边的一块长2.01米。比以上三层石条的东西都长，东西两侧各长出0.34米；南侧则凸出更多，比第三层花岗岩石条又向南延伸0.505米，厚度均为0.09米。如此，在码头台基的底层就形成了一个更为宽大的基础底盘，以承载码头上部的重力。第四层花岗岩条石的东西两侧各由两块石条组成，南侧的一块各长0.64米，北侧的一块各长1.82米。北侧一块的北端直接与东南正宇南壁相接，并嵌合于东南正宇南壁凸出的一圈宽0.13米的花岗岩条石之下。经测量，这一圈凸出于东南正宇南壁和所有"卐"字轩大殿外壁的宽0.13米的花岗岩条石，其总高为1.3米，自上而下由3块花岗岩条石组成，上面的一块高0.44米，中间的一块高0.5米，下面的一块高0.36米。上面的花岗岩石条的台面距"卍"字轩大殿台基的台面有0.6米，其下面的花岗岩条石的底部则叠压于码头第四层花岗岩条石东西两侧的出沿（宽0.34米）之上。

由此，我们又做了进一步探勘。结果表明，码头台基最下层（第四层）东南两侧各出沿0.34米宽的花岗岩条石底盘，不但在码头存在，而且在整个"卍"字轩台基内外周边都普遍存在。因此，码头第四层花岗岩条石，不但是码头台基底盘基础，由于其分布于"卍"字轩台基整个内外周边，所以它也是"卍"字轩大殿台基的底盘基础。

第四层花岗岩条石之下为生土。经解剖，在第四层花岗岩条石的下面，还铺设一层经夯实的不规则自然碎石块，零散分布，中间有很多空隙，大块的规格为0.13米×0.09米×0.07米，小块的为0.07米×0.05米×0.04米。在石块空隙处布满了柏木地钉，直径0.08～0.1、长1.3～1.4米，彼此间距0.21～0.25米（图七七～图七九）。它们被牢牢地夯入生土层中，使地基更加牢固。这是码头台基基础的最后一道工程，也是"卍"字轩大殿台基的最后一道工程。

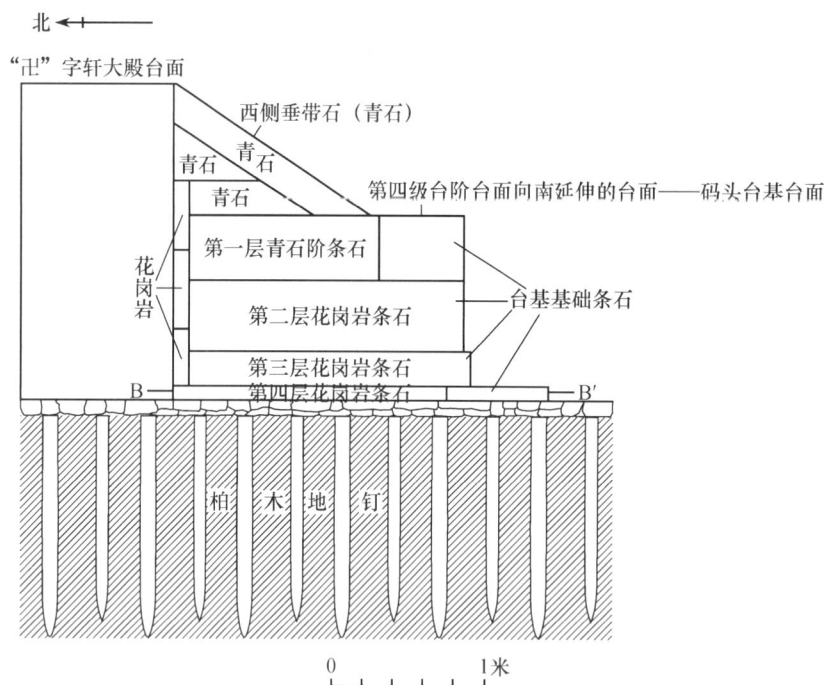

图七八　万方安和遗址东南正宇码头遗址剖面图（B—B′南北向纵剖图）

三、"十"字亭基址

"十"字亭基址位于万方安和景区南部，直径22.5米的近圆形半岛上，现存基址平面呈正方形，边长15米，地基深1.2米，方向377°。

遗址为三合土地基，墙基和四周散水均被破坏。在距地表0.3～0.5米的近现代堆积层下，1.2米深的地基内填满了破坏的三合土块和红砂岩石块。从现场的三合土块看，夯层厚度在0.17米左右。地基底部布满柏木桩圆孔（柏木桩已不存），直径0.05～0.08、深1.2米左右，桩孔呈南北走向，东西排列，桩孔间距0.12～0.2、行距0.1～0.18米（图八〇）。

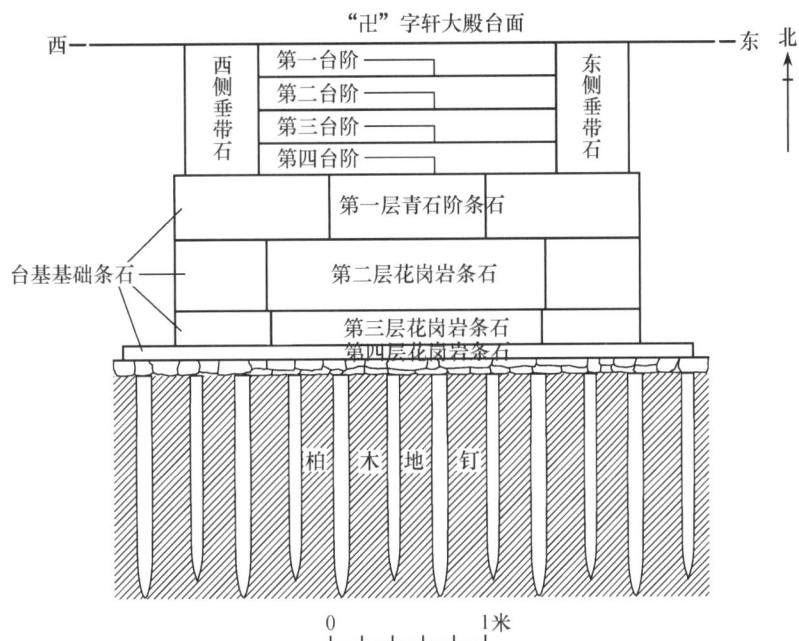

图七九　万方安和遗址东南正宇码头遗址南面正视图

原"十"字亭基础，即坐落在此方形基槽内。亭之北侧（临湖一面）建有码头一座，清史档案中称为"十"字亭码头，与湖面北边的"卍"字轩大殿东南正宇正中南向的码头，一南一北，遥相呼应。亭之东、西两侧，各设五孔板凳桥和三孔木板桥一座。此亭与"卍"字轩大殿同期竣工。据雍正朝内务府造办处《各作成做活计清档》雍正五年（1727年）八月十七日（铜作）档记载：太监刘希文传旨：万字房前"十"字亭顶上着安铜凤试风旗。钦此。于六年（1728年）二月十八日，做得铜凤试风旗一件，领催闻二黑、周二持进安讫[①]。据这条活计档记载，"十"字亭已于雍正五年（1727年）八月建成。

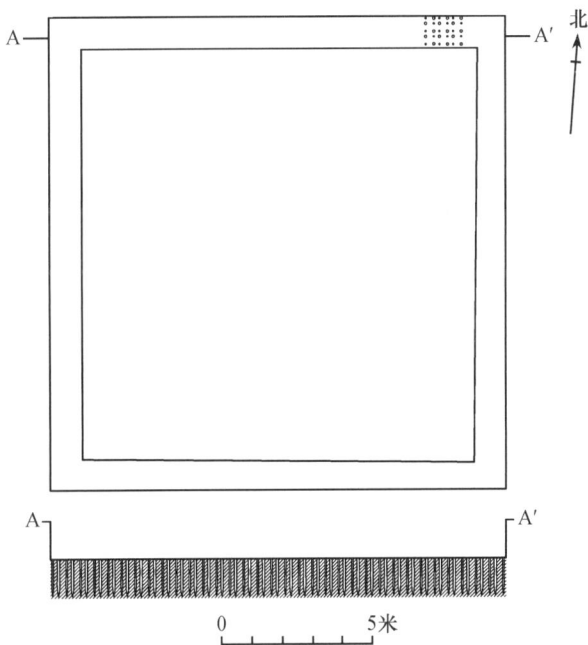

图八〇　万方安和遗址"十"字亭基址平、剖面图

　　"十"字亭码头，还是从九洲清晏和同乐园去山高水长必经的中转站。据清宫内务府档案《穿戴档》记载，乾隆朝时期，圆明园每年元宵节前后，都要在山高水长景区一连举办七天烟火表演盛会，从正月十三日开始放灯，直至正月十九日"燕九节"收灯。在这期间，乾隆皇帝每天晚膳后，都要请皇太后、皇后、嫔妃及

① 中国第一历史档案馆：《清代档案史料》，《圆明园》下编第二册，上海古籍出版社，1991年，第1184、1185页。

王公大臣，还有外藩首领、王子等贵族，一同到山高水长楼前观看掼跤、放花灯和烟花表演，然后再去同乐园看舞灯和"庆丰图"（所谓庆丰图，是指清宫于正月元宵节前后，于同乐园特别开设买卖街，搭建万寿灯牌楼、安装万寿彩灯128个，并在同乐园大戏台连唱十天大戏，以庆贺天下太平、五谷丰灯）。皇帝在园内行径和往返的路线，多半是从九洲清晏后的码头，乘拖床至山高水长，看毕烟火表演后，乘四人亮轿，至十字亭，而后换成拖床至同乐园前码头，再乘四人亮轿，返回九洲清晏寝宫[①]。

----

① 中国第一历史档案馆：《清代档案史料》，《圆明园》下编第一册，上海古籍出版社，1991年，第827～834页，乾隆二十一年（1756年）。

第828页，正月初九日，"是日，山高水长筵宴蒙古王子等……办事毕，乘拖床至十字亭。乘四人亮轿至大蒙古包内，筵宴蒙古王子等。乘骑出闸口门至万寿山。乘四人暖轿游行毕，仍从旧路回来，进藻园门，至佛楼拜佛毕，至同乐园……进晚膳后……至前码头接皇太后至九洲清晏看灯毕……上送皇太后至前码头，往长春仙馆去讫。上回至九洲清晏"。

第829页，正月十三日，"是日，驾幸圆明园……上乘大礼轿……进大清门、午门、乾清门……至养心殿……进早膳毕，乘八人暖轿出遵义门、内右门、西华门，进出入贤良门，至长春仙馆，请皇太后安毕，乘四人暖轿至九洲清晏，少坐，后码头乘拖床至同乐园，进晚膳后，乘拖床至双鹤斋等处游行毕，仍至同乐园看舞灯，回至九洲清晏，少坐，乘拖床至山高水长，上率王公大臣等看掼跤、放花炮、盒子毕。乘四人亮轿……至十字亭，乘拖床至同乐园前码头，乘四人亮轿……回至九洲清晏讫"。

第830页，正月十四，"起栓五谷丰灯荷包三天……后码头乘拖床至同乐园前码头，乘四人暖轿游行毕，等着接皇太后，至同乐园进早膳毕，至进晚膳后。乘拖床至九洲清晏，沐浴……上率王子等人宴毕。后码头乘拖床至十字亭码头，步行……至山高水长，上率王公大臣等看掼跤、放花炮、盒子、舞灯毕。步行……至十字亭……乘拖床至同乐园码头，步行……游行毕，回至九洲清晏讫"。

第831页，正月十五，"正大光明吃桌子……后码头乘拖床，至安祐宫磕头毕，乘四人暖轿至佛楼拜佛毕，至同乐园，乘四人暖轿游行毕，等着接皇太后，至同乐园进早膳毕，乘拖床至长春园等处拜佛毕，乘四人暖轿至圆光门……至正大光明，吃桌子毕，仍乘轿……至生秋亭码头……乘拖床至同乐园，至未时乘拖床至九洲清晏，上率内庭入宴毕，至申时，供圆宵毕，少坐，乘拖床至十字亭码头，乘四人暖轿……至山高水长，率蒙古王子、台吉等看掼跤、放花炮、盒子、烟火、舞灯毕，仍乘轿……至十字亭……乘拖床至九洲清晏，供圆宵毕，乘拖床至同乐园前码头，步行……至永日堂、舍卫城拜佛毕。至同乐园看过灯会毕，至前码头乘拖床……回至九洲清晏讫"。

第831、832页，正月十六日，"是日，皇太后在正大光明殿吃桌子……后码头乘拖床至同乐园前码头，乘四人暖轿游行毕，等着接皇太后，至同乐园进早膳毕，至进晚膳后……乘拖床至秀清村，少坐，至九洲清晏……乘拖床至十字亭，乘四人亮轿……至高山水长，上率王公大臣等看掼跤、放花炮、盒子、烟火、舞灯毕，仍乘轿……至十字亭码头，乘拖床……至同乐园前码头……乘拖床……回至九洲清晏讫"。

第832、833页，正月十七日，"乘四人暖轿至正大光明殿看拧鳌山毕，至勤政殿办事毕，乘拖床至同乐园码头，乘四人暖轿游行，等着接皇太后，至同乐园进早膳毕，至进晚膳后。乘拖床游行毕，至九洲清晏，少坐……乘四人暖轿至山高水长。上率蒙古王子、台吉等看掼跤、放花炮、盒子、舞灯毕。仍乘轿……至十字亭码头，乘拖床至同乐园码头，步行……至黄查查里少坐（注：查查里，满语为帐篷），至前码头乘拖床……回至九洲清晏讫"。

第833、834页，正月十八日，"乘四人暖轿至正大光明殿看拧鳌山毕。至勤政殿办事毕，仍乘轿至码头，乘拖床至同乐园，乘四人暖轿游行毕，等着接皇太后，至同乐园进早膳毕，至进晚膳后。乘拖床至双鹤斋，少坐，回至九洲清晏，少坐……后码头乘拖床至山高水长，上率王公大臣等看掼跤、放花炮、盒子、舞灯毕。乘四人暖轿……至十字亭，乘拖床至同乐园码头，步行……游行毕。至前码头乘拖床……回至九洲清晏讫"。

第834页，正月十九日，"乘四人暖轿至正大光明殿看拧鳌山毕。至勤政殿办事毕，少坐，乘拖床至同乐园，乘四人暖轿游行毕，接皇太后至同乐园，进早膳毕，至进晚膳后。乘拖床至双鹤斋，少坐，回至九洲清晏……乘拖床至山高水长，上率王公大臣看掼跤、放花炮、盒子、烟火、舞灯毕。乘四人暖轿……至十字亭码头，乘拖床至同乐园码头，步行，率王公大臣等，游行毕，至同乐园看过灯会毕……回至九洲清晏讫"。

据清宫《奏销档》记载，此"十"字亭曾于乾隆五十八年至五十九年（1793～1794年）间经历过一次大修，"拆瓦头停，挑换角梁、椽望、满换连簷、瓦口，并油饰等项，用过工料银三百五十五两七分四厘"[①]。

该"十"字亭，在清代档案和样式雷绘制的万方安和与山高水长平面图中，从来都是标名为"十字亭"，而并无其他名称。可是在1933年由北平市政府工务局测绘的《实测圆明园长春园万春园遗址形势图》中，却将该亭标为"文昌阁"，显然是缺乏历史依据的讹撰。据张恩荫先生考证，圆明园中称"文昌阁"（殿）的地点，应在后湖东岸天然图画东部——静知春事佳与苏堤春晓附近，其时代应属道咸时期[②]。我们赞同张恩荫先生这一推断意见。

四、甬　路

该景区沿河（湖）甬路，绝大部分被破坏无存，只在遗址东南河道西岸、湖西北角、西南角木桥三处发现有甬路残迹。

遗址东南河道西岸三合土甬路呈南北走向，残长4.5、宽1.25米。可能是"卍"字轩大殿经过其东边木桥与石桥，通往文昌阁及西南木桥至山高水长路径的一部分。

湖西北角甬路，即西北斜角形石桥西边的甬路，呈"⊥"形，其中南北走向的甬路残长5.9、宽1.25米，为卵石甬路，两边有立置牙砖（牙砖规格：26厘米×8厘米×5厘米），是沿湖两边连接西南木桥与西北斜角形木桥、通往北边月地云居的一段甬路，为东西走向，残长0.7、宽1.25米。路面由三部分组成，中间用35厘米×35厘米×5厘米的方砖平铺，左右两侧用卵石平铺，各宽40厘米，两边各镶有5厘米宽的牙砖，是万方安和通往山高水长山谷之间的路径。

西南角木桥西岸的三合土甬路，西北—东南走向者残长5、宽1.2米；往东去的甬路残长0.5、宽1.25米。

五、假　山

1号假山位于临湖北岸，西北斜角石桥东部1.3米处。为土山，呈东西走向，长27、西部宽3.7、东部宽4.2、中间宽11米，四周有0.95米高的护山石。山顶海拔45.27米。

2号假山在遗址东南东河道西岸，为石山。基本呈圆形，东西长5.25、南北宽4.25米，海拔4.59米。

---

① 中国第一历史档案馆：《清代档案史料》，《圆明园》上编第二册，上海古籍出版社，1991年，第370～374页，第195款，和珅等奏销天然图画等处园工银两（附清单）（嘉庆元年二月二十三日）。

② 圆明园管理处：《圆明园百景图志》，中国大百科全书出版社，2010年，第41页，天然图画文昌阁。

现将万方安和遗址出土的建筑材料（石材、青砖、柏木地钉）相关资料归纳成表二八，谨供参考。

表二八　万方安和遗址出土建筑材料统计表

材料类别	出土位置	用项	规格（米）			保存状况
			长	宽（直径）	厚	
花岗岩条石	"卍"字轩大殿墙基	上层条石	0.95~2.3	0.6	0.47	完整
花岗岩条石	"卍"字轩大殿墙基	上、下层一般规格	1.2~1.6	0.6或0.86	0.47或0.15	完整
花岗岩条石	东南正宇码头	台基第二层条石	1.77~1.81	0.61	0.45	完整
花岗岩条石	东南正宇码头	台基第三层条石	1.77~1.82	0.63	0.22	完整
花岗岩条石	东南正宇码头	台基第四层条石	1.7~2.01	0.64	0.09	完整
青石条石	东南正宇码头	第一级台阶踏跺石	1.93	0.34	0.205	残
青石条石	东南正宇码头	第二级台阶踏跺石	1.93	0.325	0.205	残裂
青石条石	东南正宇码头	第三级台阶踏跺石	1.93	0.31	0.2	基本完整
青石条石	东南正宇码头	第四级台阶踏跺石	1.93	0.325	0.41	完整
青石条石	东南正宇码头	踏跺东、西垂带石	1.49	0.48	0.2	西侧稍残，东侧残半
青砖	湖西北角甬路	牙砖	0.26	0.08	0.05	完整
青砖	西南角木桥甬路	中间铺地砖	0.35	0.35	5	完整
柏木地钉	"卍"字轩大殿基址下	夯入生土，加固地基	1.3~1.4	0.06~0.1		较好
柏木地钉	东南正宇码头台基下	夯入生土，加固地基	1.3~1.4	0.08~0.1		较好
柏木地钉	"十"字亭地基底部	夯入生土，加固地基	1.2	0.05~0.08		较好

第四节　出土器物

瓷器遗存

万方安和遗址出土器物种类只有瓷器一类。该遗址共出土瓷片残件62件。经整理，现筛选出较有代表性的重点瓷器残件标本25件。其中官窑类瓷片标本6件，民窑类瓷片标本19件。下面先介绍官窑类瓷片标本，然后介绍民窑类重点瓷片标本。对于没有被列入重点介绍的一般瓷片标本（共37件）可参考本节后面的附表，了解其基本情况。

（一）官窑类瓷片标本

6件。包括：清代中期——乾隆时期3件，清代中期1件，嘉庆时期1件；清代晚期——道光时期1件。

1. 清代中期

5件。

乾隆时期　3件。

（1）wc-014号

青花仿古代青铜器纹饰残片，1件。此件标本仅残存口沿、肩部和腹部上半部很小的一块局部，其余绝大部分均已残失无存，原器到底属何种器物，现已难确定。不过从现存这块残片的形制特点看，似乎原器属于瓶类的可能性较大。从断茬剖面看，此器口沿为圆唇，斜侈口外展，曲颈稍内弧，肩部略外弧。胎质坚致、细密，内含细小灰点，白胎。胎壁较厚实，上部近口沿处厚0.4、下部（肩部）厚0.6厘米。内、外壁均施青白釉，釉层较厚，釉面光洁、发亮。内壁素面。外壁口沿下施一道青花弦线作为口沿的边饰。青花弦线边饰下和颈部上半绘一周青花仿古代青铜器几何形蝉纹，蝉纹之下又施一道青花弦线，作为颈部上、下两部分之间的边饰；下半部绘青花仿古代青铜器兽面纹和夔龙纹及回纹地纹。其下又施一道青花弦线作为颈部底边的边饰。这道青花弦线之下是预留的一道空白纹饰带，作为颈、肩之间的分界线。肩部绘青花仿古代青铜器云雷纹。此器外壁表面所绘的青花图案绘工精致，所用青料明显为国产青料，青花呈色青翠、雅致。

wc-014号青花仿古代青铜器纹饰残片，残长7.57、残宽4.79、壁厚0.4～0.6厘米。从形制、胎质、施釉、纹饰构图设计、绘工之精细、青花用料和青花呈色等特点判断，此件标本的原器应属清乾隆时期景德镇官窑的产品（图八一，1；图版八二，3）。

（2）wc-021号

青白釉开窗花式口盘残件，1件。此盘已有一多半残失无存，现仅存一少半口沿、腹壁和圈足。此盘原为圆形，开窗花式口，凹式矮圈足。因残，现存花式口只剩下不到5瓣，若复原，其本应有12瓣。花式口为圆唇，斜敞外展，花瓣之间有凸棱相隔。浅腹，内底为平底。胎质坚致、细腻，内含细微小灰点，白胎。胎壁较厚实，近口沿处厚度为0.25、近盘底处厚度为0.7厘米。端盘有压手之感。外壁和圈足外墙表面施青白釉；内壁和圈足内底施浅绿釉。釉层都较厚，釉面匀净、润泽。外壁开窗轮廓线呈抹角梯形，上端宽，下端窄，开窗轮廓线为浮雕凸棱线。窗内空隙处浮雕折枝花卉，折枝花卉由上、下两组相对组成，中间还浮雕出由5个花蕊组成的花心，绘工与雕工十分精细，圈足墙体也为曲边花口式，以一截花茎配器口一个花瓣的长度，逐个连接成一圈完整的圈足墙体。圈足底边不再像一般盘、碗那样保持素胎，而是采用描金工艺将圈足底边包装成金色。采用这种精工细作的工艺来装饰盘底圈足的做法，甚为罕见。圈足内底素面，无款识。内腹壁素面。盘心绘有胭脂红粉彩花卉，但因色彩脱落严重，所绘花卉的品种已无法辨识。

wc-021号青白釉开窗花式口盘残件，口径13.97、底径9.94、高2.74、壁厚0.25～0.7厘米。从形制设计、胎质、施釉、花口开窗浮雕花卉工艺、圈足制作工艺及描金工艺等特点判断，此件标本的原器应属清乾隆时期景德镇官窑的精品（图八一，2；图版八三，1）。

（3）wc-013号

墨彩如意云头纹小碗残片，1件。此碗口沿、腹壁上部已完全残失，现仅存下腹部和圈足不足一半的部分。下腹部呈斜弧线与圈足衔接，圈足直壁下垂，外墙底边稍内敛，高0.65厘米，内墙下凹，高0.7厘米。胎质坚致、细腻、纯净，无小灰点和任何杂质，为白"糯米胎"。胎壁较薄，上部厚0.18、下部厚0.28厘米。除圈足底边不施釉、露出素胎之外，其余内、外壁，包括圈足内底，均施白釉，釉层虽不厚，但釉面光润发亮。内壁素面。外壁下腹部绘一周墨彩如意云头纹，下腹部底部与圈足外墙衔接处施两道墨彩弦线，中间填满墨彩，并饰粟粒纹作为碗底边饰。圈足内底中央署青花篆体"□□□□□制"六字三行款。因残，前五字缺失。以上墨彩如意云头纹和墨彩粟粒纹边饰线条清晰准确，绘工相当精细。

wc-013号墨彩如意云头纹小碗残片，底径5.78、残高2.94、壁厚0.18～0.28厘米。从胎质、施釉、纹饰设计、绘工，以及圈足内底所署青花篆体六字三行款的形式特点等判断，此件标本的原器应属清乾隆时期景德镇官窑的精品之一（图八一，3；图版八二，2）。

不能确定具体朝代，但可确定属于清代中期者　1件。序号接续。

（4）wc-015号

墨彩描金凸雕花卉纹残片，1件。这是一件体量较大的器物上的残片，壁厚体重。原器到底是何种器物，暂难以确定。胎质坚致、细密，内含较多细小灰点和杂质，灰白胎。内壁施青白釉，釉层较厚，釉面匀净，无光泽，显露稀疏灰点。外壁施墨彩描金凸雕花卉纹，花卉凸雕显著，茎、蔓、叶脉等部位都描以金线，工艺精致。

wc-015号墨彩描金凸雕花卉纹残片，残长10.15、残宽8.77、壁厚0.6～1.14厘米。从胎质、施釉、花卉凸雕与描金工艺特点等方面判断，此件标本的原器应属清中期景德镇官窑的精品之一（图八一，4；图版八二，4）。

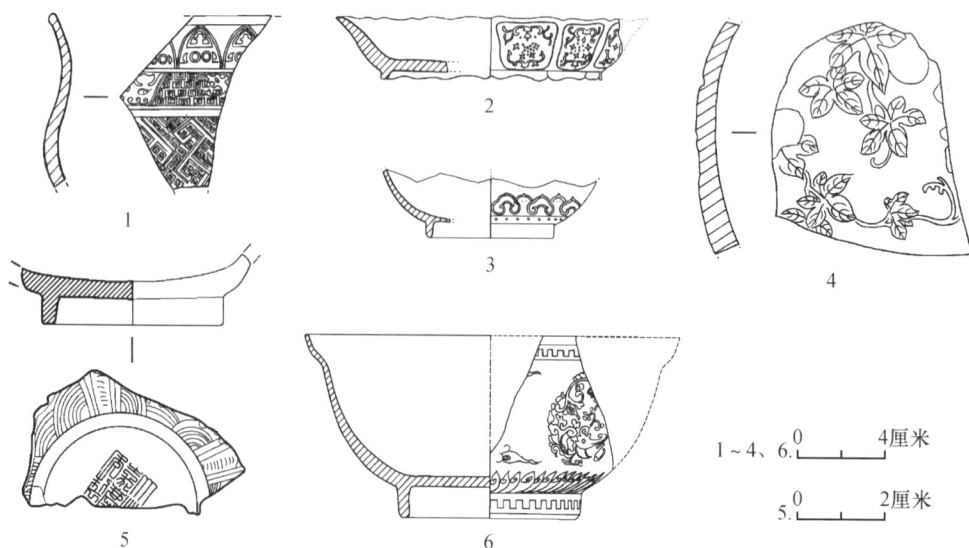

图八一　万方安和遗址出土官窑类瓷片标本

1. wc-014号青花仿古代青铜器纹饰残片　2. wc-021号青白釉开窗花式口盘残件　3. wc-013号墨彩如意云头纹小碗残片
4. wc-015号墨彩描金凸雕花卉纹残片　5. wc-005号黄釉碗底残片　6. wc-029号粉彩胭脂红夔凤纹碗残件

嘉庆时期 1件。

（5）wc-005号

黄釉碗底残片，1件。此标本仅残存碗底局部，即下腹部接圈足处约半圈，以及圈足大半圆的部分，其余部分皆已残失无存。从断茬剖面可以看出，胎质坚致、细腻、无杂质、纯净，为白"糯米胎"。胎壁较厚，碗底厚0.3、下腹与圈足衔接部位厚0.4厘米。矮圈足，直壁，外墙高0.55厘米，内墙下凹，高0.6厘米。圈足底边不施釉，露出素胎。碗底内壁和圈足内底施白釉。釉层较厚，釉面光润亮泽。外壁下腹部和圈足外墙（保存部分）均施黄釉，釉层较厚，釉面光亮。下腹接圈足部位，用深土黄色线条绘一周海水江崖纹。圈足内底署青花篆体"大清嘉庆年制"六字三行款，字体规范。

wc-005号黄釉碗底残片，底径4.1、壁厚0.3~0.4厘米。从胎质、施釉、釉色、纹饰，以及圈足内底的青花属款等特点判断，此标本原器应属清嘉庆时期景德镇官窑的产品（图八一，5；图版八二，1）。

2. 清代晚期

1件。

道光时期 1件。序号接续。

（6）wc-029号

粉彩胭脂红夔凤纹碗残件，1件。此碗口沿、腹壁和圈足已大部分残失，现仅存口沿很小的一块局部、腹壁约六分之一、圈足约三分之一的部分。以断茬剖面可以看出，此碗口沿为小圆唇，斜直壁，折沿，腹壁为斜弧壁，深腹，下接高圈足，圈足底边稍内敛，圈足外墙高1.45厘米，内墙直壁下凹，高1.3厘米。胎质坚致、细腻、纯净，白胎。胎壁上部近口沿处较薄，厚度仅有0.15厘米，下部（下腹处）稍厚，厚度为0.4厘米。除圈足底边不施釉、露出素胎之外，其余内、外壁，包括圈足内底，均施白釉，釉层较厚，釉面光洁、发亮。内壁素面。外壁口沿下、折沿以上部位上下各施一道黑色弦线，内填一周黑线回纹作为口沿边饰。腹壁表面绘粉彩胭脂红团状夔凤纹，下腹部绘一周粉彩五彩仰莲瓣纹。圈足外墙上缘施两道黑色弦线，圈足外墙下缘施一道黑色弦线，中间填绘一周黑线回纹。

wc-029号粉彩胭脂红夔凤纹碗残件，口径约16.8、底径约7.8、高8.3、壁厚0.15~0.4厘米。从器形、胎质、施釉、粉彩图案构图设计、色彩配置、绘工等特点判断，此件标本原器应属清道光时期景德镇官窑（但非御窑）的产品（图八一，6；图版八三，2）。

现将万方安和遗址出土的清代中、晚期景德镇官窑瓷器残片和残件标本相关资料归纳成表二九，谨供参考。

表二九　　万方安和遗址出土清代中、晚期景德镇官窑类瓷片标本统计表

分期	朝代	序号	标本编号	瓷类	器物名称	规格（厘米）	备注
清代中期	乾隆	1	wc-014	青花	青花仿古代青铜器纹饰残片	残长7.57、残宽4.79、壁厚0.4~0.6	
		2	wc-021	杂彩	青白釉开窗花式口盘残件	口径13.97、底径9.94、高2.74、壁厚0.25~0.7	圈足底边采用描金工艺进行包装
		3	wc-013	杂彩	墨彩如意云头纹小碗残片	底径5.78、残高2.94、壁厚0.18~0.28	圈足内底中央署青花篆体"□□□□□制"六字三行款，因残，前五字缺失
	清中期	4	wc-015	杂彩	墨彩描金凸雕花卉纹残片	残长10.15、残宽8.77、壁厚0.6~1.14	外壁凸雕花卉、茎、蔓、叶脉等部位皆描金线，工艺精致
	嘉庆	5	wc-005	杂彩	黄釉碗底残片	底径4.1、壁厚0.3~0.4	圈足内底署青花篆体"大清嘉庆年制"六字三行款
清代晚期	道光	6	wc-029	粉彩	粉彩胭脂红夔凤纹碗残件	口径约16.8、底径约7.8、高8.3、壁厚0.15~0.4	是官窑制品，但非御窑制品
合计			6件				

从表二九的统计结果可以看出，万方安和遗址出土的6件官窑瓷器残件和残片标本，瓷器种类共包含三种，即青花瓷、杂彩瓷与粉彩瓷，缺少五彩瓷。从出土数量看，万方安和官窑器的数量比坦坦荡荡遗址少一半。从瓷器种类上看，万方安和也比坦坦荡荡遗址少一种。时代特点是只有清代中晚期者，缺少清代早期和明代的瓷器标本。从出土数量看，杂彩瓷共有4件，青花瓷和粉彩瓷各有1件，显然杂彩瓷所占比例较高，青花瓷和粉彩瓷所占比例较低。表明万方安和官窑器的成分是以杂彩为主，以青花类和粉彩瓷为辅的。这一点，与坦坦荡荡遗址以青花瓷为主的特点存在明显差异。从时代看，清代中期共出土5件，清代晚期只出1件，清代中期的数量占该遗址官窑器出土总数的83.3%，而清代晚期只占16.7%。显然清代中期官窑器在万方安和的使用量较大，而清代早期和清代晚期官窑器在万方安和的使用量较少或很少。值得注意的是，在乾隆时期就有3件官窑器（包括青花1件，杂彩2件），占到万方安和遗址官窑器出土总数的50%。这表明，乾隆时期在万方安和使用的官窑器数量，是自雍正以后历朝中最多的时期。这也从一个侧面反映出，万方安和景点在清代中期，尤其是乾隆时期，也处于上升和繁荣时期。

款识问题，因6件官窑器均是残件，多数器底无存，故只发现其中2件有款识或款识痕迹。一件是wc-013号墨彩如意云头纹小碗残片，这是一件特点较为明显的乾隆官窑器，其圈足内底署青花篆体六字三行款，六字中只存最后一个"制"字，推测应为"大清乾隆年制"为是。另一件是wc-005号黄釉碗底残片，圈足内底署青花篆体"大清嘉庆年制"六字三行款，六字中只有"清"字残失一半，其余五字完整，篆书笔画规范，为官窑款无疑。其余4件官窑瓷器残件标本皆无款识遗留。这一遗憾，毫无疑问应该记到1860年侵入圆明园进行大肆焚毁，抢掠和破

坏活动，犯下滔天罪行的英法联军头上！

窑属问题，万方安和遗址出土的这6件官窑器，均属清代江西景德镇官窑烧制的产品，无其他窑系的产品，这一点是明确的。

（二）民窑类重点瓷片标本

共19件。包括：明末清初1件，清代早期4件，清代中期6件，清代晚期8件。现依时代早晚顺序，分别叙述如下。

1. 明末清初

1件。

（1）wc-033号

青花龟纹碗底残片，1件。此件标本仅残存碗的下腹部与圈足衔接处很小的一块局部及圈足部分，其余部分均已残失无存。下腹部呈斜弧内收，与圈足衔接。圈足外墙呈直壁下垂，底边稍作内敛。圈足外墙高0.7厘米，内墙下凹，高0.9厘米。胎质坚致、较细密，仅有很少的小灰点，白胎。胎壁较厚，下腹壁厚0.3厘米。除圈足底边不施釉、露出素胎外，其余内、外壁，包括圈足内底，均施青白釉。圈足底边为两面坡式棱面，刀削痕迹明显，横剖面呈倒三角形。内壁碗底周缘施两道青花弦线。碗底中央绘青花龟纹，龟作向前爬行状，头部前伸，两眼圆睁，两前肢向前张开，两后肢作蹲踞状，尾巴弯曲摆动。外壁圈足外墙上施两道青花弦线。在圈足内、外墙表面，均粘有一层细砂颗粒。圈足内底署青花方形纹样款，外围青花双线圈。此碗碗底所绘的青花龟纹及圈足内底所署的青花方形纹样款，其青花呈色均为暗蓝色。

wc-033号青花龟纹碗底残片，底径5.33、残高1.98、下腹壁厚0.3厘米。从胎质、施釉、碗底中央所绘的青花龟纹和圈足内底所署的青花方形纹样款的青花用料和青花呈色，以及圈足内、外墙上粘有细砂等特点判断，此件标本应属明末清初时期景德镇民窑的产品（图八二，1；图版九二，1）。

2. 清代早期

4件。

康熙时期 3件。

（2）wc-016号

青花提篮花卉纹盘残片，1件。此盘口沿已完全残失，腹壁也绝大部分无存，只残存与圈足衔接处很小的局部，只有盘底尚残存一多半。从断茬剖面可以看出，此盘腹壁斜敞，浅腹，大平底，矮圈足。圈足外墙呈斜坡式内敛，高仅0.35厘米。胎质坚致、细腻，较为纯净，只有很少量的小灰点，白胎。胎壁厚度在0.2～0.4厘米。除圈足底边不施釉、露出素胎之外，其余内、外壁，包括圈足内底，均施青白釉，釉层较厚，釉面光洁、发亮。内壁口沿下尚残存青花深蓝色宽条带痕迹，盘底内壁边缘施两道青花弦线。在两道弦线圈内，即整个盘底，绘青花提篮花卉纹，除提梁上部残缺外，其余图案基本保存完整。整幅青花图案呈色为暗蓝色。外壁素面，只是在圈足内底绘一深蓝色青花双线圈款，无任何文字。

wc-016号青花提篮花卉纹盘残片，底径10.46、残高1.8、壁厚0.2～0.4厘米。从胎质、施釉、青花图案设计、画法、青花用料和青花呈色等特点判断，此标本应属清康熙时期景德镇民窑的产品（图八二，2；图版八七，2）。

（3）wc-017号

青花提篮花卉纹盘残件，1件。此盘口沿、腹壁已大部残失，仅存约六分之一的局部，盘底尚残存多半。从断荏剖面可以看出，此盘为小圆唇，宽折沿，斜敞口，浅腹，平底，矮圈足。胎质不坚致、不细腻，内含较多小灰点和杂质，灰胎。胎壁厚度0.2～0.3厘米，盘体较轻。除圈足底边不施釉、露出素胎外，其余内、外壁，包括圈足内底，均施青白釉，釉层较薄。在外壁有几处疵点；在圈足内底遗有较多小棕眼。内壁在宽折沿表面施青花深蓝色宽条带纹和一道青花弦线，作为口沿边饰。在盘底外缘施两道青花弦线。盘底中间绘青花提篮花卉纹，除花篮左侧边残失外，其余图案尚得以保存。整幅青花图案呈色为暗蓝色，外壁腹部表面残存一青花深蓝色斜杠，不知原图画的是什么内容。在圈足内底只绘有青花双线圈款，无任何文字。

wc-017号青花提篮花卉纹盘残件，口径约15.78、底径8.68、高2.04、壁厚0.2～0.3厘米。从胎质、施釉、青花图案设计、画法、青花用料和青花呈色等特点判断，此件标本应属清康熙时期景德镇民窑的产品（图八二，3；图版八七，3）。

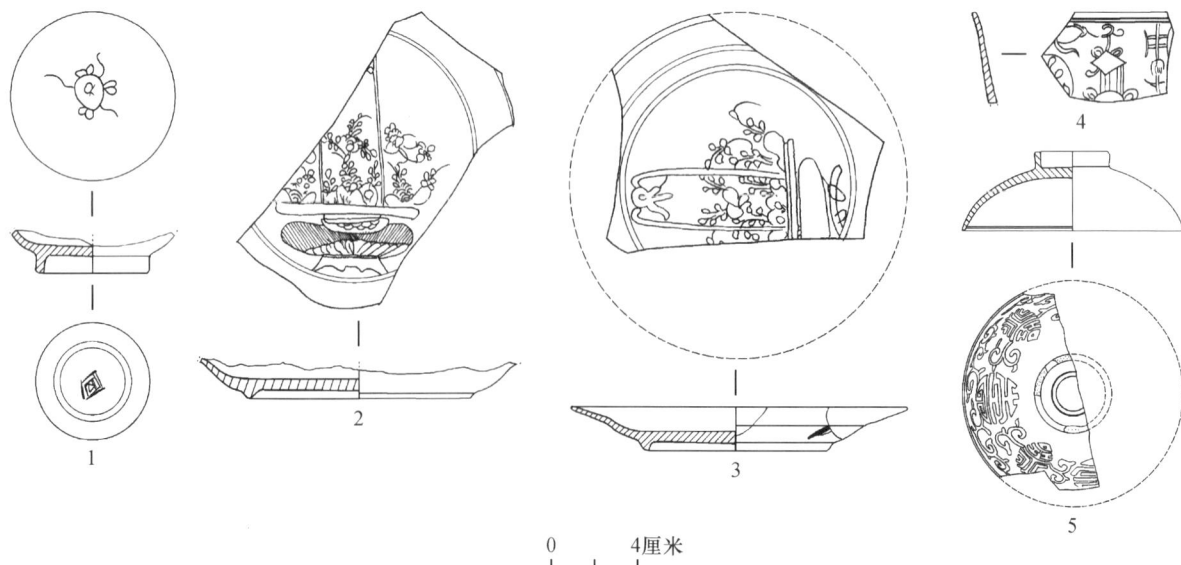

0　　4厘米

图八二　万方安和遗址出土明末清初至清早期民窑类瓷片标本

1. wc-033号青花龟纹碗底残片　2. wc-016号青花提篮花卉纹盘残片　3. wc-017号青花提篮花卉纹盘残件
4. wc-022号青花杂宝纹碗残片　5. wc-020号青花花间寿缠枝莲挂寿茶碗盖残件

（4）wc-022号

青花杂宝纹碗残片，1件。此碗仅残存口沿和腹壁很小的一块局部，其余部分均已残失。从断茬剖面可以看出，此碗为小尖圆唇，侈口稍外展，斜弧壁。胎质坚致、细腻、纯净，白胎。胎壁厚度0.2～0.3厘米。内、外壁均施白釉，釉面光洁、发亮。内壁口沿下，在间距1.2厘米的空间范围内，上、下各施一道和两道青花弦线，中间填绘灵芝纹作为口沿的边饰。外壁口沿下施两道青花弦线。在这两道青花弦线下，即腹壁表面，绘青花杂宝纹。碗内、外壁表面所绘青花图案线条与填色均为深蓝色，其青花呈色深翠。

wc-022号青花杂宝纹碗残片，残长6.2、残宽4.1、壁厚0.2～0.3厘米。从胎质、施釉、构图设计、绘画风格、青花用料和青花呈色等特点判断，此件标本原器应属清康熙时期景德镇民窑的产品（图八二，4；图版八九，1）。

雍正时期　1件。序号接续。

（5）wc-020号

青花花间寿缠枝莲挂寿茶碗盖残件，1件。此件标本大部分已残失，现仅存捉手、腹壁和茶碗底边约四分之一的局部。从断茬剖面可以看出，捉手为直壁，外墙高0.7厘米，内墙下凹，高0.85厘米。弧肩下弯，上厚下薄。胎质坚致、细腻、纯净，白胎。胎壁厚度为0.2～0.4厘米。除捉手底边不施釉、露出素胎之外，其余内、外壁，包括捉手内底，均施白釉，釉层较厚，釉面光润、发亮，无疵点。外壁，捉手内底、捉手外墙、茶碗盖底缘各施两道青花弦线。外壁表面绘青花花间寿缠枝莲挂寿。内壁口沿下和内底外缘亦各施两道青花弦线。内底中央绘一青花篆体团寿字。此茶碗盖外壁表面所绘青花图案及内底所绘团寿字，青花呈色均青翠而鲜艳，绘工也很精细。

wc-020号青花花间寿缠枝莲挂寿茶碗盖残件，底径约10.33、捉手直径约3.43、高3.6、壁厚0.2～0.4厘米。从胎质、施釉、青花图案构图设计、绘工、青花用料和青花呈色等特点判断，此件标本原器应属清雍正时期景德镇民窑的产品（图八二，5；图版八八，2）。

3. 清代中期

6件。

乾隆时期　3件。序号接续。

（6）wc-001号

青花缠枝花卉纹小渣斗残片，1件。此件标本口沿已残失无存，腹壁和圈足也大部残失，现仅存颈部很小的一点局部、约五分之一的腹壁，以及约四分之一的圈足。颈部为直壁，且较高，弧肩，鼓腹，下腹部作斜弧内收，下接圈足。圈足直壁，外墙高0.6厘米，内墙内凹，高0.4厘米。从断茬剖面可以看出，胎质较坚致、较细密、较纯净，仅有很少的杂质，白胎。胎壁、颈、腹部较厚，厚度为0.4厘米；底部较薄，厚度为0.15厘米。除圈足底边不施釉、露出素胎之外，其余内、外壁，包括圈足内底，均施白釉。釉层较厚，釉面光洁。内壁素面。外壁、颈部下方和颈、间衔接处各施两道青花弦线，在上、下两道弦线中间填绘一周椭圆形旋涡纹作为颈下与肩部之间的边饰。腹部满绘青花缠枝花卉纹。腹下近底处施两道青花弦线。圈足内底中央署青花楷体"宣德□□"四字双行款，外围青花双线圈。外壁所绘青花缠枝花卉纹，青花呈色深蓝或暗蓝。其青花用料系国产青料。虽然在青花花茎和花叶上也有深蓝色斑点，但这些深蓝色斑点均属人为加工点染所致，并非明宣德时期从外国进口的青料自然散发、形成的铁黑色结晶斑。这表明，这件青花瓷器当是后世匠心专意为仿明宣德瓷器而制作的仿制品。其圈足内底上所署的青花楷体"宣德□□"四字双行款系伪托款。

wc-001号青花缠枝花卉纹小渣斗残片，底径约5.78、腹径约9、残高6.56、壁厚0.15～0.4厘米。从胎质、施釉、青花构图设计、青花用料、青花呈色及人为点染的色斑痕迹，以及圈足内底上所署的楷体"宣德□□"年款等特点判断，此件标本的原器应属清乾隆时期景德镇民窑专门仿明宣德瓷器而烧制的仿制品之一（图八三，1；图版八三，3）。

（7）wc-003号

粉彩花草纹碗底残片，1件。此碗口沿已残失无存，腹壁绝大部分也残失无存，现仅存下腹局部和约二分之一的圈足。从断茬剖面可以看出，此碗下腹部呈斜弧内收，与圈足衔接。圈足外墙直壁下垂，底边稍作内敛，外墙高0.9厘米，内墙下凹，高1.1厘米。胎质坚致、细密、纯净，无杂质，白胎。胎壁厚度0.2～0.3厘米。除圈足底边不施釉、露出素胎之外，其余内、外壁，包括圈足内底，均施白釉。釉层较厚，釉面光洁、发亮。内壁素面。外壁下腹部绘粉彩花草纹，花草为绿彩。圈足内底中央署青花楷体"□□成□□制"六字双行款，外围青花双线圈。

wc-003号粉彩花草纹碗底残片，底径5.8、残高2.2、壁厚0.2～0.3厘米。从胎质、施釉、粉彩图案设计、笔法，以及圈足内底所署青花楷体"成化年制"款等特点判断，此件标本原器应属清乾隆时期景德镇民窑的产品。此"成化年制"款，是清乾隆时期景德镇民窑特意仿制明成化瓷器而制作的伪托款（图八三，2；图版八四，2）。

（8）wc-023号

青花团莲瓣纹碗残片，1件。此件标本的口沿、腹壁已大部分残失，圈足无存，现仅存口沿和腹壁很小的一块局部。从断茬剖面可以看出，此碗口沿圆唇，稍外侈，弧壁内敛。胎质较坚致、细密，内含细小灰点，灰白胎。胎壁较薄，上部壁厚0.2、下部壁厚0.3厘米。内壁施青白釉，较润泽，在口沿内侧施两道青花弦线。在外壁口沿下亦施两道青花弦线。在两道青花弦线下，腹壁绘青花团莲瓣纹，衬地绘青花莲子纹。所用青料为国产青料，呈色青翠。在莲瓣、花蕊上虽也存在深蓝色斑点，但均为人为点染所致，并不是使用进口青料发生的自然下沉性氧化铁铁黑色结晶斑。

wc-023号青花团莲瓣纹碗残片，残长7.3、残宽4.5、壁厚0.2～0.3厘米。从胎质、施釉、青花图案构图设计、青花用料、青花呈色等特点判断，此件标本的原器应属清乾隆时期景德镇民窑的产品（图八三，3；图版八九，2）。

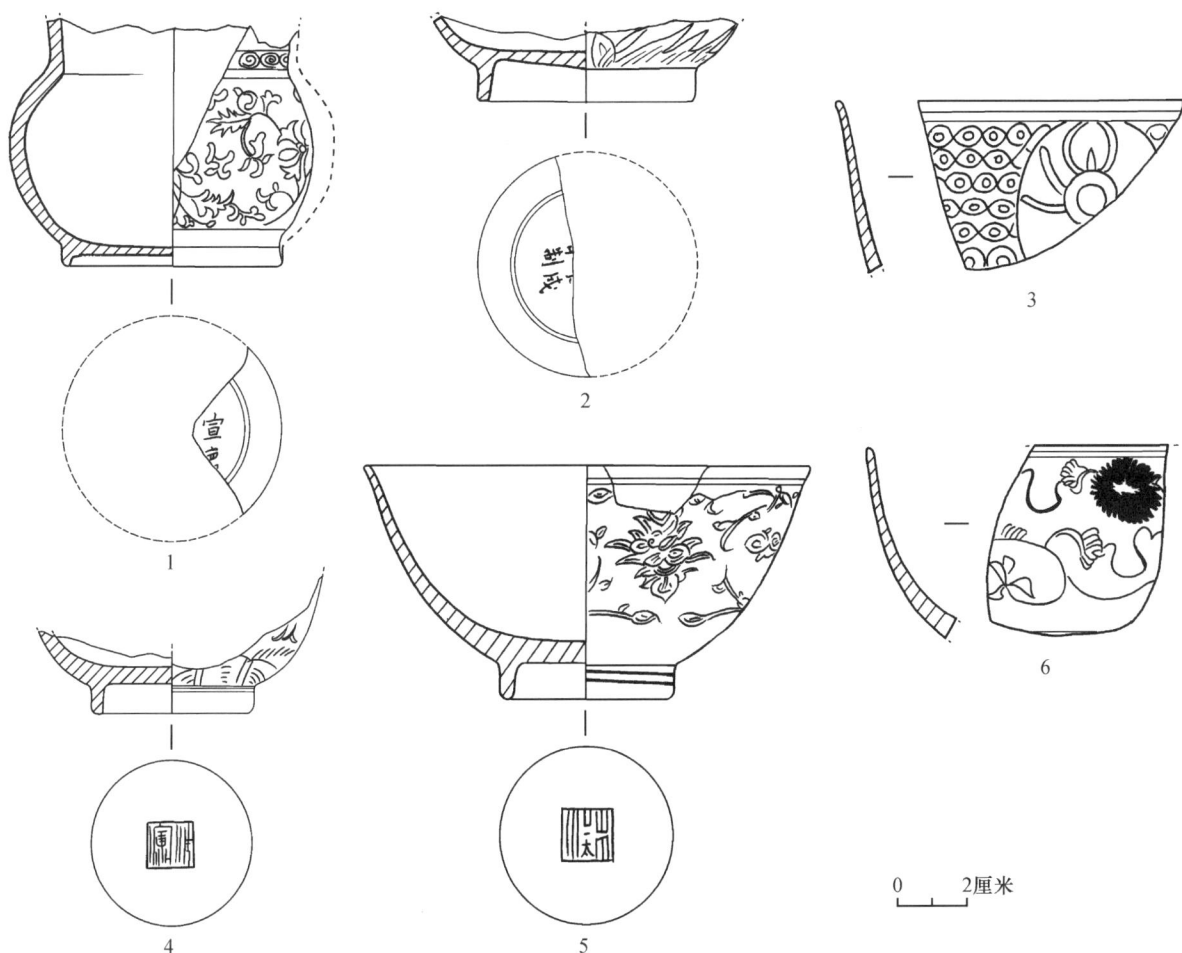

图八三　万方安和遗址出土清代中期民窑类瓷片标本

1. wc-001号青花缠枝花卉纹小渣斗残片　2. wc-003号粉彩花草纹碗底残片　3. wc-023号青花团莲瓣纹碗残片
4. wc-025号青花白描海水江崖纹碗底残片　5. wc-026号青花白描缠枝莲纹碗残件　6. wc-034号青花缠枝菊纹碗残片

嘉庆时期　3件。序号接续。

（9）wc-025号

青花白描海水江崖纹碗底残片，1件。此碗仅残存下腹部与圈足衔接部分很小的一块局部及圈足大部，其余部分均已残失无存。从断茬剖面可以看出，下腹部外弧，与圈足衔接，圈足外墙呈直壁下垂，底边稍内敛，外墙高0.65厘米，内墙下凹，高0.8厘米。胎质坚致、细密，但内含较多小灰点，灰白胎。上部壁厚0.2、下部壁厚0.6厘米。除圈足底边不施釉外，其余内、外壁，包括圈足内底，均施青白釉，釉层较厚，釉面光洁、发亮。内壁素面。外壁下腹部绘青花云朵纹和青花海水江崖纹。圈足外墙上部施两道青花弦线。圈足内底中央署青花变体文字款，外围单方栏。此碗外壁的青花图案和圈足内底的变体文字款，青花呈色均为浅蓝色。

wc-025号青花白描海水江崖纹碗底残片，底径4.4、残高3.6、壁厚0.2～0.6厘米。从胎质、施釉、青花图案构图、青花用料和青花呈色，以及圈足内底所署变体文字款的书写方式等特点判断，此件标本的原器应属清嘉庆时期景德镇民窑的产品（图八三，4；图版八九，4）。

（10）wc-026号

青花白描缠枝莲纹碗残件，1件。此碗口沿、腹壁大半已残失，现仅余口沿和腹壁一少半，以及保存完整的圈足。此碗圆唇，侈口稍外展，弧壁，深腹，下接圈足。圈足直壁，底边略内敛，外墙高0.7厘米，内墙下凹，高0.85厘米。质地坚致、细密、较纯净，仅有很少的小灰点，白胎。胎壁厚度适中，上部近口沿处厚0.2、下部厚0.4厘米。除圈足底边不施釉、保持素胎以外，其余内、外壁，包括圈足内底，均施白釉，釉层较厚，釉面光洁、发亮。内壁素面。外壁口沿下施两道青花弦线作为口沿边饰。腹壁表面绘青花白描缠枝莲纹。圈足外墙素面施三道青花弦线。圈足内底署青花方形变体文字款，外围青花单方栏。此碗的青花图案和圈足内底所署的青花方形变体文字款，其青花用料明显为国产青料，青花呈色特别青翠、新鲜。

wc-026号青花白描缠枝莲纹碗残件，口径11.3、底径4.4、高5.8、壁厚0.2～0.4厘米。从器形、胎质、施釉、青花纹饰构图、白描技法、青花用料和青花呈色，以及圈足内底所署青花方形变体文字款等特点判断，此件标本的原器应属清嘉庆时期景德镇民窑的产品（图八三，5；图版九〇，2）。

（11）wc-034号

青花缠枝菊纹碗残片，1件。此碗碗底已残失无存，口沿和腹壁大部分也残失无存，现仅存口沿和腹壁约六分之一的一块局部。口沿圆唇，直壁，下腹部呈缓弧内收。胎质坚致、细腻、纯净，白胎。胎壁厚度适中，近口沿处厚0.18、下部厚0.4厘米。内、外壁均施白釉，釉面光洁、发亮。内壁口沿下和近碗底处各施两道青花弦线。外壁口沿下亦施两道青花弦线，腹壁表面绘青花缠枝菊纹。青花图案呈色青翠、鲜艳。

wc-034号青花缠枝菊纹碗残片，残长5、残宽4.7、壁厚0.18～0.4厘米。从胎质、施釉、青花图案设计、青花用料和青花呈色等特点判断，此件标本的原器应属清嘉庆时期景德镇民窑的产品（图八三，6；图版九二，2）。

4. 清代晚期

8件。

道光时期　3件。

（12）wc-024号

青花白描缠枝莲纹碗残件，1件。此碗口沿、腹壁已大部分残失，现仅存口沿很小的一块局部，腹壁不足五分之一，圈足残存约一半。此碗口沿为窄折沿，尖圆唇，斜壁，外撇，深腹，下腹部为折腹内收，下接矮圈足。圈足外墙呈斜壁内敛，高0.6厘米，内墙直壁下凹，高0.7厘米。胎质坚致、细密，但有细小灰点，灰白胎。胎壁较薄，近口沿处厚度仅有0.15、下部厚度为0.3厘米。器体较轻。除圈足底边不施釉之外，其余内、外壁，包括圈足内底，均施青白釉，釉层较厚，釉面光洁、发亮。内壁素面。外壁口沿下施一道青花弦线，弦线下绘一周青花如意云头纹作为口沿边饰。腹壁表面绘青花白描缠枝莲纹。下腹部绘青花变形仰莲瓣纹。青花图案绘工精细，白描线条准确、流畅。下腹部底部折棱处也施一道青花弦线作为腹部的边饰。在碗底与圈足外墙衔接处又施一道青花弦线作为碗底的边饰。在圈足外墙表面，施两道青花弦线作为圈足上的装饰纹饰。在圈足内底署青花篆体"□清□光年制"六字三行款，外围青花单方栏。此碗青花用料为国产青料，青花呈色为浅蓝色，青翠而清新。

wc-024号青花白描缠枝莲纹碗残件，口径约14.1、底径7.2、高6.8、壁厚0.15～0.3厘米。从碗的形制、胎质、施釉、青花图案设计、绘工、青花用料及青花呈色，以及圈足内底所署青花篆体六字三行款中显示有"清""光年制"等特点判断，此件标本的原器应属清道光时期景德镇民窑的产品无疑（图八四，1；图版八九，3）。

（13）wc-027号

粉彩花卉双喜纹盘残件，1件。此盘口沿、腹壁和圈足大部分已残失，仅存很小的一块局部。盘为圆唇，斜壁，敞口，浅腹，下接圈足。圈足外墙呈斜坡式内敛，外墙高0.65厘米，内墙直壁下凹，高0.6厘米。胎质坚致、细密，仅含有很少的小灰点和杂质，白胎。胎壁较薄，上部近口沿处厚0.13、下部近圈足处厚0.3厘米。除圈足底边不施釉、露出素胎之外，其余内、

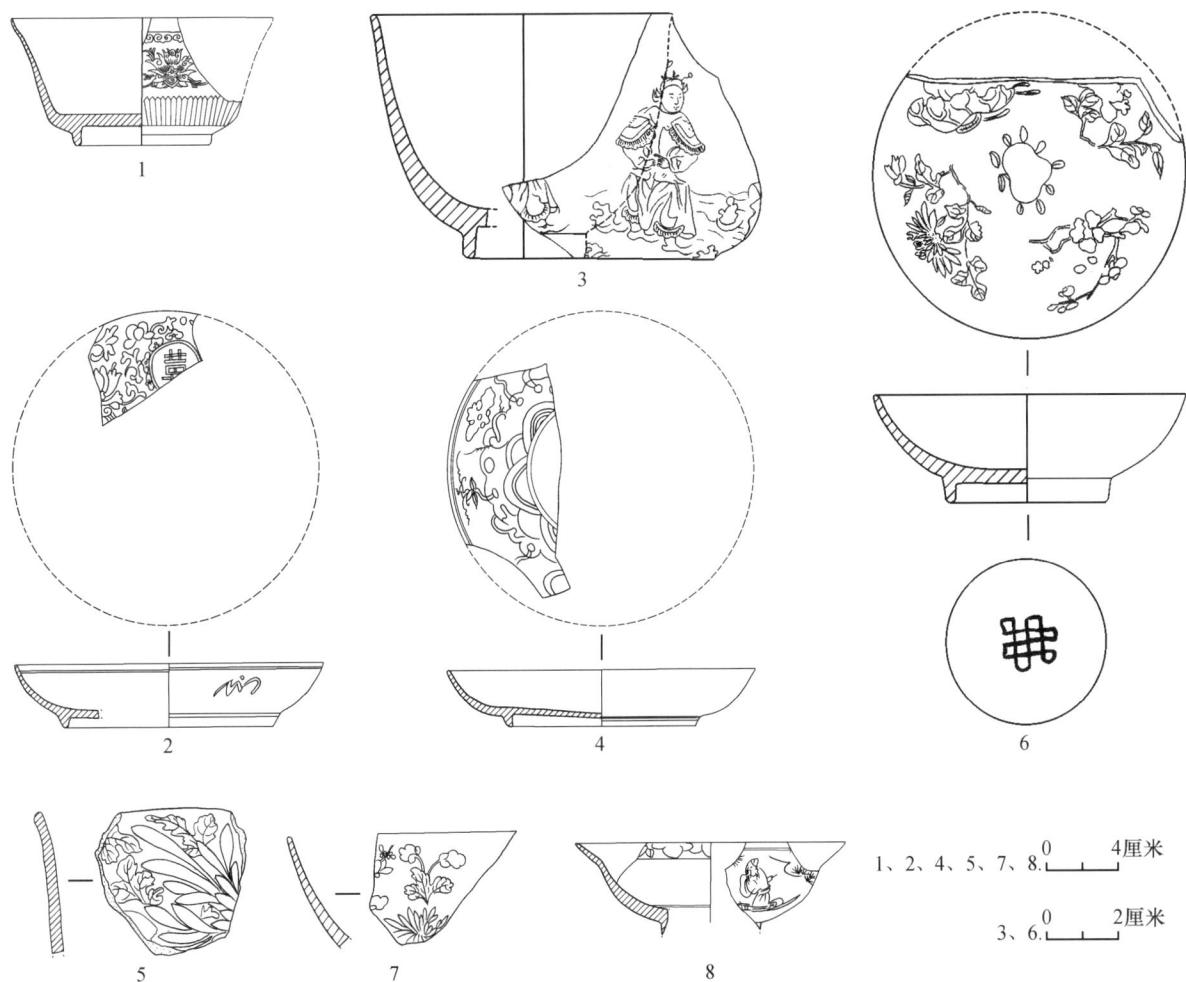

图八四 万方安和遗址出土清代晚期民窑类瓷片标本

1. wc-024号青花白描缠枝莲纹碗残件 2. wc-027号粉彩花卉双喜纹盘残件 3. wc-032号粉彩人物纹杯残件 4. wc-018号青花流水落花纹盘残件 5. wc-028号豆青釉粉彩菊花纹残片 6. wc-030号粉彩四季花卉寿桃纹小碟残件 7. wc-031号粉彩花卉纹碗残片 8. wc-019号青花三星人物碗残片

外壁，包括圈足内底，均施白釉。釉层较薄，但釉面光洁。盘内壁和盘心绘粉彩花卉双喜纹。花卉用粉红和矾红彩，花茎和花叶用绿彩，双喜字及周围的如意云头纹边饰用矾红彩勾描。外壁口沿下和圈足外墙表面施两道青花弦线。在外壁腹部偏上位置绘矾红蝙蝠纹。蝙蝠头朝上，双翼展开，作向上飞舞状。圈足内底素面。

wc-027号粉彩花卉双喜纹盘残件，口径约15.8、底径10.7、高3.2、壁厚0.13～0.3厘米。从胎质、施釉、纹饰构图设计，以及外壁所绘的矾红彩蝙蝠纹的形式与风格等特点判断，此件标本的原器应属清道光时期景德镇民窑的产品（图八四，2；图版九〇，1）。

（14）wc-032号

粉彩人物纹杯残件，1件。此杯口沿、腹壁和圈足已大部分残失，现仅存口沿0.3厘米的一截、腹壁不足四分之一和圈足约六分之一的部分。从断茬剖面可以看出，唇为抹角方唇，口沿稍外侈，腹壁为筒形直壁，下腹作圆弧内收，下接圈足。圈足高度适中，外墙呈直壁稍内敛，高0.6厘米，内墙直壁内凹，高0.7厘米。胎质坚致、细腻、纯净，白胎。胎壁较薄，上部近口沿处厚0.15、下部（下腹部）厚0.4厘米。除圈足底边不施釉、露出白色素胎外，其余内、外壁，包括圈足内底，均施白釉，釉层较厚，釉面莹润、光洁、发亮。内壁素面。外壁绘粉彩人物纹，所画人物似一年轻的巾帼女将，头戴蝴蝶盔，盔顶插两只红缨，身着粉色对襟战袍，肩披蓝色云肩，腰下至两腿间挂有两片蓝底白边前摆，束袖、束腿，足蹬黑色皮靴，两臂屈肢合于腹前，左手在上，右手在下，作合手抱拳姿势。此人物绘工精细，色彩艳丽而雅致。衬托人物的背景似为水波浪花。其余内容因残，已无法说明。圈足因残失太多，原来是否有款识也无从可知。

wc-032号粉彩人物纹杯残件，口径约7.7、底径3、高6.1、壁厚0.15～0.4厘米。从器形、胎质、施釉、纹饰构图、表现形式及绘工等特点判断，此件标本的原器应属清道光时期景德镇民窑的佳品之一（图八四，3；图版九一，2）。

同治时期 4件。序号接续。

（15）wc-018号

青花流水落花纹盘残件，1件。此盘口沿、腹壁和圈足大部分已残失无存，现仅存口沿约五分之一、腹壁约四分之一、圈足约三分之一的部分。此盘为圆唇，弧壁，浅腹，平底，矮圈足。圈足外墙呈斜坡式，向下内敛，高0.6厘米，内墙直壁下凹，高0.5厘米。胎质坚致、细腻，较纯净，白胎。胎壁较薄，上部近口沿处厚0.15、下部近盘底处厚0.25厘米。除圈足底边不施釉之外，其余内、外壁，包括圈足内底，均施白釉，釉层不厚，但釉面十分光润、发亮。内壁口沿下施两道青花弦线作为口沿边饰。盘心外围也施两道青花弦线作为盘心的边饰。在口沿边饰与盘心边饰之间的空隙处绘一周青花流水落花纹。在盘心边饰圈内绘朵莲纹，因残，只残存莲花上端局部。外壁口沿下施两道青花弦线。青花弦线边饰之下，盘壁上方绘青花蝙蝠纹，蝙蝠头朝上，两翼展开，作飞舞状。在下腹部底缘，与圈足外墙衔接处施三道青花弦线。圈足内底光素无纹。外侧腹壁表面遗有较多锔眼痕迹，表明此盘曾被长时间使用过，此盘青花用料明显为国产青料，青花呈色青翠、鲜艳。

wc-018号青花流水落花纹盘残件，口径15.82、底径9.46、高2.82、壁厚0.15～0.25厘米。

从胎质、施釉、青花图案构图设计、绘工、青花用料和青花呈色等特点判断，此件标本的原器应属清同治时期景德镇民窑的产品（图八四，4；图版八八，1）。

（16）wc-028号

豆青釉粉彩菊花纹残片，1件。此件标本口沿、腹壁大部分已残失无存，圈足完全无存。现仅余口沿和腹壁很小的一块局部，原器为何种器形，难以确定。口沿为圆唇，唇外沿起凸棱，斜壁，敞口外展。胎质坚致、细腻、纯净，白胎。胎壁较厚实，口沿处厚0.45、下部厚0.7厘米。唇沿为酱口，内、外壁表面均施豆青釉，釉层较厚，釉面光润、亮泽。内壁残存部分，在豆青釉上面绘粉彩菊花纹，菊瓣上端绘粉红彩，下部为乳白彩，叶子绘绿彩。色彩搭配鲜艳、美丽，绘工精细。外壁素面。

wc-028号豆青釉粉彩菊花纹残片，残长7.75、残宽7.35、壁厚0.45～0.7厘米。从胎质、施釉、纹饰构图设计、色彩搭配和绘画风格等特点判断，此标本原器应属清同治时期景德镇民窑的佳品之一（图八四，5；图版九〇，3）。

（17）wc-030号

粉彩四季花卉寿桃纹小碟残件，1件。这件标本的口沿、腹壁残失约三分之一，圈足完整。此碟为尖圆唇，斜侈口，弧壁，浅腹，圈足。圈足外墙斜壁内敛；内墙直壁下凹，内、外墙高均为0.5厘米。胎质坚致、细密、纯净，无杂质，白胎。胎壁厚度适中，近口沿处厚0.18、近底处厚0.3厘米。除圈足底边不施釉、露出素胎外，其余内、外壁，包括圈足内底，均施白釉，釉层虽不厚，但釉面匀净、润泽，无瑕疵。内壁绘粉彩四季花卉寿桃纹。寿桃居碟心中央，寿桃下半部为粉色，上端为胭脂红，桃周围有九片绿叶衬托。寿桃四面绘有春夏秋冬四季花卉，即春季的牡丹，夏季的荷花，秋季的菊花，冬季的梅花。布局设计及空间分布和谐自然，色彩配置靓丽雅致，线条准确流畅，绘工精细到位。外壁口沿之下绘三只矾红彩绘蝙蝠纹（因残缺失一只，尚存两只），蝙蝠头朝下（碟底和碟心方向），两翼展开作飞舞状。圈足内底中央署矾红彩"万"字结。碟心的寿桃、圈足内底中央的"万"字结，加上三只翩然而至的蝙蝠，充分表达了此碟图案的寓意主题——"万福"与长寿。

wc-030号粉彩四季花卉寿桃纹小碟残件，口径8.08、底径4.04、高2.7、壁厚0.18～0.3厘米。从形制、胎质、施釉、粉彩图案设计、色彩搭配、主题寓意、绘画风格及技巧特点等方面判断，此碟原器应属清同治时期景德镇民窑的产品（图八四，6；图版九一，3）。

（18）wc-031号

粉彩花卉纹碗残片，1件。此碗口沿、腹壁大部分已残失无存，圈足完全无存。现仅存口沿约六分之一、腹壁约八分之一的部分。从断茬剖面可以看出，此碗口沿为圆唇，斜直壁，弧腹，下腹曲腹内敛。胎质坚致、细腻、纯净，白胎。壁厚适中，上部近口沿处厚0.2、下部近碗底处厚0.4厘米。内、外壁均施白釉。内壁素面。外壁口沿之下，腹壁表面绘粉彩花卉，主题图案是粉红色菊花。菊花上面，绘有两朵含苞待放的红牡丹，牡丹花茎下绘三片向上呈扶持状的绿色牡丹叶子，似有"红花还需绿叶扶"的美好寓意。

wc-031号粉彩花卉纹碗残片，残长7、残宽5.58、壁厚0.2～0.4厘米。从胎质、施釉、粉彩花卉纹图画的设计、绘工等特点判断，此件标本的原器应属清同治时期景德镇民窑的产品（图八四，7；图版九一，1）。

光绪时期 1件。序号接续。

（19）wc-019号

青花三星人物碗残片，1件。此碗大部分已残失，现仅存口沿、腹壁和圈足的很小局部。从断茬剖面可以看出，此碗为折沿碗，折沿为宽边折沿，斜面敞口，小圆唇，薄壁，近口沿处壁厚仅有0.1厘米。折沿下接曲腹，腹壁从上至下逐渐加厚，厚度为0.2～0.5厘米。腹壁深3.9厘米（从折沿以下至圈足以上），作为碗具来说，应算浅腹碗。胎质不够坚致，也不够细密，含有较多小灰点和杂质，灰胎。内、外壁表面均施白釉，釉层不厚，釉面不太光洁，内、外壁遗有少量气泡凸起和棕眼疵点。内壁折沿上、下边缘各施一道青花弦线，中间以青花留白画法绘制卷草纹。碗心也绘有青花图案，因残，所绘图案已无法知晓。不过，若参考与此折沿碗时代相同、形制相似的青花折沿碗实物资料，或可推断此碗内壁中央原来绘的应是一幅意境深远的山水图。外壁口沿下施两道青花弦线。腹壁绘青花三星人物纹。因残，三星人物只保存一人。此人站在岸边桥头，天庭饱满，头戴幞头，须髯下垂，面朝前方，身着宽袖长衫，腰间束带，躬背弯腰，两臂前屈，抱于胸前，作恭敬作揖状。观其形态举止，应是一位涵养深厚、阅历不凡的长者。此人身后还绘有山石、花卉、松枝和伸向远方的道路等景物。

wc-019号青花三星人物碗残片，口径约14、残高约4.6、壁厚0.2～0.5厘米（图八四，8；图版八八，3）。

此件碗纹饰的残存人物，到底是何许人？经初步考察，我们认为此作揖老者，应为福、禄、寿三星中的福星。瓷器上以三星纹饰为主题图案的装饰形式起源于明代，至清代则更为流行。将三星人物设计在同一画面中，是表达三位一体，意味有三星拱照，必定会福运亨通，子孙满堂，增财添禄，长寿安康。

福禄寿三星中的福星，原指木星，也称作"岁星"。人们先是将木星当作了可以向人间赐福的福神。福神在民间地位相当尊崇，在道教里称为紫微大帝，掌管人间福分的分配，后逐渐将其人格化。说福星长的即是富贵之象，天庭饱满，地格方圆。至唐代，福神之位即由湖南道州刺史阳城化身充任。因为阳城在任道州刺史期间，曾冒死向唐德宗上谏，请求废除每年由道州向朝廷进贡侏儒为宫奴的律令，认为这种做法不合人道，最终被唐德宗采纳，废除了此项进贡。道州百姓感念阳城的恩德，认为他是福星下凡，便尊阳城为福星，世代供奉，于是阳城便成为民间福星的人格化代表。

禄星，是北斗七星之前文昌宫中最后一颗星，故民间把禄星也称作"文昌星"。掌管民间功名利禄，是知识分子的保护神，在民间也备受崇敬。汉族民间往往以财神赵公明的形象作为禄星人格化的代表：头戴铁冠，黑脸长须，手执铁鞭，骑在老虎背上。随着世俗化的发展演变，禄星后来又有了送子功能，据说他专送状元。

寿星，是南极老人星，也称南极仙翁，主管君主和国家寿命的长短，也可以给人增寿，成为长寿的象征。寿星在民间人格化的代表是长寿之人彭祖，其形象是：鹤发童颜，大额头，精神饱满，老而不衰，慈祥可爱。

在传世的清代光绪青花瓷器中，有一件青花福禄寿三星人物折沿高足碗，碗外壁正中绘制一幅三星人物画，福星的形象即为一作揖老者；禄星的形象即一官人，着官服，戴官帽；寿星即为一长须老翁。该碗内壁的边缘，以光绪时期独特的青花留白画法绘制了一圈卷草纹边饰；碗内壁中央绘制了一幅意境深远的山水风景画。以此青花折沿碗的形制和碗外壁所绘的青花纹饰和三星人物形象，对比wc-019号青花碗残片，可以发现有三处明显一致：一是二者均为折沿碗，这在碗的形制特点上是一致的；二是传世品中的福星，是一位作揖的男性老者，而wc-019号残余人物，也同样是一位作揖的男性长者，二者在性别、年龄和姿态上也是一致的；三是传世品中的碗内壁边饰的留白画法和纹饰内容与形式，与wc-019号碗内壁边饰的留白画法和纹饰内容与形式也是一致的。

这三个一致表明：①wc-019号标本残存的这位作揖姿态的长者，他不是别人，应是原画中的福禄寿三星人物之一——福星（民间人格化化身的代表）；②wc-019号青花三星人物碗残片标本原器的时代和窑属性质，应与上述这件传世的光绪时期青花福禄寿三星人物折沿高足碗是一致的，即应属清光绪时期景德镇民窑的产品无疑。

现将万方安和遗址出土的明末清初至清代晚期景德镇民窑瓷器残件和残片重点标本相关资料归纳成表三〇，谨供参考。

表三〇 万方安和遗址出土明末清初至清代晚期景德镇民窑类瓷片重点标本统计表

序号	标本编号	瓷类	器物名称	时代	规格（厘米）	款识	
						种类	图示
1	wc-033	青花	青花龟纹碗底残片	明末清初	底径5.33、残高1.98、下腹壁厚0.3	青花方形纹样款	
2	wc-016	青花	青花提篮花卉纹盘残片	康熙	底径10.46、残高1.8、壁厚0.2~0.4	青花双线圈款	
3	wc-017	青花	青花提篮花卉纹盘残件	康熙	口径15.78、底径8.68、高2.04、壁厚0.2~0.3	青花双线圈款	
4	wc-022	青花	青花杂宝纹碗残片	康熙	残长6.2、残宽4.1、壁厚0.2~0.3	无款	
5	wc-020	青花	青花花间寿缠枝莲挂寿茶碗盖残件	雍正	底径约10.33、捉手直径约3.34、高3.6、壁厚0.2~0.4	青花双线圈款	
6	wc-001	青花	青花缠枝花卉纹小渣斗残片	乾隆	底径约5.78、腹径约9、残高6.56、壁厚0.15~0.4	伪托款（清乾隆仿宣德）	
7	wc-023	青花	青花团莲瓣纹碗残件	乾隆	残长7.3、残宽4.5、壁厚0.2~0.3		
8	wc-025	青花	青花白描海水江崖纹碗底残片	嘉庆	底径4.4、残高3.6、壁厚0.2~0.6	变体文字款	

序号	标本编号	瓷类	器物名称	时代	规格（厘米）	款识	
						种类	图示
9	wc-026	青花	青花白描缠枝莲纹碗残件	嘉庆	口径11.33、底径4.4、高5.8、壁厚0.2～0.4	方形变体文字款	
10	wc-034	青花	青花缠枝菊纹碗残片	嘉庆	残长5、残宽4.7、壁厚0.18～0.4		
11	wc-024	青花	青花白描缠枝莲纹碗残件	道光	口径14.1、底径7.2、高6.8、壁厚0.15～0.3	纪年款，青花篆体"□清□光年制"六字三行款	
12	wc-018	青花	青花流水落花纹盘残件	同治	口径约15.82、底径9.46、高2.82、壁厚0.15～0.25		
13	wc-019	青花	青花三星人物碗残片	光绪	口径约14、残高4.6、壁厚0.2～0.5		
合计		13件					
14	wc-003	粉彩	粉彩花草纹碗底残片	乾隆	底径5.8、残高2.2、壁厚0.2～0.3	伪托款（清乾隆仿成化）	
15	wc-027	粉彩	粉彩花卉双喜纹盘残件	道光	口径约15.8、底径10.7、高3.2、壁厚0.13～0.3		
16	wc-032	粉彩	粉彩人物纹杯残件	道光	口径约7.7、底径3、高6.1、壁厚0.15～0.4		
17	wc-028	粉彩	豆青釉粉彩菊花纹残片	同治	残长7.75、残宽7.35、壁厚0.45～0.7		
18	wc-030	粉彩	粉彩四季花卉寿桃纹小碟残件	同治	口径8.08、底径4.04、高2.7、壁厚0.18～0.3	图案款矾红彩"万"字结款	
19	wc-031	粉彩	粉彩花卉纹碗残片	同治	残长7、残宽5.58、壁厚0.2～0.4		
合计		6件					
总体		19件					

（三）民窑类一般瓷片标本

共37件。包括青花瓷器残件标本21件，时代从明晚期至清晚期；杂彩瓷器残件标本10件，时代从清早期至清晚期；粉彩瓷器残件标本6件，时代从清早期至清中期。

表三一对这37件属于一般瓷器残件的标本，分别按标本编号、器物名称、出土数量、瓷器分类，所属时代、瓷器用项、现存规格、是否具有款识等一一作出登记和说明，凡具款识者，均在备注栏下出示线图，以供参考。

根据以上对万方安和遗址出土民窑瓷器标本的介绍，以及表三〇、表三一的统计资料，现可将万方安和遗址出土的全部民窑瓷片标本所涵盖的种类和各个种类出土的数量、年代分布特点，进一步归纳成表三二，总体上了解和认识民窑器在圆明园万方安和景点的存在和使用等方面的一些基本特点。

表三一　万方安和遗址出土明代晚期至清代晚期景德镇民窑类瓷片一般标本统计表

序号	标本编号	器物名称	数量	瓷类	时代	用项	规格（厘米）	款识		图版
								种类	图示	
1	wc-046	青花飞鸟纹碗底残片	1	青花	明晚期	日常生活	底径6.5、厚0.3~0.5	植物纹样款		九六，3
2	wc-045	青花碗底残片	1	青花	明晚期	日常生活	底径5.8、厚0.3~0.6	植物纹样款		九六，1
3	wc-061	青花葡萄纹碗底残片	1	青花	明晚期	日常生活	底径6.1、厚0.6	植物纹样款		一〇〇，3
4	wc-043	青花花卉纹碗底残片	1	青花	明晚期	日常生活	底径5.5、厚0.3~0.8	方形纹样款		九五，2
5	wc-036	青花卷草纹碗残件	1	青花	明晚期	日常生活	口径12.5、底径6.2、高5.3、厚0.3~0.5	无款		九三，2
6	wc-047	青花"壬"字云纹碗残件	1	青花	明晚期	日常生活	口径13.4、底径6.7、高6.7、厚0.2~0.5	无款		九六，2
7	wc-058	青花云鹤纹碗底残片	1	青花	清早期	日常生活	底径5.7、厚0.3~0.7	方形纹样款	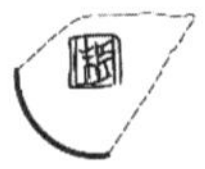	九九，4
8	wc-055	青花碗底残片	1	青花	清早期	日常生活	底径4.2、厚0.5	方形变体文字款		九九，1
9	wc-038	青花缠枝花卉纹碗残片	1	青花	清早期	日常生活	口径12.8、厚0.2~0.6	无款		九三，3
10	wc-054	青花花卉纹器盖残件	1	青花	清早期	日常生活	口径5.8、底径4、高1、厚0.3	无款		九八，2
11	wc-060	青花缠枝花卉纹杯残片	1	青花	清早期	日常生活	口径5.9、厚0.2~0.5	无款		一〇〇，2
12	wc-039	青花花间寿碗底残片	1	青花	雍正	日常生活	底径4.5、厚0.6~0.7	方形纹样款	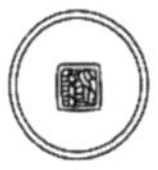	九三，4

序号	标本编号	器物名称	数量	瓷类	时代	用项	规格（厘米）	款识 种类	款识 图示	图版
13	wc-052	青花花卉月华纹碗底残片	1	青花	雍正	日常生活	底径5.8、厚0.5	方形纹样款		九八，1
14	wc-048	青花鱼藻纹碗底残片	1	青花	雍正	日常生活	底径5.2、厚0.3~0.6	花押款——四字花押款		九七，1
15	wc-057	青花缠枝花卉纹碗底残片	1	青花	雍正	日常生活	底径4、厚0.3~0.7	花押款——四字花押款		九九，3
16	wc-037	青花缠枝花卉纹碗底残片	1	青花	雍正	日常生活	底径5.1、厚0.3~0.6	方形变体文字款	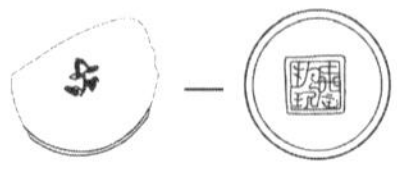	九三，1
17	wc-044	青花缠枝莲纹碗底残片	1	青花	清中期	日常生活	底径4.1、厚0.2~0.4	方形变体文字款	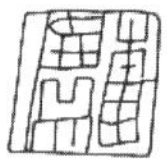	九五，1
18	wc-056	青花海水江崖纹碗底残片	1	青花	清中期	日常生活	底径5、厚0.3~0.6	方形变体文字款		九九，2
19	wc-050	青花鱼纹碗残片	1	青花	清中期	日常生活	口径19.3、厚0.2~0.7	无款		九七，3
20	wc-041	青花白描缠枝莲纹碗底残片	1	青花	嘉庆	日常生活	底径4.7、厚0.2~0.8	方形变体文字款		九四，2
21	wc-035	青花卷云纹碗底残片	1	青花	清晚期	日常生活	底径5.5、厚0.5~0.7	无款		九二，3
合计			21							
22	wc-012	霁蓝釉碗底残片	1	杂彩	清早期	日常生活	底径4.9、厚0.2~0.5	无款		八七，1
23	wc-049	豆青釉碗底残片	1	杂彩	乾隆	日常生活	底径3.9、厚0.2~0.5	方形变体文字款	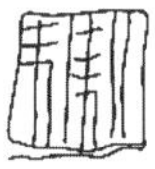	九七，2
24	wc-010	豆青釉碗底残片	1	杂彩	清中期	日常生活	底径5.6、厚0.3~0.7	方形变体文字款		八六，2
25	wc-040	豆青釉碗底残片	1	杂彩	清中期	日常生活	底径4.1、厚0.3~0.7	方形变体文字款	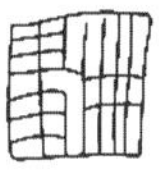	九四，1
26	wc-059	豆青釉杯残件	1	杂彩	清中期	日常生活	口径5.3、底径2.1、高3、厚0.2~0.6	方形变体文字款	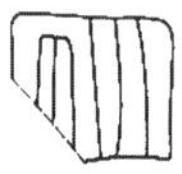	一〇〇，1

序号	标本编号	器物名称	数量	瓷类	时代	用项	规格（厘米）	款识		图版
								种类	图示	
27	wc-006	豆青釉盘底残件	1	杂彩	嘉庆	日常生活	底径11、厚0.3~0.5	方形变体文字款		八五，1
28	wc-007	豆青釉盘残件	1	杂彩	嘉庆	日常生活	口径14.9、底径8.7、高3、厚0.2~0.6	方形变体文字款		八五，2
29	wc-008	豆青釉盘残件	1	杂彩	嘉庆	日常生活	口径19.3、底径11.4、高3.3、厚0.3~0.8	方形变体文字款		八五，3
30	wc-009	豆青釉杯残件	1	杂彩	嘉庆	日常生活	口径7.1、底径2.3、高3.7、厚0.2~0.6	方形变体文字款		八六，1
31	wc-011	豆青釉碗底残片	1	杂彩	道光	日常生活	底径6.4、厚0.4~0.8	方形变体文字款		八六，3
合计			10							
32	wc-002	粉彩碗底残片	1	粉彩	清早期	日常生活	底径4.2、厚0.3~0.5	清早仿明成化伪托款"大明成化年制"		八四，1
33	wc-004	青花粉彩碗底残片	1	粉彩	乾隆	日常生活	底径5、厚0.7	乾隆仿明成化伪托款"大明成化年制"		八四，3
34	wc-051	豆青釉粉彩寿桃纹杯残件	1	粉彩	清中期	日常生活	口径6.5、底径2.8、高3.7、厚0.2~0.6	方形变体文字款		九八，3
35	wc-042	白釉粉彩花卉纹茶碗盖残片	1	粉彩	清中期	日常生活	底径4、厚0.2~0.4	无		九四，3
36	wc-053	豆青釉粉彩寿桃纹碗残片	1	粉彩	清中期	日常生活	口径16.3、厚0.3~0.7	无		九八，4
37	wc-062	粉彩瓜蝶连绵纹碗残片	1	粉彩	清中期	日常生活	残长4、厚0.2~0.5	无		一〇〇，4
合计			6							

表三二　万方安和遗址出土景德镇民窑类瓷片标本种类、数量及年代统计表

瓷器种类	时代		数量	标本编号（wc-）	占该遗址出土民窑瓷器总数（56）的百分比	各阶段占各类瓷器总数的百分比
青花	明代晚期		6	045, 046, 061, 043, 036, 047	12.5%	20.59%
	明末清初		1	033		
	清早期	清早期	5	058, 055, 038, 054, 060	25%	41.18%
		康熙	3	016, 017, 022		
		雍正	6	020, 039, 052, 048, 057, 037		
	清中期	乾隆	2	001, 023	16.07%	26.47%
		清中期	3	044, 056, 050		
		嘉庆	4	025, 026, 034, 041		
	清晚期	道光	1	024	7.14%	11.76%
		清晚期	1	035		
		同治	1	018		
		光绪	1	019		
	合计		34		60.71%	100%
杂彩	清早期		1	012	1.78%	10%
	清中期	乾隆	1	049	14.3%	80%
		清中期	3	010, 040, 059		
		嘉庆	4	06, 07, 08, 09		
	清晚期	道光	1	011	1.78%	10%
	合计		10		17.86%	100%
粉彩	清早期		1	02	1.78%	8.33%
	清中期	乾隆	2	003, 04	10.72%	50%
		清中期	4	051, 042, 053, 062		
	清晚期	道光	2	027, 032	8.93%	41.67%
		同治	3	028, 030, 031		
	合计		12		21.43%	100%
总计			56			

注：表中数字下面带"·"符号者为重点标本，不带符号者为一般标本

通过表三二的归纳可以看出，万方安和遗址出土的民窑类瓷器残件标本所包含的瓷器种类也是三种，即青花、杂彩和粉彩，缺少五彩瓷，这一点与坦坦荡荡遗址民窑瓷器种类是一致的。另外，在三种瓷器种类中，数量上以青花瓷为主，以杂彩瓷和粉彩瓷为辅，这一点也与坦坦荡荡遗址的情况基本一致。惟万方安和青花瓷的出土数量为34件，只占万方安和出土民窑瓷器总数的60.71%，明显低于坦坦荡荡青花瓷的占比（77.59%），而这里的杂彩瓷和粉彩瓷的出

土数量和占比，却较坦坦荡荡的杂彩瓷和粉彩瓷的出土数量与占比有明显提升。

从时代特点看，万方安和民窑瓷器，上限为明代晚期，下限至清代晚期光绪时期，其历史跨度与坦坦荡荡出土的民窑瓷器大体一致。

从三类民窑瓷器在万方安和的消长趋势看，青花瓷器中虽包含有明代晚期者，但所占比例较小，只占该遗址出土青花瓷器总数的20.59%，即五分之一左右；而清早期的占比最大，为41.18%，占该遗址出土青花瓷器总数的4成多。其次属清中期，占比为26.47%，而清晚期的占比最小，仅11.76%。民窑青花瓷在这里的消长趋势呈纺锤形，即两头小，中间大。即明代晚期和清代晚期占比都小，而清代早期和清代中期占比都大。这一趋势特点与坦坦荡荡民窑青花瓷的消长趋势基本一致。只是坦坦荡荡在清中期阶段，青花瓷的占比还略高于清早期阶段，而万方安和则是清早期阶段高于清中期阶段。这表明，民窑青花瓷在万方安和和坦坦荡荡，在清代早期和清代中期阶段是作为主流瓷类来对待和使用的，正处于上升发展的时期，故出土数量明显较大，占比明显较高。至清代晚期，民窑青花瓷器出土数量却显著衰减，占比明显降低，不论是坦坦荡荡，还是万方安和，都已不再被当作主流瓷类来对待使用了，而逐渐被杂彩瓷和粉彩瓷所取代。

杂彩瓷和粉彩瓷，在万方安和存在的年代上限是清早期，且数量很少，均只出土1例。二者都是在清中期阶段出土数量最多，占比最高。杂彩瓷在该遗址共出土10件，清中期就占8件，占到该遗址出土杂彩瓷总数的80%。粉彩瓷在该遗址共出土12件，清中期就占6件，占到该遗址出土粉彩瓷总数的50%。杂彩瓷和粉彩瓷在万方安和遗址出土的年代和膨胀发展的时期，与坦坦荡荡遗址是一致的。值得注意的是，清晚期阶段，粉彩瓷在万方安和遗址共出土5件，占到该遗址出土粉彩瓷总数的41.67%。这个占比比坦坦荡荡遗址高得多。表明这两处景点的人员构成可能有差别，万方安和的女性成员的比例可能明显高于坦坦荡荡。

瓷器用项，经统计，万方安和的民窑瓷器都是日常生活用瓷，无陈设用瓷，也无祭祀用瓷。

窑属，万方安和民窑瓷器的窑属，一律属江西景德镇民窑的产品，未见其他窑系的产品。

款识，在万方安和遗址出土的62件瓷器残件标本中，其中带款识的有38件，占该遗址出土瓷器总数的61.29%，占比较大，数量不少。这些带款识的瓷器，款识种类都包括那些？时代特点如何？这当然应该作出说明。为了考察以上问题，现以时代为纲，以款识种类为目，统计得出表三三至表三六，以供分析。

表三三　万方安和遗址出土植物纹样款和方形纹样款瓷片标本统计表

标本编号	器物名称	数量	时代	款识	
				种类	图示
wc-045	青花碗底残片	1	明晚期	植物纹样款	
wc-046	青花飞鸟纹碗底残片	1	明晚期	植物纹样款	

标本编号	器物名称	数量	时代	款识	
				种类	图示
wc-061	青花葡萄纹碗底残片	1	明晚期	植物纹样款	
wc-043	青花花卉纹碗底残片	1	明晚期	方形纹样款	
wc-033 •	青花龟纹碗底残片	1	明末清初	方形纹样款	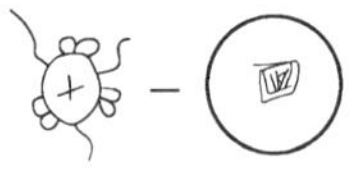
wc-058	青花云鹤纹碗底残片	1	清早期	方形纹样款	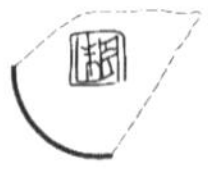
wc-039	青花花间寿碗底残片	1	雍正	方形纹样款	
wc-052	青花花卉月华纹碗底残片	1	雍正	方形纹样款	
合计		8		植物纹样款3 方形纹样款5	

注：标本编号下带"·"符号者为重点标本，不带符号者为一般标本

表三四　万方安和遗址出土青花双线圈款、花押款瓷片标本统计表

标本编号	器物名称	数量	时代	款识	
				种类	图示
wc-016 •	青花提篮花卉纹盘残片	1	康熙	青花双线圈	
wc-017 •	青花提篮花卉纹盘残件	1	康熙	青花双线圈	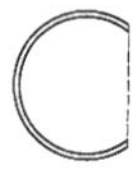
wc-048	青花鱼藻纹碗底残片	1	雍正	花押款——四字花押款	
wc-057	青花缠枝花卉纹碗底残片	1	雍正	花押款——四字花押款	
wc-020 •	青花花间寿缠枝连挂寿茶碗盖残件	1	雍正	青花双线圈	
合计		5		青花双线圈3 四字花押款2	

注：标本编号下带"·"符号者为重点标本，不带符号者为一般标本

表三五 万方安和遗址出土方形变体文字款瓷片标本统计表

标本编号	器物名称	数量	时代	款识	
				种类	图示
wc-055	青花碗底残片	1	清早期	方形变体文字款	
wc-037	青花缠枝花卉纹碗底残片	1	雍正	方形变体文字款	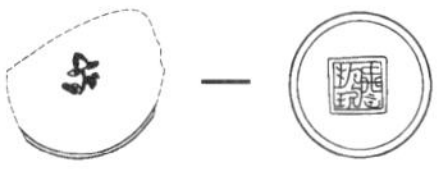
wc-049	豆青釉碗底残片	1	乾隆	方形变体文字款	
wc-010	豆青釉碗底残片	1	清中期	方形变体文字款	
wc-040	豆青釉碗底残片	1	清中期	方形变体文字款	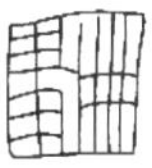
wc-044	青花缠枝莲纹碗底残片	1	清中期	方形变体文字款	
wc-051	豆青釉粉彩寿桃纹杯残件	1	清中期	方形变体文字款	
wc-056	青花海水江崖纹碗底残片	1	清中期	方形变体文字款	
wc-059	豆青釉杯残件	1	清中期	方形变体文字款	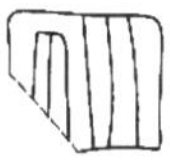
wc-006	豆青釉盘底残件	1	嘉庆	方形变体文字款	
wc-007	豆青釉盘残件	1	嘉庆	方形变体文字款	
wc-008	豆青釉盘残件	1	嘉庆	方形变体文字款	
wc-009	豆青釉杯残件	1	嘉庆	方形变体文字款	
wc-041	青花白描缠枝莲纹碗底残片	1	嘉庆	方形变体文字款	

续表

标本编号	器物名称	数量	时代	款识	
				种类	图示
wc-025 •	青花白描海水江崖纹碗底残片	1	嘉庆	方形变体文字款	
wc-026 •	青花白描缠枝莲纹碗残件	1	嘉庆	方形变体文字款	
wc-011	豆青釉碗底残片	1	道光	方形变体文字款	
合计		17			

注：标本编号下带"·"符号者为重点标本，不带符号者为一般标本

表三六　万方安和遗址出土伪托款、纪年款、图案款瓷片标本统计表

标本编号	器物名称	数量	时代	款识	
				种类	图示
wc-002	粉彩碗底残片	1	清早期	伪托款，清早期仿明成化楷体六字双行款"大明成化年制"	
wc-001 •	青花缠枝花卉纹小渣斗残片	1	乾隆	伪托款，清乾隆民窑仿明宣德青花楷体四字双行款"宣德□□"	
wc-003	粉彩花草纹碗底残片	1	乾隆	伪托款，清乾隆民窑仿明成化青花楷体六字双行款"□□成□□制"	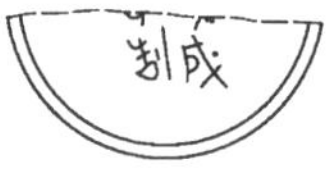
wc-004	青花粉彩碗底残片	1	乾隆	伪托款，清乾隆民窑仿明成化青花楷体六字双行款"大明成化年制"	
wc-013	墨彩如意云头纹小碗残片（官窑器）	1	乾隆	纪年款，圈足内底署青花篆体六字三行款"大清乾隆年制"	
wc-005	黄釉碗底残片（官窑器）	1	嘉庆	纪年款，圈足内底署青花篆体六字三行款"大清嘉庆年制"	
wc-024 •	青花白描缠枝莲纹碗残件	1	道光	纪年款，圈足内底署青花篆体六字三行款"□清□光年制"	
wc-030 •	粉彩四季花卉寿桃纹小碟残件	1	同治	图案款——"万"字结款	
合计		8		伪托款4 纪年款3 图案款1	

注：标本编号下带"·"符号者为重点标本，不带符号者为一般标本

　　通过表三三至表三六的梳理和归纳，可知万方安和遗址出土的瓷器所具备的款识种类共有8种，即：①植物纹样款；②方形纹样款；③青花双线圈款；④花押款；⑤方形变体文字款；⑥伪托款；⑦纪年款；⑧图案款。款识种类比坦坦荡荡遗址少了4种（动物纹样款——鱼纹款，赞颂款，吉言款及外文款——英文款）。

　　从款识种类出现的时代特点看，在万方安和遗址，出现最早的款识种类是植物纹样款，出现的时代是明代晚期。其次为方形纹样款，其出现和存续的时段是自明晚期至清雍正时期；再次为青花双线圈款，其出现和存在的时段是康熙时期；排第四位的是方形变体文字款（少部分），早期出现于清代早期，一直到雍正时期；排第五位的是花押款（四字花押款），出现的时代是雍正时期；排第六位的是方形变体文字款（少部分继续存在者）、伪托款及纪年款，属于中期款识类型，时代在乾隆时期；排第七位的是方形变体文字款（大量持续存在者）和纪年款（少量），属于中晚期款识类型，时代在嘉庆、道光时期；排第八位的是图案款（"万"字结款），属于晚期款识类型，时代在清晚期同治时期。这一款识种类与时代排序的规律特点，与前述坦坦荡荡遗址呈现的情况大体一致。由此可以认定，首先，植物纹样款、方形纹样款和青花双线圈款，在圆明园民窑瓷器中是三个早期款识类型。其次，方形变体文字款（少部分）、花押款（四字花押款）等是早中期款识类型。再次，为伪托款、纪年款、方形变体文字款（大量、大部分）等，属中期款识类型。最后为图案款（"万"字结款），属于晚期款识类型。

　　从万方安和遗址各个历史时期出土瓷器款识的数量看，仍是清代中期出土的数量最多，占比最高，居各个历史时期之首。经统计，明代晚期只出4例（包括植物纹样款3例，方形纹样款1例）；清代早期出12（包括方形纹样款4例，青花双线圈款3例，花押款2例，方形变体文字款2例，伪托款1例）；清代中期共19例（包括方形变体文字款14例，伪托款3例，纪年款2例）；清代晚期3例（包括方形变体文字款1例，纪年款1例，图案款——"万"字结款1例）。清代中期的数量，占万方安和遗址出土各种瓷类款识总数（共38例）的50%，即等于明代晚期、清代早期和清代晚期三期之和。

第五节　结　　语

　　1）万方安和遗址的环境和揭示出来的考古遗迹现状，均保持了雍乾时期的地貌和建筑格局的基本形制特点。目前，构成万方安和遗址主体景观的由人工挖造的南北向长湖和周边由人工堆叠起来的土石假山，这一山形水系的"骨架"依旧存在。于雍正五年（1727年）在长湖北侧建成的"卐"字轩大殿基址和在长湖南岸建成的"十"字轩（文昌阁）基址，也依旧保持在原位。特别是主体建筑——"卐"字轩大殿基址的形制和基本结构特点，均与绘制于乾嘉时期的样式雷《万方安和景区平面图》（国家图书馆善本部藏样式雷，排架053-1-2号，本发掘报告图七二）所呈现的平面布局一致。表明万方安和的地理环境和主体建筑"卐"字轩大殿，自雍正五年建成以后，历经清朝中、晚期数朝更迭，这里的环境和基本建筑形制、格局均未发生改变。虽然乾隆、嘉庆时期，曾在该景点做过一些拆修、拈修、添盖等小项目的维修工程，但均未对其整体环境和主体建筑构成干扰和改变，基本上一直保持着原设计格局和建筑特点。这表明，万方安和这处景点和建筑在清代历朝都曾是倍受重视的景点建筑，在圆明园四十景中也是颇具代表性的重要景点之一。

2）通过本次发掘，弄清了万方安和主体建筑"卍"字轩大殿九部分建筑基址（包括东南正宇南侧正中的临水码头）的设计方案、形制结构、建筑材料、工艺技术、为了预防水流对主体建筑造成冲击特建的四条过水涵洞，以及基础工程做法等相关问题。这对于了解和认识万方安和这组建筑的设计方案、营建过程、建造方式和建筑特点，考察单项建筑的使用功能等问题都有直接的提示和实证意义。同时，对于今后如何进一步做好该遗址的科学保护和合理利用工作也提供了一份有参考价值的第一手科学资料。

3）万方安和遗址出土了一批具有一定历史价值和资料价值的明代晚期至清代晚期的瓷器残件标本。共62件，其中官窑器标本6件，民窑标本56件，均为江西景德镇官窑和民窑的产品。

官窑器，只有清代中、晚期者，未见清早期和明代者。官窑器的种类只有三种：青花、杂彩和粉彩，没有五彩瓷。其中以杂彩瓷占比较大，青花和粉彩占比较小。在6件官窑瓷器中，乾隆时期就占3件，占该遗址出土官窑瓷器总数的50%。这从一个侧面反映出，清代中期，尤其在乾隆时期，万方安和景点正处于繁荣时期。

民窑器，时代上限为明代晚期，下限为清代晚期（光绪时期）。种类也同官窑器一样，只有青花、杂彩和粉彩，缺少五彩瓷。数量上，以青花瓷为主，以杂彩瓷和粉彩瓷为辅。这一点基本同于坦坦荡荡民窑器的瓷类占比情况，惟万方安和的杂彩瓷和粉彩瓷的占比较坦坦荡荡的同类占比明显增大。

青花瓷在万方安和遗址是出现最早的瓷类。明代晚期的4件标本都是青花类瓷器。其后，明末清初、清代早期、康熙时期、雍正时期的绝大多数标本也都是青花瓷器。可以认为，在万方安和早期阶段的民窑瓷器中，青花瓷是主导瓷类。

款识，在万方安和遗址，带款识的瓷器（残件）共有38件，占该遗址出土瓷器总数（62件）的61.29%，出土数量不少。这38件带款识的标本，共含不同款识种类有8种。其中，植物纹样款、方形纹样款、青花双线圈款属于三个早期款识类型。植物纹样款、方形纹样款都出现于明代晚期；青花双线圈款出现于清早期和康熙时期。而方形变体文字款（少部分）、花押款（四字花押款）等是属于早中期款识类型，其中方形变体文字款（少部分）时代为清早期到雍正时期；花押款（四字花押款）则属雍正时期。方形变体文字款（少部分持续存在者）、伪托款和纪年款属于中期款识类型，属乾隆时期。方形变体文字款（大量持续存在者）和纪年款（少量）属于中晚期款识类型，时代在嘉庆、道光时期。图案款（"万"字结款）属于晚期类型，时代多属清晚期同治时期。

若从瓷器款识出土数量上看，在万方安和各个历史时期中，仍属清代中期阶段出土的款识数量最多，共有19件，占该遗址款识出土总数（38件）的50%。这个数量和占比，恰好是该遗址明晚期、清早期，再加上清晚期出土的所有瓷器款识的数量和占比之和。这就又从另一个侧面反映出，清代中期不但是万方安和重要的发展阶段之一，而且是万方安和这处景点最为繁荣的历史时期。

4）对比1933年北平市政府工务局《实测圆明园长春园万春园遗址形势图》所绘制的万方安和遗址平面图，本次考古发掘结果，填补了此图的5项空白，纠正了1处错讹。

这5项空白是：①"卍"字轩东南正宇南侧中间建有一座临水码头，凸出在外，由花岗岩条石砌筑而成，但在1933年实测图中未标出。②河道，1933年图景区南边的河道与中间的大湖是隔绝的，但实际上，在文昌阁西边有一条南北走向，长15、宽5.5米的河道。③为能使两者连通，此处还架有一座东西向木桥。④甬路，此次发掘，在万方安和遗址东南河道西岸、西南角和西北角等处都发掘出卵石甬路遗迹，但在1933年实测图中都未标出。⑤桥涵，此次发掘，在万方安和遗址西北角与月地云居遗址东南角相衔接的河道内，发掘出石桥基址一座，编号为28号石桥；在万方安和遗址东北角与"卍"字轩大殿东一路东北隅外墙相连的湖内，发掘出木桥一座，编号为29号木桥。这两座桥涵，在1933年实测图中均未有反映（这两座桥涵资料，参见《圆明园西部桥涵遗址发掘报告》）。

纠正的1处错讹是：指出此图将"十"字亭标记为"文昌阁"是错误的。圆明园的文昌阁并不在此。其具体位置应在天然图画东部一带，应以张恩荫先生考证之处为是。

因此，本次报告发掘成果，不但填补和校正了有关圆明园图典资料的漏项和失误，而且为真实地了解和复原圆明园万方安和的历史，提供了一份准确、可靠的实证资料。

附录　坦坦荡荡遗址出土YT24号西洋式钟表的年代考证及其科技检测与修复报告

圆明园管理处　陈　辉（副研究员）

故宫博物院　荀　艳（馆员）

　　明末清初，西洋传教士以钟表作为进入中国的敲门砖。传教士利玛窦以自鸣钟为礼品进献给万历皇帝，西洋钟表由此进入中国宫廷。清代，这种使用方便、报时直观、形制新奇，集实用性与陈设性于一体的西洋钟表受到了清代皇帝的喜爱，逐渐取代了日晷和刻漏等传统的计时仪器，在宫廷中大量使用。圆明园作为清代重要的皇家园林，不仅在室外建筑上安装有钟表，如位于慈云普护的镶嵌有名为"时时如意大自鸣钟"的自鸣钟楼（图一），而且更多的是室内陈设和收藏的西洋钟表。乾隆年间来华的英使马戛而尼在回国后描述承德避暑山庄内的西洋陈设时，曾与圆明园中的西洋陈设进行对比："那些地球仪、天体运行仪、钟表、音乐自动机之类，工艺之精美，数量之丰富，使我们的礼品相形失色。可是我却被告知说，我们所见到的远不如宫中女眷所有的同类物品，或圆明园中所藏的欧洲物品高级。"[①]圆明园中收藏的钟表种类繁多，造型多样，做工精细，构造奇巧。奉三无私、别有洞天、紫碧山房、思永斋、玉玲珑馆、含经堂、万方安和、坦坦荡荡、西洋楼等殿宇都陈设有钟表。据档案记载圆明园中的钟表："镀金雀儿笼表、镀金圆鼓式白珐琅蓝字表盘有秒五针天文表、黑漆描金花架白珐琅表盘时乐钟、海屋添筹八角亭子仙人仙鹤打钟时刻钟、绿叶玻璃花照背形银花红珐琅西洋亭式自开门水法玩意问乐时钟"等。这些钟表外壳大多为铜镀金或紫檀并装饰珐琅、玻璃、玉石

图一　乾隆九年唐岱、沈源绘《圆明园四十景图咏》之慈云普护局部自鸣钟楼

---

①　〔英〕约翰·巴罗，李国庆、欧阳少春译：《我看乾隆盛世》，北京图书馆出版社，2007年。

等，有的还附有音乐、水法、跑人转花等。乾隆时期钟表已不仅是一般的计时器，除看重其技术新奇外，更关注造型的精巧和外观的华丽。咸丰十一年肃顺奏折说"圆明园原库存大小钟表四百四十一件。内：大钟一百七十二件，小钟十三件，大表七十二件，小表一百八十四件。因英法联军的掠夺和破坏，圆明园只剩下大钟一件，风扇十二件，转盘一件，破坏大钟穰一百十七件"[①]。四百四十一件钟表也只是咸丰朝圆明园库存钟表的数量，咸丰时期清王朝已经衰落，雍正、乾隆时期圆明园钟表数目应远远不止这些。目前圆明园在遗址清理和考古发掘中出土的钟表均为铜或铜镀金材质的残件。此件坦坦荡荡遗址出土的钟表残件是其中结构最完整，装饰最华丽的。

　　清代宫廷钟表的主要来源如下：①外国使者、西洋传教士或王公大臣的进献；②清廷通过管理广东沿海中外贸易的粤海关监督等官员或皇商进行采买；③宫廷造办处制作或由造办处委托广州等地方承办制作。乾隆皇帝对欧洲风格钟表的喜爱促使广州成为清代机械钟表制造的重要中心之一。广州作为对外贸易的重要口岸，也是许多耶稣传教士的第一个登陆地。广州的工匠因此接触到了西洋钟表制造技术，经过长期的生产工艺和技术经验积累，擅长变化革新的广州钟表工匠在乾隆中期以后，制作钟表的水平有了长足的进步，不断创作和生产出各种具有浓厚中国色彩而又略带欧洲艺术风格的钟表。从现存广州钟表藏品来看，广州制作的宫廷钟在融合了欧洲原型的精致和高度装饰性的同时，通常采用带有中国象征意义的吉祥图案。比如铜镀金錾花工艺，吸收了欧洲浮雕做法并采用传统卷草纹式花边，表面多饰各色珐琅。就造型艺术来看，欧洲钟表的造型突出表现了欧洲的传统文化，广州钟表的造型则大多表现中国亭台楼阁等建筑元素；在表体装饰上，广州钟表多采用"吉祥如意""太平有象""福禄寿"及瑞兽、禽鸟、八宝等为主题的景物寓美好吉祥之意。

　　西洋钟残件（图二）出土于圆明园坦坦荡荡遗址，通高32厘米，最大宽度为18.2厘米。该文物通体饰金，主要材质为铜合金，表盘饰西洋番花纹饰，镶嵌料钻花，底部边缘亦饰料钻。底座为双鹿，形制与故宫博物院藏广州制镀金[②]双鹿驮钟（图三）的局部相似，文物主体缺失。此外，2008年日本根津美术馆拍卖的乾隆时期广州制宫廷铜镀金配彩色玻璃座钟（高84、宽36.5、深28.5厘米），其最上层部分与本件圆明园钟表残件形制接近（图四），同样为鼓形机芯盒饰西番莲图案嵌料钻花，内有自鸣装置。因此，初步判断该残件为清代广州制钟表的顶部结构。根据与现存近似的文物对比和文物本身的制作工艺推测，这件钟表残件为清代乾隆年间广州制作，由粤海关等广州官员献入宫廷。

---

① 中国第一历史档案馆：《圆明园》，上海古籍出版社，1991年。

② 镀金：镀金是指在物体表面镀上一层金的工艺，传统镀金方法也被称为"鎏金"，清宫造办处档案中存在将"镀金"和"鎏金"两名词混用的现象。鎏金作为一种金属表面装饰工艺，是以金、汞制成的金汞齐，在装饰部位涂抹，然后加热使汞蒸发形成鎏金层，在西方被称为"火镀金"（fire-gilding或amalgam gilding）。出于成本及安全等因素考虑，鎏金逐步被其他镀金方法所取代。19世纪英国人发明了电镀金的方法，20世纪60年代出现了刷镀金（即选择性镀金），20世纪80年代出现了脉冲镀金和激光镀金。

图二　圆明园出土钟表残件正视图

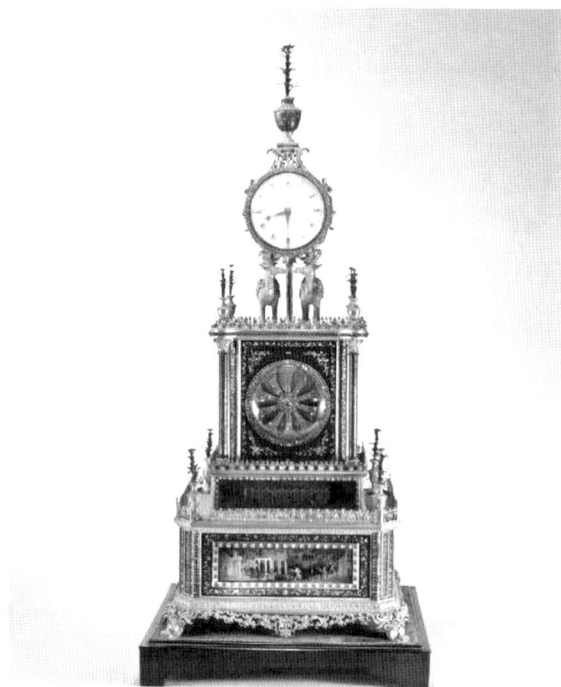

图三　故宫博物院藏广州制镀金双鹿驮钟

图四　日本根津美术馆拍卖的乾隆时期广州制宫廷铜镀金配彩色玻璃座钟

　　通过对钟表残件表面装饰处使用M4 TORNADO小光斑微区X射线荧光光谱仪检测分析，证实了该残件表面金层是使用金汞齐鎏金的方法进行装饰。

　　检测部位及成分分析（wt%）如下（图五、图六；表一）。

图五　X射线荧光光谱仪检测钟表残件表面装饰

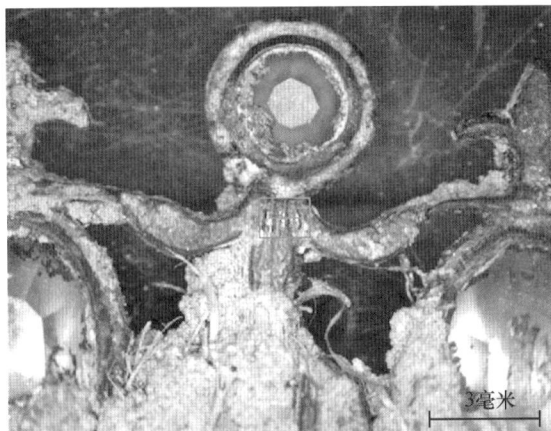

图六　X射线荧光光谱仪检测钟表残件表面装饰

表一　钟表检测部位及成分分析统计表

检测部位	元素（wt%）				
	铁	铜	锌	金	汞
图五	4.68	1	1.02	81.39	11.91
图六	6.15	1.72	1.47	80.21	10.45

　　通过X射线成像检测技术深入了解钟表残件的保存状况、内部形貌等信息，可以清晰地观察到机芯的机轴和齿轮带动表壳外侧疑似转花（已脱落）的结构，同时也可清晰观察到西番莲纹饰与料钻的排布镶嵌情况（图七、图八）。

图七　X射像影像（侧面）可见机轴与齿轮结构

图八　X射像影像（正面）

文物保存状况：文物出土时外壳边缘环状装饰脱落、变形；底部栏状装饰与底座开裂，存在缺失。文物整体受到埋藏环境中外界载荷产生的外力挤压、变形严重。经初步观察发现，文物表面存在较厚的含有机物的结壳，中度锈蚀，局部金层脱落；文物因原埋藏环境导致表面大部分料石存在严重劣化现象，西番莲花纹处所嵌料石存在脱落现象（图九、图一〇）。修复存在一定难度。

修复技术路线：①拟使用开放式微区X射线荧光光谱仪（μ-XRF）对文物进行原位无损半定量成分分析，以确定基体合金比例及表面金层装饰工艺。②由于文物主体及饰件均存在不同程度的变形，应依据文物基体合金成分来选用适宜的顶撑器、夹钳等多种矫形工具，相配合对文物进行矫形。在矫形过程中克服因变形而产生的内应力，尤其是表盘边缘内凹进的曲面和表盘表面结合处的内应力是一大挑战。必要时需借助木料来自制随形模具帮助矫形。此项工作过程复杂，耗时良久。矫形工具一旦拿开，外部的应力随之消失，变形位置易再次复原，因此需不断调整，保持足够时长才能取得理想效果。③文物表面存在较厚的土锈与硬结物，需要进行软化处理。覆盖在纹饰细部的结壳与锈蚀需进行化学清洁配合机械清洁，必要时需在显微镜下操作。在每次使用化学方法清洁之后需彻底清洗表面残余化学试剂并使用乙醇对器物进行脱水

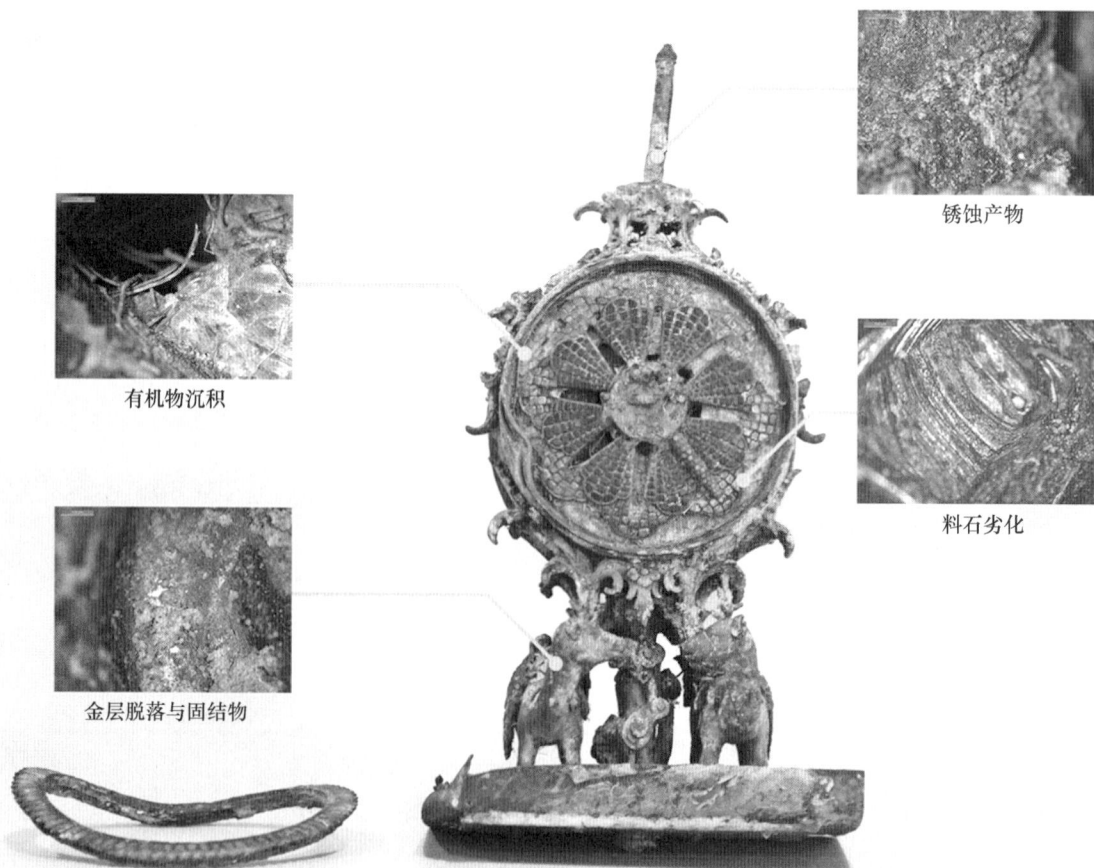

锈蚀产物

有机物沉积

料石劣化

金层脱落与固结物

图九　典型病害的显微观察

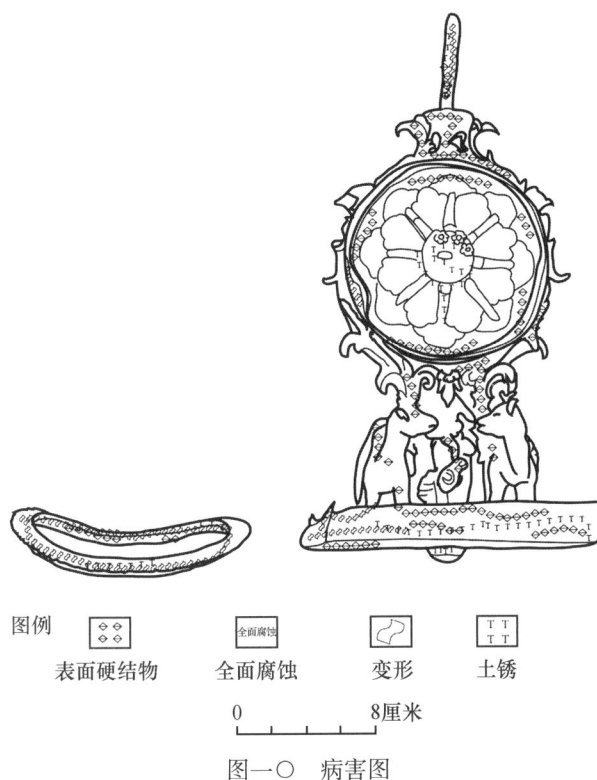

| 图例 | 表面硬结物 | 全面腐蚀 | 变形 | 土锈 |

图一〇　病害图

处理。④文物表面松动饰件需使用高分子有机材料进行局部渗透加固处理。⑤为达到展陈效果，更完整地展示文物的历史价值与艺术价值，需要对文物进行作色处理。金层脱落部位选用与文物原有金层色泽相匹配的颜料，对于最终作色效果起到决定性作用。作色时使用德国制染色铜粉调和相应黏合剂，具有可逆性。具体操作时应先使用矿物颜料调和有机溶剂，通过喷弹、点染的手法对补配处与焊接处进行打底，使用染色铜粉调和有机溶剂配合喷枪对打底处进行喷涂，使器物整体视觉效果协调一致。

后 记

在国家文物局和北京市文物局的关心、支持和领导下，2002~2004年，北京市文物研究所圆明园考古队在圆明园坦坦荡荡和万方安和两处遗址开展了考古勘察和发掘工作。发掘期间，自始至终都得到圆明园管理处和相关部门的大力支持和协作，使考古勘察和发掘工作得以顺利完成。

本课题考古领队和主持人为靳枫毅。参加2002年圆明园九洲景区坦坦荡荡遗址考古勘察的人员有：靳枫毅、郁金城、王继红；参加2003年圆明园西部遗址（含坦坦荡荡遗址）环境整治、清理地面和河湖驳岸堆积物工作的人员有：靳枫毅、王继红、孙勐；参加2004年坦坦荡荡及万方安和遗址发掘工作的人员有：靳枫毅、王继红。这两处遗址发掘工作刚结束，靳枫毅、王继红便于2005~2006年着手整理和编写《圆明园长春园含经堂遗址发掘报告》和《圆明园长春园宫门区遗址发掘报告》。这两本发掘报告编写任务完成后，2007年二人便开始整理坦坦荡荡及万方安和遗址的考古勘察与发掘资料，但刚整理半年，便被叫停。从此，这批资料便一直被搁置，再未得到整理的机会。在前期资料整理过程中，王继红曾承担了大量具体的清理、核对、统计、登记、做器物卡片等繁重工作，付出了很大的辛苦。时隔14年，2021年4月，北京市文物研究所新一任所长兼书记刘文华、副所长张中华决定，重新启动此项发掘资料的整理和发掘报告的编写工作，由靳枫毅负责、承担此项任务，另调配两名技工张莹莹和陈思雨协助工作。对刘文华所长和张中华副所长两位所领导作出的这一决定和安排，本课题组深表感谢！

经过这一年的努力，至2022年4月下旬，靳枫毅在王继红2007年前期资料整理的基础上，终于完成了本发掘报告的编写任务。

本课题之所以能够重新启动并顺利运行，还离不开两位也曾在圆明园考古队与我一起共患难的战友侠肝义胆的支持与无私帮助。这两位战友，一个是我所第一研究室研究员王策博士，另一个是我所第三研究室主任孙勐先生。他二人总是能在我遇到困难又无法解决的时候挺身而出，慨然相助。在整理和编写期间，张中华副所长经常代表所领导来看望，热忱地帮助做好对外联络和协调工作，提高了我们的工作效率。与此同时，我们还曾多次得到圆明园管理处副主任王猛先生、文物科科长陈辉副研究员和展览馆馆长李开明先生的关照和热诚帮助。科学出版社责任编辑王蕾女士为了保证本书质量做了大量的审校、改错、版式设计等烦琐的编辑工作，付出了许多辛勤的汗水和值得称道的努力。

编 者

2022年4月16日

1. T3——知鱼亭东南角（南—北）

2. T4——半亩园殿址东北角（东—西）

坦坦荡荡遗址建筑基址

1. T9——澹怀堂南墙基（东—西）

2. T7——素心堂殿址西北角（南—北）

3. T6——素心堂殿址东北角（东南—西北）

4. 值房区F6西南角（北—南）

坦坦荡荡遗址南区地貌及建筑基址

1. 澹怀堂西南角（东—西）

2. 双佳斋东北角（南—北）

坦坦荡荡遗址建筑基址

1. 2003年坦坦荡荡遗址环境整治工作现场（之一）

2. 2003年坦坦荡荡遗址环境整治工作现场（之二）

2003年坦坦荡荡遗址环境整治工作现场

1. 2003年坦坦荡荡遗址北区环境整治后地貌（西南—东北）

2. 2004年坦坦荡荡遗址考古发掘探方分布

2003年坦坦荡荡遗址北区环境整治后地貌、2004年遗址考古发掘探方分布

1. 遗址南区揭示出的建筑遗迹全景（东—西）

2. 遗址西部探方（TB6、TB5、TB4）揭示出值房
（F1~F3）门前台阶及甬路遗迹（北—南）

坦坦荡荡遗址南区及西部建筑遗迹

1. 素心堂基址（南—北）

2. 澹怀堂大殿连地炕遗迹（南—北）

坦坦荡荡遗址建筑基址

1. 知鱼亭基址（东—西）

2. 金鱼池遗迹（东北—西南）

坦坦荡荡遗址建筑基址

1. 金鱼池遗迹（东—南）

2. 1号鱼凳及1号太湖石假山遗迹（南—北）

坦坦荡荡遗址金鱼池基址及鱼凳、太湖石假山遗迹

1. 2号鱼凳及2号太湖石假山遗迹（东—西）

2. 3号鱼凳及3号太湖石假山遗迹（南—北）

坦坦荡荡遗址金鱼池鱼凳及太湖石假山遗迹

1.4号鱼凳及4号太湖石假山遗迹（南—北）

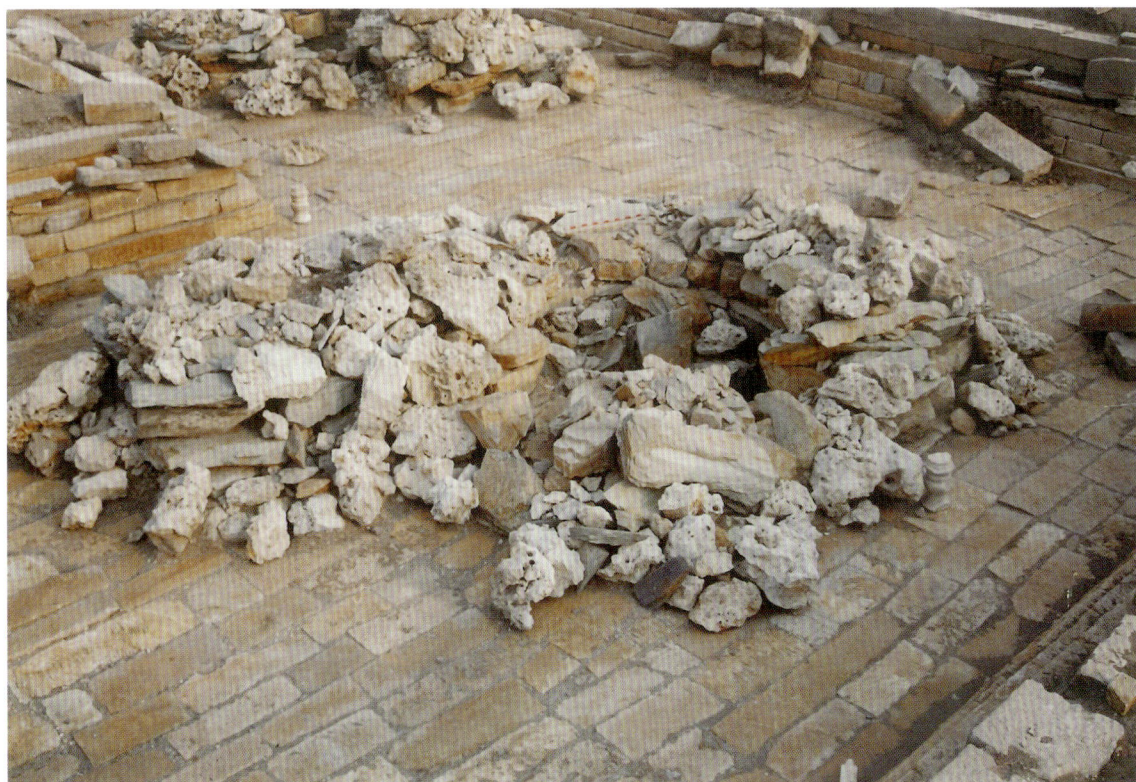

2.5号鱼凳及5号太湖石假山遗迹（西北—东南）

坦坦荡荡遗址金鱼池鱼凳及太湖石假山遗迹

1.6号鱼凳及6号太湖石假山遗迹（西—东）

2.1号涵洞北侧进水口（北—南）

坦坦荡荡遗址金鱼池鱼凳及太湖石假山、涵洞遗迹

1.2号涵洞南口（南—北）

2.3号涵洞西口（西—东）

坦坦荡荡遗址金鱼池涵洞遗迹

1. 4号涵洞南口（南—北）

2. 5号涵洞北口（北—南）

坦坦荡荡遗址金鱼池涵洞遗迹

1. 西—东

2. 东北—西南

坦坦荡荡遗址金鱼池西北池曲尺形游廊及西北方亭遗迹（经整修）

1. YT19号（北—南）

2. YT20号（北—南）

坦坦荡荡遗址出土YT19号、YT20号铜壶情形

1. 正视图

2. 颈部如意形铜环耳及游环

3. 圈足表面刻铸铭文

坦坦荡荡遗址出土YT19号铜壶

1. 正视图

2. 颈部如意形铜环耳及游环

3. 圈足表面刻铸铭文（字迹模糊）

坦坦荡荡遗址出土YT20号铜壶

1. YT21号玉人

2. YT22号"华甲联芳"玉扳指

坦坦荡荡遗址出土YT21号玉人、YT22号玉扳指出土情形

1. YT21号玉人正视图

2. YT21号玉人左侧视图

3. YT21号玉人右侧视图

4. YT22号玉扳指（浮雕篆体"华甲联芳"）

5. YT22号玉扳指（一面刻饰一篮荷花）

坦坦荡荡遗址出土YT21号玉人、YT22号玉扳指

1. YT04号汉白玉缠枝灵芝石刻件正面图

2. YT04号汉白玉缠枝灵芝石刻件背面图

3. YT05号汉白玉灵芝纹加变形莲瓣纹花盆底座
正面图

4. YT05号汉白玉灵芝纹加变形莲瓣纹花盆底座
背面图

5. YT06号汉白玉八曲瓜棱瓣柱体四
季花卉纹花盆底座正视图（1）

6. YT06号汉白玉八曲瓜棱瓣柱体四
季花卉纹花盆底座正视图（2）

7. YT06号汉白玉八曲瓜棱瓣柱
体四季花卉纹花盆底座顶部
台面阴刻字款

坦坦荡荡遗址出土汉白玉石刻

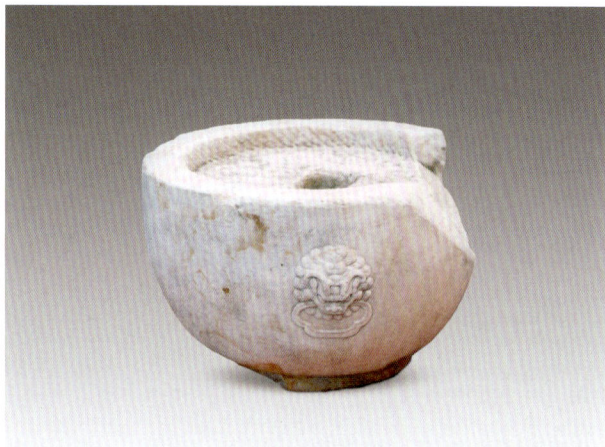

1. YT07号汉白玉"巨碗"形狮头衔环铺首纹花盆底座
正视图

2. YT07号汉白玉"巨碗"形狮头衔环铺首纹花盆底座
顶部俯视图

3. YT08号汉白玉长方"石槽"形四面浮雕佛教花卉纹花盆底座正视图

4. YT08号汉白玉长方"石槽"形四面浮雕佛教花卉纹花盆底座俯视图

坦坦荡荡遗址出土汉白玉石刻

1. YT08号汉白玉长方"石槽"形四面浮雕佛教花卉纹花盆底座长面纹饰（1）

2. YT08号汉白玉长方"石槽"形四面浮雕佛教花卉纹花盆底座长面纹饰（2）

3. YT08号汉白玉长方"石槽"形四面浮雕佛教花卉纹花盆底座短面纹饰（1）

4. YT08号汉白玉长方"石槽"形四面浮雕佛教花卉纹花盆底座短面纹饰（2）

坦坦荡荡遗址出土汉白玉石刻

1. YT09号汉白玉"凸"字形长方体龟背纹加荷叶纹
花盆底座长边正视图

4. YT10号汉白玉椭圆形须弥坐式变形仰覆莲瓣纹花
盆底座正面图

2. YT09号汉白玉"凸"字形长方体龟背纹加荷叶纹
花盆底座短边正视图

5. YT10号汉白玉椭圆形须弥坐式变形仰覆莲瓣纹花
盆底座侧面图

3. YT09号汉白玉"凸"字形长方体龟背纹加荷叶纹
花盆底座顶部台面俯视图

6. YT10号汉白玉椭圆形须弥坐式变形仰覆莲瓣纹花
盆底座台面俯视图

坦坦荡荡遗址出土汉白玉石刻

1. YT11号汉白玉圆形石墩形浮雕翻卷莲叶纹加如意
云头纹花盆底座顶部台面俯视图

2. YT11号汉白玉圆形石墩形浮雕翻卷莲叶纹加如意
云头纹花盆底座正视图

3. YT12号汉白玉多层塔式罐形花盆底座
顶部台面俯视图

4. YT12号汉白玉多层塔式罐形花盆底座正视图

5. YT13号汉白玉须弥座加厚底塔式罐形花盆底座
正视图

坦坦荡荡遗址出土汉白玉石刻

1. YT14号汉白玉三级圆盘柱础形如意云纹花盆底座
顶部台面俯视图

2. YT14号汉白玉三级圆盘柱础形如意云纹花盆底座
正视图

3. YT15号汉白玉正方形浮雕变形夔龙纹花盆底座

4. YT15号汉白玉正方形浮雕变形夔龙纹花盆底座
正面图案

坦坦荡荡遗址出土汉白玉石刻

1. YT16号汉白玉长方形四层台座式龟背加"卍"字纹如意绶带花盆底座正视图

2. YT16号汉白玉长方形四层台座式龟背加"卍"字纹如意绶带花盆底座侧面图

3. YT16号汉白玉长方形四层台座式龟背加"卍"字纹如意绶带纹花盆底座顶部台面俯视图

4. YT17号汉白玉矮身鼓腹罐形缠枝莲花花盆底座正视图（1）

5. YT17号汉白玉矮身鼓腹罐形缠枝莲花花盆底座正视图（2）

坦坦荡荡遗址出土汉白玉石刻

1. YT18号汉白玉双龙戏珠纹石刻残件左侧
云龙纹图案

2. YT18号汉白玉双龙戏珠纹石刻残件右侧
云龙纹图案

3. YT18号汉白玉双龙戏珠纹石刻残件正视图

坦坦荡荡遗址出土汉白玉石刻

1. YT23号木胎贴金葫芦出土情形

2. 西洋式钟表出土情形

3. YT24号西洋式钟表正面

4. YT24号西洋式钟表侧面

坦坦荡荡遗址出土木胎贴金葫芦、西洋式钟表

2.青花碗残片（tc-018）

1.青花盘残片（tc-001）

3.粉彩描金佛造像残片（tc-102）

4.白釉红彩鹅蹼残件（tc-047）

坦坦荡荡遗址出土瓷器

1. 杂彩盘残件（tc-104）

2. 青花器盖残片（tc-120）

3. 青花碗残片（tc-109）

4. 青花瓷片（tc-131）

5. 青花碗残片（tc-168）

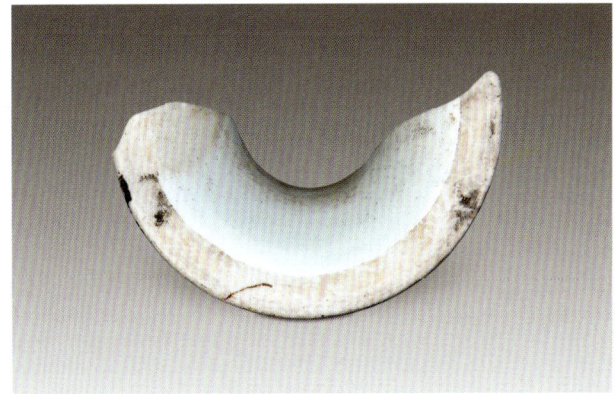

6. 青花花觚残片（tc-147）

坦坦荡荡遗址出土瓷器

1. 青花碗残片（tc-182）

2. 青花碗残片（tc-185）

3. 青花碗残片（tc-002）

4. 青花茶碗盖残件（tc-003）

坦坦荡荡遗址出土瓷器

1. 霁蓝釉瓶残片（tc-004）

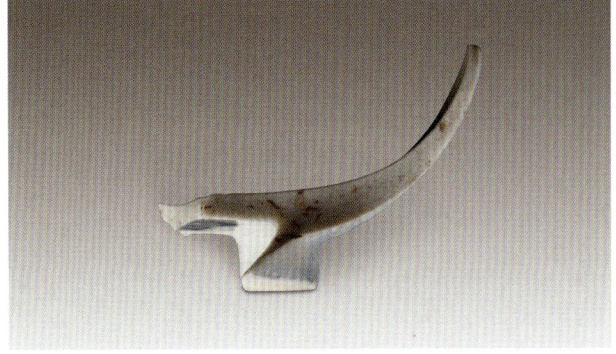

3. 蓝釉碗残片（tc-006）

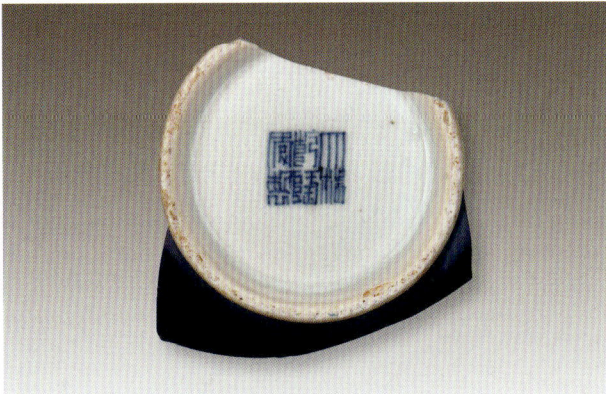

2. 豆青釉盘残片（tc-005）

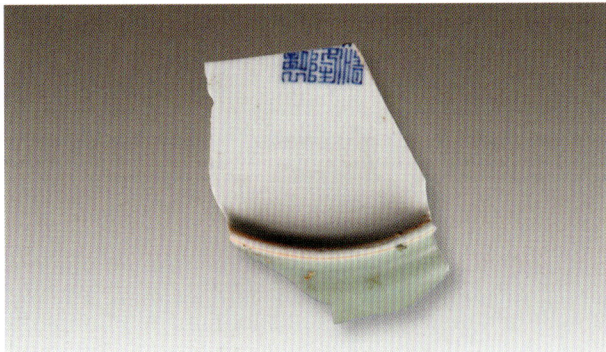

4. 白釉粉彩碗残片（tc-007）

坦坦荡荡遗址出土瓷器

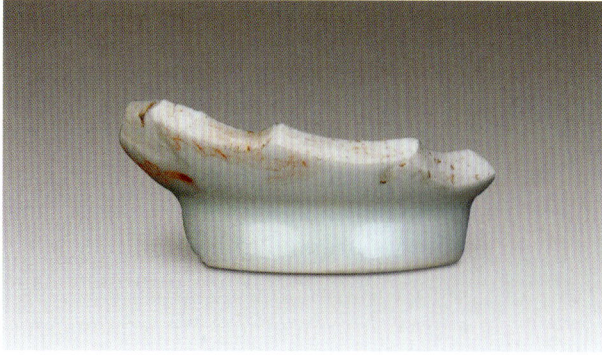

1. 白釉粉彩小碗残片（tc-008）

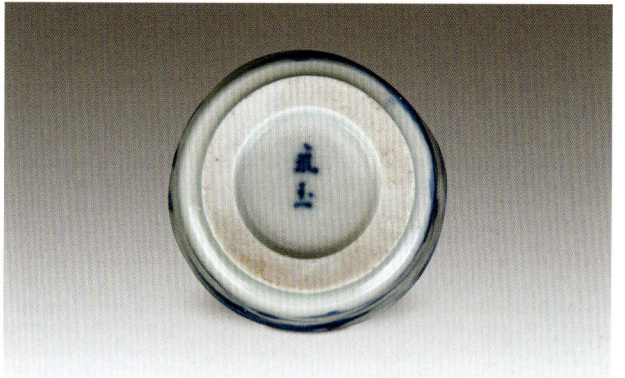

2. 青花小杯残件（tc-009）

3. 青花观音瓶残片（tc-010）

坦坦荡荡遗址出土瓷器

1. tc-011

2. tc-012

坦坦荡荡遗址出土青花碗

1. tc-013   2. tc-014

坦坦荡荡遗址出土青花碗

1. tc-015　　　　　　　　　　　　　　2. tc-016

坦坦荡荡遗址出土青花碗

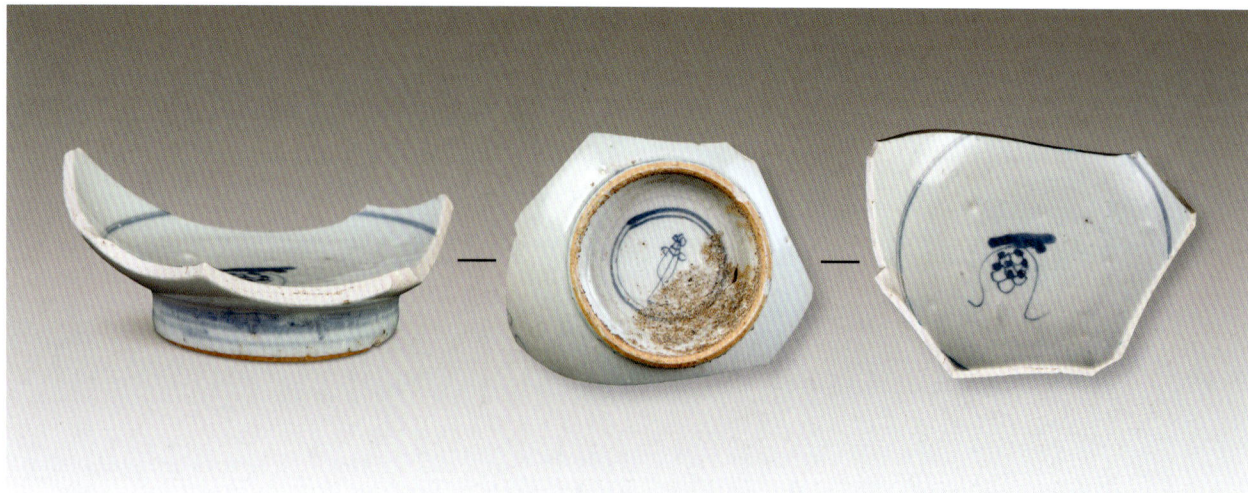

1. 青花碗残片（tc-017）

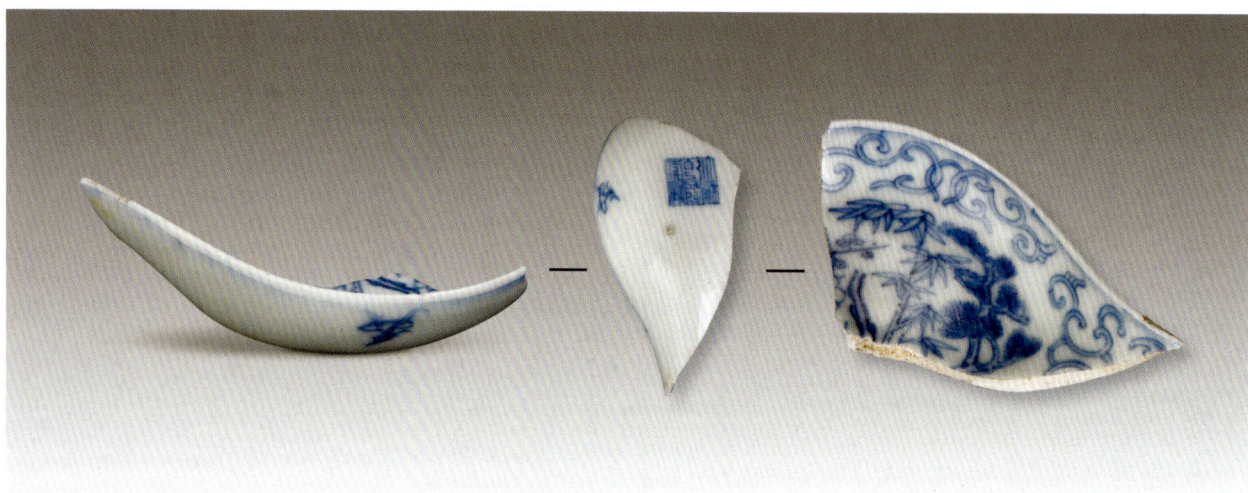

2. 青花汤勺残片（tc-019）

3. 青花盘残件（tc-020）

坦坦荡荡遗址出土瓷器

1. tc-021

2. tc-022

坦坦荡荡遗址出土青花盘

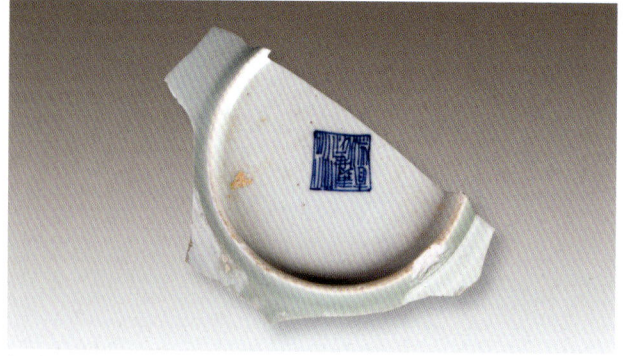

1. 豆青釉盘残片（tc-023）

2. 豆青釉碗残件（tc-024）

3. 青花碗残片（tc-025）

4. 青花碗残片（tc-026）

坦坦荡荡遗址出土瓷器

1. 青花茶碗盖残件（tc-027）

2. 青花碗残片（tc-028）

3. 豆青釉碗残片（tc-029）

4. 豆青釉碗残片（tc-030）

坦坦荡荡遗址出土瓷器

1. 豆青釉碗残片（tc-031）

2. 青花碗残片（tc-032）

3. 青花碗残片（tc-033）

4. 青花碗残片（tc-034）

5. 豆青釉碗残片（tc-035）

坦坦荡荡遗址出土瓷碗

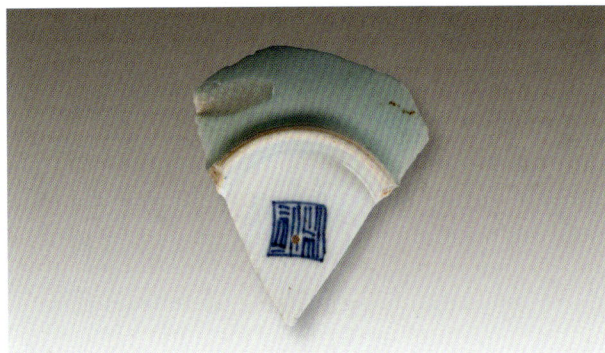

1. 豆青釉碗残片（tc-036）

2. 豆青釉盘残件（tc-037）

3. 豆青釉碗残件（tc-038）

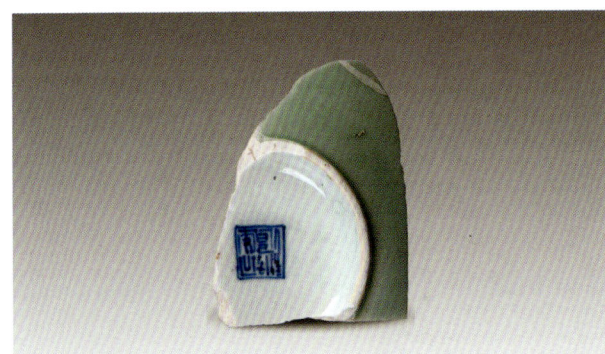

4. 豆青釉碗残片（tc-039）

坦坦荡荡遗址出土瓷器

2.青花碗残片（tc-041）

1.豆青釉碗残片（tc-040）

3.青花盘残件（tc-042）

4.青花盆残件（tc-043）

坦坦荡荡遗址出土瓷器

1. 粉彩碗残片（tc-045）

2. 粉彩碗残片（tc-046）

3. 青花细颈瓶残片（tc-048）

4. 青花罐残片（tc-049）

5. 青花盘残片（tc-050）

坦坦荡荡遗址出土瓷器

1. tc-051　　　　　　　　　　　　2. tc-053

3. tc-052

坦坦荡荡遗址出土青花碗

1. tc-054

2. tc-055

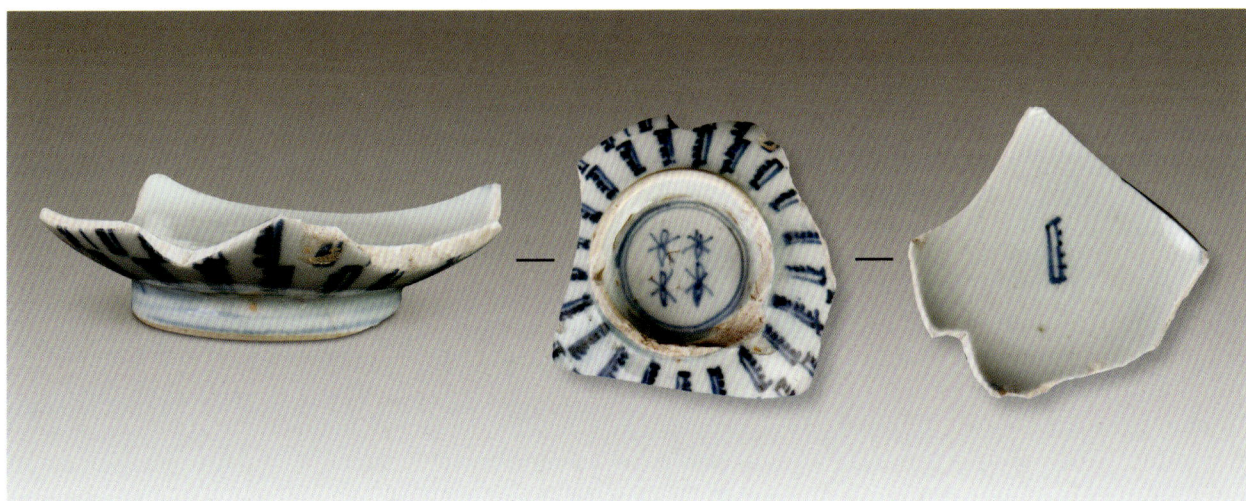

3. tc-056

坦坦荡荡遗址出土青花碗

1. 青花碗残片（tc-057）

2. 青花盏托残件（tc-058）

3. 青花碗残片（tc-059）

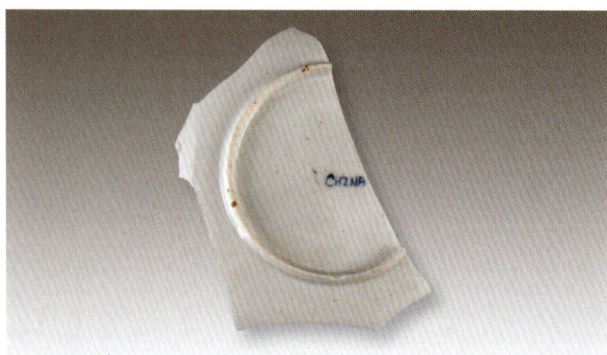

4. 青花盘残片（tc-060）

坦坦荡荡遗址出土瓷器

1. 黄釉碗残件（tc-061）

2. 青花罐残片（tc-062）

3. 窑变铜红釉瓶残件（tc-063）

4. 青釉仿哥釉瓶残片（tc-064）

坦坦荡荡遗址出土瓷器

2. tc-066

1. tc-065

坦坦荡荡遗址出土青花碗

1. 青花卧足杯残片（tc-067）

2. 青花碗残件（tc-068）

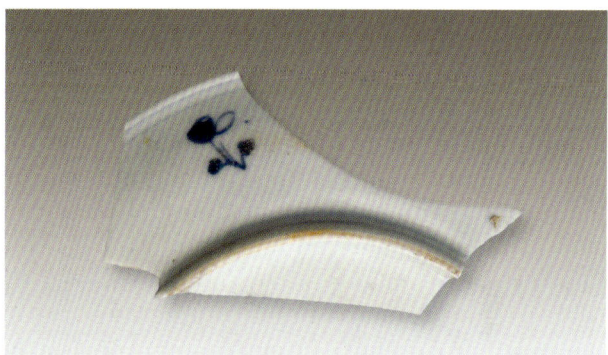

3. 青花鸟食罐残片（tc-070）

4. 青花瓶残片（tc-069）

5. 青白釉鸟食罐残件（tc-071）

坦坦荡荡遗址出土瓷器

1. tc-072

2. tc-073

坦坦荡荡遗址出土青花鼻烟壶

1.青花杯残件（tc-074）

3.青花碗残片（tc-076）

2.青花杯残件（tc-075）

4.青花碗残片（tc-077）

坦坦荡荡遗址出土瓷器

1. tc-078

2. tc-079

3. tc-080

坦坦荡荡遗址出土青花碗

1. 青花碗残片（tc-081）

2. 青花碗残片（tc-082）

3. 豆青釉杯残件（tc-083）

4. 豆青釉粉彩小盘残片（tc-084）

坦坦荡荡遗址出土瓷器

1. tc-085

2. tc-086   3. tc-087

4. tc-088

坦坦荡荡遗址出土青花碗

1. tc-089

2. tc-090

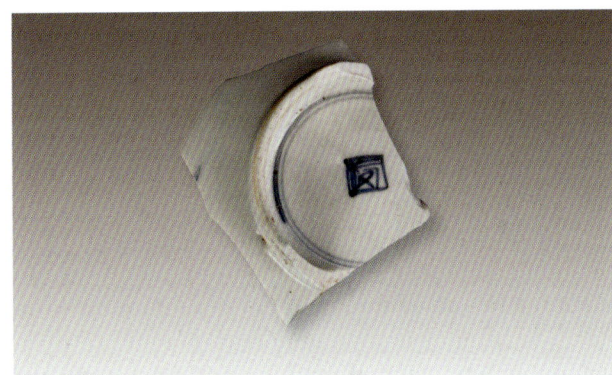

3. tc-091

坦坦荡荡遗址出土青花碗

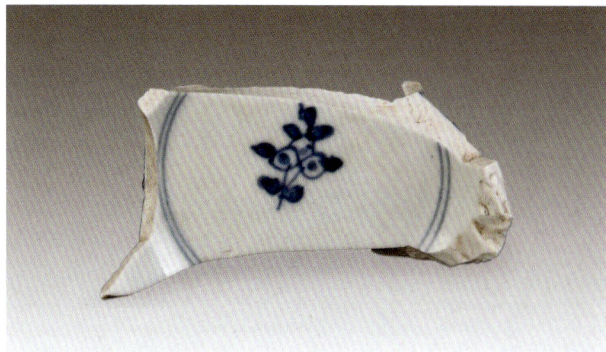

1. 青花碗残片（tc-092）

2. 青花碗残片（tc-093）

3. 粉彩碗残片（tc-094）

4. 青花碗残片（tc-095）

坦坦荡荡遗址出土瓷碗

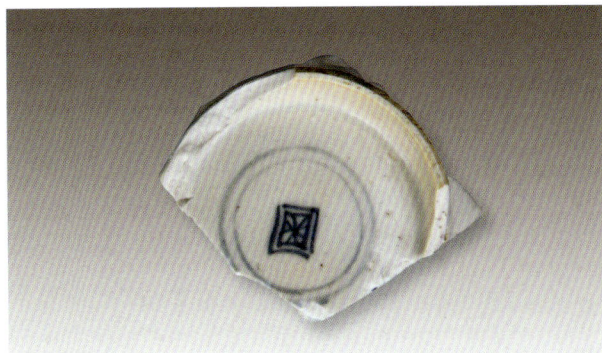

1. 青花碗残片（tc-096）

2. 青花碗残片（tc-097）

3. 青花碗残片（tc-098）

4. 豆青釉碗残件（tc-099）

坦坦荡荡遗址出土瓷碗

1.青花碗残片（tc-101）

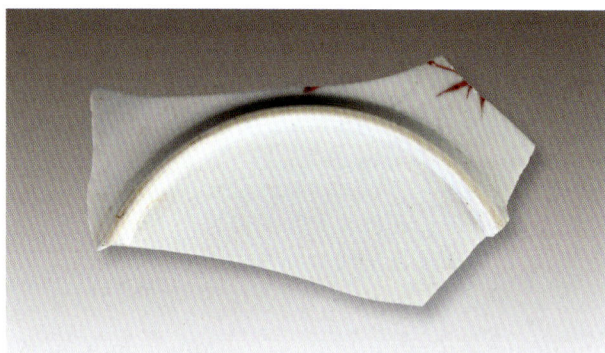

3.青花碗残片（tc-100）

2.釉里红盘残片（tc-103）

坦坦荡荡遗址出土瓷器

1. 粉彩碗残件（tc-105）

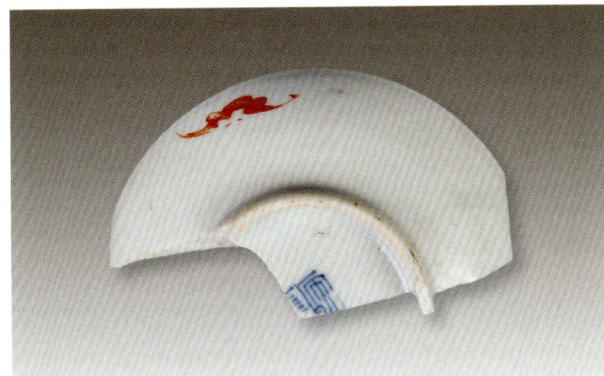

2. 豆青釉碗残件（tc-106）

3. 粉彩小碟残件（tc-107）

4. 粉彩碗残片（tc-108）

坦坦荡荡遗址出土瓷器

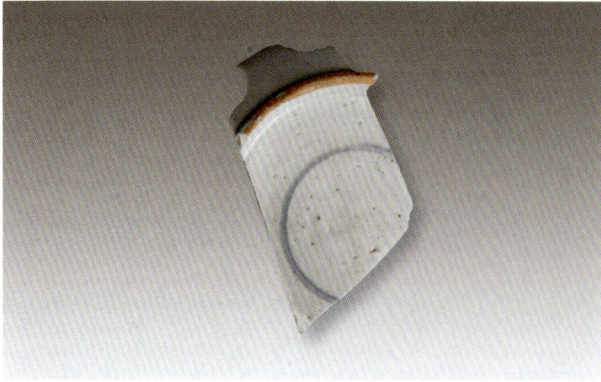

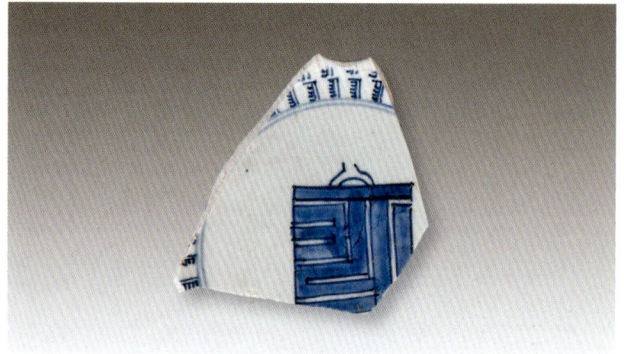

2. tc-111

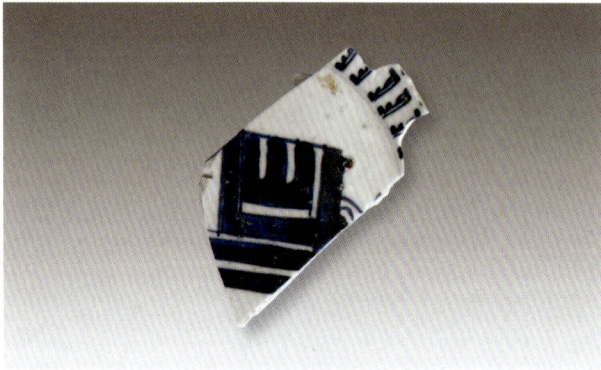

1. tc-110

3. tc-112

4. tc-113

坦坦荡荡遗址出土青花盘

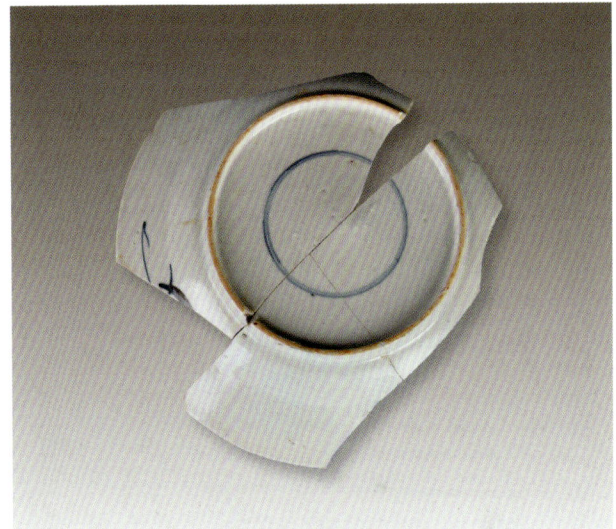

2. 青花盘残件（tc-115）

1. 青花盘残件（tc-114）

3. 青花碗残片（tc-116）

坦坦荡荡遗址出土瓷器

1. tc-117

2. tc-118

3. tc-119

4. tc-121

坦坦荡荡遗址出土青花碗

1.青花碗残片（tc-122）

2.青花碗残片（tc-123）

3.青花小杯残件（tc-124）

5.青花杯残件（tc-125）

4.青花印泥盒残件（tc-126）

6.青花碗残片（tc-127）

坦坦荡荡遗址出土瓷器

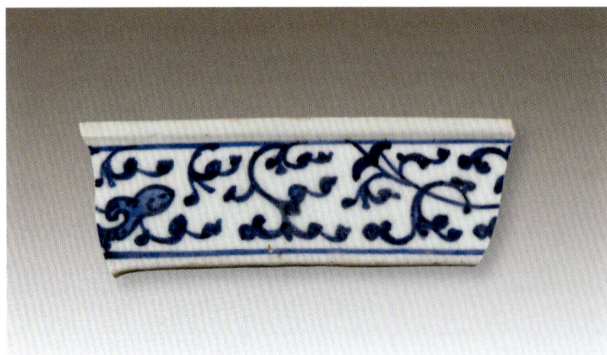

1.青花花盆残片（tc-128）

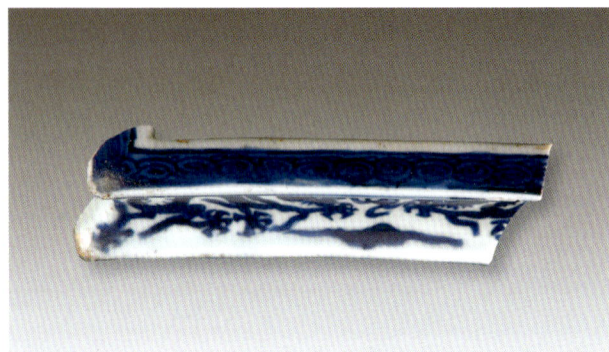

2.青花瓷片（tc-129）

3.霁蓝堆白竹纹残片（tc-130）

4.青花花盆残片（tc-132）

坦坦荡荡遗址出土瓷器

1. 青花折沿盘残片（tc-133）

2. 青花瓷片（tc-135）

3. 绿釉花口莲叶瓶残片（tc-134）

4. 青花茶碗盖残片（tc-136）

5. 青花盘残片（tc-137）

6. 青花花盆残片（tc-138）

坦坦荡荡遗址出土瓷器

1. 青花花盆残片（tc-139）

3. 青花盒盖残件（tc-141）

2. 青花盘残件（tc-142）

4. 青花花盆残片（tc-143）

坦坦荡荡遗址出土瓷器

1.青花瓶底残片（tc-144）

2.青花碗残片（tc-145）

3.粉彩碗残片（tc-146）

4.青花花盆残片（tc-148）

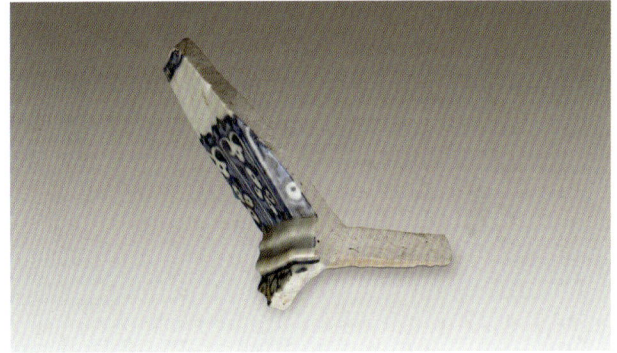

5.青花盒残件（tc-149）

坦坦荡荡遗址出土瓷器

1.青花盒残件（tc-150）

2.青花瓷片（tc-151）

3.青花盒盖残片（tc-152）

4.青花碗残片（tc-153）

5.青花瓷片（tc-154）

6.青花花盆残片（tc-155）

7.青花花盆残片（tc-156）

坦坦荡荡遗址出土瓷器

1. 青花花盆残片（tc-157）

2. 青花盒盖残件（tc-159）

3. 青花花盆残片（tc-158）

4. 青花碗残片（tc-160）

5. 青花碗残片（tc-161）

6. 青花瓷片（tc-162）

坦坦荡荡遗址出土瓷器

1. 青花盘残片（tc-163）

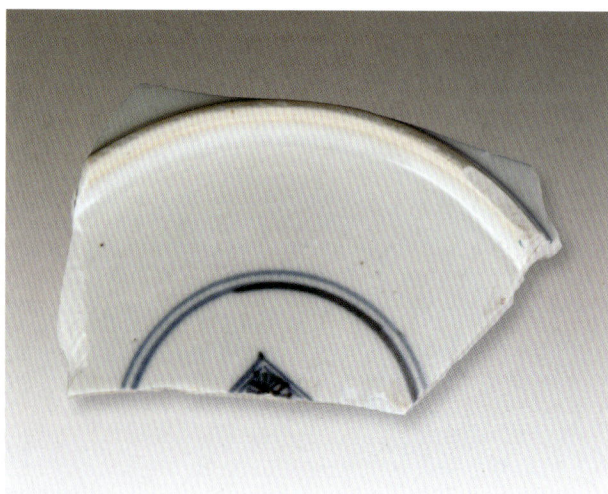

2. 青花罐残片（tc-164）

3. 青花碗残片（tc-165）

4. 青花碗残片（tc-166）

5. 青花碗残片（tc-167）

坦坦荡荡遗址出土瓷器

1. 青花碗残件（tc-170）

2. 青花瓷片（tc-171）

3. 青花碗残片（tc-172）

4. 青灰釉仿哥釉瓶残片（tc-173）

坦坦荡荡遗址出土瓷器

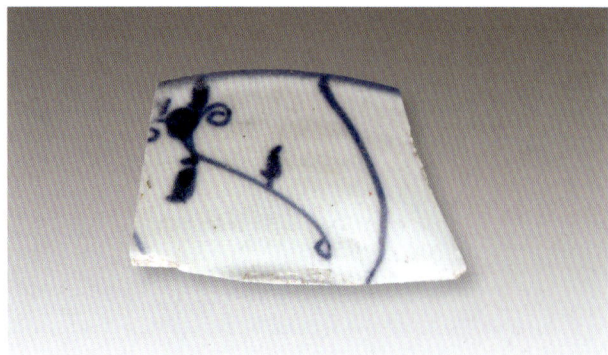

1. 青花盘残片（tc-174）

2. 青花盒盖残件（tc-175）

3. 青花碗残片（tc-176）

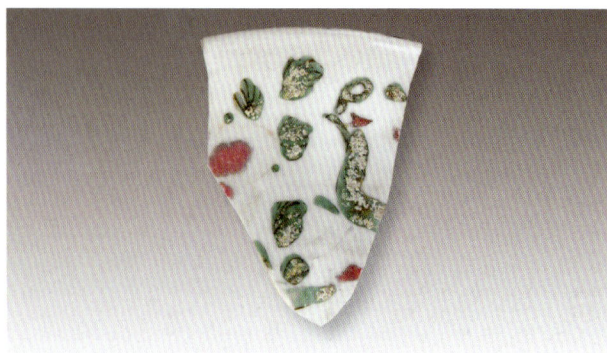

4. 青花罐残片（tc-177）

5. 粉彩瓷片（tc-178）

坦坦荡荡遗址出土瓷器

1. 青花碗残件（tc-179）

2. 青花瓷片（tc-181）

3. 矾红瓷片（tc-183）

4. 青花碗残片（tc-184）

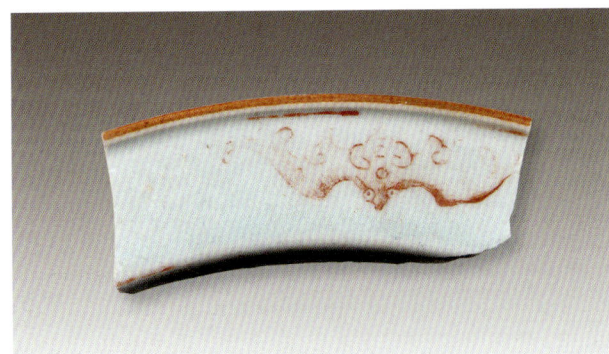

5. 青花盒盖残片（tc-186）

坦坦荡荡遗址出土瓷器

1. 粉彩碗残片（tc-187）

2. 青花碗残片（tc-189）

3. 青花盘残件（tc-188）

4. 青花罐残片（tc-190）

坦坦荡荡遗址出土瓷器

乾隆时期《圆明园四十景图咏》之一——万方安和

1.万方安和遗址全景（东—西）

2."卍"字轩过水涵洞遗迹（1号涵洞东口）

万方安和遗址全景、"卍"字轩过水涵洞

1. "卍"字轩过水涵洞遗迹（2号涵洞北口）

2. "卍"字轩过水涵洞遗迹（3号涵洞南口）

万方安和遗址"卍"字轩过水涵洞

1."卍"字轩过水涵洞遗迹（4号涵洞西口）

2.东南正宇南侧中间临水码头遗址（东南—西北）

万方安和遗址"卍"字轩过水涵洞、东南正宇临水码头

1. 东南正宇南侧中间临水码头踏跺与垂带石俯视

2. 东南正宇南侧中间临水码头踏跺台阶与垂带石西侧立面

万方安和遗址东南正宇临水码头

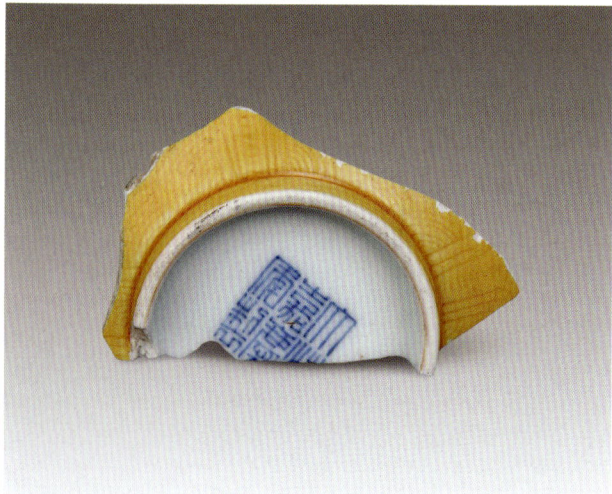

1. 黄釉碗残片（wc-005）

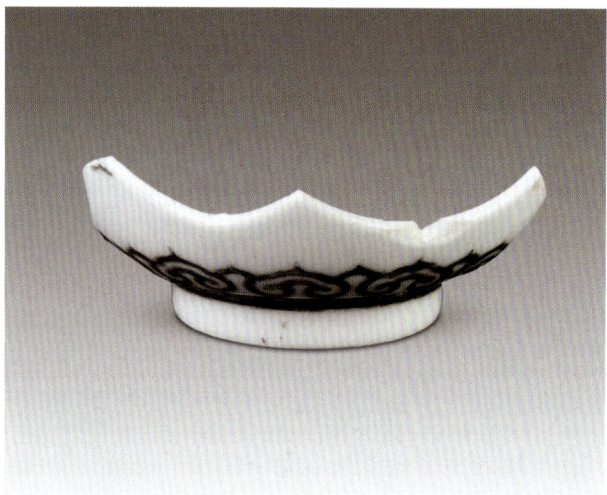

2. 墨彩小碗残片（wc-013）

3. 青花瓷片（wc-014）

4. 墨彩描金瓷片（wc-015）

万方安和遗址出土瓷器

2. 粉彩碗残件（wc-029）

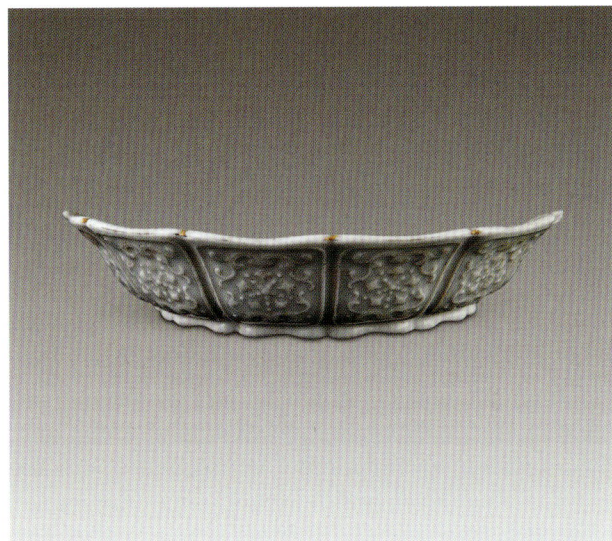

1. 青白釉盘残件（wc-021）

3. 青花小渣斗残片（wc-001）

万方安和遗址出土瓷器

1.粉彩碗残片（wc-002）

2.粉彩碗残片（wc-003）

3.青花粉彩碗残片（wc-004）

万方安和遗址出土瓷碗

1. wc-006

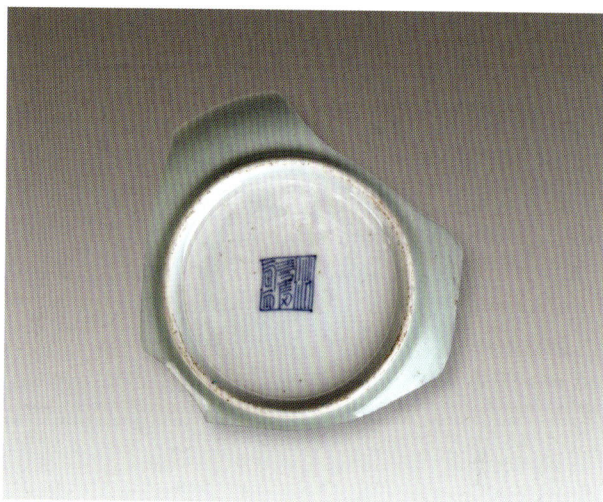

2. wc-007

3. wc-008

万方安和遗址出土豆青釉盘

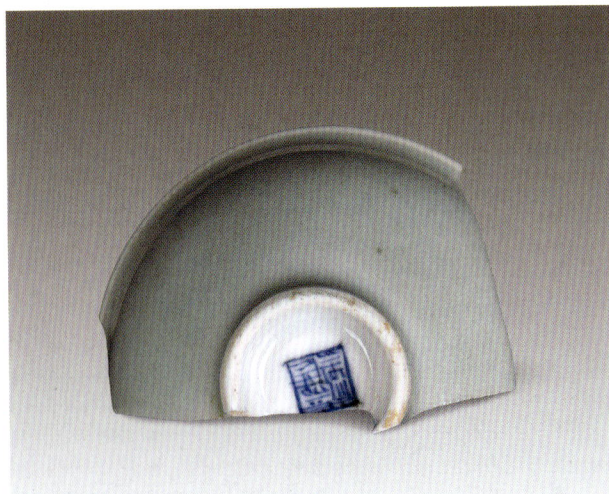

1. 豆青釉杯残件（wc-009）

2. 豆青釉碗残片（wc-010）

3. 豆青釉碗残片（wc-011）

万方安和遗址出土瓷器

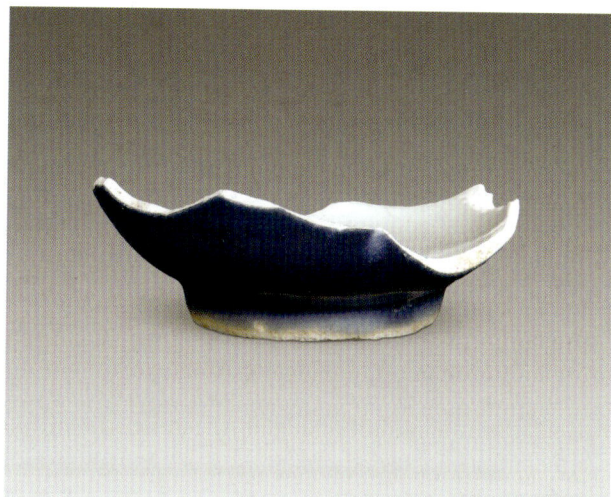

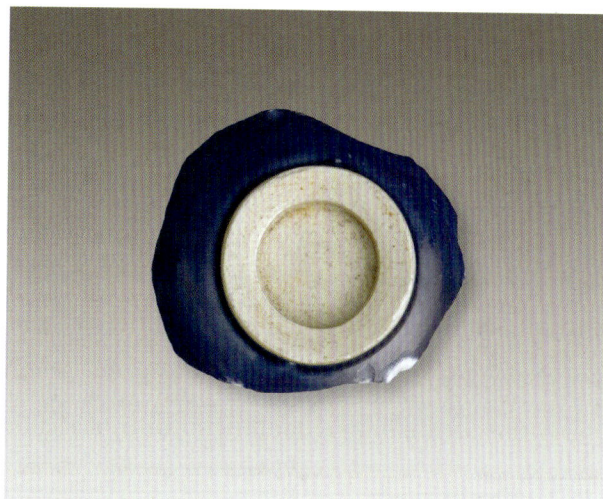

1. 霁蓝釉碗残片（wc-012）

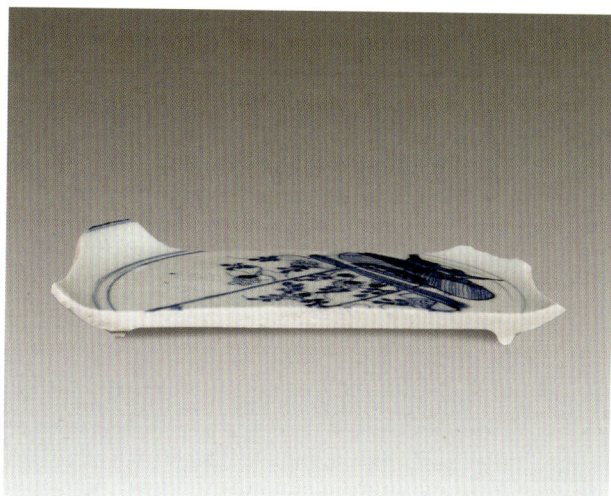

2. 青花盘残片（wc-016）

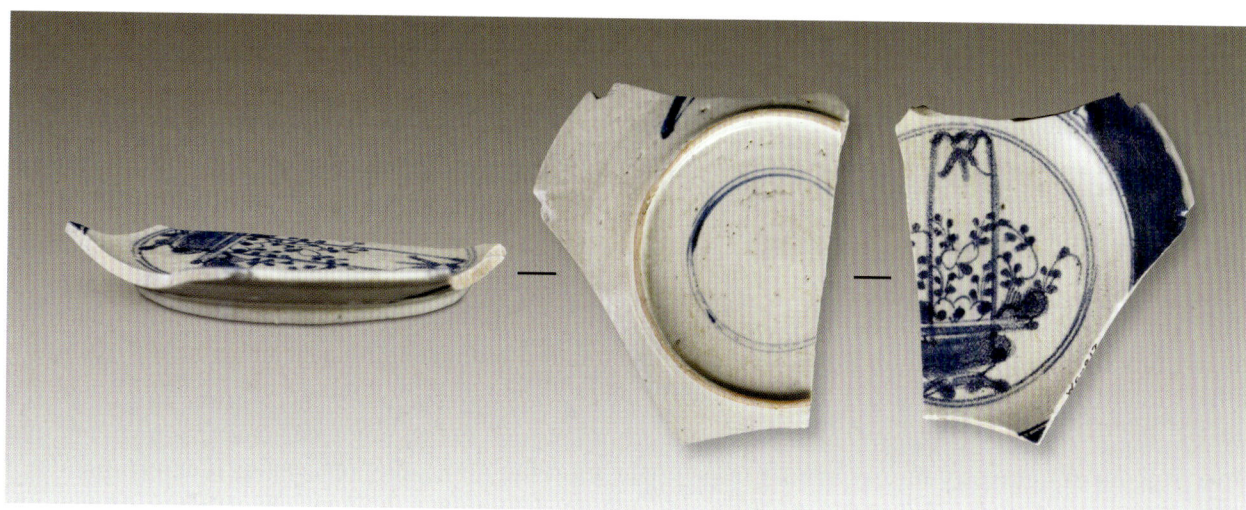

3. 青花盘残件（wc-017）

万方安和遗址出土瓷器

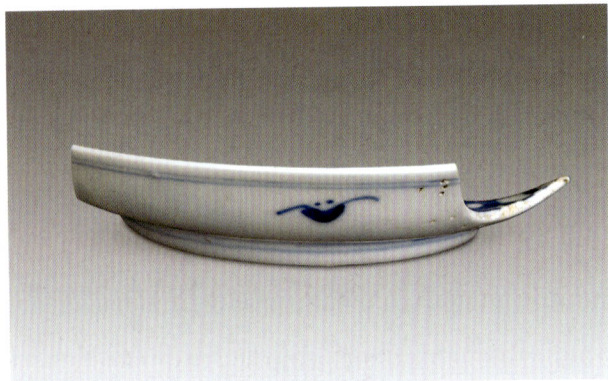

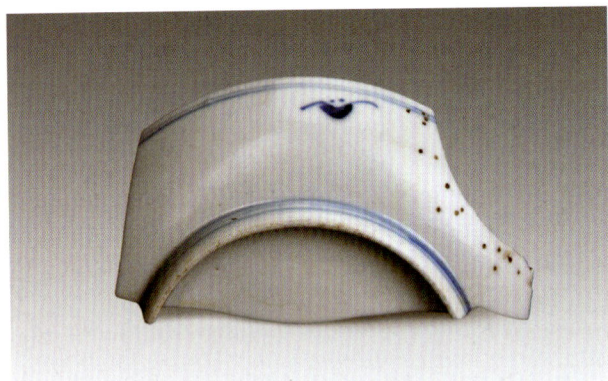

1. 青花盘残件（wc-018）

2. 青花茶碗盖残件（wc-020）

3. 青花碗残片（wc-019）

万方安和遗址出土瓷器

1. wc-022

3. wc-024

2. wc-023

4. wc-025

万方安和遗址出土青花碗

1.粉彩盘残件（wc-027）

2.青花碗残件（wc-026）

3.豆青釉瓷片（wc-028）

万方安和遗址出土瓷器

1. 粉彩碗残片（wc-031）

2. 粉彩杯残件（wc-032）

3. 粉彩小碟残件（wc-030）

万方安和遗址出土瓷器

1. wc-033

2. wc-034

3. wc-035

万方安和遗址出土青花碗

2. wc-036

3. wc-038

1. wc-037

4. wc-039

万方安和遗址出土青花碗

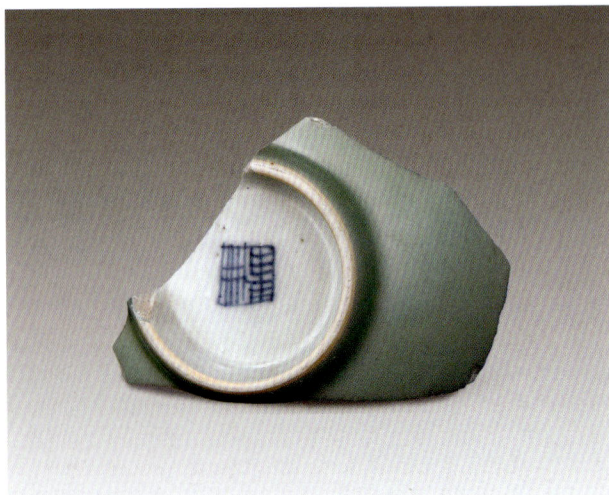

1.豆青釉碗残片（wc-040）

2.青花碗残片（wc-041）

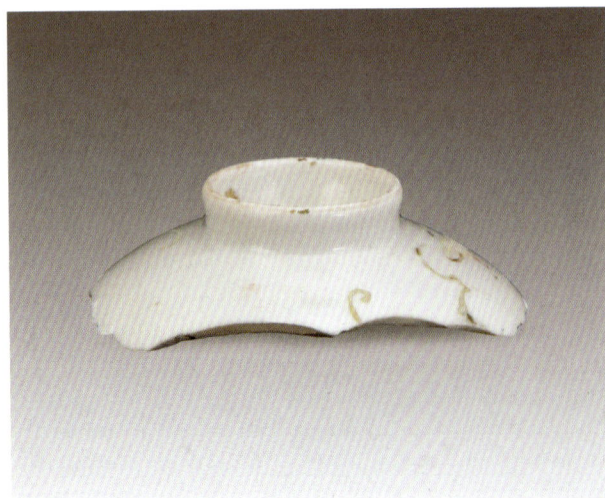

3.白釉粉彩茶碗盖残片（wc-042）

万方安和遗址出土瓷器

1. wc-044

2. wc-043

万方安和遗址出土青花碗

1. wc-045

3. wc-046

2. wc-047

万方安和遗址出土青花碗

1. 青花碗残片（wc-048）

2. 豆青釉碗残片（wc-049）

3. 青花碗残片（wc-050）

万方安和遗址出土瓷碗

1.青花碗残片（wc-052）

3.豆青釉粉彩杯残件（wc-051）

4.豆青釉粉彩碗残片（wc-053）

2.青花器盖残件（wc-054）

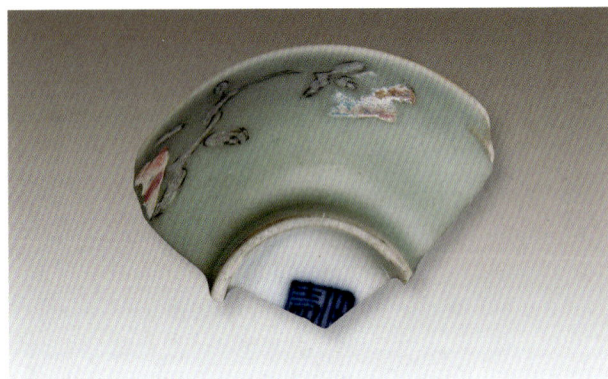

万方安和遗址出土瓷器